자폐증 발달장애 치료의 작은 기적

의료에서 찾은 희망

자폐증 발달장애 치료의 작은 기적

의료에서 찾은 희망

재클린 맥캔들리스 지음 | 정영선 옮김

바람

• • •

자폐증의 생의학 치료에 대한 이해와 실천운동의 위대한 아버지인
버나드 림랜드 박사(1928~2006)에게
사랑과 존경을 담아 이 책을 바칩니다.

| 차례 |

옮긴이 서문 10

지은이 서문 16

책의 구성 23

들어가며-의학적 질병을 앓고 있는 아이들 25

1장 자폐증의 원인은 무엇인가? 41

ASD의 정의와 발병률 / 무엇이 ASD를 일으키는가? /
원인모델들의 치료적 적용

2장 위장관 질환 63

영양결핍이라는 공통점 / 위장관 문제의 원인 /
면역과 위장관의 상호작용/ 퍼즐조각 맞추기

3장 해독기능 결함과 독성물질 축적 77

발달에 대한 독성물질의 위협 / 중금속 독성의 메커니즘 / 부모의 힘

4장 검사와 진단평가 89

생의학적 평가 / 선별을 위한 새로운 검사 / 검사평가의 초기 계획 /
실험실 검사들 /개별적으로 고려되는 실험실 검사 /
해독치료에서의 실험실 검사 / 어떤 검사소를 이용할 것인가?

5장 위장관 치료 111

위장관 건강은 중요한 주제이다 / 부모가 할 수 있는 위장관 치료 /
처방전이 필요한 위장관 치료 / 세크레틴 이야기 / 위장관 건강과 치료 요약

6장 두뇌발달을 위한 영양요법 144

필수영양소 / 특정 영양소를 사용하는 근거 /
영양소 결핍을 알아보기 위한 검사들 /
영양요법에 대한 부모들의 이야기

7장 중금속의 제거 174

수은을 제거하는 실제적인 방법 / 해독치료 전 검사
해독치료 전 위장관 상태를 알아보는 검사 /
2005년 DAN!에서 결정한 중금속 해독요법 요약 / 대체 해독요법 /
해독치료의 실제

8장 면역, 자가면역질환, 바이러스 210

자폐증과 면역기능장애 / 위장관 면역기능과 자폐증 / 사례1: 수지 이야기
항바이러스 치료와 중금속 해독 / 사례2: 이던 이야기 / 항바이러스 치료 요약

9장 자폐증에 대한 고압산소치료 237
[제임스 뉴브랜더 지음]

고압산소치료의 효과 / 고압산소치료의 부작용 / 치료가 작용하는 원리
기본원칙과 안전요령 / 의문점과 고려할 점

10장 최근의 생의학 치료 250
[공동집필]

A. 메틸레이션 [리차드 데스, 재클린 맥캔들리스] 250
B. 메틸레이션 결함의 유전자 검사 [신시아 슈나이더] 259
C. 악토스 [마이클 엘리스] 265
D. 저용량 날트렉손LDN 치료 [재클린 맥캔들리스] 270
E. 저옥살산염 식이요법 [수잔 오웬스] 277

11장 미토콘드리아 기능장애와 치료 288

자폐증과 미토콘드리아 / 미토콘드리아질환 치료

12장 고갈된 뇌와 결핍된 마음 311
[잭 짐머만 지음]

재클린, 첼시, 엘리자베스 / 미묘한 관계의 인식 / 아이들이 전하는 메시지

부록1 테레사 빈스톡의 연구 333

자폐증과 위장관 / 자폐증, 중금속, 수은이 함유된 백신 / 자폐증과 독소 /
자폐증과 미토콘드리아

부록2 자폐증과 티메로살 주사에 의한 수은중독 357

부록3 의학, 교육, 환경에 대한 의미 369
[잭 짐머만 지음]

부록4 우리나라의 생의학 치료 391
[정영선 지음]

참고문헌 398

대학시절에는 정신과에도 상당한 관심을 가졌다. 하지만 그 당시만 하더라도 실습 도중 자폐아동을 경험하기 어려웠다. 의대시절에도 그렇지만 의사가 되고 나서도 자폐증은 '불치병'이라고 생각했다. 절대 호전되지 않을 것이라 생각했고 이런 불치병을 가진 아이의 부모는 당연히 불행할 것이라 여겼다.

지금 내 친구들 중에는 '엄친딸'과 '엄친아'를 둔 엄마가 된 이도 있다. 반면에 나는 우리 아들을 '수건아'라고 부르곤 한다. '수렁에서 건진 내 아들'이라는 뜻이다. 어렸을 때 극장 간판에서 보았던 그 제목 '수렁에서 건진 내 딸'에서 떠올린 말이다. 어렵고 힘든 일은 누구에게나 일어난다. 그런데 어렵고 힘든 일도 그 상황을 벗어나려 노력하며 견디고 있으면 시간이 흐르면서 해결이 되곤 하더라는 나름의 경험으로 버티곤 한다. 물론 처음부터 그런 생각을 하진 못했고 해성이와 함께 시간을 보내면서 깨달은(?) 것이기도 하다. 절대로 좋아지지 않는 병이라고 생각했던 자폐증. 내 아들이 자폐아란 걸 알았을 때에, 특수치료를 하는 것 말고는 방법이 없을 것이라 생각했다. 특수치료라도 하지 않으면 내가 기대할 수 있는 것은 아무 것도 없다고 생각했다. 전 세계의 자폐아동들이 모두 언어치료, 인지치료, 감각통합치료 등의 특수치료만 받을 것이라 생각했고 좀더 나은 특수치료기관은 어디에 숨어있는 걸까를 고민하며 앞뒤 가리지 않고 서울이나 경기도로 이사를 가야 하나 싶었다. 이런 과정은 나만의 경험이 아닐 것이다. 자폐아를 둔 많은 부모들의 고민도 이와 비슷했지 싶다. 그런 고민을 하던 중 인터넷 검색을 통해 외부적 증상에 기반을 둔 기존 치료와는 달리, 다양한 실험실 검사에서 나타난 문제점을 약물이나 영양물질을 이용해 치료하는 생의학 치료를 접했고, 얼마 후 우리에게 희망이 되어 준 이 책을 읽게 되었다.

자폐증은 아이의 발달에 관련된 질병이고 발달을 좌우하는 신경계 문제 때문에 생기는 질병이다. 부모의 양육태도로 인해 자폐증이 발생한다는 일반의 인식은 매우 그릇된 것이다. 많은 사람들이 자폐아동의 부모가 자녀를 사랑하지 않아 아이가 자폐증이 발생했다는 듯이 "어머님, ○○를 많이 사랑해주셔야겠어요"라고 말하는 것은 자폐아를 가진 부모의 가슴에 무척 큰 상처가 되고 이러한 잘못된 인식 때문에 부모들의 죄책감은 더욱 커진다. 하지만 이는 사실이 아니며 죄책감은 아이나 부모에게 전혀 도움이 되지 않는다. 발달이 늦은 아이는 냉장고 엄마refrigerator mother라고 불리는 냉정하고 무정한 엄마 때문이 아니라 신경계 발달을 저해하는 다양한 요인들 때문에 발생하며, 이에 대한 적극적인 치료만이 아이에게 도움을 줄 수 있다.

대부분 질병은 원인에 대한 검사를 시행한다. 그러나 자폐증은 일반적으로 뇌의 기질적 병변이 있는가를 알아보는 MRI검사나 뇌파검사, 인지나 언어 발달이 늦은 것을 특징으로 하는 유전자 질환이나 대사이상 질환에 대한 검사 등을 시행하더라도 특별한 이상을 발견하지 못한다. 자폐증의 원인을 알 수 없다는 것은 원인이 없다는 것이 아니라 자폐증이 그만큼 복잡한 병리를 가지고 있어서 현대의학으로는 자폐증의 비밀을 다 알지 못한다는 의미이다. 현대의학이 아무리 발달하였다 하더라도 자폐증에 대해 우리가 알 수 있는 것은 겉에 드러난 임상증상으로 자폐증인지 아닌지를 구분할 수 있는 정도이다. 가끔은 자폐증인지 아닌지를 구분하는 것조차 어려울 때가 있다. 한 어린이에게 의사들마다 다른 진단명을 이야기하는 것을 보는 것은 어렵지 않다.

따라서 기존 의학에서는 다른 어떤 질병보다도 자폐증 치료는 대증요법을 바탕으로 해왔다. 예를 들면 말을 하지 못하니까 언어치료를 하고, 감각이 예민하니까 감각통합치료를 하고, 인지능력이 낮으니까 인지치료를 하고, 사회성이 떨어지니까 사회성 증진 그룹치료를 하는 것이다. 문제행동에 대해서는 행동수정요법도 시행한다.

그런데 생의학 치료를 하는 의사들은 자폐증의 원인을 몸의 기질적 변화에서 찾고자 했다. 미네랄 불균형에 대한 검사, 미토콘드리아의 에너지 대사에 대한 검사, 중금속 과다 및 중금속 배출능력 저하에 대한 검사, 위장관(식도, 위, 소장, 대장 등으로 이루어진 입부터 항문까지의 기관) 상태에 대한 검사, 만성 바이러스 감염에 대한 검사 등등 신경계 발달을 지연시키는 생화학적 측면에 초점을 맞추었다.

치료 역시 이상소견이 나타나는 생화학적 불균형을 호전시키는 방향으로 발전시켜왔다. 누군가는 말한다. "영양제 먹고, 중금속 해독치료하고, 비타민 주사 맞고, 유산균 먹는다고 자폐증이 좋아질 것 같으면 이미 노벨의학상 받았겠다"라고. 그렇다면 노벨의학상 받은 치료법만이 의미있는 치료법인가? 언어치료, 감각통합치료, 인지치료, 사회성 그룹치료만이 자폐증의 유일한 치료법이라고 단정할 수 있는가?

미국에서 생의학 치료가 시작된 것은 1960년대이다. 이때 미국이나 서구권에서 자폐증에 대해 바라보는 시각은 "자폐증은 소아정신병의 하나로 호전될 수 없으므로 수용시설에 보내야 한다"는 것이었다. 성공한 자폐인의 모델로 거론되는 템플 그랜딘의 어머니 역시 딸이 자폐증이라는 진단을 받는 순간 아이를 수용시설로 보낼 것을 권유 받았다. 그러나 템플의 어머니는 딸을 수용시설로 보내지 않았고 훌륭하게 잘 키워서 대학교수를 딸로 둔 어머니가 되었다.

미국에서 생의학 치료를 시작한 사람들 중 버나드 림랜드 박사는 자폐아들을 둔 아버지였고 심리학자였다. 그는 자폐증은 치료할 수 있는 약도 없고 좋아질 수 없는 병이라는 인식이 가득한 시절에 비타민 B6와 마그네슘 복용으로 자폐아동들의 증상이 호전되는 것을 보았다. 이는 생의학 치료의 시작이었다. 그 후 림랜드 박사는 "자폐증은 치료될 수 있다"는 생각으로 자폐증연구소ARI를 설립하여 많은 연구를 통해 생의학 치료에 이바지했다. 이렇게 50년 전 즈음에 시작된 생의학 치료는 아직 미국에서도 주요 치료법으로 인정받지 못하는 상황이다. 하지만 많은 부모, 의사, 생화학자, 연구자들이 Defeat Autism Now!(DAN!)라는 단체를 조직하여 생의학 치료를 활발하게 하고 있다. 예상할 수 있듯이 DAN!에 속한 전문가들 대부분은 자폐증 자녀를 두고 있다. 아직 자폐증의 원인을 밝히지 못했고, 지금까지 발견된 과학적 근거들을 바탕으로 치료법을 개발하고 있는 상태로 앞으로 더 많은 치료법이 대두될 수 있다고 생각한다. www.autism.com을 방문하면 미국 생의학 치료의 전반에 대한 내용뿐만 아니라 치료의 근거를 이루는 수많은 논문들도 볼 수 있다. 이 책에도 언급되어 있지만 어떤 치료도 처음에는 주류로 인정받지 못했다가 시간이 흐른 후에야 주류치료법이 되었듯이 우리나라에서 이제 10년이 채 되지 못한 생의학 치료 역시 시간이 지나면서 많은 어린이들에게 도움이 될 것이고, 현재 자폐아동에게 시행하는 특수치료처럼 당연시 되리라 생각한다.

해성이를 치료해왔던 지난 시간 동안 내게는 매일이 똑같은 하루였다. '어제와 다름없는 오늘'을 수없이 지나왔다. 생의학 치료를 통해서 무엇인가 극적인 변화를 경험하지 못했기 때문에 어제와 다름없는 오늘이라 생각했다. 하지만 어제와 다른 오늘에도 여전히 생의학 치료를 열심히 시행했고 그런 오늘들이 모이고 쌓여서 지금의 해성이가 되었다.

생의학 치료를 하고 있거나 시도하려는 많은 부모들은 "이게 뭐지? 새로운 치료법이네! 이걸로 우리 애가 달라질 거야!"라고 생각하게 될 것이다. 분명 생의학 치료는 새로운 치료법이고 우리에게 희망을 주는 치료법이다. 그러나 이 세상에 한 번으로 좋아지는 치료란 존재하지 않는다. 생의학 치료 역시 지난한 과정을 겪어야만 아이의 변화를 볼 수 있을 것이다. 그리고 이 땅의 부모들은 기꺼이 자식을 위한 어려운 과정을 함께 하려 한다. 어려운 과정을 함께한 부모님들께 늘 감사하다. 3년 전에는 "우리 아들이 가방을 메고 학교에 왔다 갔다 할 수만 있어도 좋겠어요"라고 했던 부모님이 "선생님, 여기 저희 아들이 쓴 일기장을 가져왔어요"했을 때 그 부모님께 무한한 감사를 느낀다. 또 "선생님, 우리 애가 학교에 가서 적응을 할 수 있을까요? 요즘은 잠이 안 와요. 신경안정제가 없으면 잠도 못 자고 죽을 것 같아요" 했던 한 어머니가 "선생님, 요즘은 우리 애가 문제집도 풀어요. 수업시간에 손들고 발표도 하구요"라고 할 때 그 어머니를 존경의 눈으로 보게 된다.

우리 아이들을 잘 키우기 위해 오늘도 생의학 치료를 열심히 하는 모든 부모님들께 존경과 감사를 드린다.

수년전부터 이 책을 번역하고자 했으나 상업성이 떨어진다는 이유로 출판하기 어려웠다. 자비로 출판하려 했으나 비용이 만만치 않아 포기하고 있었는데 바람출판사의 류재천 사장님으로부터 번역을 제안 받아 매우 기뻤다. 이 책을 번역하는 데 도움을 준 김민수 원장님께 감사드리고 책이 출판될 수 있게 응원해주신 우리 병원 아이들의 부모님께도 감사드린다. 어려운 일이 있을 때마다 내가 해결할 수 있을 것이라는 용기와 무언의 압력을 가한 부모님들이 아니었다면 우리말로 번역된 책이 나올 수 없었을 거라 생각한다. 다시 한번 부모님들의 성원에 머리 숙여 감사드린다. 책을 만드는 데 함께 해주신 바람출판사 가족분들께도 감사드린다. 이 책을 통해 많은 부모들이 생의학 치료에 대한 이해를 넓히고 적극적으로 치료해볼 수 있게 되길 바라며 우리 아이들이 건강하게 잘 성장하길 바란다.

정영선

1996년, 사랑하는 손녀 첼시는 33개월 때 자폐스펙트럼장애ASD *로 진단받았다. 손녀의 진단과 그 아이의 평범하지 않은 강렬함은 항노화의학과 대체의학에 관심을 뒀던 정신과 전문의를 자폐증의 생의학 치료에 몰입하게 만들었다. 인생의 방향이 바뀐 것이다. 수십 년 동안 진료를 해왔지만 자폐증에 대한 내 지식은 당혹스러우리만큼 부족했고, 기초의학으로 돌아가서 다시 공부해야만 했다.

이 책을 쓰는 데 원동력이 되어준 이 여정의 느낌은 '러브 스토리' 그 자체이다. 우리는 사랑이 가득한 대가족이다. 내가 낳은 아이들 5명, 입양한 3명의 아이들, 13명의 손자들이 내게는 사랑과 경이로움의 도가니였고 큰 힘이 됐다. 첼시도 이전에 알지 못했던 내 마음의 어떤

---

* ASD(자폐스펙트럼장애, Autism Spectrum Disorders)
일반적으로 자폐증의 증상은 사회성 결여, 언어발달의 지연, 의미없는 반복행동 등을 특징으로 하는데 그 정도는 개인마다 다르다. 매우 경미한 증상부터 심한 전형적 자폐증 사이에 있는 다양한 증상과 기능을 가진 그룹을 ASD라 부른다. ASD라는 용어는 2000년대 이후에 사용되기 시작했는데, 유럽에서는 대개 아스퍼거증후군, 주의력결핍과잉행동장애(ADHD), 주의력결핍장애(ADD)처럼 기능이 좋은 그룹을 ASD에 포함시키는 반면 미국에서는 별개 질병으로 간주한다. 미국 의사들 중에서도 ASD범주를 넓게 생각하는 경우가 있는데, 이 책의 저자 역시 아스퍼거증후군, ADHD, ADD 등을 ASD에 포함시키고 있다. 이 책은 넓은 의미의 ASD에 대한 생의학적 치료 안내서이다. -옮긴이

부분을 열어주었고, 이 진단을 받은 아이들 모두가 이렇게 내 마음을 움직이게 한다.

ASD의 원인은 무엇이고, 해볼 수 있는 치료법들은 무엇인지 알아보려는 열정은 나의 '의학적 두뇌'를 크게 활성화시켰다. 배우긴 했지만 기억나지 않았던 정보들이 새로운 방식으로 유용해지기 시작했다. 자폐증의 복잡함은 전에는 연결시킬 수 없던 많은 의학정보들을 아울러야 했고 오늘까지도 여전히 계속되는, 약을 사용하는 문제에 있어 새로운 접근법을 시도하게 되었다. 이 과정은 지속적으로 생각과 마음을 확장시키는 열정적인 모험이었다. ASD의 확산은 이제 범국가적으로 가족, 교사, 의료계 종사자들 모두에게 잘 알려져 있다. 이에 따라 의료와 교육에 있어서 새로운 양식이 열리고 있으며 내가 이런 움직임의 한 부분이 된다는 것에 매우 고무된다. 새로운 여행이 계속되면서 이 아이들과 함께 작업하고 그들을 더 잘 이해할 수 있도록 도와주는 특별한 방법을 아는 사람들을 만나고 싶었다.

나는 버나드 림랜드 박사의 자폐증 연구소 홈페이지와 비타민B6의 치료효과에 관한 그의 연구를 통해 자폐증을 생의학적 질병으로 보기 시작했다. 첼시의 과잉행동에 대한 비타민B6의 효과는 즉시 눈에 띌 정도였다. 며칠 동안 한 번씩 비타민 복용을 빠뜨렸을 때 첼시는 앞니를 계속해서 부딪쳐댔다. 말할 필요도 없이 그때 이후로는 아이가 먹어야 할 비타민을 빠뜨리는 일은 절대 없었다. 나는 버나드 림랜드가 자폐증 생의학 치료의 위대한 아버지라고 생각한다. 박사가 공동설립한 Defeat Autism Now!는 지금까지 만난 사람 중 가장 관대하고, 도움이 되며 희망적인 의사, 연구자, 부모들로 구성되어 있는데 버나드와 나를 포함한 많은 이들이 ASD아동들의 부모 또는 조부모이다. 이들이

17

자폐증에 대한 생의학적 특성에 대한 정보를 나누고, ASD아동을 돕기 위해 기꺼이 나서는 것은 존경과 감사를 받을 가치가 있다.

개인적으로 이바 로바스를 만나보지는 못했지만 첼시가 세 살 때, 중증 ASD아동과 일하는 그의 영상을 봤다. 열정적인 헌신과 치료 효과를 보니 아이들의 관심을 얻어낼 수 있다면 많은 ASD아동들을 교육할 수 있다는 확신이 들었으며, 첼시에게 큰 도움이 된 행동수정프로그램ABA을 시작했었다.

칼 레이첼트는 배려심이 많고 존경받는 연구자이다. 그는 바쁜 일상임에도 불구하고 네 명의 자녀를 둔 첼시의 엄마, 엘리자베스가 글루텐 제거와 카세인 제거 식이요법을 할 수 있도록 그녀에게 광범위하고 유용한 정보들을 이메일을 통해 끈기 있게 보내서 도움을 줬다. 식이요법을 시작한지 일주일이 안 되어서 첼시는 처음으로 모양이 있는 변을 봤다. 식이요법은 아이의 건강을 좋게 만들었고, 결국 배변훈련도 성공하게 했다. 이것은 식이요법에 대한 상으로는 엄청난 것이었다.

자폐증에 대한 인터넷의 토론장들은 정보를 주고받는 곳이며 나처럼 자폐증에 관심을 가진 사람들이 공동체를 만드는 통로가 되기도 한다. 밤낮없이 아무 때나 질문할 수 있고 전 세계의 다른 부모들과 전문가들로부터 용기를 얻고 도움을 받을 수 있다. 1998년에 세크레틴 목록(지금은 abmd라 불리는)이라는 인터넷 메일서비스를 시도했는데 그때부터 내 일은 급격하게 변화하기 시작했다. 이 목록의 그룹들은 가능한 많은 부모, 전문가와 함께 우리가 공부한 것을 함께 나누고자 하는 강한 바람이 있었고, 기본정보 제공에 크게 기여했다.

친구이자 동료인 테레사 빈스톡은 1997년 대학교를 졸업할 해에 정식으로 아스퍼거증후군으로 진단을 받았다. 그녀는 자기를 아스퍼거인이라고 부른다. 테레사의 연구와 글을 통해 면역조절장애, 만성 바이러스성 감염과 자폐증 내 소집단의 병리적 검사가 중요하다는 것을 알게 됐다. 그녀는 내가 어려워하는 환자들을 치료하는 데 도움을 줬고, 이 책의 과학적인 부분에 대한 교정을 도와줬다. 이 모든 일들은 헤아릴 수 없을 정도로 커다란 힘이 됐다. 책을 쓰는 동안, 그녀는 참고문헌과 연구논문, 특히 8장 면역과 바이러스 부분에 대한 문헌과 논문들을 끊임없이 구해줬다. 그녀는 자폐증을 위한 의학적 패러다임을 바꾸는 노력에 있어서 열정적인 챔피언이다.

"위장관을 치료하라."

"고갈된 뇌에 영양을 공급하라."

"병원균을 치료하라."

"독소를 제거하라."

"모든 방법으로 면역계를 돕자."

테레사는 내가 아이들을 치료할 때 사용하는 이런 격언이 만들어지는 데 기여한 일등공신이다. 임상의로서 효과적인 치료는 언제나 가장 중요한 핵심이다. 나와 부모와 의사들 모두 테레사가 최신의 연구, 최신 진단의 분류, 최선의 치료방향으로 우리를 이끌어주리라 확신한다.

경제적인 이득이 줄어드는 것에도 불구하고 지금까지 경험하지 못했던 어려운 작업을 두 번이나 할 수 있도록 격려해준 에이미 홈즈에게 감사를 전한다. 에델슨, 버나드, 스테파니 케이브의 숙련된 임상프로토콜에 고무된 홈즈는 ASD아동들의 중금속 해독치료분야에서 사랑과 존경을 받는 인물이 됐다. 의사이면서 ASD아동의 엄마기도 한 그녀는 ASD자녀를 둔 의사들이 진단과 치료에 대한 의학모델에 커다란 변화를 가져오는 선구자가 될 수 있다는 것을 보여줬다.

이 책을 쓰는 데 도움을 준 모리를 소개하고 싶다. 치료를 기다리는 대기환자 수가 점점 많아져 책 쓸 시간을 낼 수 없게 됐을 때 모리 브리처에게 도움을 줄 수 있다는 연락을 받았다. 모리는 대중소통과 공중위생분야에 전문지식이 풍부한 의학전문작가이다. 그는 자폐증 치료에 대한 내 열정을 듣고 연락하게 됐다고 말했다. 그는 이 정보들이 부모에게 전달되기를 바라는 내 다급한 마음에 공감했다. 모리는 많은 의미있는 인터뷰를 통해 내가 자폐증에 대해 아직도 얼마나 많은 것을 배워야 하는지 알게 해줬다. 대형출판사가 내 책에 흥미를 보이지 않았을 때에도, 모리는 계속해서 포괄적이고 깊이 있는 인터뷰와 편집을 통해 내가 책을 쓸 수 있도록 도와줬다. 이런 그에게 언제나 감사하고 있다.

정신과 의사로서 역설적이지만, 나는 ASD아동들에게 정신과적 문제가 있다거나 엄마가 잘못 키워서 그렇다거나 희망이 없는 유전질환이라고 여기는 낡은 생각에 반대한다. 이런 구시대적인 진부한 의학지식을 가지고 있는 의사들에 대한 불만족스러움 때문에 부모들에게 정보를 제공해야겠다는 강력한 열망이 커졌고, 그 열망은 결국 부모들이 자기가 만나는 의사가 무엇을 인식하지 못하는지 알게 해주었다.

그것이 무엇이든지 거의 대부분 ASD아동들은 복잡한 의학적 질환을 가지고 있어서 생의학적 진단과 의학적 치료로 좋아질 수 있다. 자폐증의 증가는 더 많은 의사들로 하여금 생의학적 모델에 대해 관심을 가지게 했지만, 평가와 치료는 각각의 아이들에게 개별적으로 적용해야하는 만큼 생의학적 영역은 매우 복잡하다고 할 수 있다. 치료자들은 면역결함, 만성감염, 낮은 수준의 중금속 축적, 특별 식이요법, 개별적인 영양보충을 고려할 필요가 있다. 이런 자폐증에 대한 새로운 생화학적 측면은 의학교육에 포함되어 있지 않다.

첼시를 비롯하여 나를 믿고 자녀를 맡긴 부모들과 아이들이 없었다면 어떤 도전도 일어나지 않았을 것이고 이 책도 없었을 것이다. 특히 10년 동안 첼시에게 제시한 생의학 치료를 한시도 쉬지 않고 따라준 내 딸 엘리자베스에게 고마움을 전하고 싶다. 엘리자베스는 이 과정을 거치면서 다른 수많은 부모들처럼 위대하고, 지혜롭고, 사랑과 이해심이 넘치는 엄마로 변해갔다. 이 특별한 아이들은 우리에게 깨어있으라고 외치고 있다. 그들은 독성물질 때문에 어떤 일이 일어나고 있으며, 우리의 의료체계와 교육, 가족의 삶에서 무엇이 필요한지를 알리는 메신저들이다.

처음부터 마지막까지 내 남편 잭 짐머만은 33년동안 8명의 아이들과 13명의 손자들에 대한 사랑을 펴갈 수 있게 도와줬다. 수학자이자 시인이었던 남편은 이상적인 교육자, 작가, 오하이재단의 위원회 연수센터의 책임자로 변신하여 남부 캘리포니아뿐만 아니라 미국의 모든 학교에 유럽, 이스라엘, 하와이에서 시작한 프로그램을 이용하여 수만명의 아이들에게 정확한 의사소통과정을 돕기 위한 네트워크를 만들기 위해 노력하고 있다. 최근에는 다른 교육자들과 함께 특별한 도움이 필요한 아이들을 위원회에 소개할 방법을 찾고 있다. 첼시를 치료하는 동안 그가 보여준 아낌없는 사랑과 변함없는 지지를 통해 수만명의 ASD아동들이 세상으로 나아갈 수 있다는 더 큰 교훈을 깨닫게 됐다.

그는 편집자 역할을 하며 내 부족한 점을 메워 주었다. 공동작업을 하면서 사랑도 더욱 깊어졌다. 그가 쓴 12장과 부록을 보면 이상적인 생각과 멋진 가슴을 경험하는 기회가 될 것이다. 잭은 나와 그를 아는 모든 이들에게 축복이며 영감과 용기의 깊은 원천이다.

　2007년 3판은 전립선암으로 투병 중이던 버나드 림랜드 박사가 2006년 11월, 78세의 나이로 사망한 직후 출간됐다. 그는 "자폐증은 치료될 수 있고 회복이 가능하다"라는 가장 중요한 메시지가 전 세계의 수많은 부모들과 전문가들에게 울려퍼지는 것을 지켜보며 살아왔다. 그는 과거에도 그랬고, 지금도 그러하며, 미래에도 자폐증 분야의 거인으로 남을 것이다. 자폐증 환자들의 행복하고 충만한 삶을 위해, 림랜드 박사는 우리에게 그들을 끝까지 도와줄 수 있는 용기와 헌신이라는 큰 선물을 남겨줬다.

재클린 맥캔들리스

1장은 다양한 생의학적 치료의 근거를 이해할 수 있도록 ASD의 원인에 대한 가설을 설명한다. 2장에서는 ASD아동들의 공통적 문제점인 영양결핍을 다루며, 위장관과 면역계의 연관이 갖는 중요성을 강조할 것이다. 3장은 해독기능의 결함, 독성물질을 주제로 독소축적, 특히 자폐증과 백신, 중금속의 연관성에 대해 다룬다. 4장은 자폐아동의 생의학적 상태를 파악할 수 있는 실험실 검사들과 치료에 대한 내용이다.

5장부터 10장까지는 10년 이상 내 병원에서 이뤄지고 있고, 현재 이용되는 ASD의 생의학적 치료를 다룬다. 여기에는 위장관치료, 영양치료, 해독치료, 메틸레이션, 고압산소치료, 자가면역질환과 항바이러스 치료 등의 내용이 포함된다. 11장에서는 ASD의 미토콘드리아 장애와 치료에 대한 내용이다. 12장은 첼시와 우리 가족이 겪고 배운 이야기에 대해 내 남편인 잭 짐머만이 썼다.

부록1은 테레사 빈스톡이 위장관 문제와 백신, 수은, 미토콘드리아, 독소와 자폐증 치료와의 관계에 대한 최근 연구들을 요약하며, 많은 참고문헌을 제시한다. 부록2는 샐리 버나드, 알버트 이나야티, 하이디

로저스, 린 레드우드, 테레사 빈스톡 등이 쓴 자폐증-수은 논문을 소개한다. 이 글은 2001년 말까지 신생아에게 접종됐던 B형간염 백신에서 티메로살을 제거하도록 하는 계기가 됐는데 허락을 받고 여기에 올린다. 부록3에서는 세계적으로 증가 추세에 있는 특별한 도움이 필요한 아이들이 우리에게 주는 메시지의 중요성에 대해 이야기할 것이다. 부록4에는 한국의 생의학 치료에 대해 간략하게 소개했다.

희망의 메시지

이 책은 자폐증 또는 자폐스펙트럼장애Autism spectrum disorder, ASD로
진단 받은 자녀의 부모들에게 전하는 희망의 메시지이다. 이 메시지는
자녀가 최근에 진단 받았고, 적절한 의학적 치료를 찾기 위한 힘든 여
정의 출발점에 있는 부모들에게 특히 중요하다. 또한 아이가 뭔가 이
상하다는 것을 알고는 있지만 진단과 치료를 위한 의미있는 의학적 도
움을 어떻게 찾아야 할 지 모르는 부모들을 위한 것이기도 하다.

우리는 ASD가 매우 흔한 시기에 살고 있으며 많은 사례들이 아직
진단되지 않고 있다는 사실을 알고 있다. 감각통합, 시청각훈련, 행동
교정 등은 자폐증에 대한 전통적인 치료법에 속하며, 다른 책들에 이
미 정리가 잘 되어 있다. 이 책은 그런 내용보다는 ASD아동들의 건강
과 신경학적 기능을 증진시키는 데 더 큰 도움을 줄 수 있는 생의학적
치료bio-medical treatment에 초점을 두고 있다.

자폐증은 친밀감과 사회성 결여, 눈맞춤 회피, 언어발달의 곤란, 자

25

기자극self-stimulation으로 알려진 반복행동을 특징으로 한다. 전형적인 자폐증보다 경증을 보이는 장애들로는 아스퍼거증후군, 전반적 발달장애, 주의력결핍장애, 과잉행동장애 등이 있는데, 이들은 포괄적으로 자폐스펙트럼장애ASD라고 불린다.

나는 ASD가 인체의 생리학적, 생화학적 질환들과 밀접하게 연관이 있는 복잡한 증후군이며, ASD아동들에게서 보이는 인지 및 정서 장애는 그와 같은 기저 질환들로부터 발생한다고 생각한다. 따라서 ASD 아동들이 가지고 있는 질환들을 적절하게 치료하면 신체, 행동, 인지 기능은 향상될 수 있다. 이것은 자폐증 이해의 중요한 돌파구지만 전통방식의 치료자들은 수용하기 힘들어 했던 점이다.

과거에는 자폐증이 심리문제나 행동장애로 여겨졌기 때문에 오직 심리행동적 치료만이 적절한 치료로 받아들여졌다. 그러나 자폐증은 정신과적 질환이라기보다 내과적 질환에 가깝다는 이해가 증가하면서 각각의 아이들에게 잘 맞는 새로운 치료법들이 탐색되고 있다.

1996년에 자폐증 진단을 받은 아이의 할머니이자 의사로서 나는 ASD의 진단과 치료에 대한 전통방식에 부족한 점이 많다는 것을 알게 됐다. 대체로 주류치료법들은 ASD가 단순히 불치의 유전적 결함에 의해 발생하는 행동학적 문제라는 믿음에 기초하고 있다. 유전모델은 상당기간 진보적인 설명으로 여겨져 왔는데, 적어도 이 가설이 자폐증 발생에 있어서 사랑스러운 자기 자녀와 적절한 유대관계를 맺지 못하고 사랑하지 못하는 '냉정한 엄마들'에 의해 발생한다는 정신분석학적 믿음을 깼기 때문이다.

그러나 자폐증이 단지 유전질환이라는 믿음을 가진 주류치료법들은 프로작, 졸로프트와 같은 우울증 약이나, 리탈린, 암페타민, 리스페달과 같은 행동조절약을 투여하면서 행동수정이나 교육치료를 하는 것 말고는 자폐증 치료에 무기력했다. 대부분 의사들은 ASD가 유전질환이라고 교육받아왔기 때문에, 다운증후군이나 프래자일X증후군과 같은 유전질환에 대한 선별검사만 할 뿐 실제 ASD아동들에게 보이는 위장관이나 면역계, 감염과 같은 문제에 대한 적절한 검사는 하지 않고 있다. 흔히 부모들은 행동수정 외에는 자폐증에 대해 특별한 치료법이 없다는 말을 듣는다. 어떤 부모들은 "비타민이나 식이변화가 ASD아동에게 도움을 준다는 어떤 증거도 없다"는 감정 섞인 이야기를 듣기도 한다.

나는 고정된 임상경험들에 기초한 이런 판단에 전혀 동의하지 않는다. ASD에 대한 진단과 치료모델들은 생의학적 접근에 의해 점차 발전하고 있다. 자폐증에 대한 접근법의 변화는 자폐증 발병률이 증가하고 있는 추세와 어느 정도 관련이 있다. 자신들의 자녀, 손자, 조카, 친척이나 가까운 사람들 중 누군가가 자폐증으로 진단 받는 의학전문가들이 많아지면서 이 질환에 대한 관심과 연구기회가 많아진 것이다. 가족 내에 자폐증이 있는 많은 의사들에 의해 자폐증은 생의학적 치료를 필요로 하며, 이 치료에 효과를 보인다는 인식이 넓어지고 있다. 나 또한 손녀와 치료실에 찾아 왔던 아이들에게 도움을 주기 위해 가능한 모든 것들을 배우려고 의학논문을 샅샅이 뒤지고, 세미나에 참석했으며, 연구를 위한 인터넷 그룹에 동참했고, 점점 더 많은 의사들에 의해 연구되어가고 있는 대체치료들을 공부해왔다.

정신의학과 대체의학 분야의 오랜 경력 이후 내 관심은 일차적으로 발달이 느린 아이들을 전문적으로 치료하는 것으로 옮겨졌으며 그들 대부분은 ASD아동들이다. 나는 주의력 결핍장애ADD나 주의력결핍과잉행동장애ADHD도 ASD의 경미한 단계라고 생각한다. 이들 질환들에 대해서도 정신과적 약물로 치료하기에 앞서 식이요법, 영양요법, 해독요법을 통해 치료하길 바라는 부모들이 있다. 나는 기꺼이 그런 부모들의 요구에 응하고 있다.

자폐증을 물리치자, 지금! Defeat Autism Now!

나는 혼자가 아니었다. 버나드 림랜드, 윌리엄 쇼, 칼 라이쉘트, 리차드 데스, 질 제임스, 제임스 아담스, 아리 보다니, 앤드류 웨이크필드와 같은 선구적인 연구자들과 시드니 베이커, 마이클 골드버그, 짐 뉴브랜더, 데릭 랜스데일, 알렌 골드블레트, 존 그린, 앙주 우스만, 마빈 보리스, 에이미 홈즈, 스테파니 케이브, 제프 브라드스트리트와 같은 의사들에게 영향을 받았다. 수잔 오웬스, 빅토리아 벡, 샐리 버나드, 앨리슨 프랜트와 같은 부모 연구자들과 다른 많은 사람들이 임상치료에 많은 기여를 해줬다.

연구의 길에서 만난 이 분들과 셀 수 없이 많은 사람들이 자폐성향을 가진 아이들의 주요 신체장기들, 더 나아가 거의 모든 장기들이 다양한 병에 걸려있음을 알게 해줬다. 아이들의 상태가 저마다 다르다는 점은 가장 일관된 특징에 속했다. 이는 하나의 치료법이 모든 아이들에게 동일한 효과를 나타내지 않음을 의미한다. ASD아동들을 평가할 때 고려해야 할 점들에는 다음과 같은 것들이 있다.

  a. 태어날 때부터 자폐성향이 있었는가, 정상발달을 하다가 퇴행했는가?
  b. 언어 이해와 표현, 학습능력 등, 행동과 인지수준은 어느 정도인가?
  c. 생화학적 검사 결과들이 증상과 어떻게 연관되는가?

d. 자가면역질환이나 알레르기에 대한 가족력이 있는가?

e. 아이의 개인적 발달과정과 병력은 어떠한가?

이렇게 범주를 나누는 것은 진단과 치료에 있어 어떤 프로토콜을 이용할 것인가를 결정하는 데 도움을 준다. 많은 연구자와 의사들이 샌디에고에 있는 자폐증연구소 회장인 버나드 림랜드의 주도로 결성된 Defeat Autism Now!(DAN!)에 동참했다. 나는 이 단체에 참여하게 된 것을 자랑스럽게 생각한다. DAN!의 회원들은 자폐성 발달장애가 신체적 문제로 인해 행동과 인지장애가 나타나는 질환이라는 믿음을 공유하고 있다. 즉 프래자일X증후군에서 유래한 자폐증과 같이 드문 유전적 사례를 제외하면 이 아이들은 의학적 질환을 가지고 있는 신체적으로 아픈 환자들이다. 신체적으로 아픈 환자들이기에 그들의 회복 잠재력을 최대화하기 위해서는 생의학적 치료법이 필요한 것이다. 우리는 다양한 '자폐증들'이 있다고 결론내렸다.

내 임상경험은 최근 연구성과와 DAN!소속 의사들의 경험과 결부되어 몇가지 생의학적 검사와 치료들로 발전됐다. 나는 이것을 다각적 접근이라고 생각한다. 환자와 부모들은 나에게 위대한 선생님과도 같은 존재였다는 것을 말하고 싶다. 내 치료실의 몇몇 주요 치료들은 내가 시도하기 전에 열린 마음으로 관심을 가져 주는 의사를 찾아 나선 부모들로부터 전해진 것이다.

내가 치료해왔던 대부분 아이들은 공통적으로 면역장애, 영양불균형, 위장관문제 등을 보이고 있었다. 아이들은 검사결과에서 치료반응에 이르기까지 매우 다른 개별적인 양상을 보였다. 자폐증의 주요 모델이 변화하고 있는 이 시기에 부모들도 새로운 의학적 모델에 열려 있고, 필요한 검사들을 할 의지가 있으며, 추천되는 치료들을 잘 따라주고 있다. 중요한 점은 치료법이 아이에 따라 각각의 가정과 환경에 맞게 개별화되어야 한다는 것이다.

2003년, 의사들과 다른 보건실무자들 30여명에게 내가 시행하는 검사와 생의학적 방법에 대한 교육을 실시한 적이 있었다. 이 교육에 참석한 DAN!학회의 코디네이터이자 간호사인 머린 맥도넬은 우리의 대규모 모임이 열리는 연안지방보다 멀리 떨어진 미국 전역에서 소규모 DAN!학회를 여는 것을 제안했다.

다른 의사들이 강사 분과에 참여했고, 머린은 의사 교육과정과 함께 개최되는 간호사 교육을 시작했다. 미국에서 약 2,000명의 의사들이 이 교육과정에 참여했고, 강사들이 DAN!연구자들과 의사들이 개척한 생의학적 치료를 알리기 위해 유럽, 호주, 이스라엘, 스코틀랜드, 홍콩, 그 외 다른 지역에서 교육과정을 개최하고 있다.

생의학적 치료의 효과

대부분 ASD아동들의 행동과 인지 장애의 증상들은 적절한 생의학적 치료로 상당히 좋아질 수 있다. 가끔은 극적으로 좋아져서 ASD진단으로부터 벗어나는 경우도 있다. 이것은 놀랄 만한 발언이기 때문에, 잘못 전달하지 않기 위해 좀 명확하게 밝힐 필요가 있다. 부모들에게 모든 아이들이 완전히 나을 것이라는 잘못된 믿음을 전하고 싶지는 않다. 또한 모든 아이들이 크게 좋아질 것이라고 약속할 수도 없다. 내가 전하고자 하는 메시지는 만약 이 책에 소개된 치료들을 시도해 본다면 적어도 조금은 좋아진다는 사실이고, 어떤 경우에는 상당히 좋아질 수 있다는 것이다. 이 희망의 메시지에 대해 자세히 말하자면 다음과 같다.

a. 다양한 검사나 치료법을 시도하지 않고서 부모는 아이가 얼마나 좋아질 지 알 수 없다.

b. 모든 아이들이 크게 좋아지지는 않는다. 그러나 많은 경우 좋아질 수 있다. 대부분은 어느 정도 좋아질 수 있다. 어떤 부모들은 좋아지는 것을 볼 수 없거나 많은 시간이 지나서야 나아진 것을 볼 수 있다.

c. 가끔씩 아이가 좋아지기 전에 더 악화될 수 있다. 최근 새로운 연구들에 따르면 치료과정 중 나타나는 퇴행들은 많은 경우 위장관 질환에 의한 것이라는 사실이 밝혀지고 있다. 이런 질환들이 치료되면 다시 좋아지기 시작한다.

d. 건강식품 제조회사들은 다양한 치료에 도움을 줄 수 있는 새로운 면역증강제와 더 좋은 효소제, 양질의 영양제나 혼합제를 개발하기 위해 노력하고 있다.

e. 검사가 일찍 이뤄지고 조기에 치료하면 아이가 좋아질 가능성은 더 높아진다.

불행하게도 많은 의사들이 자폐증의 진단과 치료에 경험이 부족하다. 어떤 의사들은 자폐증이 불치병이라는 교육을 받았기 때문에 진단 내리는 것 자체를 꺼릴 수도 있다.

ASD아동들은 실제로 아픈 환자들이지만 그 부모들은 "우리 아이는 특별히 아픈 적이 없어요"라고 말하기도 한다. 나는 아이들이 생후 첫

1년 동안에 반복되는 중이염을 보이다가 이후 강한 면역반응을 보이는 시기가 뒤따른다는 사실을 알고 있다. 이는 저강도의 만성감염에 반응해 나타나는 고면역 상태일 수 있다. 또한 몇 년 동안 만성설사가 있어 왔으면서도 감자튀김, 탄산음료, 빙과류 등의 좋지 않은 인스턴트식품만 먹고 있는 아이가 겉보기에 건강한 것을 보고 놀라기도 한다.

바쁜 의사들은 아이를 잠시 살펴보고는 큰 문제가 없는 것 같다고 말하며 부모들은 자기 자녀들이 무른 변을 보는 것에 대해 '결국은 좋아지는 유아기 설사'라는 말을 듣는다. 그러나 심리문제를 가진 아이들에게는 이런 판단이 옳은 것일 수 있지만, ASD아동에 있어서는 위장관치료나 식이조절은 증상의 호전에 있어서 필수적인 것이다. 일부 의사들과 부모들은 아이가 12개월에서 18개월 사이에 말을 하지 않더라도 그냥 '늦되는 아이'라고 생각하는 경우도 있다. 경우에 따라 사실이기도 하지만, 이 시기나 적어도 24개월 이전에 말을 하지 않는 경우 ASD평가를 받아야 하며, 특히 대수롭지 않더라도 행동, 위장관, 인지기능의 문제가 있는 경우에는 더욱 평가가 필요하다.

진단시기가 중요한 이유는 나이가 들면 그 효과가 감소되는 치료기회의 황금기가 있기 때문이다. 이는 교육과 생의학 치료 모두에서 중요하다. 만약 아이에게 만성설사가 있고, 새벽에 자주 깨며, 편식이 심하고, 생후 1년 동안이나 모유를 끊은 시점에 중이염이나 그 외 반복되는 감염이 있었고, 18개월에도 말을 하지 않으며, 백신접종 후 퇴행하고, 다른 아이들에게 관심을 갖지 않고, 호기심이나 관계성이 부족하다면 가능한 빨리 ASD평가를 받아볼 필요가 있다.

나와 DAN!의사들의 경험을 통해 우리는 부모들에게 다음과 같은 중요한 원칙을 알리고 싶다. 주변의 의사와 친척들을 포함하여 그 누군가가 자녀의 발달문제에 대하여 "기다리고 지켜보라"고 하거나 "나중에 따라잡을 것"이라는 말을 하거든 절대로 듣지 말라는 것이다. 특히 자녀가 정상 발달과정을 보이다 퇴행한 경우에는 도움을 찾기 위해 서둘러야 한다.

만약 자녀가 어떤 성향을 보이거나 자폐증이나 ASD로 이미 진단을 받았다면, 이 책은 도움 되는 치료를 찾는 데 길잡이 역할을 할 수도 있다. 치료 중 일부는 의사의 도움 없이 부모들이 먼저 시작할 수 있다. 그러나 실험실 검사나 처방약과 같은 진단과 치료는 당연히 의료 전문가의 도움을 받는 것이 좋다. 만약 DAN!의사가 가까이 있지 않거나 예약을 할 수 없는 상황이라면, 자주 의사와 만나지 않더라도 인터넷이나 팩스, 전화를 이용해 훌륭한 치료를 받게 할 수 있다. 경험이 많고 능력 있는 누군가를 만나기 위해 1년에 한두 번 여행하는 것은 자폐증의 생의학 치료에 대해 전혀 교육을 받지 못한 의사들에 의존해 시간과 돈을 낭비하는 것에 비하면 가치가 있다.

자폐증의 생의학 치료에 참여하기까지

1996년, 내 손녀 첼시는 33개월 때 자폐증 진단을 받았다. 나는 신경정신과 전문의로서 오랫동안 캘리포니아에서 개인병원을 운영하고 있었다. 나는 정서적·정신적 질환들에 대해 정신치료적 접근뿐만 아니라 정신생물학에 적용되는 새로운 연구들과 약물치료들도 병행하고 있었다. 1990년대 초반에는 보완대체의학에 관심을 두고 노화방지를 위한 천연호르몬, 비타민, 기타 영양소의 이용에 대한 공부를 시작했다. 그런 과정은 오늘날 자폐성 발달장애 치료에 있어서 개인적으로 큰 도움이 되고 있다.

그러나 첼시가 진단을 받을 무렵, 나는 자폐증에 대해 아는 것이 거의 없는 상태였다. 30년 가까운 의사생활 동안 자폐증 환자는 별로 없었으며, 있어도 행동조절을 목적으로 약물처방에 대한 의뢰를 받은 경우였다. 돌아보면 나는 정말로 자폐증에 무지했다. 1996년 첼시를 돕기 위해 처음 연구를 시작했을 때, 내 동료들인 소아정신과 전문의들조차 나보다 자폐증에 대해 별로 아는 것이 없다는 사실에 적잖이 실망했다. 첼시의 앞날에 대한 그들의 예측은 절망적인 것이었다.

당시 첼시의 부모뿐만 아니라 나도 첼시의 자폐증 진단에 부정적이었고, 자폐증에 적용할만한 생의학적인 정보가 현실적으로 부족했던 상황에서 우리는 효과적으로 치료할 시점을 놓쳤다. 사실 이 책의 목적 중 하나는 치료시기의 중요성을 알리는 데 있다. 부모들이 자녀의 효과적인 치료를 빨리 시작할 수 있도록 이 책이 도움이 됐으면 한다.

만약 독자가 부모라면 이 책은 최근에 발전된 새로운 치료들의 과학적 근거를 이해하는 데 도움이 되리라고 본다. 독자가 의사라면 자폐증의 진단과 치료 과정에서 어떤 결정을 해야 할지에 대한 정보를 제공할 것이다. 이 책은 또한 복잡한 ASD와 추가적인 지식을 얻기 위해 어디로 가야 하는지에 대한 정보를 제공할 것이다. 다각적인 치료접근에 대한 이 책의 또 다른 목적은 자녀를 도울 방법을 찾기 위해 어려운 시간을 보내고 있는 부모들이 자폐증 전문가들의 진료를 기다린다는 것을 알리는 것이다. 나는 이 책을 본 부모들이 그들의 의사와 보험회사가 ASD에게 희망을 줄 수 있는 연구를 하도록 자극하길 바란다.

첼시가 진단을 받을 당시에는 자폐증은 치유될 수 없으며, 그 원인은 양육법에 문제가 있는 무정한 엄마에 의해 발생한다고 여겨졌다. 요즘에도 이런 생각들이 일부 받아들여지고 있다. 나는 첼시나 다른 자폐증 진단을 받은 아이들이 치유될 수 없을 것이라는 말을 받아들인 적이 없다. 또한 첼시 엄마인 엘리자베스가 무정한 사람이 아니라는 것도 잘 알고 있다. 엘리자베스는 건강하고 행복한 다른 세 자녀를 두고 있으며, 사랑과 헌신으로 키워왔다. 버나드 림랜드 역시 아들인 마크가 자폐증 진단을 받았을 때 사랑스러운 아내 글로리아가 냉정한 엄마가 아니라는 것을 잘 알고 있었다.

지난 10여 년 동안 많은 ASD아동의 부모들을 만났으며, 그들이 아이를 키우는 데 최선을 다하는 모습을 보며 감동 받아왔다. 아이를 위해 가능한 모든 것을 다하려는 부모들의 의지와 노력을 보면 발달문제가 있는 자녀를 둔 부모야말로 모든 부모 중에 사랑과 능력이 가장 뛰어난 사람들이란 것을 알 수 있다.

림랜드는 1964년 그의 저서 『소아자폐증』에서 자폐증은 냉정하고 무감각한 엄마에 의해 발생한 심리질환이라고 알려진 당시의 일반견해를 뒤집는 새로운 발표를 했다. 그는 언어장애와 사회성 장애를 특징으로 하는 이 질환이 유전자의 결함에 의한 생화학적 이상을 바탕으로 여러 환경적 요인들에 의해 촉발되는 것으로 결론지었다. 그는 자폐증이 미국에서 유행성 질환이 되어가고 있다는 것을 역설한 최초의 인물들 중 한 사람이었다.

실제로 자폐증 발병률은 수천 명 중 한 명에서 현재 정부가 공식으로 인정한 수치만으로도 166명 중 1명으로 증가된 상태이다. DAN!의 창시자와 지도자인 림랜드의 주도적인 역할에 힘입어 생의학운동은 백신에 포함된 수은이 자폐증의 증가 원인이라는 주장을 제기했고, 이는 ASD아동 부모들이 세균을 죽이기 위해 백신에 첨가된 중금속을 제거하도록 강력하게 요구하는 계기가 됐다. 그는 ASD아동에 대한 집중적인 행동치료를 강력하게 지지했는데, 많은 관심을 이끈 이 치료는 아이들을 많이 회복시켰다.

2006년 박사가 78세로 세상을 떠났을 때, 그것은 우리 모두에게 커다란 상실이었다. 자폐증 분야에서 큰 영향을 미친 헌신적이고, 재능이 넘치며, 용기 있는 정신의학의 연구자를 기리기 위해 오늘날까지 미국과 전 세계에서 추모의 발길이 이어지고 있다.

첼시, 가장 어려운 사례

수년동안 첼시에게 여러 치료를 시도했는데, 어떤 것은 도움이 됐고, 어떤 것은 그렇지 않았다. 이 책에 영감을 불어넣은 사랑스런 손녀가 내 첫번째이자 가장 힘든 환자로 남아 있다. 진단 받았을 당시 행동치료법만을 알고 있었고 수년간 지속했다. 이른 시기에 교육을 시작하고 행동분석을 시도했지만 제한된 언어기술만을 습득했고 상당히 악화된 상태였으며 만성설사로 고통 받고 있었고 심한 편식이 있었다.

지금은 만성설사가 ASD아동들에게 아주 흔하고 그것이 생화학적으로 비정상적인 상태를 암시한다는 것을 알고 있다. 첼시가 거의 만 5세가 됐을 때 마지막으로 아이에게 몇 가지 일반음식들(지금은 아이에게 유독성으로 작용한다는 것을 알게 된 음식들이지만 알레르기 반응에서도 알 수 없었던 음식들)을 제거한 식이요법을 시작했다. 그 결과는 극적이었다. 처음으로 장기능이 정상화 됐다. 이 경험으로 음식 과민반응을 아는 것과 치료 초기에 음식알레르기 검사를 하는 것이 중요하다는 것을 알게 됐다.

첼시가 5세가 넘었을 때에도 현재 내가 시도하는 생의학적 치료법들이 발전되고 있지 않았기 때문에 생의학적 치료와 해독치료의 혜택을 초기에는 받지 못했다. 이 치료들은 어린 환자들에게 상당히 극적인 호전을 보였다. 유감스럽게도 나이가 많은 환자는 생의학적 치료로 호전되는 데 시간이 많이 걸리며 또 완전하지 않은 것 같다. 이는 나이가 많은 환자들은 생화학적 비정상과 독성상태가 이미 세포기능의 일부가 되어 있어서 변화시키기 더 어렵기 때문이다. 내가 담당하는 어린 환자들에 비해 첼시의 회복은 느리지만, 나는 첼시가 성장하는 동안은 이 분야에서 새롭게 발견되는 치료들을 기꺼이 시행할 것이다.

치료의 황금기는 일반적으로 18개월에서 만 5세이다. 그러나 나이의 범위는 치료를 시작하기에 적절한 기간을 말하는 것일 뿐, 나이가 더 많은 아이들이 좋아지지 않는다는 것을 의미하지는 않는다. 나이가 많은 아이들뿐만 아니라 성인에게도 도움이 될 수 있고 일부에서는 주목할 정도로 좋아진다. 모든 자폐성 발달장애가 있는 사람에게 현재 이용할 수 있는 진단과 치료를 제공하는 것은 전혀 늦은 것이 아니다.

나와 대부분의 DAN!의사들은 독성물질이나 병원균들에 의해 미성숙한 이 아이들의 면역계가 초기에(태아기, 신생아기, 영유아기) 손상되면서 생화학적 변화들이 발생하고, 결국 신경인지 기능의 결함과 행동변화들로 나타나게 된다고 믿고 있다.

상당수가 유전적 취약성이 있기는 하지만, 백신보존제로 사용되는 수은이 일부 아동들에게는 자폐증의 유발인자가 되기도 했다. 특히 1991년부터 모든 신생아에게 B형간염 백신을 접종하도록 하는 정책이

37

있은 후에 자폐증은 크게 증가됐다. 최근 퇴행성 자폐증이 B형간염 정책과 함께 발생했다고 생각하는 많은 자폐증 전문가들과 부모들을 만났다. 통계상 MMR 대량접종(MMR은 수은이 없다) 정책이 시작된 1998년부터 발생률이 점진적으로 증가세를 보이고 있는데 나와 테레사 빈스톡은 이 책의 다른 장에서 MMR에 대해 최근에 밝혀진 것에 대해 논의할 것이다. 자폐증 발생률은 1991년부터 엄청나게 가파른 속도로 증가했는데, 이는 출생 후 수 시간 내에 B형간염 백신을 접종하기 시작한 시점과 일치하고 있다.

우리는 이제 유전적 성향, 알레르기, 질병, 반복된 항생제 처방 등의 독소로 생긴 영유아기 손상이 면역계 약화와 소화기관의 염증 등을 유발할 수 있는 요소라는 것을 알고 있다. 면역계 약화는 세균과 바이러스 감염, 과다한 항생제 사용, 장내 곰팡이의 과다증식, 위장관 감염, 영양상태 결핍의 원인이 된다. 장누수증후군(장점막의 투과성 증가나 손상으로 병원체, 항원, 부패물질들이 장점막 내로 유입되어, 혈액을 통해 전신으로 퍼져, 면역력 저하나 자가중독증을 유발하는 신체현상-옮긴이)과 이 증후군으로 인해 생긴 여러 문제들이 뇌와 신체에 각종 독소를 퍼지게 한다.

더욱이 일시적으로 또는 만성적으로 저항력이 약한 소아들에서는 MMR과 같은 생백신(살아있는 바이러스나 균의 활동을 둔화시켜 만든 백신-옮긴이)을 접종하는 것이 또 다른 변화를 가져 오게 한다. 아이의 과도한 면역반응뿐만 아니라, 백신에 들어있는 보존제, 바이러스, 또는 다른 독소들이 신경계를 공격하고, 이 공격은 신경발달을 방해하며 신경의 신호전달을 방해한다. 이런 인자들이 아주 다양한 방법으로 뇌의 영양결핍과 ASD아동들의 인지장애를 일으키는 데 복합적으로 작용한다.

이 책은 다음과 같은 도움을 줄 수 있다.

a. 아이들이 왜 만성질환 상태에 있었는가를 알고, 생의학적 치료가 어떤 도움을 줄 수 있을까에 대한 이해를 돕는다.

b. 부모와 의사들이 최선의 치료방향을 잡을 수 있도록 중요한 진단 도구들을 알려 준다.

c. 치료법 설명과 함께 검사하기 전이라도 부모와 보호자들이 시작할 수 있는 안전하고 효과적인 치료법을 소개한다. 이는 ASD치료에 전문적인 의사를 찾기 힘든 부모들에게 중요하다. 자폐증에 대한 생의학 치료는 새로운 것이다. 많은 의사들이 이 치료를 어떻게 할지에 대해 듣거나 배운 적이 없다. 하지만 ASD가 증가하기 때문에 이 치료를 배우기 시작한 의사들은 증가하고 있다. 부모들이 더 많이 알수록 이런 과정은 촉진될 것이다.

d. 교육분야처럼 아이들이 적절한 의료를 받을 수 있도록 부모들이 자녀의 지지자가 되도록 하고, 그들이 필요로 하는 의료를 받을 수 있도록 의료보험 개혁을 위해 싸우는 데 용기와 격려를 주고자 한다.

자폐증 발달장애 치료의 작은 기적

의료에서 찾은 희망

1장

자폐증의 원인은 무엇인가?

식이요법이 우리 아이들을 진정시키고 세상에 관심을 가지도록 하며 집중력을 높이고, 더 나은 활동을 할 수 있도록 해줄까? 어떤 영양제를 추가하는 것이 어휘력 향상에 도움이 될까? 몸에서 수은 등의 중금속을 제거하는 것이 ASD진단에서 벗어나게 할 수 있을까?

그렇다. 이런 치료법들 중 한 가지만 시도하더라도 종종 ASD에서 벗어나기도 한다. 보통은 이 치료들을 함께 할 때 더 효과가 좋다. 비록 ASD진단범주 안에 있더라도 인지, 행동, 신체적 건강상태가 눈에 띄게 좋아지기도 한다.

이런 희망의 메시지는 어느 때보다 지금 더 필요하다. 우리는 전세계적인 ASD유행의 한가운데에 있다.[1] 미 교육부에 따르면 1998년부터 1999년까지 1년 만에 학령기에 자폐증으로 분류된 숫자가 26.01%나 증가됐다.[2] 캘리포니아에서는 11년 사이에 자폐증으로 진단 받은 학령기 아이의 숫자가 210%나 증가했다.[3] 지난 10년 사이 ASD는 7배나 증가했다. 유럽에서도 ASD와 자폐증 발생률이 비슷하게 증가된 것으로 보고됐다.[4] 자폐성 장애의 범주에는 주의력결핍증ADD과 주의력결핍 과잉행동장애ADHD도 포함된다. 미국에서만 6백만 명 정도의 어린이들이 ADD와 ADHD로 고통 받고 있으며 2백만 명 이상이 리탈린이라는 약물을 복용하고 있다.

ASD의 정의와 발병률

자폐증은 사회적 상호관계의 심각한 이상, 언어를 포함한 의사소통 발달의 심각한 장애, 제한적이고 반복적인 행동 및 활동이나 관심, 상상 패턴이 제한적이고 반복적인 경우를 말하며, 만 3~5세 사이에 발생하는 것으로 알려져 있다. 감각에 대한 비정상적인 반응도 진단기준으로 생각된다.[5]

ASD는 발달장애의 한 범주이며 완전한 자폐증에서 ADD, ADHD, 전반적 발달장애PDD까지 해당된다. PDD는 포괄적인 진단명으로 발달상의 주요 단계를 충족시키지 못하고, 자폐성향이 있지만, 최소한 어느 정도는 말하고 의사소통 능력이 있는 경우를 말한다. ADD로 진단받은 아이들은 집중력을 유지하는 데 어려움이 있다. ADHD는 ADD에 과잉행동이 함께 있는 것이다. ADD와 ADHD는 ASD의 가벼운 형태로 생각된다. 전형적으로 ADD, ADHD를 가진 아이의 부모들은 보통 다른 아이만큼 빠르게 성장하지 않거나 말을 하지 않는다는 것을 인식할 때까지 아이들을 위해 도움이 될 만한 방법을 찾지 않는다.

ASD의 가장 상단에는 아스퍼거증후군이 있다. 이 용어는 기능이 좋은 자폐증에 대해 사용된다. 이런 아이들은 흔히 총명하다. 그들은 많은 어휘를 사용하고 이해하지만 관심분야가 지극히 좁고 사회적으로 부족한 면이 많다. 아스퍼거증후군이 있는 아이는 세척기에 대한 최고의 전문가가 될 수가 있지만, 세척기만이 그 아이가 말하고 싶은 유일한 관심사일 수 있다.

자폐증에는 2가지 기본적인 형태가 있다. 하나는 태어날 때부터 자폐증이 있는 경우로 카너증후군으로 알려진 전형적인 자폐증이고, 또 하나는 정상적인 발달과 행동을 보이다가 보통 12개월에서 24개월 사이에 발생하는 퇴행성 자폐증이다. 전형적인 자폐증의 발생률은 1만명 중 1~2명이지만, 퇴행성 자폐증과 ASD는 166명 중 1명 정도로 급격히 증가했다(2008년 보고).

어떤 연구에서는 그보다 더 높게 추산하기도 한다. 최근 연구에 따르면 캘리포니아 소아 150명 중 1명 정도가 퇴행성 자폐증인 것으로 추정되고 있다.[6] 동부 연안에서의 질병관리본부 연구에서도 비슷하게 보고됐다. 이 연구에서 아동 1,000명 중 6.87명이 ASD였는데, 이는 150명 중 1명 정도이다.[7] 제프 브래드스트리트는 "정부의 자료에 따르면 ASD로 분류될 수 있는 심각하게 발달이 늦은 아동들이 미국 내 약 200만 명 정도 있다는 것을 의미한다"고 말했다. 유에스뉴스앤월드리포트에서도 "미국 내 소아 6명 중 1명은 자폐증, 공격적 성향, 난독증, ADHD 같은 문제점으로 고통 받고 있다"는 기사를 싣고 있다.[8]

ASD를 치료하는 많은 사람들은 ADD, ADHD, PDD, 아스퍼거증후군이 현재 우리가 ASD의 원인으로 믿고 있는 유전적 원인과 환경적 유발인자의 결합 양상이 경미하게 나타난 것으로 여긴다. 손상을 유발하는 환경적 자극은 태아기, 영아기, 유아기에 발생할 수 있다. 어느 시기이든지 환경적 자극은 덜 발달되거나 아직 발달 중인 면역계에 부담을 주며, 흔히 아이의 면역계가 자가면역상태가 되도록 한다. 이 상태를 자가면역질환이라고 한다. 알레르기, 관절염, 당뇨병은 자가면역질환의 예에 속한다. 많은 ASD아동들에게는 자가면역질환 병력이 있는 가족이 있다.

무엇이 ASD를 일으키는가?

누구도 자폐증 유행에 대해 모든 것을 알고 있다고 주장할 수는 없다. 그러나 부모들과 의사들이 알고 있어야 하는 이론들이 있는데, 이 이론들이 뒤에서 언급할 생의학 치료들의 기초를 이루기 때문이다. 자폐증과 ASD의 모든 원인을 알기 어렵지만 유전인자와 환경인자들이 상호작용하여 발생한다는 데에는 의견이 일치한다.

　많은 개별사례에서 환경인자들은 유전인자가 질병이 되도록 하는 필수적인 유발인자인 것으로 생각된다. 신체적, 정신적, 감정적인 기능 장애들을 유발하여 결국 뇌기능 장애를 일으키는 환경자극의 기전을 설명하는 이론들이 많다. 그렇지만 어떤 연구도 자폐증의 결정적 단서로서 특정 환경적 독소나 오염물을 집어 내지 못하고 있을 뿐만 아니라 하나의 독소가 병인으로 판명될 것 같지도 않다. 대신 우리 자녀들이 고통 받고 있는 손상의 이면에 있는 일차적인 요인으로서 몇 가지 독소들과 질병의 기전이 작용하고 있다는 강력한 증거들이 있다.

단순히 유전은 아니다

과학자들은 오랫동안 자폐증을 유전적 질환이라고 생각했다. 그러나 유전자 연구에서는 자폐증을 일으키는 특정 염색체나 유전자의 특정 위치를 밝혀내지 못했다. ASD아동에게는 다운증후군, 윌리엄스증후군, 프래자일X증후군에서처럼 특징적인 얼굴이나 신체모습을 공통적으로 보이는 경우가 거의 없다.

비록 유전적으로 어떻게 자폐증이 발생하는지 정확하게 알 수는 없지만 많은 ASD아동들에게 유전적 취약성이 있는 것으로 보인다. 자폐증이 쌍둥이에게서 더 많다는 리드 워런의 연구에서도 유전적 취약성이 어느 정도 설명되어 있다. 더욱이 자폐증은 남아가 여아에 비해 4배 정도 더 많다. 이런 점들은 자폐증이 유전적 인자와 관계가 있다는 것을 추측하게 하지만 자폐증의 모든 사례가 유전 때문은 아니다.

어떤 경우는 환경적 유발인자들이 모여 ASD를 발생시키는 핵심 원인으로 작용했을 수 있다. 유전적 취약성의 유무와 상관없이, 환경적 유발인자들은 무증상 바이러스 감염이나 중금속 중독과 같이 치료가 능한 병인일 수 있다. 자폐증을 유발하는 소수의 유전증후군을 제외하고서라도 유전자 연구가들은 모두는 아니지만 많은 ASD아동들에게서 여러 유전자 표식을 발견했다. 그것들 중 하나가 면역계 기능과 조절을 제어하는 C4B유전자인데, 이는 신체에서 바이러스나 세균 같은 병인을 제거하는 데 관련된다. 자폐증, ADHD, 난독증에서 결함이 있는 형태의 C4B유전자를 지니고 있는 빈도가 높은 것으로 나타났다.[9]

하지만, 유전적 취약성이 개별적인 사례에서 모두 나타나는 것은 아니다. 자폐증 논문에서 면역관련 유전자에 관한 연구들이 나타나고 있고[10], 후천적인 원인과 유전자모델의 취약성에 대해서도 규명되기 시작하고 있다.

독성화학물질 모델

예비 엄마들이 오염된 물을 마시고, 유독한 집안 공기를 마시며, 산모와 아직 태어나지 않은 태아의 몸에 시한폭탄같이 작용할 수 있는 독성화학물질을 음식을 통해 섭취할 수 있다는 사실은 충격적이다.

보스턴시 의사들의 최근 보고서에 의하면 독성화학물질에 노출되어 학습장애, 지능저하, 공격적이고 파괴적인 행동들을 보이는 아동들이 미국 내에 수백만 명이라고 한다.[11] 이 보고서에 따르면 출생 전후 독소노출은 평생 지속되는 장애와 연관이 있다. 국립과학아카데미NSA는 신경독성물질과 유전인자가 결합된 경우가 ASD를 포함한 발달문제의 약 25%를 차지한다고 보고했다.[12]

주요 독성화학물질에는 PCB와 유기인 계열의 농약이 있다. NSA보고에 따르면 체내에 다량의 PCB가 있었던 아동들은 그렇지 않은 아동들에 비해 얼굴인지검사, 집중력검사, 지능검사에서 더 낮은 점수를 받았다. 또 더스반, 디아지논과 같은 농약들이 뇌손상을 일으킬 수 있다고 한다. 2000년에 이르러서야 환경보호국은 가정 내 더스반 사용을 금지시켰다. 이 물질은 바퀴벌레와 개미를 죽이는 제품으로 1956년에서 2000년까지 시중에 판매됐다.

중금속 오염모델

유전적으로 취약한 소아들의 면역계는 납, 수은 같은 중금속에 의해 영향을 받을 수 있다.

(1) 납

보스턴 의사들의 보고에 의하면 미국 내 100만 명 정도의 소아들이 행동과 인지에 부정적인 혈액 내 납수치가 환경보호국 기준을 넘어서고 있다.

납은 어디서 오는 걸까? 1978년 이전에 지어진 집과 아파트에는 납이 들어있는 페인트를 사용했다. 1970년대 후반부터 납 페인트의 사용은 금지됐지만, 오래된 집에 남아있던 납은 특히 소아에게 해롭게 작용한다. 페인트가 칠해진 창문을 열고 닫을 때마다 페인트 가루나 납먼지가 생성되어 흡입되거나 바닥에 가라앉을 수 있다. 기어다니는 아기는 흔히 손을 입에 넣으면서 먼지나 가루를 삼킬 수 있다.

질병관리본부와 공중위생국은 "납중독은 소아들에게 가장 흔하고 사회적으로 만연한 환경질환이다"라고 표현한다. 많은 아이들이 혈액검사에서 안전한 범위였다고 해도 실제로는 납의 해로운 영향을 받고 있을 것으로 보고 있다. 환경보호국 소책자에 따르면 여전히 납 페인트가 묻어 있는 거주지가 매매되고 있다. 낮은 수치더라도 장기간 납에 노출되면 출생 전이라도 뇌나 다른 조직에 축적되어 신경손상을 초래할 수 있다.[13] 납에 노출된 아동은 정신적 신체적 발달이 지연될 수 있다. 피츠버그대학의 허버트 니들만 교수는 "납중독 때문에 지능지수가 125이상일 수 있었던 미국 아동들의 수가 절반으로 줄었으며 그 수는 약 200만 명에 이른다"라고 말한다.[14] 2000년 6월에 발표된 연구에서 니들만 교수는 비행청소년들 뼈의 납수치가 일반 청소년에 비해 현저히 높다고 보고했다.[15]

(2) 수은

예전에 체온계에 들어있던 물질이고 환경에 널리 분포한다. 생선에 수은이 다량 함유되어 있다고 알려져 있다. 독소학자인 데이비드 브라운은 오염되지 않았다고 여겨진 북동부 8개주와 캐나다의 3개주의 호수에 사는 생선의 수은수치가 높다는 것을 발견했다. 브라운은 "임신부가 이들 호수에서 잡힌 생선 1마리를 먹게 되면 태아에 해로울 정도의 수은을 섭취하는 것이다"라고 결론내렸다.[16] 출산 전 수은노출의 다른 원인으로 치과 치료에 쓰이는 아말감이 있다. 그 당시에는 아무도 이것이 잠재적 위험을 지니고 있는지 몰랐다. 내 딸인 엘리자베스는 첼시의 임신 4개월 때 수은이 포함된 아말감으로 치과 치료를 받았다. 캐나다와 스웨덴 같은 외국에서는 임신한 여성에게 아말감을 이용하는 것에 대해 엄격한 제약을 가하고 있다. 수은에 대해 배우고 난 뒤, 우리는 첼시의 자폐증이 아말감에 의해 유발됐을 가능성이 있다는 것을 믿고 있다. 경로가 무엇인지 상관없이 최근 퇴행성 자폐증과 ASD의 많은 경우는 아이들의 몸 속에 들어간 수은이나 그 밖의 중금속의 직간접적인 결과라고 생각한다. 나는 이 아이들에 대한 독성 중금속에 대한 진단과 치료에 초점을 두고 있다.

백신접종

생백신 접종은 민감한 아이들에게 자폐성향을 유발할 수 있다. 백신에 앞서 자폐발병에 영향을 준 것으로는 티메로살 형태로 이용되는 에틸수은이 거의 확실했는데, 이 물질은 최근까지 신생아에게 의무적으로 접종됐던 백신의 보존제로 이용됐다. 자폐성향과 수은중독증상은 다양한 자가면역증상을 포함하여 상당히 일치한다. 사실 자폐증을 정의하거나 또는 자폐증과 연관된 모든 성향들은 이전에 수은중독문헌에 기술되어 왔다.

수은은 수년동안 페인트에 항진균제로 첨가되어 이용됐으나 1991년 독성 때문에 실내용에서 퇴출됐다. 1982년, 식품의약국은 살충제인 메르티오레이트에 수은이 포함되어 있어 사용금지처분을 내린 바 있다. 애석한 일이지만 그 누구도 우리 자녀들을 질병에서 보호하기 위해 접종한 백신에서 수은을 제거하려는 노력은 기울이지 않았다. 백신에 포함된 수은은 티메로살로서 49.6%가 에틸수은이다. 티메로살은 개봉 후 여러 번 사용해도 세균에 오염되지 않도록 하기 위해 첨가된다. 이런 백신의 에틸수은이 수많은 아이들과 가족들의 삶을 오염시켰을 수 있다.

현재 ASD로 진단 받은 아이들은 환경보호국이 어른들에게 안전하다고 여겨지는 것보다 많은 수은을 백신을 통해 접종해왔다. 오늘날 아동들은 더 많은 백신접종을 받고 있으며(2세가 되기 전 22번의 접종), 그 어느 때에 비해 더 어린 시기에 짧은 간격으로 주사를 맞는다. 1991년 이전에는 막 기기 시작한 아이들이 실내용 페인트에서 나오는 수은증기에 노출됐다. 바로 전에 언급했지만 바로 그 해에 식품의약국은 페인트 제조업자에게 가정용 페인트에서 수은을 제거할 것을 고시했다.

　정말 아이러니컬하게도 같은 해에 정부는 공중보건을 이유로 막 태어난 신생아에게 B형간염 백신접종을 의무화했다. 2001년까지 B형간염 백신은 티메로살을 포함했다. 따라서 정부의 한쪽에서는 실내에서 수은을 제거하는 일을 하면서, 다른 한쪽에서는 신생아들에게 수은이 포함된 접종을 의무화한 것이다. 질병관리본부에서 권장한 접종스케줄에 따르면, 모든 접종을 받을 경우, 출생시 12.5μg, 2개월 때 62.4μg, 4개월 때 50μg, 6개월 때 62.5μg, 18개월 때 대략 50μg의 수은에 노출되게 된다.

　나는 면역계와 간기능이 성숙하지 못한 신생아에게 접종한 B형간염 백신 속 수은이 위장관장애와 신경학적 이상을 초래하여 결과적으로 위험군 아이들에게 자폐증을 발병시켰다고 믿고 있다. 아직 티메로살과 자폐증 유행과의 연관성에 대해서 확증된 바는 없지만 예방의학적 데이터는 강한 연관성을 암시하고 있다. 더 최근에는 의학협회 실무진들이 이런 의문에 대해 수긍하고 있는 상황이다. 나는 수은의 해로운 영향이 밝혀지는 것은 시간문제라고 생각한다. 그것은 '증명'될 것이다.

　영국의사인 앤드류 웨이크필드는 처음으로 MMR 백신, 위장관 병변, 자폐증과의 연관성을 제시했는데 그의 연구는 급조된 한바탕의 반박소동으로 비하됐다. 하지만 그 후의 몇 가지 특별한 연구들을 통해 ASD아동의 위장관 조직의 염증에서 홍역바이러스가 검출됐고 그 바이러스군이 백신에 사용됐던 종류였음이 밝혀졌다.[17] 다른 연구에서 ASD와 홍역바이러스의 위장관 감염 사이의 상관성이 보고됐다.

　최근에 의사이자 하버드의대 소아소화기병 연구자인 티모시 부이는 400명의 소아들을 대상으로 한 연구에서, 웨이크필드 등이 처음 기술했던 것과 마찬가지로 특정군의 아이들에게서 장관림프절의 비대가 있다는 사실을 보고했다.[18] 일본인 연구자들로 구성된 가와시마 등은 ASD의 소집단에서 접종에 이용된 홍역바이러스가 말초혈액의 단핵구(외부 이물질이나 병균을 포식하는 백혈구의 일종-옮긴이)에 있는 것을 보고했는데[19], 이는 혈액뇌장벽의 염증과 중추신경계로의 경미한 바이러스 침투를 일으킬 수 있다.

대부분 소아들은 약화된 홍역바이러스로 접종을 받는다. 홍역바이러스는 전세계적으로 매년 4천만 명에게 감염을 일으키며 면역계 억제와 중추신경계 침범으로 약 1백만 명 정도가 사망한다. 전염성이 있는 홍역바이러스에 의해 심각한 감염을 일으키는 환자들은 대부분 저개발국가에 살고 있다. 전체적으로 홍역 백신은 수백만 명의 생명을 구했다. 그러나 현재 홍역 백신은 볼거리, 풍진 바이러스와 함께 동시 접종한다. 혼합 백신은 MMR이라고 불린다. MMR은 수백만 명의 생명을 구하는 것으로 알려져 있지만, 홍역바이러스와 연관된 위장관병변의 자료에 의하면 MMR은 또한 수천 명의 아이들에게서 퇴행성 자폐증을 유발해왔거나 발병에 관여했던 것으로 여겨진다. 이것이 런던의 로얄프리병원에서 수년동안 위장관학자로서 일했던 앤드류 웨이크필드의 입장이다. 그는 미국으로 이주해서 현재 텍사스주 오스틴에 있는 Thoughtful House에서 일하고 있다.

매우 존경 받는 의사이자 연구자인 그는 자폐증과 MMR 접종에 따른 특정 홍역바이러스와의 잠재적 연관성을 발견했다. 앞에서 언급했듯이 웨이크필드는 자폐증의 소집단에서 위장관조직과 말초혈액의 단핵구세포에서 백신에서 유래한 바이러스 게놈을 확인했다. 이런 발견들은 취약성이 있는 특정집단에서 MMR이 수초염기성단백질MBP에 대한 자가면역반응을 일으킬 수 있다는 자폐증 모델을 만들었다. 이 모델은 장기간 자폐증을 연구해온 VK 싱의 보고 자료와 일치하는데, 그의 논문에 따르면 ASD아동의 많은 경우에서 수초염기성단백질에 대한 증가된 항체가 홍역 바이러스나 인간헤르페스바이러스-6에 대한 항체가의 증가와 동반됐다.

버나드 림랜드를 비롯하여 많은 전문가들은 웨이크필드가 연구한 MMR 백신과 자폐증 환자의 위장관 병변과의 상관관계가 자폐증 병리 기전의 한 부분을 밝혀줬다고 여기고 있다. 보건당국의 반발과는 달리 많은 부모와 의사, 연구자들은 MMR 백신이 특정 위험군에서 자폐증 유병률의 증가에 영향을 준 실제 원인일 수 있으며, 이 부작용은 다른 혼합 백신(MMR과 DPT를 같은 날에 접종)을 추가했거나 아이가 접종 당시 후천적 또는 선천적으로 약한 상태였을 때 더 잘 발생하는 것으로 믿고 있다.

자가면역과 알레르기 모델

생의학적 자료가 증가하면서 ASD아동이 '소집단'으로 나뉜다는 것이 밝혀지고 있다. 예를 들어 많은 수의 ASD아동들은 다양한 뇌 단백질에 대한 수치가 증가되어 있다. 또한 많은 아동들이 자가면역이나 알레르기 증상을 보이고, 자가면역 및 알레르기 질환에 대한 가족력이 있다.[20]

알레르기는 몸의 면역계가 외부 침입물질로 인식한 것에 대해 과도하게 반응할 때 나타난다. 몸의 면역반응을 일으키는 어떤 물질을 알레르겐이라고 한다. 먼지나 꽃가루와 같은 알레르겐이 흡입되면 이는 곧바로 면역계에 의해 침입자로 탐지된다. 이어서 면역계는 항체를 생산하고 침입자와 싸운다.

예를 들어 꽃가루에 반응해 면역글로블린E(IgE로 불리는 항체가 생산되는데, IgE는 조직의 비만세포나 혈액의 호염구(외부 이물질에 대해 주로 염증과 알레르기 반응을 일으키는 백혈구의 일종-옮긴이)에 붙는다. 비만세포나 호염구는 알레르겐을 표적으로 삼고 혈류를 통해 돌아다닌다. 만약 알레르겐이 침입하여 IgE와 반응하면 비만세포나 호염구는 히스타민을 분비한다. 히스타민은 코의 점막에서 종창을 일으키고 과도한 점액을 분비하게 한다. 이렇게 되면 사람은 충혈, 재채기, 눈의 염증이나 가려움, 피부의 가려움을 호소한다. 우리는 그런 증상을 조절하기 위해 항히스타민제를 복용하지만 사실 알레르기 증상들은 침입한 알레르겐을 점액과 함께 배출하려는 몸의 반응이다.

많은 ASD아동들은 처음에는 과도하거나 기능이 떨어진 면역조절장애를 보인다. 많은 연구자들과 의사들은 특히 약한 아이들이 수은노출이나 약화된 바이러스 백신과 같은 환경적 자극을 받는 경우, 면역계가 실제 알레르겐을 공격할 뿐만 아니라 마치 항원처럼 보이는 뇌의 분자구조도 공격하는 방식으로 반응할 것이라는 가설을 제시하고 있다.

자가면역반응이 있다는 사실은 많은 ASD아동들의 혈액검사에서 중추신경계 단백질의 일종인 수초염기성단백(myelin basic protein, MBP)에 대한 자가항체가 발견되고 있는 것으로 알 수 있다.[21]

33명의 ASD아동과 18명의 일반아동, 20명의 정신지체아동, 12명의 다운증후군 아동의 대조군 연구에서 수초염기성단백 항체가 자폐성아동에서는 33명 중 19명(58%)이 나타난 반면 나머지 대조군에서는 88

명 중 8명(9%) 만이 나타났다.[22] 수초화가 뇌발달에 필수적인 과정이라는 측면에서 이 연구 결과는 매우 흥미롭다.

신경은 수초에 의해 피막이 형성되어야 전도가 효율적으로 일어난다. 전선의 피막과 같이 수초의 지방질 피막은 전기전도가 국소적으로 일어나도록 도와서 신경의 전기신호 안정성을 유지한다. 피막이 손상되면 전류가 차단되거나 누전이 일어날 수 있다. 면역계가 자신의 몸에 있는 수초를 공격하면 뇌 안에 '누전'이 일어날 수 있고, 신경은 적절한 기능을 하기 어렵다.

자폐증에서의 자가면역증상은 다른 소집단과 원인모델을 설명하는 데에도 도움이 된다. 에틸수은이나 생바이러스를 함유하는 백신접종은 면역기능장애, 영양장애 등으로 약해진 아동들에게 영향을 준 것으로 보인다.[23] 점차 증가하는 임상자료들에 따르면 일부 ASD아동들은 부정적인 증상들의 주원인이 되는 잘 드러나지 않는 만성감염을 지니고 있다.

바이러스 모델

바이러스 감염이 ASD발생에 중요하다는 것은 임상자료를 통해 잘 정립되어 있다. 자폐증 치료실을 운영하고 있는 의사인 시드니 베이커와 마이클 골드버그는 자폐증 환자의 약 30%가 아시클로버나 발트렉스에 잘 반응한다고 보고했다. 약물효능에 대한 연구들에서 아시클로버는 단순헤르페스 바이러스, 수두대상포진 바이러스, 엡스타인 바 바이러스, 인간헤르페스 바이러스-6 순으로 효과를 나타냈다.

내 임상경험도 두 사람이 보고했던 것과 일치하고 있다. 자폐증 환자를 처음으로 보기 시작할 때부터, 나는 바이러스 수치가 증가된 경우라면 누구에게나 아시클로버나 발트렉스를 처방했으며 그들 중 약 1/3에서 긍정적 반응이 나타났다. 나는 막 배우고 있던 중이었고, 어떤 아이들에게는 충분한 시간 동안 필요한 만큼의 용량으로 투약하지 않았던 것 같다. 이것은 킬레이션을 통해 중금속을 제거하기 전의 식이, 영양, 위장관 치료 다음으로 내가 시도했던 주요 치료법이었다.

8장에서 보게 되겠지만 항바이러스 치료는 ASD아동들의 치료에서 매우 중요한 의미가 있다. 무엇보다도 아시클로버는 대부분 소아와 어른에게 안전한 약이다. 따라서 아시클로버는 쉽게 시도될 수 있다. 두 번째로 다양한 헤르페스 바이러스들은 언어장애, 간질, 탈수초화, 자폐스펙트럼 성향들과 연관되어 있다. 아동의 전체적인 의료기록에서 이런 부분이 나타난다. 의료상황이나 검사결과에 따라 차이는 있지만, 일반적으로 나는 항상 위장관을 치료하고 영양섭취를 최적화하는 것을 우선으로 하며, 중금속의 증거가 있는 경우 해독치료를 하고, 다음으로 바이러스를 치료한다. 그러나 몇몇 아이들은 킬레이션과 바이러스 치료를 함께 하거나 그 전이라도 아시클로버와 같은 항바이러스 약물이나 항바이러스 효과가 있는 대체 식물제제가 필요하다. 이 치료들의 전체적인 효과는 무증상 감염이 성공적으로 치료될 정도로 아이의 면역상태가 증진되는 것이다. 바이러스가 아이들의 증상에 크게 관여하고 있으며, 면역기능장애와 함께 아이들의 몸속에서 생존하고 있다는 것은 확실하다. 이런 감염들은 치료하기 어렵기 때문에 나는 약물용량을 가능한 낮추려고 하며, 면역계가 스스로 작용하도록 아이의 건강상태를 최적으로 만들려고 한다.

글루텐/카세인, 효소결핍, 진균증식 모델

대부분 ASD아동들은 글루텐이나 카세인을 소화하는 능력이 떨어진다. 글루텐은 밀, 호밀, 귀리, 보리에 포함되어 있고 다른 많은 제품들에 들어있는 단백질 복합체이다. 카세인은 우유 단백질이다. 알렌 프리드만 박사 연구팀은 카세인과 글루텐을 소화시키는 데 중요한 효소인 DPP-IV가 자가면역반응에 의해 결여되거나 비활성화되어 있다고 보고했다. 박사가 제시한 모델에 따르면 이 효소가 결핍되면 모르핀이나 아편성 물질이 몸 속에 축적된다.

이들 물질들이 몸에서 생성되거나 축적되면 ASD아동들이 멍하게 보이는 원인이 될 수 있다. 자폐증의 흔한 특성 중 하나는 다른 사람에 무관심하며 자신만의 세계에 갇혀 지내는 것처럼 보인다는 점이다. 프리드만 박사의 주장과 상관없이 많은 ASD아동들은 식품알레르기 검사와 식이제거에서 과민성을 보인다. 대부분 ASD아동들에게서 위장관에 염증이 나타나며, 글루텐과 카세인과 같이 예민한 음식들은 위장관을 자극하는 것으로 여겨진다.

항생제 또한 면역계뿐 아니라 위장관벽을 자극하기도 한다. 글루텐과 카세인을 소화하기 힘든 것에 대한 일차치료는 글루텐/카세인 제거 식이요법이다. 5장에서 이것을 어떻게 시작하고 유지할 것인지에 대해 다룰 것이다. 면역계가 손상되거나 위장관 염증이 있으면 진균특히 칸디다에 감염될 가능성이 높다. 대변배양이나 다른 검사에서 칸디다 알비칸스의 과다증식이 흔히 관찰된다. 칸디다 감염은 ASD아동들에게 볼 수 있는 예상치 못한 행동이나 건강문제의 주원인이 될 수도 있다.

많은 아동들의 병력을 조사하면 흔히 중이염과 항생제의 반복 사용이 확인된다. 이로 인해 몸에 도움이 되는 유산균주가 줄어들고 유해균이나 진균이 증식한다. 이와 비슷하게 에틸수은 화합물도 위장관 균주에 부정적인 영향을 준다. 주로 위장관을 통해 몸을 빠져나가는 에틸수은은 위장관 균주에 해를 끼칠 수 있다. 백신에 첨가된 에틸수은에 대한 중독과 항생제 남용이 동반되면 유산균이 감소되고 결과적으로 위장관 진균과 같은 유해균주가 증가하게 된다.

이런 유해진균이 증식하면 독소가 분비된다. 윌리엄 쇼 박사는 진균이 ASD아동에 미치는 영향에 관한 연구에서, 진균독소가 면역계와 중추신경계에 장애를 일으킨다고 지적했다. 수은과 연관된 다른 부정적인 영향으로는 수은과 다른 중금속이 진균과 세균에 대항하는 역할을 지니고 있는 백혈구와 호중구(포식작용을 하는 백혈구의 일종. 병균을 포식한 후 효소를 이용해 사멸시키며 자신도 죽는다. 감염시 조직에서 농을 형성한다-옮긴이)를 파괴한다는 점이다.

칸다다 증식에 의해 발생하는 것으로 알려진 건강문제로는 설사, 복통, 변비, 두통, 피로, 우울 등이 있다. 행동문제로는 집중력 장애, 과잉행동, 주의산만, 과민, 분노 등이 있다. 진균 증식을 치료하는 안전한 방법들이 많이 있다. 유산균을 복용하거나 항진균작용이 있는 영양소를 먹거나 약제를 처방할 수 있다. 어떤 아이들은 진균을 과다하게 증식시키는 당분 및 음식물이 적게 포함된 특별식이가 필요할 수 있다. 진균 감염을 치료한 후, 나는 ASD아동들이 과잉행동이나 집착이 감소하고 눈맞춤, 집중력, 언어가 좋아지는 것을 보아왔다.

금속단백질 metallothionein 이론

이는 저명한 생화학자로 일리노이주 네이퍼빌의 파이퍼 치료센터에서 일하는 윌리엄 왈시 박사의 이론이다. 수천 명에 대한 연구, 거의 천 명에 가까운 ASD아동 연구를 토대로 왈시 박사는 금속단백질이라 불리는 작은 펩티드가 자폐증에서 '결손고리'라고 추정했다. 금속단백질은 인체에서 다음과 같은 작용이 있는 것으로 생각된다.

- a. 혈액 내 아연과 구리 수치의 조절
- b. 수은과 다른 중금속의 해독
- c. 면역계와 뇌신경의 발달과 기능
- d. 카세인과 글루텐을 분해하는 효소의 합성
- e. 위장관 염증에 대한 반응

금속단백질은 뇌에서 행동조절, 감정기억, 사회화를 담당하는 영역인 해마에도 작용한다. 왈시 박사는 금속단백질의 기능장애가 자폐증 발병의 주원인 중 하나일 수 있다고 말한다. 그는 금속단백질의 기능장애에 관여하는 유전자 결함과 초기 발달시기에 금속단백질의 기능을 떨어뜨리는 환경적 자극이 결합하여 자폐증이 발병하는 것으로 가정했다.

503명의 ASD환자들의 생화학적 자료에서, 왈시 박사팀은 환자들의 99%에서 비정상적인 금속대사장애와 금속단백질의 기능장애가 있음을 관찰했다. 그는 2001년, 샌디에고에서 열린 DAN!회의에서 임신 및 유아기 동안의 환경적 자극이 금속단백질 시스템을 침범하여 신경발달을 차단하고 자폐증을 유발시켰을 가능성이 있다고 보고했다.

ASD아동들은 혈액검사에서 비정상적인 구리-아연 비율을 보인다. 건강한 사람에게 금속단백질은 구리와 아연의 균형에 중요한 역할을 하기 때문에, 왈시 박사팀의 환자들 대부분에서 구리-아연 불균형을 보였던 것은 ASD발병에 있어서 금속단백질 기능장애가 크게 관여하는 것을 나타낸다. 왈시팀은 과도한 구리와 다른 독성중금속을 제거하면서 동시에 아연과 기타 금속단백질의 생산과 효능을 호전시키는 것으로 알려진 영양소를 공급하는 두 단계의 과정을 통해 자폐성향은 크게 개선될 수 있다고 했다. 파이퍼센터는 현재 자폐증의 예방과 치료에 대한 대안들을 활발히 연구하고 있다.

원인모델들의 치료적 적용

ASD는 다층적인 질환이다. 예를 들면 수은이 자폐증을 발생시키는 유일한 환경적 자극이나 유발요인이라고 믿는 사람은 극소수다. 많은 아이들이 몸이나 뇌에서 수은이나 중금속을 제거해주면 좋아지지만 모두가 그렇지는 않다. 그런 사실 하나만으로도 자폐증의 다양한 소집단에서 서로 다른 원인들이 관여한다는 것을 알 수 있다. 이것은 자폐증의 원인모델들을 알아야 할 필요가 있다는 뜻이기도 하다.

의과대학에서 교수들은 흔히 학생들에게 "좋은 이론만큼 실용적인 것은 없다"라고 말한다. 이것은 이론이 사실이나 현상을 설명하려고 시도하기 때문이다. 질병의 원인이라고 여기는 것에 대한 모델을 가지면, 생의학적 병인의 양상을 밝혀주는 방식으로 진단과 치료가 고안될 수 있다.

역사적으로 유용한 의학이론들이 일반적으로 받아들여지는 데는 수십 년이 걸렸다. 예를 들어, 19세기에 헝가리의 의사인 이그나츠 제멜바이스는 출산한 수많은 여성의 목숨을 앗아갔던 출산열이 어느 정도는 의사의 손에 의해 전달된다는 가설을 세웠다. 그 당시 의사들은 대부분 손을 씻지 않았으며, 질병발생이론인 세균이론이 아직 받아들여지지 않던 시기였다. 많은 의사들은 실제로 사망한 출산열 희생자들을 부검했으며 손을 씻지 않은 상태에서 곧바로 출산을 도왔다. 제멜바이스의 생각은 다른 의사들로부터 조롱을 당했다. 수년이 지나고 수천 명이 희생된 후에야 그 이론은 받아들여졌다. 현재는 루이 파스퇴르와 같은 연구자의 노력으로 질병의 배종설(병원체가 인체에서 질병을 일으킨다는 학설–옮긴이)이 받아들여지고 있다.

연구를 하는 동안 많은 ASD아동들이 리탈린이나 항정신병제와 같은 약물을 복용하지 않아도 된다는 것을 알게 됐다. 가능하면 나는 문제의 뿌리를 해결하길 원하며 행동이나 다른 증상들만 조절하려고 하지는 않는다. 내 견해로는 원인과 상관없이 이 아이들의 거의 대부분에서 보이는 발달장애의 공통분모는 뇌세포에 적절한 영양소가 공급되지 않는 것이다.

나와 많은 의사들은 이제 ① 염증이 있는 소화관을 치유하고, ② 필요로 하는 비타민, 미네랄, 다른 영양소를 공급함으로써 면역계를 강화시키고, ③ 음식에서는 독소, 몸에서는 중금속을 제거해 줄 때 많은 어린이들이 좋아지는 것을 알고 있다.

버나드 림랜드의 위대한 업적으로 적절한 뇌기능을 위해 비타민B6가 중요하다는 것이 알려졌고, ASD아동 일부에서 DMG가 효과가 있다는 사실에 대한 그의 홍보는 나로 하여금 ASD의 기저에 있는 생화학적 불균형에 대한 연구를 시작하도록 이끌었다. 너무나 많은 아이들이 영양이 거의 없는 몇 가지 음식만을 편식하기 때문에, 영양이 풍부한 음식과 함께 비타민과 미네랄을 보충해주는 것이 필요하다는 것은 쉽게 알 수 있는 일이다.

또한 이 아이들에게 빈번한 감염과 항생제 사용의 병력이 있었고 검사에서 면역결핍이 나타난 것과 같이, 면역장애 역시 한 가지 요인이라는 것은 당연하다. 아말감이나 수은이 축적된 생선, 백신에 의한 수은 독성의 위험에 대해 듣기 시작했을 때, 나는 이 질환에서 바이러스가 어떤 역할을 하는지에 대해 간절히 찾고 있는 중이었다. 에이미 홈즈와의 이메일을 통해 전체 밑그림은 새로운 방향으로 명확해지기 시작했다. 이 아이들에게서 보이는 중금속 축적을 줄이기 위한 경구용 중금속 해독제의 이용과 효능에 대해 들으면서, 해로운 수은이 일부 아이들에게 부담으로 작용할 수 있다는 것에 대해 알기 시작했다.

높은 바이러스 수치에서 나타나듯 많은 ASD아동들에게서 보이는 기회성 바이러스의 존재는 수은이 자폐증의 발병과정에서 첫 유발인자일 수 있다는 생각을 하도록 했다. 면역결핍, 위장관 염증, 빈번한 감염과 항생제 사용, 영양결핍, 소화장애, 흡수장애, 중금속과 병원체 형태로 있는 독소들을 제어하는 능력의 감소는 대부분 ASD아동에게 들어맞는 결과들이다.

나는 위장관 문제와는 별도로 뇌의 독소들이-그것이 중금속이든 바이러스나 다른 병원체이든 상관없이-영양소가 뇌세포로 들어가는 것을 방해한다는 것을 알기 시작했다. ASD아동들의 뇌세포는 기아상태에 있는 것이다. 내가 시도하는 치료프로그램의 중요한 부분은 기아상태의 뇌에 건강한 영양소를 공급하는 것으로 이뤄져 있다. 위장관을 치유하고,

해롭지 않은 식사와 잘 조절된 영양소로 면역계를 회복시키고, 이미 축적된 독소들을 제거하면서 새로운 독소의 섭취를 차단하는 것이 필요하다. 그제야 뇌는 필요한 영양소를 받아들일 수 있다.

좋은 치료를 선택하기 전에 올바른 진단은 필수적이다. 많은 치료법들을 이용할 수 있는데, 최적의 효과를 내기 위해 어떤 치료들은 동시에 이뤄지고 또 어떤 것들은 순차적으로 이뤄지기도 한다. 원인모델을 기준으로 아이들을 여러 소집단으로 나눌 수 있다. 이에 따라 가장 문제가 되는 것을 먼저 시작하고 이후 우리가 원하는 호전이 나타나지 않을 경우 더 비싸고 침습적인 치료(피부를 절개하거나 피부를 통해 직접 관을 삽입하는 것과 같이 인체 조직의 일부가 손상되는 치료법-옮긴이)이면서 확실하게 작용할 수 있는 치료로 적절히 나아갈 수 있다.

글루텐, 카세인, 콩 제거 식이요법이 좋은 예에 속한다. 직접적인 경험과 이 식이요법으로 도움을 받은 많은 사람들의 경험을 통해, 나는 이 식이요법을 추천하려고 위장관에 염증이 있다는 증거를 확보하기 위해 내시경이나 위장관 생검을 하도록 권유하지 않는다. 다행스럽게도 존경할만한 연구자들에 의해 이미 그런 연구들이 이뤄졌기 때문이다.

나는 병력, 가족력, 증상들, 검사들을 통해 가장 가능성이 높은 원인모델에 근거하여 치료를 구성한다. 다른 DAN!의사들과 마찬가지로 나는 ASD아동들의 생화학적 소견을 확인하고 적절한 치료를 선택하기 위해 실험실 검사를 의뢰한다. 검사결과나 치료효과에 대한 자료들은 미래 자폐증 치료 프로토콜에 대한 주류의학의 기초가 될 것이다.

2장

위장관 질환

영양결핍이라는 공통점

이 장에서는 의학자들과 DAN!의사들이 어떻게 ASD란 퍼즐을 풀고 있는지 살펴볼 것이다. 1장에서 다뤘던 생의학적 주제들 중 일부는 넓고 깊게 다룰 것이다. 생의학 치료의 기원보다 치료에 관심 있는 독자는 이 내용을 다음 장의 참고자료로 삼을 수 있을 것이다.

최근 들어 자폐증에 대한 진단, 검사, 치료가 많이 발전했기 때문에, 이 복잡다단한 장애의 여러 소집단에 속한 아이들의 치료가 조금씩 가능해지고 있다. 서로 다르게 보이는 ASD의 소집단들이 공유하는 임상적 증상은 내가 '고갈된 뇌'라고 부르는 상태이다. 대조군과 비교해서 ASD아동에서 많이 보이는 비정상 소견은 다음과 같다.

a. 높은 혈청 구리수치

b. 아연 결핍

c. 마그네슘 결핍

d. 철분 결핍

e. 높은 구리/아연 비율

f. 비타민B12의 결핍

g. 글루타민의 감소

h. 혈장 황산염의 감소

i. 비타민B6의 감소

j. 티로신, 카노신, 리신, 하이드록시리신 등의 아미노산 감소

k. 낮은 메티오닌

l. 높은 글루타메이트glutamate

m. 지방산 결핍

n. 칼슘 결핍

o. 비타민D, E, A의 부족

뇌는 독립적으로 작용할 수 없다는 사실을 특히 강조하고 싶다. 뇌는 팀의 일원이다. 뇌는 정보의 유입뿐만 아니라 중요한 영양소의 공급도 필요하다. 이 필요를 만족시키기 위해 뇌는 면역, 호르몬, 위장관계와 매우 밀접하게 상호작용하고 있다.

ASD아동들의 초기 병력을 보면 위장관 질환과 중이염이 자주 관찰된다. 음식제거검사와 면역검사의 결과를 종합해보면 위장관의 건강, 영양상태, 면역능력이 밀접하게 관련되어 있음을 알 수 있다. 이런 상호연관성은 ASD의 진단과 치료와 연결되어 있는데, 많은 ASD아동들이 면역계 장애와 뇌 영양 결핍의 증거들을 보이고 있다.

생의학적 진단을 받은 후 면역력을 강화하고 위장관을 치유하며, 최적의 영양상태를 유지해주면 매우 좋은 결과를 보인다. 이런 치료들을 적절하게 하면 뇌의 신경기능 향상을 위해 필요한 영양공급이 늘어나고 신경자극도 증가한다. 나는 이런 치료방식을 '다각적 접근법'이라고 부른다. 몇몇 DAN!의사들은 간단하게 DAN! 프로토콜이라고 부르기도 한다.

이런 치료개념은 수천 명을 대상으로 한 다년간의 실험실 연구와 임상적용에 근거한 것이다. 수천 명에 대한 정보를 공유한 결과, 대다수의 DAN!의사들은 비록 개인 차이는 있지만 자폐증 환자들이 면역조절장애와 위장관 장애를 동반한 신경학적 후유증을 지니고 있다는 것을 점차 알게 됐다.

자폐증 환자를 어떻게 도와줄 것인지에 대한 생의학적 시도의 첫 실마리는 이들 환자들에게서 잘 치료되지 않은 설사, 변비, 복통, 고창, 악취 나고 옅은 색깔의 변과 같은 위장관 문제가 반복적으로 관찰된다는 점이었다. 소아과 의사들은 자폐증에 대한 전통적인 설명인 냉담한 엄마나 유전모델을 가지고 이 증상들을 설명할 수 없었다. 반면 DAN!의사들은 ASD아동들이 치료되기 위해서는 위장관 문제들을 꼭 치료해야 한다고 믿고 있다.

두 번째 실마리는 ASD아동들이 부모가 자포자기할 정도로 잠을 못 잔다는 점이었다. 첫 번째와 두 번째 문제들은 서로 연결되어 있다. 위장관 장애는 수면장애를 일으킬 수 있다. DAN!의사들은 2001년 샌디에고에서 열린 자폐증 회의에서 칼 라이첼트 박사가 밤에 잠을 설치고 울어대는 아이들이 역류성 식도염에 시달리고 있다는 주장에 동의하고 있다.[1] 밤동안 위산이 역류하여 식도를 자극하면 그 불쾌감 때문에 잠에 문제가 발생하는 것이다. 당연히 어린아이들은 그 증상을 정확하게 설명할 수 없다.

위장관 문제의 원인

위장관 문제의 원인은 다양하다. ASD아동들은 흡수장애, 소화장애, 위장관 병원체(진균, 세균, 바이러스)의 과증식, 비정상적 위장관 투과성 등의 문제들을 보인다. 많은 부모들은 위장관 이상과 자폐증 사이의 연관을 모른다. 불행히도 많은 의사들 또한 이런 연관성에 대한 교육을 받은 적이 없다. 많은 부모들이 자녀에게 변비나 설사가 있거나 두 가지가 교대로 나타나거나, 가스, 트림, 대변의 악취가 비정상적으로 보인다고 이야기한다. 조직검사에서 많은 ASD아동들은 특이적으로 장의 과증식을 보인다.[2~4]

ASD아동의 만성적인 위장관 문제의 일차적 요인은 면역계 이상이다. 이 두 시스템은 서로 매우 밀접하기 때문에 어느 것이 먼저 문제가 된 것인지에 대해서는 알기 어렵다. 음식 과민성이나 알레르기, 글루텐과 카세인을 소화시키지 못하거나, 만성적인 진균감염은 후천적이든 유전적이든 면역계 장애가 위장관병변에 영향을 주고 있다는 것을 나타내는 것이다.

중금속이 함유된 백신이나 반복적인 항생제 복용 등과 같은 외부적 영향들이 면역계 장애와 위장관 문제들을 일으킨다고 밝혀지고 있다. 이 외부적 환경요인은 일시적이거나 만성적으로, 유전적이거나 후천적으로 민감한 소아들에게 크게 작용한다.

위장관, 면역계, 감염, 영양과 같은 복잡한 주제들이 상호작용하고 있다는 사실은 ASD아동들의 의료 및 백신기록뿐만 아니라 가족의 의료기록에 대한 광범위한 정보를 모으는 것이 중요하다는 것을 일깨운다. 특히 자가면역이나 알레르기, 감염질환의 가족력을 확인하는 것이 중요하다.

면역과 위장관의 상호작용

ASD치료를 왜 이처럼 다양한 각도로 접근하는가에 대해 알려면 면역계와 위장관이 어떻게 상호작용하는가에 대한 이해가 필요하다. 면역계는 병원균, 곰팡이, 바이러스에 대한 몸의 주된 방어기제로 체내에서 자신과 이물질을 구별하여 이물질에 대항하기 위해 방어기능이 있는 세포들과 항체들을 이동시킨다. 이 활동은 뭔가 이상이 있을 때만 작동한다. 거의 대부분 ASD아동들은 몇 가지 유형의 면역계 기능장애를 보이고 있다. 면역계가 자기세포를 이물질로 잘못 인식하는 장애가 있는 경우 면역계는 자기 몸을 공격한다. 이것은 위장관 염증을 일으킨다. 곰팡이나 병원성세균뿐만 아니라 바이러스 등이 장내조직에 있는 것도 위장관 염증의 원인이 된다.[5] 위장관 염증과 그것의 원인들은 또 다른 질병을 일으킨다.

위장관은 내부 장기와 외부 병원체와의 중요한 장벽이기 때문에 위장관 상피에는 많은 면역기전들이 있으며 외부 병원체 등의 해로운 것들로부터 몸을 보호하는 작용이 있다. 위장관의 면역세포들이 알려져 있지 않거나 잠재적으로 위험한 항원에 대항할 때 세포신호가 생성되고 면역이 강화된다. 이렇게 '면역세포군대'는 침범한 항원들과 싸울 수 있게 된다. 이 군대에는 자연살해세포, 세포독성T세포, T도움세포, B세포 등과 같은 특별한 '군인들'로 구성되어 있다.

어떤 T세포는 병원체를 찾고 제거하는 데 도움을 주는 특별분자들을 만들고, 다른 세포들은 오직 제거과정에 도움을 주는 항체들을 생산하고 분비한다. T세포는 기능에 따라 세포매개성 면역을 담당하는 흉선1세포와 항체매개성 방어를 담당하는 흉선2세포로 나뉜다. 더 많은 흉선2세포를 가지는 면역양상을 보이면 만성 진균감염을 의심할 수 있다.[6] 많은 ASD아동들이 면역세포수 검사에서 흉선2세포가 많이 나타난다.[7] 당연히 많은 ASD아동의 대변배양 검사에서 칸디다 감염을 볼 수 있다.

장기간 자폐증을 연구해온 굽타 박사는 ASD아동의 면역이상에 대해 발표해왔다.[8] 그는 많은 자폐증 환자에서 흉선1세포보다 흉선2세포가 상대적으로 더 많다는 것을 알아냈다. 박사는 흉선1세포가 감소한 것이 바이러스나 진균 감염에 대해 ASD아동들이 취약하다는 것을 나타낸다고 설명한다. 더욱이 흉선2세포가 증가한 것은 1장에서 본 싱의 수초기저단백질의 항체연구와 같이 뇌조직의 자가면역반응 증가를 설명할 수 있다. 굽타 박사는 면역계에서 인터류킨1, 인터류킨8, 종양괴사인자TNF와 같은 다양한 염증매개체들의 분비를 조절한다고 말한다. 이들 염증매개체들은 모두 위장관에서 염증을 일으킨다. 그의 연구와 관찰은 많은 ASD아동들이 겪는 몇 가지의 면역계 이상과 염증성 장관병리를 이해하는 데 도움이 된다.

굽타 박사는 자폐환자의 뇌를 부검해 보면 마치 다발성경화증(신경세포는 수초라고 불리는 피막에 의해 둘러싸여 있는데, 이 병은 수초의 염증성 파괴에 의해 신경전달에 이상이 발생한다-옮긴이) 환자에서 보이는 것과 비슷하게 신경전달물질과 신경펩티드의 변형, 신경수초화의 소실까지 볼 수 있다고 말했다. 또한 종양괴사인자 수치가 증가되어 있는데, 이것은 혈액뇌장벽(병균이나 유해물질들이 혈액에서 뇌로 쉽게 통과할 수 없도록 하는 생리적 장벽-옮긴이)을 따라 염증을 일으킨다. 종양괴사인자 증가는 혈류감소, 미토콘드리아 손상, 세포 내 글루타치온 감소, 비정상적인 신경전도, 신경세포 사멸에 이르는 염증을 일으킨다. 확실히 허혈성(산소가 결여된) 뇌세포는 식이에 의해 충분한 영양소가 공급되더라도 모든 영양소를 받아들이기 힘들 것이다.

진균 과증식과 위장관 손상

유전이거나 후천적인 위장관 문제로 면역계가 약해진 아동들은 만성 감염에 시달린다. 캐나다 연구진이 자폐증 발생률과 귀 감염의 유병률 사이에 밀접한 관계가 있다고 밝힌 것은 별로 놀라운 사실도 아니다. 그들은 귀 감염의 빈도가 증가할수록 가장 심한 형태의 자폐증과 연관된다는 것을 발견했다.[9]

ASD의 다른 증상들에 대한 연구도 비슷한 양상을 보여준다. 예를 들어 ADHD아동들에 대한 연구에서 어린 시절 앓았던 중이염 빈도와 과잉행동의 빈도에는 연관관계가 있다.[10] 모든 환자에게 감염이 자폐증이나 ADHD의 일차적인 원인은 아니지만, 중이염은 감염성으로 여겨지고, 세균감염은 일반적으로 항생제로 치료하기 때문에 감염은 자폐증 발생의 첫 단계로 작용할 수 있다.

2차대전 이래로 항생제 덕분에 수많은 사람들이 생명을 구했지만 많은 의사들이 너무 자주 항생제를 처방하고 있는 실정이다. 타스니 크로메트리의 연구진에 의한 대규모 유전자 증폭기술PCR(특정 미생물의 DNA나 RNA를 증폭하여 감염 유무를 확인하는 방법-옮긴이)에 의한 연구에 따르면 귀 감염의 약 35%는 세균성이 아닌 것으로 나타나고 있다. 항생제 과용의 문제점은 많은 세균들이 항생제에 내성을 지니게 된다는 점이다. 다른 문제점은 이런 '힘센' 항생제가 병원균뿐만 아니라 위장관에서 방어기능이 있는 유산균 등도 죽인다는 것이다. 도움이 되는 위장관 균류가 파괴되는 것은 큰 문제를 야기한다. 진균과 세균이 과증식하는 길을 열기 때문이다. 아이들의 만성 설사나 변비는 진균 과증식의 증상일 수 있다.

병원성 진균이나 세균이 위장관에 군집을 형성하는 것은 매우 해로운 일이다.[11] 윌리엄 쇼 박사는 "항생제의 과용 후에 위장관에서 몸으로 흡수된 진균과 항생제 내성이 있는 세균의 비정상적인 대사물이 자폐증 유행의 원인이다"라고 말할 정도이다. 자폐증 유행의 원인에는 다양한 원인들이 있다는 관점을 수용하게 되면서, 나 역시 세균과 진균의 과증식이 ASD를 유발한 원인으로 중요하게 작용한다는 사실에 동감하고 있다.

건강한 상태일 때 칸디다는 몸에 이로운 유산균과 잠재적으로 해로운 세균들 틈 속에서 간신히 균형을 유지하고 있거나 또는 휴지기로 지낸다. 더욱이 클로스트리디움과 같은 일부 세균처럼 칸디다는 산소가 없이도 살아가거나 또는 혐기성(산소를 이용하지 않고 에너지를 만드는 대사과정-옮긴이) 진균상태로 전환하여 지내기도 한다. 대부분 항생제는 산소를 이용하는 세균에 대해서만 효과를 나타낸다. 칸디다는 항생제에 대해서도 생존하며 항생제로 인해 장내 균들이 갑자기 사멸하면 마치 산불처럼 퍼져나간다. 어떤 이유로든지 아이의 면역계가 이미 약해져 있다면, 곰팡이가 됐든 세균이 됐든 장은 건강하지 못한 상태가 된다.

장누수증후군, 위장관 점막의 투과성 증가와 흡수장애

많은 진균류는 유해독소를 분비하는데, 이로 인해 만성 설사, 변비, 과민성 대장증후군과 같은 다양한 소화관 장애가 발생할 수 있다. 이들 독소 중에는 장관벽을 파손하여 장누수증후군을 일으키는 것도 있다. 진균 독소들은 말 그대로 장관에 구멍을 파서 혈액으로 흘러들어간다.[12] 결국 독소는 염증을 일으키거나 뇌로 침투해 영양공급을 차단하여 의식, 인지, 언어, 행동에 영향을 준다.

독소에 의한 직접적인 영향과 더불어 장누수증후군에 의한 단백질 흡수장애는 뇌 영양결핍을 가중시킨다. 건강한 위장관은 다양한 음식물을 소화하여 작은 형태의 영양소로 분해함으로써 세포가 대사에 이용할 수 있도록 한다. 많은 ASD아동들은 글루텐과 카세인을 잘 분해하지 못한다. 카세인은 우유단백질이고 글루텐은 밀가루에 함유된 단백질이다. 단백질의 기본 분자는 아미노산이며, 아미노산은 펩티드로 불리는 짧은 분절이나 사슬을 형성하고 있다. 소화가 되는 동안 단백질은 개별 아미노산으로 분해되거나 약간 큰 사슬로 전환된다.

만약 단백질이 불완전하게 소화되면 긴 사슬 펩티드는 그대로 남게 된다. 일부 자폐증 연구자들은 자폐증 환자의 소변에서 소화와 흡수장애로 인한 비정상적인 단백질이나 펩티드가 검출된다고 보고하고 있다.[13] 이들 비정상적인 단백질과 펩티드는 카세인과 글루텐에서 유래한 것이다. 콩이나 옥수수 또한 문제가 될 수 있다.

많은 펩티드 사슬들은 소변으로 배출된다. 그러나 많은 ASD아동들은 장누수증후군을 겪고 있기 때문에 허용치를 넘어선 단백질과 펩티드들이 장에서 혈액으로 이동한다. 이들 물질들이 뇌로 이동하면서 모르핀의 몇 배에 달하는 아편 효과를 보인다. 폴 쇼톡 박사는 "ASD아동들의 몸에 있는 아편성 물질의 양과 장애 정도 사이에는 개략적인 상관관계가 있다"고 말한다.[14] 이들 천연 모르핀 물질들은 ASD아동에게 약물작용을 일으켜 동기, 정서, 인지, 반응, 뇌의 성장에 영향을 주는 것으로 보인다. 아편성 펩티드들이 신경연접을 과도하게 자극하고 뇌로 가는 정상신호 전달을 차단한다고 한다.

어떤 아이들은 글루텐과 카세인을 소화하지 못하는 원인 중 하나가 소화효소 부족 때문이다. 이 장애는 후천적인 것도 있고 유전적으로도 발생한다. 이때 아이들에게 소화효소를 추가하는 것이 치료법이 될 수 있다. 소화효소를 주는 것이 어느 정도 도움은 될 수 있지만, 단순히 식단에서 글루텐과 카세인을 뺀 것에 비하면 효과가 절반에도 미치지 못한다. 쇼톡 박사는 2년간의 연구를 통해 많은 아이들이 카세인이나 글루텐이 없는 식단으로 도움을 받았지만, 그것들을 다시 먹으면 어느 정도 퇴행한다고 말하고 있다.

나는 글루텐, 카세인 제한식을 강력하게 유지하는 경우 아이들이 현저히 좋아지는 것을 자주 본다. 두 살 된 ASD아동들도 일반적으로 편식을 보인다. 나이와 상관없이 적어도 새로운 치료를 시작하는 과정에서는 인스턴트 음료나 치킨제품과 같이 좋아하는 음식을 끊게 하는 것은 어렵다. 그러나 그 잠재적인 효과는 매우 크다. 계속 말하겠지만,

현 시점에서 나는 ASD아동을 둔 모든 부모에게 적어도 4개월에서 6개월 동안 시험적으로 자녀의 식단에서 카세인과 글루텐을 완전히 끊어보도록 강력히 요청한다.

수은과 백신

수은의 독성효과에 대한 광범위한 연구자료와 책들이 있다. 굽타 박사는 2001년 DAN! 회의에서 "유전자가 총을 장전하고 환경이 방아쇠를 당긴다"고 표현했다. 그는 미토콘드리아에는 설프하이드릴기가 있는데, 수은이 이것에 부착하면 DNA를 괴사시키고, 세포 투과성을 변화시키며, 칼슘 전달에 영향을 준다고 설명한다. 수은은 흉선1세포에서 흉선2세포 면역상태로 전환시키며, 신호전달 기전을 교란시키고, 자가면역반응을 유도한다. 그는 "티메로살은 미토콘드리아에 독성이 있으며 자폐증은 미토콘드리아 질환이다"라고 말했다. 박사는 연구들을 통해 티메로살의 양과 비례해서 세포사멸이 증가하는 그래프를 보여줬다. 백신의 수은이 아이들에게 유발인자로 작용했으며, 개인적 취약성 때문에 이런 예상치 못한 형태의 수은독성에 의해 자폐증이 발생했을 것이란 증거가 점점 증가하고 있다.

퍼즐조각 맞추기

'닭이 먼저냐, 아니면 달걀이 먼저냐'와 같은 질문은 자폐증의 첫 원인이 무엇인가에 대한 논란에도 적용된다. 다음과 같은 가정을 할 수 있다. 위장관을 덮고 있는 세포 사이에 유전적이든, 병원균 침범 때문이든 비정상적으로 넓은 공간이 생기고(장누수), 그곳을 통해 아편성 물질(밀가루와 유제품에서 유래한 것)과 그 밖의 다른 독성물질들이 혈액으로 침투한다. 그 물질들은 면역계에 의해 이물질로 인식되고 항체가 만들어진다. 면역은 '기억'을 지니고 있는데 독성물질이 반복적으로 몸에 들어오면 점점 더 많은 항체들이 만들어지고 면역반응이 유발된다. 위장관에서 비정상적인 단백질에 대항하도록 만들어진 항체는 그와 같은 물질들을 포함하고 있는 음식물에 반응한다. 이런 과정이 음식 알레르기나 과민반응이 일어나는 한 가지 경로인 것으로 생각된다.

당연히 문제가 되는 음식물을 섭취하면 항체는 위장관에서 염증반응을 일으킨다. 결국 처음에 진균이나 병원성 세균에 의해 초래됐던 만성염증이 면역반응에 의해 지속된다. 지속적인 염증은 위장관 내에서 면역글로불린A로 이뤄진 항체 보호막을 약화시킨다. 면역글로불린A는 대부분 인체의 분비물에 포함된 항체이다. 이것은 골수와 림프 조직에서 만들어지며, 백혈구가 이물질을 삼켜 사멸시키는 포식작용을 촉진함으로써 세균과 바이러스 감염으로부터 우리를 보호한다. 또한 종양괴사 인자에 의한 염증반응을 줄여주고, 진균과 클로스트리디움 세균이 군집을 형성하는 것을 차단하는 중요한 기능을 지니고 있다. 위장관 병증을 지닌 환자들은 종종 이 수치가 감소되어 있다. 환자들은 이런 이유로 바이러스, 진균, 세균 감염에 대한 저항성이 떨어져 있다.

어떤 위장관 병원체들은 지속적으로 위장관을 침투해 혈액으로 들어가지만, 대부분 면역반응에 의해 파괴된다. 사멸한 병원체의 세포

파편들은 염증을 유발하고, 일부는 전신을 거쳐 간이나 혈액뇌장벽 심지어 뇌 자체에 침범한다. 이 물질의 양이 많으면 간의 해독능력을 초과하거나 일부에서는 간기능을 떨어뜨린다. 이런 병원성 파편들이 인지기능 장애와 연관되어 있다. 어디에서부터 분석해야 하는지는 문제가 되지 않는다. ASD아동들의 기저에 있는 병리과정들은 복잡하며 상당부분 상호작용하고 있다. 이런 다양한 과정들은 우리가 치료법을 어떻게 적용할 것인가에 대한 정보를 제공한다는 점에서 중요하다.

위장관 병변, 음식 과민반응, 장누수가 있는 아동들의 검사결과를 보면 다양한 비타민, 미네랄 결핍이 있다는 것을 알 수 있다. 대부분 ASD아동에서 보이는 비정상적인 영양상태는 위장관 병변 때문이다. 아이들은 칼슘, 구리, 마그네슘, 아연을 포함한 중요한 영양소 결핍을 겪고 있다. ADHD아동 또한 비타민B6, 비타민B12 결핍이 관찰되고 있으며 일부는 지방산의 결핍도 보인다. 이런 결핍 소견들은 의학적 문제에 의한 신체증상들이며 치료가 가능하다.

닭과 달걀의 문제와 같이 ASD에서 무엇이 원인이고 무엇이 결과인지는 대답하기 어렵다. 그러나 우리는 점점 더 자폐증의 복잡한 기전들에 대해 알아가고 있는 중이다. 효과적인 치료를 시작하기 위해 기전을 완벽하게 알아야할 필요는 없다. 많은 연구나 임상자료들이 비슷한 방향으로 초점을 맞추기 때문에, 몇몇 치료들은 특정검사 없이 보편적으로 적용할 수 있을 만큼 충분한 증거가 있다.

현재와 같이 희망적인 방향으로 지식이 증진되어 가는 상황에서 소집단을 나누는 것은 매우 중요하다. 어떤 아이들은 이 치료에 반응하고, 그 외의 아이들은 다른 치료에 반응하는 것을 보게 된다. 최초의 촉발요인, 세포나 조직손상의 정도, 증상이 지속된 시간, 치료를 시작하기 전에 면역계, 위장관이나 다른 장기에 가해진 손상의 정도에 따라 다른 소집단으로 나뉘게 된다.

다양한 치료에 대해 다양한 반응이 나타나지만 결국 대부분 아이들이 생의학 치료에 의해 좋아진다. 치료에 대한 반응이 다양하기 때문에 몇 가지 다른 치료법을 시도해야 하고, 어떤 치료는 중복되지만 계속되어야 한다. 치료를 일찍 시작할수록 아이들은 더 많이 좋아질 것이다. 종종 여러 치료들은 서로 보강하는 효과가 있다. 이런 점 때문에 복합치료를 하는 것이 한 가지씩 치료하는 것보다 더 좋은 효과를 나타낸다.

3장
해독기능 결함과 독성물질 축적

발달에 대한 독성물질의 위협

많은 ASD아동들은 몸에 들어온 독성물질을 효과적으로 배출하지 못한다. 아이들은 다양한 중금속 중독을 겪고 있다. 킬레이션에 의한 금속배출을 증명하는 실험에 따르면 많은 ASD아동들의 몸에 납, 주석, 수은 등의 다양한 중금속이 축적되어 있다. 위장관 치료, 영양치료와 함께 중금속 해독치료를 받은 많은 아이들이 좋아지고, 몇몇은 자폐증 진단에서 벗어나기도 했다.[1]

　ASD아동들이 왜 해독기능에 결함이 있는지는 아직 확실하게 밝혀지지 않았다. 그러나 과거 의료기록들을 통해 실마리를 찾을 수 있다. 최근 사회적 책임을 다하는 보스턴 의사회의 〈독소가 발달을 위협한다〉는 보고에 따르면 일생동안 지속되는 장애들은 유아기나 출생 전에 주변에 널리 퍼져있는 납, 수은, 기타 중금속들, 살충제 노출과 연관되어 있다고 밝히고 있다.[2] 이 보고서에는 "학습장애와 행동장애가 빠르게 증가하고 있다"고 기록되어 있다. 그들은 수은, 납, 살충제와 같은 독성물질들이 다양한 신경행동학적 장애와 인지장애에 영향을 주고 있다는 연구자료를 인용하고 있다. 이어서 "성인과는 달리 발달의 중요한 시기에 독성물질에 노출된 아동은 인생 전반에 걸쳐 뇌기능의 문제로 고통을 겪을 수 있다"고 언급하고 있다.

식품의약국과 환경보호국은 임신부의 생선섭취를 최소화하도록 권장하고 있다. 이는 생선 속 수은이 태아발달에 대해 부정적이기 때문이다. 면역학자이자 의사인 휴 푸덴버그 박사는 ASD아동에게서 중금속을 제거할 것을 장기간 권고해왔다. 스테판 에델슨은 킬레이션과 이에 관련된 치료를 하면 자폐성향이 현저히 줄어든다고 보고하고 있다.[3] ASD아동 부모들에 의해 처음 고안됐으며, 2000년에 정식보고되어 큰 반향을 일으킨 한 논문에서는 ASD와 수은중독 증상 사이에 유사성이 있다고 보고했다.[4] 이 논문은 백신에 에틸수은이 포함되어 있다는 식품의약국 자료를 인용하고 있으며, 적어도 민감한 영유아들에게 접종된 백신 속 수은이 위장관과 신경손상을 유발했을 수 있다고 가정하고 있다.

이 중대한 보고는 ASD아동에게서 독성중금속을 제거하는 것에 대한 관심을 높이는 계기가 됐으며 이후 임상결과에 긍정적인 영향을 줬다. 2001년 7월 16일에 열린 백신의 에틸수은 공청회에 따르면 내과학회에서는 수은/자폐증 가설이 가능성이 있다고 보았으며 이후 위장관 치유와 영양보충의 맥락에서 킬레이션 치료를 받은 ASD아동에 대한 연구를 지원했다. 이런 발전들은 매우 고무적이고 ASD의 치료에 매우 중요한 것이었다.

해독기능 결함에 대한 기전을 깊게 이해하기 위해서는 중금속에 대한 정보가 필요하다. 중금속은 직접적인 섭취나 음식이나 호흡을 통해 우리 몸 속에 들어온다. 당연히 음식과 공기에는 미량의 독성물질들이 포함되어 있다. 그것들은 피부를 통해서도 흡수될 수 있다. 더욱이 중금속은 먹이사슬을 통해 계속 축적되는 성질이 있다. 즉, 중금속은 생체분자들과 화학적으로 결합되어 배출되기 어렵게 되며, 음식을 통해 인체로 들어온다. 이 때문에 참치, 상어, 황새치와 같은 생선의 수은 축적 위험을 경고하고 있다. 중금속이 몸에 들어와 배출할 수 있는 것보다 더 빨리 인체조직에 축적되면 중독이 발생하고 조직과 신경을 손상시킨다. 현재 많은 의사, 연구자, 부모들이 해독기능 결함과 독성물질의 과도한 축적이 ASD의 중요한 원인이라고 여기고 있다.

제임스 아담스 박사의 최근 연구는 이런 믿음을 뒷받침하고 있다. 애리조나주립대의 후원으로 이뤄진 연구에서, 그는 '수은과 다른 중금속이 미치는 자폐증에 대한 영향'에 대해 실험했다.[5] 그는 3세에서 24세로 구성된 55명의 ASD아동과 30명의 비장애아동을 비교했다. 양집단의 부모들은 중금속노출 정도를 평가하기 위해 설문을 작성했다. 모든 아이들은 모발분석, 치과검진, 자폐증 정도를 측정하기 위한 인지검사를 받았다. ASD아동들은 대조군에 비해 3세 이전의 중이염 발생이 10배나 높았다. 비장애아동 중에는 과거 백신접종에 대한 이상반응을 보인 경우가 전혀 없었지만, ASD아동의 18%에서 이상반응이 있었다. ASD아동은 모발미네랄 검사에서도 수은과 납 수치가 더 낮게 나타났다. 이는 모발을 통한 중금속 배출이 잘 안 되고 있다는 것을 의미한다.

아담스 박사는 중이염을 치료하기 위해 이용된 항생제가 수은배출을 크게 줄였다고 지적했다. 그는 중금속 해독에 이용되는 DMSA를 경구 투여했을 때 ASD아동은 "5배나 더 많은 수은을 배출한다"고 언급했다. 2001년 11월, 샌디에고에서 열린 국제자폐증회의에서 아담스 박사는 "우리 연구는 ASD아동에게서 중금속 배출이 억제되고 있다는 것을 나타내고, 수은은 ASD의 중요한 위험인자로 보인다"고 결론내렸다.[6]

납과 수은에 대한 동물실험 결과, 연구자들이 인체에 대한 이들 중금속 노출을 과소평가했다는 것을 알 수 있다.[7] 환경보호국 지침에 따르면 많은 어린이들이 안전범위를 넘은 에틸수은을 백신을 통해 접종받아왔다. 돌이켜보면 어떤 아이들은 부작용이 나타날 정도로 취약했었음에 틀림없다.[8] 이 나라의 소아들은 전례가 없는 중금속 노출을 경험한 것이다. 이런 점은 질병의 유행이 단순히 유전문제만은 아닌 다른 상황들에도 해당될 수 있다. 우리 아이들의 마음은 위험에 처해 있다. 자폐증, ASD, 알츠하이머병과 다른 질병의 유행은 중금속 노출의 증가를 잘 반영하고 있는지 모른다.

중금속 독성의 메커니즘

이미 강조했듯이 수은과 다른 중금속들은 위장관, 면역, 신경, 호르몬 기능에 부정적인 영향을 줄 수 있다. 중금속들은 중추신경계와 말초신경계를 포함한 세포기능과 다양한 대사과정에 변화를 준다.[9] 중금속에 의해 야기되는 다양한 손상들은 산화적 자유라디칼(대사과정 중에 형성되는 반응성이 강한 산소를 말한다. 자유라디칼은 정상조직을 파괴함으로써 질병이나 손상의 원인이 된다-옮긴이)의 축적에 의해 발생한다. 자유라디칼은 에너지가 불안정한 분자이며, 쌍을 이루지 못한 전자로 구성되고 다른 분자에서 전자를 빼앗는 특성이 있다. 자유라디칼은 세포분자가 산소와 반응할 때 자연적으로 생성된다. 그러나 어떤 사람이 중금속에 노출되거나, 유전적으로 또는 후천적으로 항산화물질이 결여되어 있으면 과도한 자유라디칼이 생성된다. 조절되지 않은 자유라디칼은 뇌를 포함해 신체 전반적으로 조직손상을 일으킬 수 있다. 다행히 실험적 임상적 연구들은 비타민A, C, E, 코엔자임Q10과 같은 항산화물질들이 자유라디칼에 대항해 신체를 보호하고 어느 정도까지는 이미 손상된 조직을 복구한다는 것을 보여 준다.[10] 그 외 해독에 중요한 항산화물질인 글루타치온에 대해서는 다른 장에서 다룬다.

납

납은 신경독성이 있으며 뇌세포를 죽일 수 있다. 혈액 내 과도한 납 수치는 학습장애, ADD, ADHD, 지능문제, 낮은 학습성취와 연관된다. 몇 분동안 노출되더라도 소아, 임신부, 태아에게는 매우 위험하다. 한 세기에 걸친 광범위한 연구결과 납의 해로운 영향은 잘 규명되어 있다.[11] 납 노출은 1890년대 납 페인트가 처음 사용된 이래로 지속되어 왔다. 납이 일으키는 문제의 심각성을 규명하기까지 과학이 더디게 발전하는 동안 다섯 세대의 아이들이 손상을 받아 왔다. 사건이 일어난 이후에야 인식하게 되는 이 같은 실수는 수은에서도 반복됐다.

1984년 질병관리본부 연구에 따르면 300만~400만 명에 이르는 미국 소아들이 허용치를 넘어선 혈액 내 납 수치를 보였다. 이것은 보스턴 의사회의 보고보다도 더 높은 수치이다. 질병관리본부의 스잔 바인더는 "많은 사람들이 1978년 주택건축에 납 페인트가 금지되고, 1970년대 후반 가솔린 첨가가 금지됐을 때, 납중독의 문제들이 사라졌다고 믿었다. 그들은 틀렸다. 모든 인종과 종교, 모든 계층에 있는 이 나라의 어린이들은 이미 환경에 있는 납으로부터 영향을 받고 있다"고 말했다.[12]

1989년 환경보호국은 수많은 초등학교, 고등학교, 대학교들이 아직도 납이 칠해진 물 저장탱크나 납 성분이 함유된 급수대를 이용하고 있다고 보고했다. 또, 소아에 대한 납 노출의 약 20%가 마시는 물에 의한 것으로 보고 있다.[13] 다른 흔한 납 유입경로는 오래된 건물에 남아 있는 납이나 산업지대 및 상업용 농업지대와 같이 독성화학물질에 노출된 곳과 가까운 지역에서의 생활이다.

수은

수은독성을 화학회사나 제약회사가 모르고 있었던 것 같지는 않다. 아이작 뉴턴의 성품도 수은중독의 영향인 것으로 여겨진다. 역사학자들은 뉴턴의 성격이 가열된 수은으로 실험했던 때인 35세와 51세에 급격히 변했다고 언급하고 있다. 현대에 이르러 그의 머리카락을 분석한 과학자들은 유해한 증기 흡입에 의한 것으로 보이는 높은 수치의 수은을 발견했다.[14]

19세기 작가인 루이스 캐롤도 수은이 지구상에서 가장 독성이 강한 물질 중 하나라는 것을 알았다. 그는 『이상한 나라의 엘리스』에서 미친 모자제조자를 통해 그 위험을 간접적으로 언급하고 있다. 19세기의 모자제조자들은 모자 제조에 수은을 이용하고 있었다. '미친 모자제조자의 병'으로도 불린 정신병은 그들의 직업적 위험 중 하나였다.

수은은 뇌, 신경계, 위장관에 대한 큰 영향을 준다. 수은중독은 언어장애, 기억력장애, 집중력 결핍, 단어이해 곤란 등을 포함하는 인지장애와 사회성 결핍을 일으키고, 수면장애, 자해행동, 과민, 발작적 울음, 주시 발작(책을 쳐다보는 것 같은 모습의 순간적인 간질-옮긴이)을 포함하는 자폐양상의 행동을 보이기도 한다.[15]

수은노출의 원인에는 공기나 물의 오염, 아말감 충전[16], 배터리, 화장품, 샴푸, 구강청결제, 치약, 비누, 수은이뇨제, 전기장치와 회로, 폭약, 음식물 찌꺼기(곡류), 곰팡이 살균제, 형광전구, 베스, 파이크, 송어와 같은 민물고기, 살충제, 제초제, 페인트, 석유제품, 넙치, 새우, 도미, 황새치, 상어, 참치, 조개류와 같은 바다생선 등이 있다. 환경보호국 평가에 따르면 가임 연령에 해당하는 약 1,160만 명의 미국 여성들이 태아의 뇌발달에 손상을 줄 정도의 생선 속 수은을 먹고 있다고 한다.[17]

치아 충전은 수은 오염의 중요한 원인이다. 아말감 충전은 수은 미세입자와 증기를 방출한다. 이런 수은 방출은 음식을 씹거나 뜨거운 액체를 마실 때 증가된다. 수은 증기는 치근이나 잇몸으로 흡수되고, 흡입되거나 삼켜져서 식도, 위, 장에 도달한다. 캘거리대학의 연구원들은 아말감 수은의 약 10%가 장기에 축적된다고 보고하고 있다.[18] 나에게 치료를 받은 몇몇 성인 환자들은 아말감 제거 후 킬레이션으로 소변에서 수은이 높게 나왔고 결과적으로 건강이 좋아졌다.

엄마가 아말감이 있는 경우, 씹거나 특히 아말감이 있는 치아를 치료하는 동안 수은이 태아에게 이동할 수 있다. 2002년 3월, 한 5세 ASD아동의 부모는 엄마에게 있는 9개의 아말감 충전이 아들의 자폐증을 일으켰다며 미국치과협회를 상대로 소송을 냈다. 또한 캘리포니아 치과협회와 치과용 아말감을 제조하는 20여 개 회사들이 피고로 지명됐다. 그 회사들이 제조한 아말감은 무게의 약 50%가 수은이었다. 그들은 사기, 과실, 불법 허위거래의 혐의를 받았다. 자폐증과 수은을 함유한 백신과의 연관성과 관련하여 제약회사들에 대한 많은 소송들이 계류 중에 있다. 그러나 이 소송에 친숙한 변호인들과 과학자들은 자폐증과 아말감 충전 사이의 연관성에 대한 혐의는 처음이라고 말한다.

캔터키대학 생화학과 과장이었고 수은중독 전문가인 보이드 할리는 "증명된 것인지는 모르지만, 매우 가능성이 높으며, 수은은 사람에게 신경독성이 가장 강한 물질 중의 하나이다"라고 말했다. 할리는 연구 사례를 들어 아말감 충전이 있는 사람들은 그것이 없는 사람들에 비해 혈액이나 소변에서 4~5배에 달하는 수은이 배출되었다고 말했다.

백신에 함유된 수은

몇몇 백신에 쓰인 에틸수은으로 인해 수은중독이 서서히 발생한다는 이야기는 이미 했다. 이 문제가 어떻게 터져나오게 됐을까? 티메로살은 무게의 49.6%가 에틸수은이며, 1930년대부터 반복해서 사용하는 백신용기의 세균오염을 막기 위해 보존제로 사용됐다.[19] 제조사의 안전정보기록에 따르면 이 물질은 매우 독성이 있으며, 수은의 '축적 효과'와 '지속적이고 반복 노출'의 위험이 있다고 쓰여 있다.

노출되는 속도가 제거되는 속도를 초과하면 수은독성이 나타나며 노출된 지 수개월 후에 면역계에 대한 신경독성 쇼크를 초래한다. 이런 점은 퇴행성 자폐증에서 아이들이 생후 정상발달을 보이다 백신접종 후, 특히 MMR을 접종 받은 후 면역계의 추가적인 손상으로 갑자기 퇴행이 시작되는 이유가 될 수 있다.

티메로살은 1990년대 초반 급격히 증가하기 시작한 퇴행성 자폐증 유행에 일차적 원인 유발인자의 하나로 지목되고 있다. 역사적 자료는 신경독성물질의 안전역치 수준이 과학지식의 진보에 따라 지속적으로 '하향개정'되고 있음을 보여준다.[20]

20세기 동안 수은의 신경독성에 대한 지식이 늘어감에 따라 광범위하게 증가하는 수은의 존재에 대한 관심은 증가됐고, 1982년 식품의약국 토론에서 티메로살이 안전하지 못하며 모든 비처방 제품에서 티메로살을 제거해야 한다고 결론을 내렸었다. 역설적으로 누구도 백신에 포함된 것에 대한 안전은 생각하지 않았다. 실제로 2001년 7월 16일 의사협회의 티메로살/자폐증 공청회가 열리는 동안 미국 백신담당관인 닐 할시는 티메로살이 들어 있는 백신이 위험할 정도로 높은 에틸수은을 함유하고 있다는 사실을 알지 못했다고 사과했다. 백신에 들어 있는 이 독성물질을 간과했다는 것은 안타까운 일이다.

1991년 모든 신생아에 대한 B형간염 백신이 의무화됐을 때 상황은 시작됐다. 이 백신은 티메로살을 포함하고 있었다. 아이들은 한 번만 접종 받은 것이 아니라 생후 첫 6개월 동안 B형간염 백신을 3회, 티메로살을 함유한 Hib 백신을 3회에 걸쳐 맞았다. 엄마의 노출을 계산하지 않더라도 아이들은 환경보호국에서 정한 성인의 안전노출범위를 초과한 수은에 노출된 것이다. 아이들의 작은 몸에 축적된 수은은 독소를 배출할 수 있는 능력의 역치를 넘어선 것일 수 있다. ASD증상을 보이지 않은 아동들은 역치가 높았거나 더 강한 면역계를 가지고 있었는지 모른다. 모유수유를 한 아이들은 피해를 당할 가능성이 더 적었으며, 어떤 엄마들은 모유수유를 중단한 후 얼마 지나지 않아 자폐 성향을 보였다고 보고했다. 모유 수유는 아이의 면역계에 도움을 주는 것으로 알려져 있다.

이성적인 사람이라면 미국 전문가들이 다른 나라의 경험으로부터 배웠을지도 모른다고 생각할 것이다. 예를 들어 프랑스에서는 B형간염 백신을 의무화한 계획에 대한 15,000건 이상의 소송이 제기됐고, 결국 1998년 10월 프랑스 보건부는 모든 프랑스 학교의 학생들에 대해 그 계획을 철회했다.[21] 그러나 미국에서는 2001년 하반기가 되어서야 B형간염 백신과 그 밖의 백신에서 수은이 제거됐다. 그때까지는 모든 연령대의 아이들이 위험에 노출됐다.

버나드 박사와 그 밖의 사람들이 수은/자폐증 문헌을 질병관리본부, 식품의약국, 의학협회, 국립보건원에 보낸 다음에야 제거하기 시작한 것이다. 그 서한에는 400개 이상의 인용문이 실려 있었다. 또 어떻게 수은중독이 언어 및 청각 장애, 큰 소음에 대한 과민이나 접촉에 대한 혐오를 포함한 감각 이상, 인지 및 행동 장애를 일으키는지를 설명하는 비교표를 포함하고 있다. 이와 비슷한 결함들은 ASD아동들에게서 정도를 달리해 나타난다. 수은중독에 대한 의학문헌은 자폐증에서 보이는 모든 특징과 ASD와 연관된 그 밖의 성향들을 포함하고 있다. 과학적 증거들은 넘쳐나고 있었다. 에틸수은은 연령에 관계없이 주사하지 말았어야 했다.

부모의 힘

백신에 포함된 수은이 자폐증을 일으킬 수 있다는 위험성을 처음으로 인식한 사람들은 바로 ASD아동을 둔 몇몇 부모들이었다. 그들은 1999년, 식품의약국에서 백신에 티메로살이 함유되어 있다는 사실이 발표되자 수은중독이 그들 자녀의 자폐적 퇴행에 영향을 주었을 것으로 추측했다.

테레사 빈스톡은 버나드 등의 〈수은/자폐증〉으로 알려진 보고서를 연구하고 집필하기 시작했다. 연구자료가 축적되고 문헌이 완성되자 이들은 정부 관련기관 담당자들과 만나기 시작했다. 놀랍게도 각 기관의 담당자들은 공동저자들과 지원자들을 만났다. 그 문헌은 잠재적으로 중요한 위험성을 환기시켰다. 수은/자폐증 문헌이 만들어지고 1년 이내에 백신제조회사들은 대부분 백신에서 티메로살을 제거하기 시작했고 신생아에 대한 B형간염 백신접종이 제한되고, 의사협회의 자문과 의회청문회 등을 통해 티메로살의 부정적인 영향들에 대해 검토됐다.

이 소수 부모들의 헌신과 집념 덕분으로 백신의 에틸수은이 자폐증 유행과 연관될 수 있다는 사실이 세상에 알려지게 됐다. 버나드와 공동저자들이 백신의 수은양을 계산한 결과 아이들은 환경보호국이 규정한 노출량인 하루 체중 1kg 당 0.1μg을 초과한 상태였다. 몇몇 사람들이 〈세이프 마인드〉라는 그룹을 만들었는데, 그들은 수은이 함유된 백신에 대해 단호하게 압력을 행사했다.

수은/자폐증 문헌의 배포와 출판으로 수많은 부모들은 자폐증으로의 퇴행이 수은이 함유된 백신에 의해 유발되고 가속됐다고 믿게 됐다. 이런 믿음은 킬레이션 후에 소변 중금속검사에서 수은이 높게 나오자 더욱 강화됐다. 1999년에 식품의약국은 백신제조회사들에게 티메로살을 백신에서 제거할 것을 요청(명령이 아닌)하는 서한을 보냈다. 결국 2000년에 식품의약국은 소아과협회와 공중보건서비스와 함께 "가능한 조속히 티메로살의 제거가 요청된다"는 공동성명을 발표했다.[22] 이런 모든 조치에도 불구하고 2001년 말까지 B형간염 백신을 포함하여 이미 구매되어 비축된 수은함유 백신의 사용이 허용됐다. 이는 수은독성이 알려지고, 많은 백신들에 고용량 에틸수은이 함유됐다는 식품의약국의 시인이 있고 난 뒤에도 2년 동안 많은 아이들이 추가 손상을 받았다는 것을 뜻한다.

2001년 10월, 연방 약물안전법에 따라 제약회사로 하여금 수은이 소아에게 어떤 영향을 줬는지 연구하도록 한 소송이 25개 주에서 총 35건 이상 제기됐다.[23] 텍사스와 플로리다에서는 다른 변호사 그룹들이 티메로살에 의한 자폐증 발생이라고 여겨지는 부분에 대한 의료비용에 대해 백신과 티메로살 제조회사들을 상대로 소송 중에 있다. 소송 압박은 최종적으로 백신제조사들이 대부분 백신에서 수은을 제거하게 했다. 가장 중요한 점은 많은 ASD아동들이 킬레이션 치료와 위장관 회복, 영양보조 치료에 의해 상당히 좋아진다는 것이다.

"당신의 자녀가 백신 때문에 자폐증이 생겼습니까?"라는 TV의 변호사 홍보는 많은 부모들이 이전에는 모르고 있었던 백신과 자폐증을 둘러싼 사건을 알리는 계기가 됐다. 이런 인식은 중금속 축적 검사를 포함하여 ASD아동들에 대해 생의학적인 평가를 하는 의사들이 늘어나게 하고 있다.

4장
검사와 진단평가

생의학적 평가

ASD는 면역, 위장관, 신경학적 문제들이 작용하는 복잡하고 다각적인 질환이다. 이 질환에는 다양한 원인들이 있다는 인식이 점차 증가하고 있으며, 유전과 환경 요인 모두에 대한 연구가 진행되고 있다. 자폐증에 대해 연구하면 할수록 이 질환이 복잡하다는 것이 드러나고 있다. 유전적으로 취약한 태아나 어린이가 환경적 손상, 질병, 독성노출에 의해 자폐증으로 발전하는 것이다. ASD는 다양한 장기에 문제가 있기 때문에 집중적인 임상적, 진단적 평가를 통해 문제가 있는 부분이나 기저의 병적 과정을 밝혀서, 향후 치료에 도움을 줄 수 있어야 한다.

환자들은 ASD의 복잡성 때문에 진단과 치료가 쉽지 않다는 사실을 알 필요가 있다. 많은 헌신과 시간, 인내, 노력이 필요하다. 매우 심한 경제적, 심리적 압박에 직면할 수도 있다. 부모들이 다행스럽게 자녀들의 치료를 도와줄 수 있는 치료자를 만난다 하더라도 지속적인 치료는 일상생활 내내 부모에게 큰 부담이 된다. 생의학 치료에 대한 시도를 고려하는 부모들에게는 더 큰 도전이 기다리는 것이다.

전부는 아니더라도 거의 대부분 아이들이 좋아질 수 있다. 아이가 많이 좋아질 것인가, 조금 좋아질 것인가, 아니면 전혀 좋아지지 않을 것인가를 알 수 있는 뚜렷한 방법은 아직 없다. 하지만 생의학 치료라는 가능성을 아예 찾지 않는다면 많은 아이들이 보였던 호전을 기대하기는 어려울 것이다.

ASD아동들은 임상적으로 큰 차이를 보인다. 병력, 건강상태, 생의학적 양상에서 이런 차이들은 아이들 각각에 대해 개별화된 평가가 필요하다는 것을 나타낸다. 나는 새 환자가 왔을 때 첫 단계로 가족과 아이의 건강상태에 대한 광범위한 설문에 이어 인터뷰를 한다. 대개 직접 면담을 하지만 거리가 먼 경우 전화를 하기도 한다.

병력은 ASD의 생의학적 소집단 중 어디에 속하는지에 대한 중요한 기준을 제공한다. 자가면역이나 알레르기의 가족력이 있는가? 바이러스의 잔존, 중금속 독성, 다른 특별한 범주에 해당하는 사항이 있는가? 아이의 가족 중에 ASD 환자가 있는가? 이런 질문들에 대한 대답은 흔히 효과가 있는 치료를 구상할 수 있도록 도와준다.

가족력과 의학적 병력

광범위한 설문을 통해 가족력을 상세히 알아야 한다. 특히 ASD, 난독증, 학습장애, 자가면역질환, 다운증후군, 알츠하이머병, 지적장애, 우울증, 양극성장애, 정신분열병이 있는 친척들을 확인해야 한다. 특히 엄마의 건강상태나 독성물질에 대한 노출 여부를 확인해야 한다.

a. 임신 전: 엄마의 건강(특히 자가면역이나 면역계 장애¹), 전반적 영양상태, 부모의 유전적 취약성, 임신 전후 엄마의 백신접종 상태.

b. 임신 중: 독성노출(아말감 충전을 포함한 치과치료 등), 수은에 오염된 생선의 과다섭취, 살충제 및 납과 같은 중금속 노출, 영양결핍, Rh인자, 바이러스나 기타 질환, 임신합병증, 약물.

c. 출산 및 유아기: 미숙아, 과성숙아, 난산, 모유수유 곤란, 비모유수유에서의 우유나 콩 알레르기, 섭식 및 소화장애, 티메로살이 함유된 백신, 감염, 항생제 치료.

d. 분만쟁점들: 분만통이나 분만문제들, 출생시 상태, 체중, 아프가 APGAR 점수, 분만시 엄마 나이.

e. 의학적 문제: 모유수유 경험, 소화문제, 백신접종시 특이점, 감염, 항생제 사용, 간질, 약물복용, 알레르기, 수술, 치과치료 등.

아래와 같은 추가적인 정보는 굉장히 도움이 된다.

a. 발달: 식이, 대소변, 수면 양상, 동일 연령의 아이들과의 체형 비교, 걷기 시작한 시기, 말을 시작한 시기, 언어 지연, 언어(특히 말하는 것)의 퇴행, 눈맞춤.

b. 상세한 백신접종 이력: 시작날짜, 1회 접종시 백신 개수, 비정상적 반응(과도한 울음, 열), 접종했던 백신 개수뿐만 아니라 접종시 주입 받은 에틸수은의 횟수와 양.

c. 상세한 식이 및 대변 이력: 우유/콩 제품을 주기 시작했을 때 얼

마나 오랫동안 모유수유를 했는가, 좋아하는 음식과 싫어하는 음식, 알레르기, 특별한 식이에 대한 필요성과 반응, 나머지 가족들은 일반적으로 어떤 음식을 먹는가, 설사와 변비, 역류, 진균 감염 및 치료 경과에 대한 병력.

d. 성격: 각성, 두려움, 공포, 반복행동, 기분 변화, 과활동과 저활동, 분노발작, 달래지지 않는 울음발작, 집착하는 것, 친구 사귀기, 공감, 다른 아이에 대한 반응, 애완동물, 가사도우미, 보육, 선생님에 대한 반응, 상상하는 패턴, 행동발달, 손잡이(왼손/오른손), 눈맞춤, 변화에 대한 반응, 유머감각, 자조행동, 특별 학습의 필요, 학습장애의 특성.

검사 전 고려할 점

많은 부모들이 생의학 평가와 치료를 위해 자폐증 전문가에게 간다. 자녀에 대한 전반적 상태에 대한 점검과 백신접종, 감염이나 손상 또는 만성적인 의학적 문제를 치료하기 위해 찾는 것이다. 자폐증 전문가를 찾기 전에 이미 잘 알려진 유전이상에 대한 검사를 받은 ASD아동들도 많다.

생의학적 치료 상담을 하는 의사는 아이가 형제나 부모와 어떻게 상호작용하는지 보는 것이 도움이 된다. 아이의 전반적 건강상태, 피부색, 긴장도, 운동발달, 각성, 눈맞춤, 두려움, 언어양상, 손잡이, 밀착과 상호행동 등은 의사가 아이의 치료와 발달에 따른 변화를 비교할 수 있도록 도와주는 기준점이 된다.

장난감을 가지고 노는 아이를 관찰하는 것도 도움이 된다. 아이에게 글을 쓰거나 그림을 그리도록 하는 것은 운동발달과 개념화 정도뿐만 아니라 언어수용성에 대한 많은 정보를 제공한다. 치료가 진행되면서 언어표현의 정도와 질이 어떻게 변하는지도 파악해야 한다. 검사 전 평가를 하기에 너무 멀면 정기적으로 아이의 자연스러운 모습을 촬영하거나 1개월 단위로 아이 상태에 대한 보고서를 작성하는 것이 변화 파악에 큰 도움이 된다.

나는 이메일을 이용하는 것이 편리한데, 전화로 답변하는 시간을 줄여주고, 나와 부모 모두에게 정기적인 기록으로 남기 때문이다. 나는 부모로부터 진행상황에 대한 보고를 받고 그들에게 검사결과나 치료 여부에 대해 회신하기 좋아서 이메일을 선호하는 편이다. 전화는 이메일에 비해 더 불편하고 거슬리며, 효율이 떨어진다. 엄마들은 의사들보다 아이들의 특별한 요구를 들어주기에 너무 바쁘기 때문이다. 하지만, 전화를 통해 글로 쓰기 어려운 문제나, 치료 의도와 지시에 대한 오해를 피할 수 있도록 도와주기도 한다.

선별을 위한 새로운 검사

의료기록과 인터뷰 후에는 어떤 생의학적인 문제들을 먼저 다뤄야할지 결정하기 위한 선별 검사를 하게 된다. ASD아동들은 생의학적 불균형들이 모호한 편이다. 검사는 명확한 질병을 확인하기 위한 것이 아니라 병적 원인을 찾기 위한 것이다. 선별검사에서는 균형이 깨져 있거나 심각한 병적 원인에 해당하는 자료들을 찾을 수 있고, 이것은 향후 치료의 기초가 된다.

예를 들어 중금속 선별검사는 1991년(백신접종이 의무화된 해)에서 2001년(최종적으로 신생아 B형간염 백신에서 티메로살이 제거된 해)사이에 B형간염 백신을 받은 아이들에게 특히 중요하다. 또한 임신동안 Rh면역글로불린 치료(Rho음성 환자가 Rho양성의 혈액에 노출됐을 때 면역반응을 억제하기 위한 치료-옮긴이)를 받았거나 임신 중 아말감 충전이나 제거를 받았던 엄마의 자녀들에게 필요하다. 이런 범주에 속한 아이들은 수은에 의한 신경독성에 노출됐을 가능성이 매우 높다. 중금속에 대한 진단검사는 적절하고 효과적인 해독치료를 결정하는 데 필수적이다.

수천 명의 ASD아동들의 자료에 따르면 비슷한 생의학적 검사 결과를 보이는 소집단이 있다. 완전한 평가 없이는 아이가 어떤 집단에 속하는지 알 수 없다. 아이의 의료기록, 몇 가지 간단한 치료에 대한 반응, 검사자료에 대한 정보는 아이의 생의학적 특성을 보여준다.

검사평가의 초기 계획

이미 강조했지만 많은 ASD아동들은 위장관 문제가 있고, 글루텐/카세인/콩 제거식이에 꽤 좋은 반응을 보인다. 이것은 내가 첫번째로 추천하는 방법이다. 식품과민은 명확한 위장관 증상이 없이도 발생할 수 있는데, 이는 주류의사들이 검사하는 즉시형 알레르기 반응과는 다르다. 어떤 아이는 밀가루나 유제품 외의 음식에 민감할 수 있다.

식품과민검사는 진단절차의 초기에 시행해야 한다. 많은 ASD아동들이 식품과민이나 위장관병변이 있기 때문에 다양한 영양보충제 처방으로 좋아진다.

글루텐/카세인/콩 제거식이와 영양요법을 수개월 한 후에 과민성에 변화가 있는지 알아보기 위해 다른 검사가 필요하다. 내 환자들은 내게 오기 전에 이미 글루텐/카세인/콩 제거식이를 하고 있는 경우가 많은데, 이 경우 많은 시간이 단축된다.

첫 방문 때, 향후 참고자료로 삼기 위해 전체혈구 계산검사와 대사 상태에 대한 검사를 시행한다. 많은 경우, 위장관에 병원성 세균, 진균, 기생충 등이 있는 것으로 밝혀지고 있기 때문에 진균과 세균의 대사물을 측정하기 위한 소변검사, 가끔씩은 대변배양검사가 시행되기도 한다.

추가검사

거의 모든 개인병원에서 할 수 있는 기본적인 선별검사를 제외하고는 ASD아동에 대한 검사들은 보험혜택을 받지 못하고 있다. 완전한 실험실 검사를 하는 데 약 1,200~3,000달러가 들 수 있다. 이런 검사를 하더라도 확실한 진단이나 치료법을 완벽하게 찾을 수 없다는 사실을 이해할 필요가 있다.

장기적인 측면에서 보면 생의학적 진단과 치료를 받은 일부 아이들은 상당히 좋아지고, 일부 아이들은 자폐증 진단에서 벗어나기도 한다. 많은 수의 아이들은 좋아지더라도 스펙트럼의 범주 내에 머문다. 불행히도 일부는 아주 조금만 좋아지거나 전혀 좋아지지 않는다. 현재로서는 생의학적인 접근이 도움이 될 것이며 가치가 있을 것인가를 알 수 있는 유일한 방법은 먼저 시도해보는 것이다.

의료기록이 얻어지고, 글루텐/카세인/콩 제거식이가 시작되고, 몇 가지 기본적인 영양요법도 시도되고 나면 많은 검사에 대한 선택사항들이 제시될 것이다. 만약 부모가 의지가 있는 경우 거의 완전한 검사항목들을 처방하거나 순차적으로 몇 가지의 검사들이 이뤄질 수 있다. 이것은 부모의 보험가입상황이나 경제상태뿐 아니라 의료에 대한 철학, 생의학적 접근에 대한 정보나 지식에 따라 다르다.

부모들은 검사결과가 한 번에 얻어지는 경우 결과간의 상호작용이 더 쉽게 드러날 수 있다는 것을 알 필요가 있다. 인체 내 기관들의 상호작용들은 너무 복잡하기 때문에 특정상태를 밝히는 데에는 포괄적인 정보가 유용하다. 검사들이 너무 산발적으로 이뤄지면 상태에 대한 적절한 윤곽을 잡는 데 어려움이 있다. 항상 가능한 것은 아니지만, 아이가 한 번에 주요 검사들을 모두 받는 것이 가장 이상적이다. 가끔씩 아이가 최근에 다른 의사로부터 검사를 받았을 수 있으며 부모가 검사를 반복하기를 원하지 않을 수도 있다. 의료기록을 고찰하는 것이 유용하기는 하지만 최적의 치료를 찾기 위해서는 최근 검사가 필수적이다.

실제 검사과정

흔히 생물학적 병리는 모호하고 아이들의 기저 질병과정은 명확하지 않다. 예를 들어 위장관 염증이 있는 아이들도 증상이 거의 없거나 아주 약간만 나타나서, 검사하기 전까지 병원균의 과도한 증식이나 아미노산의 불균형, 비타민, 미네랄, 지방산 결핍이 있다는 것을 알지 못한다.

ASD아동들의 검사에 대한 부모들의 생각은 다양하다. 어떤 부모들은 가능한 많은 진단정보를 얻기 위해 매우 열성적인 태도를 취하는가 하면 어떤 부모들은 아이가 혈액검사를 받는 것에 대해 부정적이어서 생의학적인 평가를 미루기도 한다. 보험회사들의 보장의 다양성도 문제를 더욱 복잡하게 한다. 보험회사가 자폐증이나 ASD에 대한 검사를 보험보장 내용에 해당되는 진단명으로 인정하지 않을 수 있다. 의사들도 검사에 대해 매우 다양한 입장을 취한다. 어떤 의사들은 여전히 자폐증을 유전질환으로 여기며 생의학적 검사를 하찮고 쓸모없는 것으로 생각한다. 확실히 나는 그런 태도에 찬성하지 않는다. 하지만 점차 많은 의사들이 ASD의 생의학모델을 받아들여 임상에 활용하고 있다.

의사들이 받아들일 수 있는 몇 가지 일반적인 접근법들은 다음과 같다. 어떤 의사들은 아이들에게 그렇게 많은 검사가 필요 없다고 생각하고 아이의 과거 병력과 현재의 문제점에 대한 직감적인 평가에 따라 치료를 제안할 것이다. 다른 의사들, 특히 시간이 부족한 의사들은 개별적인 아이의 생의학적 특성과 상관없이 이미 정립된 절차에 따라 진단과 치료를 시도할 수 있다. 반면 어떤 의사들은 일반적인 원칙으로 진단과정의 초기에 완전한 검사를 처방할 수 있다. 후자는 의사가 ASD에서 보이는 생의학적인 양상에 익숙하거나 복잡한 자료들을 해석할 수 있는 경우 유용하다. 가끔은 의사가 꼭 필요한 것으로 생각되지 않더라도 부모가 불안해하며 많은 검사를 원하는 경우 동의할 수도 있다.

검사에는 실용적인 관점이 많이 작용할 수도 있다. 의사가 ASD아동치료를 오랫동안 한 경우, 점점 더 효율적인 진단이 가능하여, 초기 단계에서는 검사가 덜 필요할 수 있다. 이런 경우에는 추가문제가 발생하거나 진전을 보이지 않는 경우에만 광범위한 검사들이 고려되기도 한다.

각각의 아이들은 생의학적으로 독특하기 때문에 부모들은 어떤 검사결과에도 놀라지 말아야 하며 신경과, 면역학, 내분비, 위장관 전문의에게 의뢰가 권고될 수도 있다. 몇 가지 치료법에 반응을 보이지 않으면서 매우 심한 발작이나 알레르기가 있는 아이들이 이런 복잡한 사례에 해당된다. 흔히 이들 전문가들은 자폐증에 대해서는 잘 모르지만 자신의 전문분야와 관련된 아이의 문제들에 대해서는 많은 것을 알고 있다.

나는 치료의 선택에 유용한 정보를 줄 수 있는 검사들을 처방한다는 원칙을 가지고 있다. 그렇지만 실험실 검사들은 비싸고 항상 치료적 정보를 제공하는 것이 아니기 때문에 부모와의 솔직한 논의가 매우 중요하다. 나는 치료에 대한 그들의 철학과 경제적 상황을 알기 위해 애쓴다. 검사 시점은 매우 중요하며 몇몇 검사들은 다른 검사들보다 우선순위에 있다. 더욱이 뭘 하는지 잘 모르는 아이를 붙잡고 혈액검사를 하는 것은 부모나 아이에게 상처를 줄 수 있다. 따라서 나는 가끔씩 처음에 비침습적인 검사(소변, 모발, 대변)를 처방하고 가능한 한 번의 혈액검사로 초기 평가가 이루어지도록 한다. 어떤 아이들은 혈액검사 부위에 마취제를 발라 통증을 줄이는 것이 도움이 되기도 한다. 그래도 몇몇 아이들은 여전히 붙잡는 것을 싫어하지만 적어도 아프지 않다는 것은 알게 된다.

초기 선별검사에서 중금속 독성이 나타나면 경구해독치료를 위해 아이의 상태를 평가하는 것이 매우 중요하다. 최대 효과를 위해 해독치료 전에 위장관 건강과 영양상태를 최적화해야 한다. 해독치료는 의사의 도움 없이 시행해서는 안 된다는 것을 강조하고 싶다.

몇 가지 유형의 실험실 검사는 의무적으로 해야 한다. 중금속의 존재와 배출을 감시할 검사와 해독치료 중 아이의 건강을 감시할 검사가 필요하다. 경구해독과정에서 이용되는 약물은 간에 부담을 줄 수 있다. 간에 부담이 되거나 과도한 병원체의 증식을 나타내는 검사결과가 있을 때는 일시적으로 해독치료를 중지할 필요가 있다. 이런 이유로 해독치료는 가장 발전된 검사를 통해 치료 중에 있는 아이 상태를 판단할 수 있는 능숙한 의사의 참여가 필요하다. 의학적으로 발전된 해독치료 방법은 자폐증연구소Autism Research Institute홈페이지에서 확인할 수 있다.

실험실 검사들

필요한 예비 선별검사
   a. 전체혈구계산과 혈소판수
   b. 포괄적 대사패널
   c. 갑상샘 패널(T3, T4, TSH)

이 검사들은 어느 병원에서나 한 번의 혈액 채취로 가능한 검사이고 보험이 적용된다. 이 검사들은 빈혈, 간이나 신장장애, 갑상샘 불균형과 같은 아이의 전반적인 건강상태를 알 수 있도록 도와주는데, 이와 같은 이상소견은 ASD아동에게서 종종 나타난다.

d. 일반소변검사

깨끗한 유리잔을 이용해 집에서 소변샘플을 받아올 수 있다. 매우 어린아이들은 플라스틱 소변수집기를 채워서 검체를 얻을 수 있다. 소변검사는 출혈, 방광감염, 빌리루빈, 단백질, 신장에서 나오는 파편의 유무에 따른 신장질환의 증거들을 찾는다.

e. 모발분석

지금까지 많은 부모들이 중금속독성에 대한 이야기를 들었고 모발 분석을 하고자 한다. 이 검사는 도움이 되는 비침습적이고 저렴한 선별검사이다. 모발은 기능조직이라기보다 분비조직에 가깝다. 모발성분 분석은 아이의 증상 및 다른 실험실 자료들과 함께 중요한 정보를 제공한다. 이것은 필수성분과 독성성분의 비정상적 대사 등과 같은 생리학적 장애의 진단을 내리는 데 도움을 준다.

모발의 독성성분은 혈액이나 소변에 비해 수백 배로 농축되어 있을 수 있다. 따라서 모발은 비소, 알루미늄, 카드뮴, 납, 수은과 같은 성분의 체내 축적과 최근의 노출을 감지하는 데 좋다. 이 검사에 대한 해석에 경험이 쌓이면 모발분석결과로 수은중독을 확인할 수 있다. 예를 들어, 많은 사례에서(최근의 과량 노출을 제외하고) 결과지에 수은 수치가 직접적으로 높게 나타나지 않더라도 이 검사를 통해 수은독성을 판정할 수 있다.

수은이 필수성분에 어떤 작용을 하는지 알게 되면 이 특별한 안목을 기를 수 있다. 수년동안 아말감의 수은독성을 겪다가 치료한 화학자 앤드류 커틀러가 모발분석에서 수은독성의 판독을 돕기 위한 계산법칙을 알려주어 해독치료분야에 큰 도움을 받았다.[2] 모발분석은 기본적으로 예비 선별검사지만 신빙성 있는 결과를 얻기 위해 흔히 혈액이나 소변검사가 추가될 필요가 있다. ASD아동들의 모발은 그들의 형제나 부모에 비해 독성 중금속의 수치가 더 낮게 나타났다. 이것은 ASD 아동들이 해독기능에 결함이 있다는 것을 드러낸다.

  f. 혈액 중금속검사

혈액검사도 주의 깊게 살펴봐야 한다. 중금속 중독을 잘 모르는 의사들은 혈액검사에서 수은이 음성으로 나타나면 중금속 중독이 없으며 해독치료가 필요 없다고 설명할 수도 있다. 혈액검사는 단지 최근의 과량노출만을 드러내며, 혈액뇌장벽으로 차단되어 있고 말초혈액검사로는 평가하기 곤란한 뇌조직 내 수은에 대해서는 아무 것도 보여주지 못한다. 나는 혈액검사가 음성으로 나온 아이에 대해 추가 연구를 거부한 동료의사들에게 실망한 경험이 있다. 부모들은 몇몇 의사들이 ASD아동의 수은중독에 대해 아는 것이 없다는 것을 알아둘 필요가 있다.

개별적으로 고려되는 실험실 검사

나는 모든 아이들에게 기본적인 전체혈구계산, 대사생화학, 갑상샘 패널을 기본검사로 권유한다. 특별한 검사들은 증상이나 병력에 따라 시행하는데, 면역계 검사, 바이러스와 진균의 유무와 수치를 보는 검사, 밀가루와 우유 내성에 대한 식품과민검사 등이 포함된다. 부모가 글루텐과 우유 제거식이를 하는 것에 수긍하지 않고 실험실 증거를 원하는 경우에는 펩티드 검사를 시행한다. 광범위한 식품내성과 혈장 아미노산 패널은 적절한 영양법과 영양소를 결정하는 데 도움을 준다.

이런 예비검사들은 흔히 칸디다나 다른 병원체의 위장관 증식에 대한 치료와 밀가루, 우유, 콩의 제거가 필요한지 알려준다.

혈액, 대변, 소변 검사들은 병원체나 병원체의 대사물을 확인할 수 있도록 해주며 적절한 치료를 할 수 있도록 해준다. 혈액검사는 생화학적 상태가 좋아질 수 있도록 적절한 영양보급을 선택하는 데 도움을 준다. 모발, 소변, 혈액검사는 중금속 중독이 있는지의 여부와 이후 중금속의 제거와 해독을 위한 필수미네랄과 영양소의 보급을 조절할 수 있도록 도와준다. 치료과성을 적절히 모니터링함으로써 약물과 영양소의 양을 세밀하게 조절하고, 치료하는 동안 아이의 건강을 잘 유지할 수 있도록 돕는다.

임상적 진행에 따라 특정 아이에게 요구되는 몇 가지 제한된 검사들이 아래에 열거되어 있는데, 이 항목들은 내 치료실에서 초기 평가시기에 흔히 도움을 줄 수 있는 것들이다. 발작이 있는 경우, 검사를 받지 않았다면 소아신경과 의사에게 의뢰하여 24시간 뇌파검사를 받을 수 있다. 잘 치료되지 않은 감염과 함께 면역장애가 있는 경우 면역학이나 감염병 전문의와 함께 치료할 수 있다.

소화관 장애가 심한 경우에는 소화기 전문의에게 의뢰하여 내시경 검사를 할 필요도 있다. 드물게는 불안정한 당뇨병이나 심한 갑상샘 문제를 해결하기 위해 내분비 전문의에게 의뢰할 수 있으며, 심한 천식의 치료를 위해 알레르기 전문의에게 의뢰할 수도 있다. 가끔씩 그런 전문의들은 아이가 자폐증과 연관된 생의학적 평가를 받기 전에 의뢰를 받을 수도 있다. 치료를 담당하는 모든 의사들은 설령 많은 주류의사들이 아직 생의학적 치료를 모른다 하더라도 서로 팀으로 협조하여 치료의 혼란을 피하는 것이 중요하다. 부모들은 생의학적 치료에 대해 잘 모르는 의사들이 치료에 대해 거부감을 느끼고 식이조절과 영양요법을 폄하할 수 있다는 것을 알 필요가 있다.

카세인과 글루텐에 대한 소변펩티드 검사

이 검사는 밀가루와 우유에서 생성되는 거대 펩티드를 포함한 외인성 모르핀을 확인한다. 이 펩티드를 정량적으로 측정하는 것은 정규 임상 검사의 영역에 해당되지 않았기 때문에, 임상적용에 대해 수년간 혼선이 있었다. 높은 수치를 보인 아이들에게 위장관 증상이 전혀 없거나, 식이에서 제거해도 아무 변화가 없을 수도 있다. 정상수치를 보인 많은 아이들이 글루텐/카세인 제거식이에서 놀랄만한 도움을 받을 수도 있다.

　나는 부모들이 글루텐/카세인 제거식이를 할 필요가 없기를 기대하면서 강력하게 원하는 경우를 제외하고는 이 검사를 더 이상 권장하지 않는다. 대부분 아이들이 이 식이요법으로 효과를 봤기 때문에 검사 결과가 어떻게 나오든 편식이 심하거나 위장관 문제가 있는 경우 이전에 시도해 본 적이 없다면 글루텐/카세인 제거식이를 해보라고 권한다. 부모들은 흔히 해독치료 전인데도 이 식이요법으로 좋아지는 것을 보고 놀라고 기뻐한다. 이 식이요법을 계속 유지하는 부모들은 아이들에게 각종 영양제를 먹게 하고, 철저한 해독약물 치료스케줄과 치료를 제시하는 데 필요한 치료전 검사들을 따르며, 지속적이고 힘든 이 과정을 이겨내려는 의지를 보인다.

유기산검사

나는 진균문제와 대사불균형의 불확실한 점들 때문에 정규검사의 하나로 유기산검사를 처방한다. 유기산검사는 생화학상태의 주요 구성요소를 측정한다. 유기산 분석을 통한 대사기능검사는 대사가 얼마나 효율적인지, 음식을 건강에 유용한 성분으로 얼마나 잘 전환하는지, 어디에서 문제가 발생하고 있는지에 대한 정보를 제공한다. 체내에서 대사독소를 축적시킬 수 있는 세균불균형을 확인하는 것은 특히 중요하다. 이 대사물질들은 야간 소변에서 확인할 수 있다.

진균감염이 있는 경우 가스, 복부 팽만, 복부 불쾌감, 냄새가 심한 대변뿐만 아니라 만성 설사, 변비, 설사와 변비가 교대로 반복되는 증상을 일으킨다. 그렇지만 가끔씩 실험실 검사에서는 진균 과증식이 나타나지만 어떤 위장관 증상도 나타나지 않는 경우를 봐왔다. 임상적으로 음식에 매우 까다로운 아이는 증상이 없더라도 만성 위장관 염증과 병원체 증식을 의심해야 한다.

90종-식품IgG항체검사(혈청)

지연성 혹은 숨겨진 식품과민은 섭취 후 몇 시간이나 며칠 내에 드러나지 않는다. 흔히 이런 반응은 옥수수, 밀가루, 우유, 달걀을 이용한 제품에 만성적으로 노출됐을 때 나타난다. 이 검사는 식품 알레르기가 있는 환자들을 임상적으로 관리할 때 매우 가치가 있다.

나는 글루텐/카세인 제거식에 반응이 없거나 처음에는 효과가 있었지만 다시 나빠지는 아이에게 이 검사를 처방하는데, 그 아이들이 흔히 먹고 있는 음식들이 영향을 주고 있는지 확인할 수 있다. 면역글로불린G(IgG)는 지연형 과민성을 나타내는데(IgE는 즉시형 알레르기 반응에서 주로 보는 검사) ASD아동들에서 더 문제가 된다. 즉, 실제 알레르기검사보다는 식품과민성 검사가 더 효과적이며, 명확한 알레르기 반응이 없더라도 특정음식들이 위장관에 부담을 주고 지속적인 염증상태에 영향을 줄 수 있다. 이런 공격적인 식품들을 제거하면 아이들은 더 많이 좋아진다.

아미노산(혈장)

아미노산은 단백질의 구성성분이며 많은 인체대사에 필수적이다. 음식 속 단백질은 소화관에서 분해되어 개별 아미노산으로 분해된 후 혈액으로 흡수된다. 아미노산의 기능은 다음과 같다.

a. 근육과 결합조직의 구조 단백질을 합성
b. 몸에서 화학반응을 조절하는 효소의 합성
c. 다양한 뇌 신경전달물질과 호르몬의 합성
d. 에너지의 생성
e. 혈당의 안정
f. 해독과 항산화 작용

대부분 ASD아동들은 식습관이 좋지 않고 소화흡수기능이 떨어져 있기 때문에 아미노산 불균형이 있다. 불균형의 대부분은 소화장애와 연관되거나 메티오닌과 시스테인 대사장애, 타우린의 부족과 연관된다. 타우린 부족은 해독과 필수지질의 흡수에 영향을 줄 수 있고 비타민A, E, D와 필수지방산의 결핍을 초래한다.

기본적인 검사결과를 얻기 위해 3일 동안 영양제를 먹지 않고 일상적인 식사를 하면서 첫 아미노산 분석을 하게 된다. 추후 검사는 일상적인 식사와 함께 처방에 따라 세밀하게 조절된 영양소를 먹고 난 뒤하게 된다.

추가적인 정보는 24시간 소변아미노산 검사로 얻을 수 있는데, ASD 아동에게서 24시간 소변을 얻는 것은 매우 힘든 일이기 때문에 일반적으로 공복시 혈장분석을 이용한다.

포괄적 미생물/소화기 대변검사

식이조절이나 유산균 복용에도 불구하고 위장관 문제가 지속되는 아동들에게 이 검사는 위장관 특성을 파악하여 다음 단계의 치료를 제시할 수 있는 유용한 검사이다. 이 검사는 소화, 흡수, 위장관 상재균, 면역상태, 대장환경을 평가하고, 현미경을 이용해 기생충을 확인할 수있다.

몇몇 검사기관에서는 병원성 균주에 대한 항생제 민감성 검사를 하는데, 자세한 의뢰에는 추가비용이 들 수 있다. 그렇지만 민감성 검사는 반복적인 병원체 침범을 치료하는 데 있어서 적절한 항진균제와 항생제가 이용되고 있는지 확인하는 데에는 별 도움이 되지 못한다.

지방산 분석(혈장)

ASD아동들은 식이습관이 좋지 못하며 특히 채소, 견과, 전곡, 생선(현재는 거의 모든 생선에 들어 있는 수은 때문에 권장하지 않음)에 있는 '좋은 지방'을 포함하는 식사를 거의 하지 않는다. 현대 식품가공법은 중요한 지방산들을 파괴하고 구조적으로 변형된 지방산인 트랜스지방을 생성하여 몸에 해롭게 작용할 수 있다.

혈장지방산 검사는 몸에 저장된 30개 이상의 다른 지방산들을 측정하는데, 필수지방산 및 그 유도체인 포화지방산과 트랜스지방을 측정한다. 나는 평가 초기에 영양결핍이 분명한 경우를 제외하고 일반적으로 이 검사를 나중에 한다. ADD, ADHD, 양극성 장애가 있는 아동들에게 항상 이 검사를 받도록 하는데, 이 아이들은 지방산을 이용해 치료하면 좋은 효과를 보인다. 이 검사는 식이조절과 영양제 보급을 통해 지방산 수치가 건강한 균형상태가 될 수 있도록 돕는다.

금속단백질 기능장애 검사

윌리엄 왈시 박사는 금속단백질 기능장애가 ASD의 주요 병인 중 하나라고 말한다. 그가 연구하는 소아들의 85%에서 구리/아연 비율이 건강한 사람들에 비해 증가해 있었다. 그는 환자들의 혈장 아연, 혈청 구리, 혈장 암모니아, 소변 피롤, 세룰로플라스민을 검사하여 아연을 포함한 미네랄과 다른 영양소를 이용해 그들의 생화학적 균형을 유지하는 데 도움을 주고 있다.

금속단백질은 산화스트레스, DNA 손상, 과도한 중금속 독성에 따른 유해작용으로부터 세포를 보호한다. 이 물질은 금속에 의한 독성을 평가하는 데 혈장분석보다는 세포활성을 보는 것이 중요하다. 금속단백질의 보호효과를 평가하기 위해 금속을 이용한 자극 전후의 세포 내 활성도를 측정하는 기능적 금속단백질 측정법을 이용하고 있다. 이 검사는 모발검사와 적혈구 미네랄 측정과 함께 해독치료가 필요한지 여부를 결정하도록 도와준다.

ASD를 치료하는 모든 사람들이 그렇듯이 왈시 박사도 가장 어려운 점은 많은 아이들이 심한 위장관 문제가 있다는 것이라고 말한다. 박사는 정기적인 특별식, 소화보조제, 유산균, 당제거를 이용한 방법으로 화학적 균형을 맞춰주는 치료를 통해 아이들의 예후가 극적으로 좋아졌다고 보고했다.[3]

해독치료에서의 실험실 검사

해독치료를 준비하기 위한 일차적인 검사에는 다음과 같은 것이 있다.
 a. 위에서 언급한 전반적인 건강상태를 점검하기 위한 선행 검사들
 b. 위장관 건강상태를 확인하는 소대변 검사
    (예-소변유기산 검사, 소화기 대변 검사)
 c. 모발분석
 d. 소변 포르피린 검사
 e. 미네랄/영양소 계획을 위한 적혈구 미네랄 분석
 f. 독성물질에 대한 소변 부하검사

부하검사는 흔히 불필요하며, 보호자가 원하거나 아이가 해독치료로 좋아질 것인지 확신하지 못하는 의사의 의뢰가 있을 때만 처방한다. 일반적인 아침 소변검체를 얻고(전부하검사), 1~2회 용량의 해독제를 투약하는데, 아이의 체중에 따라 계산된 DMSA를 전날 밤이나 다음 날 아침, 또는 소변채취를 시작하기 바로 전에 1회 복용한다. 후부하검사는 아침 해독제 복용 후 6시간 동안의 소변 검체나 아침 첫 소변을 이용한다. 해독제는 소변에 있는 금속에 결합하며, 전후 부하검사의 비교를 통해 해독치료에 어떤 반응이 나타날 것인지 예측할 수 있다.

면역 검사

매우 기술적인 특성 때문에 면역학적 검사는 8장에서 면역계를 다룰 때 언급된다.

이용 가능한 검사소에 대한 정보는 중요한 문제이다. 선별검사는 꽤 표준화되어 있어서 어디에서나 할 수 있다. 혈액검사를 할 수 있는 직원이 있다면 이상적이지만, 그렇지 않다면 특별한 검사를 위해 혈액을 채취해 줄 수 있는 근처의 검사소나, 특별한 도움이 필요한 아이들을 위한 검사소를 알려주는 것이 필요하다. 이와 같은 검사소들은 자폐증을 전문적으로 다루며 주위에서 일반적으로 할 수 없는 검사들을 수행한다. 이 경우 검사키트는 의사가 환자에게 직접 제공하거나 의사의 요청으로 검사소에서 보내진다.

1) 다음은 주요 검사소들과 연락처이다.

조지아주 Meta-Metrix Lab(MML) 800-221-4640

일리노이주 Doctor's Data Lab(DDL) 800-323-2784

2) 기타

위스콘신주 Neuroscience/Immunology Lab 888-342-7272

캔자스주 Great Plains Lab(GPL) 888-347-2781

노스캐롤라이나주 Genova Diagnostics(GSL) 800-522-4762

위의 모든 검사소들은 의사의 요청이 있는 경우 의뢰인에게 키트를 보낸다. 대부분은 의사들에게 결과지 2부를 보내기 때문에 환자들은 자신의 결과지를 받아볼 수 있다.

이 밖에도 좋은 검사소들이 있을 것이다. 의사들은 함께 일하기 적합한 검사소를 찾아야 한다. 나의 모든 환자들에 대해 어떤 검사는 동일한 검사소를 이용하는데, 이는 증상과 검사결과의 연관성을 보는 데 도움을 줄 뿐만 아니라 검사소 직원들과 친하게 되어 검사에 대한 의문점에 대해 대답을 들을 수 있다. 검사결과를 쉽게 볼 수 있고, 적절한 시간 안에 결과를 보고 받고, 검사결과에 대해 책임자와 용이하게 연락할 수 있는 점들은 내가 검사소를 선택하는 중요한 기준이 된다.

위장관 치료

이 장에서 받아들여야 할 메시지는 ASD아동의 다수가 손상된 위장관 문제로 고통 받는다는 점이다. 대부분 ASD아동은 위장관이 건강하지 않다. 아이들은 그들이 느끼는 통증이나 불편함을 언어로 표현하기 힘들지만, 지속적인 설사, 변비, 복부팽창을 동반한 복통, 비정상적으로 보이는 대변 등의 양상에 의해, 위장관 문제를 발견할 수 있다.

어떤 아이들에서는 위장관 문제가 명확하지 않고 검사에서만 발견되기도 한다(예를 들면 진단이 잘 되지 않는 식품과민성으로 인한 약간의 염증만 있는 경우도 있다). 부모들과 의사들은 종종 눈에 띄는 인지장애에만 더 관심을 가지며, 아이가 지니고 있는 위장관 불균형을 교정할 때 전반적인 호전이 일어날 수 있다는 사실은 잘 모르고 있다.

ASD아동들은 일반적으로 영양가가 없는 몇 가지 음식을 편식하는 경우가 흔하다. 아주 드물게 아이가 채소나 영양이 풍부한 음식을 먹더라도 그 영양소를 적절히 소화흡수하여 뇌에 전달하는 기능에 결함이 있기 때문에 실질적으로 큰 도움을 받지 못하는 경우가 많다.

어떤 경우에는 뇌에 바이러스나 독소가 있어서 뇌세포가 영양을 공급받지 못하는 경우도 있다. 어떤 바이러스는 뇌의 좁은 영역으로 이동하여 뇌염 같은 뚜렷한 질병을 일으키지 않으면서 오랫동안 머무르기도 한다. 장기간 설사를 하는 경우 바이러스가 장관 조직으로 들어가 그곳에서 중추신경계로 이동할 수도 있다.[1]

중금속 해독치료를 받는 동안 눈에 띄는 인지변화가 많이 나타나는데, 이는 독성물질이 뇌가 적절한 기능을 유지하기 위해 필요한 영양소 흡수를 방해하고 있다는 것을 시사한다. 수은중독에 대한 해독치료를 위해 영양학적 준비 상황에 있는 아이들에게서 영양프로그램만으로 인지와 언어에서 현저한 호전을 보이기도 한다.

혈액, 위장관, 간, 신장에서의 영양결함상태는 조직에 해로운 중금속 축적을 일으킬 수 있고, 만약 중금속 축적이 많으면 일부 중금속은 중추신경계로 들어가서 신경기능을 방해할 수 있다. 모유수유가 불가능했던 경우, 유아기 때 복통이 지속된 경우, 지속적으로 항생제를 투여 받은 경우, 특정 예방접종을 받은 경우, 중금속이나 그 외 환경독성물질을 해독할 수 없었던 경우, 이들 모두는 위장관 기능결함을 일으키는 요소들이다.

음식알레르기, 밀가루나 유제품에 대한 과민, 유아기 때 반복적인 중이염과 같은 면역결함, 만성적인 진균 및 바이러스 감염과 같은 문제들은 모두 위장관 기능에 대한 평가가 필요하다는 것을 나타낸다. 가족력을 보면 ASD아동의 부모와 형제들에서도 위장관 기능장애가 흔히 발견되는데 이는 유전적, 환경적으로 함께 공유하는 요소들이 있다는 것을 의미한다.

장누수증후군, 진균, 세균, 기생충 과다증식, 영양흡수장애, 소화장애, 위장관 염증, 간 해독기능장애와 같은 결함들은 자폐성 장애를 치료하는 의사들이 자주 보고하는 문제들이다.

ASD아동 36명에 대한 조직학적 연구에서 역류성 식도염 69.4%, 만성 위염 41.7%, 만성 십이지장염 66.7%를 보고 했고 58.3%에서는 위장관에서 탄수화물 소화효소 활용성이 낮은 것을 보고했다.[2]

위장관 문제의 해결책에 대해 의사들과 상담하면 대부분 "괜찮습니다. 시간이 지나면 좋아질 것입니다"라는 대답을 듣는다. 실제로 치료하지 않더라도 일부는 자연적으로 회복된다. 그렇지만 심각한 위장관 기능장애 문제들이 성인기까지 지속되는 경우가 많다. 반면 위장관 문제들이 성공적으로 치료되면 대부분 ASD아동들이 긍정적 반응을 보이는데, 소화기능이 좋아질 뿐만 아니라 행동과 발달에서도 호전을 보인다.

만성 설사, 변비, 팽만감, 불쾌감들은 이 아이들에게서 두드러지게 관찰되는 증상들이다. 그렇지만 뚜렷한 증상이 없더라도, 우선적으로 치료해야 하는 심한 위장관 문제가 있는 경우가 많아서 치료의 첫 단계는 위장관 치료가 되어야 한다. 많은 아이들이 통증을 어떻게 느끼는지 말로 표현하지 못하기 때문에 위장관을 치료하는 데 있어서 어려운 부분도 있다.

인체 면역계의 60~70%는 위장관과 소화장기에 위치한다. 위장관은 우리 몸에서 가장 큰 면역계이다. 따라서 위장관 병변은 면역기능장애를 일으킬 수 있으며 면역기능장애 또한 위장관 장애를 일으킬 수 있다. 면역계 결함이 후천적인지 또는 유전적인지에 관계없이 많은 아이들이 감염에 걸리기 쉽고, 특히 중이염으로 반복적인 항생제 치료를 받게 된다. 항생제는 효과가 없는 바이러스성 중이염의 경우에도 많이 투여된다. 이런 항생제는 위장관벽을 자극하고 염증을 일으킬 뿐만 아니라 유익한 균주를 제거한다. 그래서 칸디다, 클로스트리디움, 기타 병원체가 과다증식하게 되고 더욱 심각한 손상을 초래한다. 여러 연구에서 ASD아동이 위장관 내 진균 수치가 높다고 보고 했다.[3]

진균의 과다증식(이스트는 특히 설탕이 있을 때 잘 성장하고 복제한다)은 영양소 흡수를 방해하고 이것은 종종 설사와 변비의 원인이 된다. 이들 진균은 화학생산물을 분비하는데, 이 물질이 위장관벽을 통해 흡수되어 혈액으로 들어가 전신을 순환한다. 더욱이 진균들은 침습적인 군집형태로 변해 위장관에 끼어 들어가 효소를 분비하여 결국은 위장관 조직을 파괴한다. 이로 인해 위장관에 구멍이 생기고 그곳을 통해 소화되지 않은 음식물 분자가 통과할 수 있다.

이렇게 위장관의 투과성이 증가된 상태를 장누수증후군이라고 한다. 장누수가 있으면 소화되지 않은 음식물은 면역계에 의해 감지되고 항체(IgE, IgG)합성을 유발한다. 이런 과정에 의해 더욱 심한 면역반응이 초래될 수 있다. 따라서 진균과 세균의 과다증식에 대한 적절한 치료는 이런 알레르기 반응을 완화하거나 해소시킬 수 있다.

부모가 할 수 있는 위장관 치료

(1) 글루텐/카세인/콩 제거식이요법

많은 연구자들은 우유에 들어있는 단백질인 카세인이 위 속에서 카소

모르핀이라는 펩티드를 만들어 위를 파괴한다는 것을 밝혀냈다. 모르핀은 강력한 마약성 진통제이며 카소모르핀은 모르핀과 비슷하거나 마약성 특성을 지니고 있는 물질이다. 비슷한 마약성 물질인 글루테오모르핀은 밀가루, 호밀, 귀리에 들어있는 성분인 글루텐을 소화시키려 할 때 위에서 만들어진 것이다. 반면 이 같은 결과를 발견하지 못했다고 하는 연구자들도 있기 때문에 아편성 물질에 대한 오피오이드 학설 opioid theory은 아직도 논쟁 중이다. 하지만 부모들은 ASD아동들이 마치 마약에 취해 멍한 것처럼 보이고 마약중독자들이 그렇듯이 통증을 잘 느끼지 못하는 것 같다고 말한다.

과학적 연구들은 글루텐, 카세인, 콩(대두), 그 외 다른 물질들에 의해 위장관에 발생한 염증에 주목하고 있다. 이 염증은 전통적인 알레르기 학자들이 예측했던 알레르기가 아니며, 앞에서 말한 음식물들에 대한 T-림프구 염증반응으로 밝혀졌다. ASD아동들의 75% 정도에서 음식에 대한 T-림프구 반응이 관찰되고 있다. 미네소타대학의 죠노우치에 의해 시행된 연구에서 ASD아동의 75%가 음식에 대한 T-세포 반응을 보였다.[4]

여러 가설들에 관계없이, 많은 DAN!의사들의 임상경험에 따르면 글루텐/카세인/콩 제거식이는 집에서 할 수 있는 가장 효과적인 방법이다. 내 클리닉에서도 이 식이요법으로 거의 대부분 아이들이 도움을 받았다. 내 클리닉의 ASD아동 부모들은 진균감염에 대한 치료와 함께 글루텐/카세인 제거식이를 했을 때 만성적인 설사가 멈추고 변의 양상이 좋아졌다고 이야기한다. 또한 많은 부모들이 글루텐, 카세인, 콩 제거식이를 시작한 지 몇 주 이내에 대소변 훈련을 성공적으로 해냈다는 이야기도 한다.

뿐만 아니라 식이요법을 한 이후로 집중력이 좋아지고 학습능력이 향상됐다고 이야기한다. 켈리 어머니 재니는 "식이요법의 결과가 아주 좋았어요. 켈리가 눈치도 생기고, 더 초롱초롱하고, 주변에 대한 호기심도 생겼어요. 눈맞춤도 좋아지고 더욱 다정해졌어요"라고 말했다. 이런 호전은 위장관 병변이 뇌기능에 영향을 줄 수 있다는 사실에서 기인한 것이다. 위장관-뇌의 연관성에 대해서는 많은 연구 보고가 있다.[5]

글루텐/카세인(최근에는 콩을 포함)제거식이를 제안하면 대부분은 "그럼 아이가 굶게 되잖아요. 아이가 다른 것은 통 먹으려고 하시 않을 텐데요"라고 이의를 제기한다. 대부분 ASD아동들은 편식이 심하다. 대부분 다른 음식은 거절하고 오직 자기가 좋아하는 몇 가지 음식, 예를 들어 피자, 치킨 너겟, 케이크, 과자, 아이스크림과 같은 글루텐과 카세인이 많은 음식들만 먹는다. 그들은 마치 자신들을 세상과 동떨어지게 만드는 음식들에 중독된 듯이 보인다.

나는 아이들의 식습관을 완전히 바꿀 수 있다고 생각하지는 않는다. 그리고 그런 식이요법이 가족 전체에 영향을 준다는 사실을 부정하지도 않는다. 그렇지만 많은 가족들은 자폐증상을 보이는 아이만 글루텐/카세인에 과민한 것이 아니라는 것을 알게 된다. 어떤 가족들은 식사에서 밀가루, 우유, 콩을 제거했을 때 가족 모두가 더 기분이 좋아진다는 것을 알게 됐다. 그렇더라도 가족 중에 이미 확고한 식이양상을 지닌 나이가 많은 형제가 있는 경우 식이요법이 쉽지만은 않다.

1998년 글루텐/카세인 제거식이를 시작하고 나와 첼시의 엄마인 내 딸 엘리자베스가 식이요법에 대한 확신을 가지기까지도 9개월이 걸렸다. 그러나 이제는 오히려 엘리자베스가 식이요법의 효과를 확신한다. 나는 과체중으로 어려움을 겪을 아이들의 부모들에게 식이요법이 가져다 줄 장점들을 확신시키면서 용기를 북돋아주고, 추후 아이가 호전되면 약간의 글루텐과 카세인을 먹더라도 견딜 수 있게 된다고 말해준다. 반복하지만, 많은 부모들이 식이조절 후에 수면, 행동, 언어, 눈맞춤, 집중력, 주의집중 시간 등에 호전을 보였고 자극행동이 줄어들었다고 보고하고 있다.

몇몇 아이들은 식단에서 유제품을 제외한 지 불과 며칠 만에 신체적으로, 감정적으로, 인지적으로 좋아졌다. 일부는 글루텐에 대해서도 똑같이 변화한다. 글루텐은 카세인에 비해 위장관에서 제거되는 데 더 많은 시간이 걸린다. 실제 소변검사를 해보면 카세인 제거는 3일 정도 걸리지만 글루텐이 제거되려면 수개월이 걸리는 것으로 나타난다. 소변에서 양성으로 보이는 경우 숨겨진 모든 공급원을 찾기는 어렵다. 몇몇 아이들은 카세인이나 글루텐의 숨겨진 공급원이 무엇인지 밝혀내고 이것을 모두 제한하기 전까지는 좋아지지 않는다.

다른 치료 없이 단순히 카세인과 글루텐만을 제거해도 좋아지는 것이 보이고 그 이후에도 계속해서 좋아진다. 식이요법에 이어 면역글로불린G를 이용한 식품검사에서 과민성을 보이는 식품을 제거하면 더욱 빠른 속도로 좋아지게 된다. 식품과민성 검사에서 대두에 대한 과민성을 가진 아동이 점점 많아지고 있어서 식이에서 대두를 제거하면 더욱 좋은 결과를 가져올 것이라 생각한다.

불합리하게도 미국 식품의약국에서는 카세인이 유제품에 들어있지 않다는 주장을 고수하고 있다. 그래서 '비유제품'이라고 적힌 많은 식품들에도 카세인이 포함되어 있다. 이 식품들의 표시에는 카세인 나트륨이라고 적혀있다. 이런 첨가물이 들어간 식품들은 식단에서 제외해야한다. 이 식이요법은 적어도 6개월은 철저하게 유지해야만 한다. 대

117

부분 ASD아동들은 염증성 위장관이 치료되고, 유해균주가 교정되고, 영양상태가 호전될 때까지는 다른 치료를 하더라도 효과가 낮다.

(2) 어떻게 식이요법을 시작할 것인가?

나는 부모들에게 글루텐/카세인 제거식이를 천천히 시작하라고 권유한다. 어떤 가족들에게는 문제를 일으키는 음식을 한 번에 한 가지씩 점진적으로 제거하면서 새로운 음식을 추가하는 방법이 더 잘 받아들여질 수 있다.

흔히 부모들은 밀가루 제품보다 유제품을 중단하는 것이 더 쉽다고 이야기한다. 처음에는 즉시 우유를 끊고, 몇 주간에 걸쳐 유제품을 끊어나간다. 식품과민성 검사에서 알레르기 반응을 보이지 않는다면 쌀, 감자, 아몬드, 코코넛유 같은 대체식품을 이용할 수도 있다. 카세인을 제거하는 동안 쌀가루나 감자가루를 이용해서 빵을 만들어 조금씩 익숙해지도록 한다. 그래서 많은 부모들이 문제가 되지 않는 밀가루(글루텐이 없는 밀가루-옮긴이)로 빵 만드는 방법을 배운다.

최근에는 식품과민성 검사에서 콩 알레르기가 전혀 없다는 결과가 나온 아이들이 아니라면 콩 역시 완전히 제거하도록 권고한다. 예전에는 콩을 대체식품으로 분류해서, 우유를 대신할 주요 식품으로 추천했는데 그럴 경우 식이요법 효과가 좋지 않았다. 밀가루와 우유 다음으로 부정적 영향을 줄 수 있다는 것을 알게 된 이후로는 콩 제거식이를 권한다.

식이요법은 철저함이 필요하다. 친구나 다른 가족이 감정에 약해져서 아이들에게 일반적으로 주는 과자나 크래커를 주지 않도록 말해두어야 한다. 매우 소량의 글루텐이나 카세인만으로도 아이가 퇴행을 보일 수 있으며, 며칠간 설사를 할 수도 있다. "아주 조금은 문제 없을거야"라고 생각하고 카세인이나 글루텐을 주면 그 물질이 몸에서 다 빠져나갈 때까지 치료가 지연될 수 있다. 적지 않은 아이들이 그런 음식들이 자신을 아프게 할 수 있다는 점을 알고 있다. 그래서 피자나 과자가 어떤 사람에게는 해롭다는 것을 모르는 친구나 친척들이 주는 음식을 거절하기도 한다.

불행히도 글루텐은 많은 제품과 성분들 속에 숨겨져 있다. 그러므로 식품을 살 때는 마음을 놓아선 안 된다. 숨겨진 글루텐과 카세인을 탐색하는 탐정이 되어야 한다. 주의할 점은 포장지를 읽는 것만으로는 숨겨진 글루텐을 즉시 찾아 낼 수 없다는 것이다. 예를 들면 "천연향료, 인공향료, 식용 녹말, 맥아, 식초"라고만 적혀있다. 그런데 이것들은 밀을 원료로 하는 식품첨가물 중 몇 가지일 뿐이다.

(3) 어디서 도움을 받을 수 있을까?

자, 이제 무엇을 할까? 먼저 낙담하지 말기 바란다. 카세인과 글루텐이 들어있지 않은 음식에 대한 수요와 소비자의 의식이 점차 높아져 이런 제품이 점차 증가하고 있고 점점 더 많은 부모들이 좋지 못한 식품을 줄여서 아이들을 건강하게 키우고자 한다. 식품에 대한 의문점이 있으면 회사의 고객센터에 전화해서 의심되는 식품이나 첨가물에 카세인이나 글루텐이 포함되어 있는지를 물어보면 된다. 냉담하고도 자동적인 응답으로 자기네 회사제품은 글루텐과 카세인이 없다고 하면 상품 표시성분 중 글루텐과 카세인이 섞여있을 수 있는 성분에 대해 설명하고 밀이나 우유와 접촉하는 어떤 성분이 있는지 물어보아야 한다. 확실히 대답을 못할 경우 관리자와 이야기할 수 있도록 요청하고 관리자에게는 제조공장의 연구자와 함께 이런 것들을 점검하도록 요청해야한다.

이런 방식으로 전화를 많이 하면 문제점을 더욱 더 의식하게 될 것이다. 이렇게 식품의 성분표시를 점검하는 것이 처음에는 도저히 할 수 없을 것처럼 생각되겠지만, 일단 시도하면 어떤 식품이 안전하고 안전하지 않은지 곧 배우게 될 것이다. 그리고 글루텐/카세인/콩 제거식품을 어디에서 살 수 있는지도 곧 알게 될 것이다.

예를 들면 하인츠케찹, 부시스 베이키드빈스, 오레이다 골든프라이의 글루텐/카세인 제거식품은 슈퍼마켓에서 구할 수 있다. 애류헌 시리얼 같은 글루텐/카세인 제거식품과 글루텐과 카세인이 없는 요거트도 판매점에서 구할 수 있다. 코셔에서는 패리브Pareve라고 표시된 글루텐/카세인/콩 제거 식품을 판매한다. 뿐만 아니라 많은 인터넷과 통신판매를 통해서도 구입할 수 있다.

글루텐/카세인/콩 제거식이를 시작하려는 부모들에게 두 권의 책을 권한다. 첫번째는 2000년 사이먼앤슈스터에서 발행된 책으로 케린 세루시Karyn Seroussi가 쓴 『자폐증과 전반적 발달장애의 수수께끼를 풀다: 한 어머니의 연구와 회복에 관한 이야기』이다. 케린의 아들은 이제 자폐증 진단에서 벗어났다. 다른 ASD아동의 어머니, 리사 루이스Lisa Lewis가 쓴 『특별한 아이를 위한 특별한 식이요법』은 퓨처호라이즌에서 1998년 발행됐고, 2001년에 2판이 출간됐다. 리사와 케린은 식이중재를 위한 자폐증 네트워크ANDI를 만들어서 글루텐/카세인/콩 제거식이를 시작하고 지속하는 가족들을 돕고 있다. 또, 분기마다 부모들과 건강전문가들이 식이에 관련된 내용을 담은 〈ANDI뉴스〉를 발행하고 있다. ANDI의 주소는 P.O. Box 1771, Rochester, NY 14617-0711,

이메일은 AutismNDI@aol.com이다. www.AutismNDI.com를 통해서
도 정보를 얻을 수 있다.

　글루텐/카세인 제거식이에 필요한 또 다른 정보원은 〈글루텐프리베
이커 뉴스레터〉가 있는데, 이것 역시 분기별로 발행되며 밀가루로 굽
는 음식(오븐으로 굽는 맛좋은 요리)를 만드는 방법을 제공한다. 이 소식지
를 구입하려면 361 Cherrywood Drive, Fairborn, Ohio, 45324-4012
로 연락하면 된다. 뉴저지의 자폐교육서비스AES에서도 정보를 얻을
수 있다. 732-473-9482로 전화해서 나딘 길더와 통화하거나 이메일
ngilder@ worldnet.att.net을 보낼 수도 있다.[6] AES는 팬케이크, 와플부
터 그래험 크래커 비슷한 것까지 글루텐/카세인/콩 없이 요리할 수 있
는 요리책뿐만 아니라 〈글루텐과 카세인이 없는 식이로 지내는 방법〉이
라는 테이프도 만들었다. 이 테이프에는 왜 ASD아동에게 특별한 식이
가 필요한지 자세한 설명과 이런 식이를 유지하는 방법에 대해서 시간
을 아낄 수 있는 도움말들이 들어있다. 글루텐/카세인 제거식이를 위한
좋은 요리책으로는 샐리 램지Salley Ramsey가 쓴 『카세인, 글루텐 없는
즐거운 요리책』이 있다. 샐리는 미식가이면서 요리사이고 화학자이다.
샌디에고의 자폐증연구소ARI에서 구할 수 있다.

　많은 부모들이 글루텐/카세인/콩 제거식이를 하기 전에 이런 특별한
식이요법이 반드시 필요한지를 알 수 있는 검사가 있냐고 묻는다. 음성
으로 나오는 경우가 많긴 하지만 소변 펩티드 검사가 유용하다. 검사
는 식이제한을 시작하기 전에 해야 하고 아침 소변으로 검사할 수 있
다. 이 검사는 아직 완전하지는 않고 '실험단계'에 있다. 이 검사에 대
한 연구를 살펴보면 자폐증 환자의 최소 50%에서 마약성 펩티드 수치
가 높다는 것을 알 수 있는데 유명한 영국의 폴 샤톡과 노르웨이의 칼

라이첼트의 연구에서 뇌 안의 마약성 수용체가 비정상적으로 자극되어 있음이 밝혀졌다. 이런 자극의 결과로 마약과 유사한 반응처럼 인식 능력이 감소하고 학습과 행동에 대한 동기도 감소하며 통증에 대한 역치도 감소할 수 있다. 나는 펩티드 검사는 하지 않더라도 식품과민성 검사는 매우 유용하다고 생각한다. 임상경험으로 보면 소변펩티드 검사에서 음성을 보이는 일부 아이들에 대해서도 글루텐/카세인 제거식이를 했을 때 뚜렷한 호전을 보였다. 위장관 병변이 장관누수까지 진행되지 않더라도 위장관을 자극하는 음식들이 다른 소화기계와 면역계 문제를 일으킨다는 증거는 많다.

밀과 우유에 들어있는 큰 펩티드들은 매우 비슷해서 글루텐과 카세인을 피하는 것이 바람직하다. 일부 아이들에서는 글루텐이 주된 문제 물질이고, 다른 아이들에서는 카세인이 가장 문제가 되며, 어떤 아이들은 콩이 문제가 된다. 즉, ASD아동들은 식품과민성 수치가 각각 다르고 개개인마다 고유한 특성이 있다.

글루텐/카세인/콩 제거식이는 특별한 검사없이 부모가 할 수 있는 중요한 치료이다. 치료를 처음 시작했을 때에는 도움을 구하는 모든 가족들을 받아들였다. 그런 과정을 통해 제거식이를 하는 아동들이 훨씬 성공적으로 치료된다는 것을 알게 됐다. 곰팡이가 과다증식하는 아이들은 중금속 해독치료를 통해 좋아지리라 기대했지만, 생각보다 효과가 없다는 것도 알게 됐다. 이 경우 이스트, 클로스트리아균과 다른 병원균들이 경구용 중금속 해독제를 이용해 더욱 번식하는 것 같았고 해독효과도 없는 것 같았다.

이런 과정에서 '위장관 치료가 우선'이라는 교훈을 얻었다. 위장관 염증이 있어서 섭취한 음식이 적절하게 흡수되지 않고 소화되지 않으면 다른 치료를 할 수 없다. 현재 우리 병원에서 치료받으려면 수년을 기다려야 한다. 그래서 지금은 병원에 오고자 한다면, 부모들이 글루텐/카세인/콩 제거식이를 하려는 의지가 있는 경우로 제한하고 있다. 이것은 위장관 치료를 매우 중요하게 여기기 때문이다.

모든 아동들에게 위장관 염증이 있어서 특별한 식이가 필요하다는 것을 증명할 방법은 없다. 하지만 연구를 보면 대부분 ASD아동들이 염증성 위장관을 가지고 있다는 것이 지속적으로 밝혀지고 있다. 식이와 환경으로부터 자극이 되는 것들과 독성물질을 제거하는 것이 위장관을 치료하는 첫 번째 단계라는 것은 명백하다.

부모들이 어떤 특별한 검사없이 스스로 평가할 수 있는 한 가지 방법은 '순환식이'를 실시해 보는 것이다. 특정식품 또는 식품군을 최소한 4일동안 완전히 먹지 않고 있다가 다시 제한했던 음식을 먹으면서 나타나는 행동의 변화, 대소변의 변화 등을 면밀히 관찰하고 수면양상, 학습능력, 눈맞춤과 같은 것들이 변화하는지를 잘 살펴본다. 어렵게 얻은 임상경험을 통해 DAN!의사들은 아이들마다 생화학적 상태, 면역학적 요구, 음식이나 약물에 대한 민감도에 따라 고유한 치료법이 필요하다는 것을 알게 됐다.

(4) 소화효소

부모들은 나에게 얼마동안 글루텐/카세인/콩 제거식이를 해야 하는지 묻는다. 몇 년 전 같으면 "아마 평생 해야 할지도 모릅니다"라고 대답했을 것이다. 그러나 다행스럽게도 공부를 더 하면서 이 부분에 변화가 생길 것 같다. 이런 변화를 일으킨 요인 중 하나는 자폐증 치료에서 소화효소의 중요성에 대한 이해가 늘었기 때문이다. 또, 중금속 해독치료를 장기간 시행한 아동들 중 일부에서 문제를 일으켰던 음식에 더 잘 견디는 것이 관찰됐기 때문이다. 예전의 식이 상태로 돌아갈 수 있게 된 것은, 소화효소를 보조적으로 투여함으로써 장누수증후군을 일으키는 위장관 염증을 줄였기 때문이다. 소화효소들은 부적절한 분자들의 크기와 수를 줄임으로써 염증을 감소시키는 것으로 보인다.

염증이 줄어들면 곰팡이가 분비하는 효소에 의해 시작됐던 위장관 손상과 이에 따른 장누수증후군이 치료되는 데 도움이 된다. 위장관 염증과 연관되는 소화흡수 장애는 영양상태를 나쁘게 하고, 더 나아가서 아동의 면역력, 해독능력과 뇌기능에 장애를 일으킨다. 음식을 적절히 분해하는 것은 소화되지 못한 음식들이 위장관에 남아 병원체가 증식하는 것을 최소화한다.

특히 샤톡[7]과 레이첼트[8]와 같은 많은 연구자들이 ASD아동들에서 카세인과 글루텐 단백질을 분해하는 능력이 결여되어 있다는 연구결과를 냈고, 웨이크필드[9]와 호바스[10]를 비롯한 다른 연구자들은 대부분 아동들에서 위장관벽에 염증이 있다는 연구결과를 제시했다. 이와 함께 다른 추가적인 연구들에서는 소화효소의 결핍에 대해 기술하고 있다.[11] 이 연구들에서는 췌장효소, 위벽 내측에서 분비하는 효소, 소장에서 분비되는 융모막 효소 등 복합적인 효소의 결핍에 대해 기술하고 있다.[12] 다른 많은 연구들에서도 소화효소의 결핍, 특히 탄수화물 흡수장애가 ASD아동들이 갖는 장관의 문제점과 많은 연관이 있음을 나타내고 있다.

췌장 소화효소의 결핍이 수은이 함유된 백신접종 등의 독성물질에 의한 손상 때문인지, 항생제 때문인지, 나쁜 세균증식에 의한 것인지, 잘 규명하기 힘든 유전문제 때문인지의 여부와 관계없이, 중요한 점은

ASD아동들이 좋아지기 위해서는 위장관 기능장애에 대한 치료가 반드시 필요하다는 것이다.

각각의 ASD아동들에게 적합한 다양한 소화효소를 조합하는 방법이 있다. 안전한 식물성 효소를 이용해서 여러가지 시도를 해보는 것이 가장 적합한 것을 찾는 좋은 방법이다. 나는 부모들에게 위장관 치유 프로그램을 시작하면서 가족모임이라든지 친구들과의 생일모임과 같이 식이제한을 하기 힘든 경우에만 소화효소제를 사용하라고 권유한다. 새롭게 개발된 소화효소제가 나오면서, 어떤 부모들은 식이조절은 하지 않고 소화효소에만 의존했는데, 일부 아동들은 상태가 매우 나빠지기도 했다.

따라서 위장관 상태가 건강해질 때까지는 식이제한과 소화효소제 치료를 병행해야 한다. 나는 소화효소제가 식이조절을 대신할 수 있다고 광고하는 제조사의 의견에 동의하지 않는다. 임상 경험에 따르면 식이제한 없이 소화효소 단독으로만 치료한 경우, 식이제한을 한 경우에 비해 50% 정도 밖에 좋아지지 않았다. 위장관이 최소한 부분적으로라도 치유되기 전에는 몇몇 효소가 위장관에 자극을 줄 수도 있다. 따라서 소화효소제 치료를 처음 시작할 때는 식사 바로 전에 저용량으로 시작하여 점차 적정량까지 증량하고 때때로 식사 중이나 간식을 먹을 때도 소화효소제를 주라고 하기도 한다.

많은 아동들이 글루텐/카세인 제거식이와 함께 콩이나 옥수수를 제한함으로써 도움을 받는다. 다만 소화효소제는 이런 음식을 모두 제한하기 어려울 때 도움을 줄 수 있다. 극소수의 아동들은 소화효소제를 적절하게 사용하여 음식제한을 대체할 수 있는 경우도 있다. 대부분 아동들에게 광범위한 종류의 소화효소제가 더욱 효과가 있는 것을 발견했다. 내가 권하는 것은 클레어랩의 Vital-Zymes Complete[13]와 커크만랩의 Enzym-Complete/DPP-IV[14]라는 광범위 소화효소제로 두 제품 모두 특수 탄수화물 식이SCD를 따른 제품이다.

(5) 유산균

유산균은 건강한 장에 정상적으로 사는 유익한 미생물이다. 유산균 제재를 먹임으로써 이스트, 세균, 기생충 같은 병원성 유기체의 과잉 증식에 대항하거나 예방하는 데 이용된다. 위장관 병변이 있는 ASD아동들에게 유산균을 공급하여 장을 다시 건강하게 되돌리는 것이 중요하다. 이스트 감염이 점차 증가한다는 것을 인식하는 의사들은 병원균에 의한 과잉증식 등을 최소화하기 위해서 환자에게 항생제와 함께 유산균을 복용하도록 한다. 다행스럽게 필수적인 장내 균주를 공급하는 수많은 제재들이 있어서 이 제재들을 이용하면 설사와 변비를 줄이는 데 효과가 있고 글루텐과 카세인을 제외하는 식단을 병행했을 때 더욱 효과적임이 밝혀졌다. 유산균은 알레르기 증상의 감소와 장기능 조절에 효과적이고 결국 면역계를 증진시키는 데 효과가 있다. 또한 매우 안전하며 처방전 없이도 구입할 수 있다.

  몇몇 부모들은 유산균의 부정적인 효과를 보고한 바가 있는데, 특히 장내 염증이 심할 때 더욱 부정적 효과를 보고했다. 분명히 일부 아이들에게 유산균은 장내 염증을 증가시킬 수 있다. 한 아이에게 좋은 반응을 보이는 유산균제가 다른 아이에게는 좋지 않은 반응을 보일 수도 있다. 그래서 아이 반응을 유심히 관찰하면서 소량으로 시작해서 점차 증량해야 한다. 나는 여러 균주가 포함된 제재를 권한다. 12가지 균주가 포함된 클레어랩의 Ther-Biotics Complete제재나

Ther-Biotics Detox제재를 권한다. 이 제재들을 시원한(따뜻하거나 뜨겁지 않은) 야채즙이나 배즙과 섞어서 식사 전에 먹게 한다.

커크만랩의 자문위원이었던 영양학자, 마크 부루낙은 유산균제가 해독작용의 중추적 역할을 한다고 확신한다. 그는 유산균이 메틸수은을 흡수해서 위장관을 따라 밀어내고 결국은 제거하는 해독작용이 있다는 과학적 근거를 제시했다.[15] 일반적으로 상품화된 제재들에는 장관문제를 유발할 수 있는 병원균에 작용하는 유산균주 중에 가장 잘 알려진 종류가 포함되어 있다. 또한 일부 회사에서는 유산균제를 냉장보관하지 않아도 된다고 말한다. 하지만 개인적으로 차게 보관하도록 권할 뿐만 아니라 유효기간을 잘 지키고 생산된 지 얼마 안 된 제품을 사용하는 것도 중요하다고 생각한다.

요거트는 락토바실루스 아시도필루스균의 좋은 천연공급원으로 이스트의 과다증식을 해소하고 과다증식에 의해 생기는 독성물질을 감소시킨다. 건강을 생각하는 많은 성인들은 요거트를 규칙적으로 먹는다. 하지만 우리 병원에 다니는 대부분 아동들은 우유 제한식이를 하고 있고 콩 제한식이도 하고 있어서 부모들은 유산균제에 유제품과 콩이 들어있지 않은지 반드시 확인해야만 한다. 유산균은 면역장벽을 튼튼하게 하고 면역기능을 자극함으로써 장내 면역체계를 증진시킨다.[16] 장관의 많은 영역이 전체 면역체계를 조절하는 역할을 한다는 것을 안다면 이것은 놀라운 일이 아니다. 동물실험에서나 인간을 대상으로 한 임상연구에서 모두 지속적인 이스트 감염에 대해 어른보다는 유아들이 훨씬 더 취약함을 보여준다. 지속적인 감염이 있을 때 많은 양의 유산균은 병원균을 없애는 데 필수적이고 아이들의 면역계가 감염과정에 대항해 싸우는 데 중요한 역할을 한다.

이스트가 장내에 대량서식하면 독소를 만들어내고 이 독소들이 혈류로 들어가 뇌를 비롯한 여러 장기에 가게 된다. 이렇게 몸을 순환하는 독소들은 암모니아, 페놀 같은 물질을 만들어서 장을 더욱 손상시키기 때문에 전반적인 영양프로그램을 통해 이런 독소문제가 해결되어야 한다.

기본적인 영양공급에 대하여

영양제 선택은 검사결과에 맞게 하는 것이 이상적이지만, 기본 영양제를 먹이는 것을 미뤄서는 안 된다. 필요한 검사를 하기 전이라도 기본적인 복합 비타민과 미네랄(단, 구리가 없는 제재)을 하루에 한 번이라도 먹게 해야 한다. 그리고 P5P와 마그네슘이 섞인 형태로 비타민B6 50mg을 하루 1회, 비타민C 100~1000mg을 무른 변을 보지 않도록 여러 번 나누어 복용시키고 칼슘을 50~1000mg을 매일 복용시켜야 한다. DMG는 중요한 무독성 영양제로 혀 밑에 넣어서 먹을 수 있게 맛이 좋고 작은 형태로(125mg) 나온다. 일부 아동들에게 DMG는 언어능력을 활발하게 할 수 있다. 모든 아동들에게 DMG를 시도해보는데 처음 시작할 때에는 하루 1회 반드시 아침에 1개를 복용시키고 과잉행동의 문제가 없으면 점차 양을 늘려 아침에 1회, 3~4개까지 먹인다.

DMG와 함께 폴린산 800mcg을 먹이면 과잉행동을 예방할 수 있기도 하다. DMG는 뇌에 중요한 아미노산을 공급하고 면역계 기능을 돕는다. 그러나 아동들의 15% 정도에서는 폴린산을 함께 먹여도 DMG가 과잉행동과 같은 흥분상태를 유발한다. 일부 부모들은 구조적으로 매우 유사한 제재인 TMG를 복용하는 것이 더 낫다고 한다. 몇몇 아동들은 DMG, TMG 모두 복용하기 어렵다. 다음 장에서는 ASD아동들에게 필요한 검사와 경험상 도움이 됐던 영양성분들에 대해서 쓸 예정이다.

대부분 치료에 도움이 되는 이런 치료법들을 부모 스스로가 교육 받아야한다. 식이제한(카세인, 글루텐 , 대두와 모든 정제설탕 제거)과 식물성 원료의 소화효소제 공급과 더불어 유산균과 좋은 영양프로그램이 필요하다. 생의학 치료를 공부하는 부모들 중에는 자폐증을 의과대학 시절에 배웠던 대로 '유전적인 병'으로만 바라보는 의사보다 더 많이 알고 있는 부모들도 있다.

나는 부모들에게 위에서 말한 것들을 실천해보도록 권한다. 이렇게 부모 스스로 실천해보면 치료에 대한 관점을 유지할 수 있고 이것이 돈과 시간을 아끼는 것이며, 의사로 하여금 더 나은 치료를 위한 검사와 약 처방에 중점을 두게 만든다. 이런 사전단계들이 이미 잘 되어있다면 항진균제, 항바이러스제, 해독요법과 같은 의학적 관리가 필요한 치료와 검사를 더 빨리 시행할 수 있게 된다. 식이조절, 유산균, 영양제, 소화효소제를 이용한 치료를 시작할 때 한꺼번에 모든 것을 시도하지 않아야 한다. 한 번에 한 가지 치료를 시작하고 다른 치료를 추가하기 전에 아이가 안정이 되도록 일정한 시간을 주기 바란다. 하고 있는 치료와 아이의 반응에 대해 일기 쓰듯 기록하라. 영양제를 먹인 날짜와 양을 기록하면 어떤 반응이 나타났을 때 무엇 때문인지 알기 쉽다. 식이변화를 기록하면 언제 식이원칙을 지키지 않았는지 알게 되고 그 결과도 알 수 있다. 이처럼 아이의 변화를 지속적으로 기록하고 모든 검사 결과지를 복사해서 파일로 만들어 보관해야 한다.

처방전이 필요한 위장관 치료

식이제한, 소화효소, 유산균, 기본 영양제를 넘어선 치료를 할 때에는 안내자 역할을 할 의사가 처방한 검사가 필요하다. 치료프로그램을 안내해 줄만한 지식이 있고 호의적인 의사를 찾는 것이 이상적이겠지만, 아이마다 다른 특성, 생의학적 접근이라는 생소함, 자폐증 유병률 때문에 이런 의사는 매우 부족한 상황이다. 그래서 부모가 자녀의 교육과 의료 모두의 대변자가 되어야 한다. 생의학적 치료방향을 제시하는 의사를 찾는 중에도 반드시 부모가 책을 읽고, 공부하고, 협력단체에 참여하고, 인터넷에서 얻은 믿기 어려운 정보들을 심사숙고해서 읽어보고, 치료를 시작해야 한다.

이미 유산균, 소화효소와 함께 식이요법을 하고 있다면 기본적인 영양요법을 시작하고 지나친 설탕, 인스턴트 음식, 패스트푸드의 섭취를 중지해야 한다. 그래야 이 치료게임이 순조롭게 진행될 것이고 의사는 다음 단계의 검사와 치료를 시행할 수 있다. 아직 치료 초기단계라면 의사가 처방한 검사들을 시행하고 그 결과에 따라 항진균제, 항바이러스제, 항생제, 해독과 같은 치료를 위한 처방뿐만 아니라 의사가 필요하다고 판단한 경우 행동이나 경기, 수면문제에 대한 약물처방치료를 한다.

인터넷과 책을 통해 배우는 것은 도움이 될 수 있다. 그러나 일부 치료는 부모가 집에서 시도하기에 바람직하지 않다. 해독요법이 그런 치료 중 하나이다. 어떤 부모들은 해독요법을 해줄만한 여유가 없다고 생각하거나 해독과정을 감독해 줄 의사를 찾지 못해서 혼자 시도한다. 그러나 이 방법은 아이의 장관이 심각한 병원균에 의한 염증상태에 있을 때는 퇴행과 같은 행동상의 좋지 않은 변화를 가져올 수 있다. 해독과정은 반드시 의사의 관리가 필요하고 적절한 검사를 통해 횟수를 늘려가야 한다.

항진균제 치료

독소로 작용하는 음식물과 수은을 비롯한 중금속 축적은 위장관에 스트레스로 작용하여 이스트가 과다증식하게 된다. 계속해서 강조하게 되는데 백신에 포함된 에틸수은에 의한 손상이 위장관의 기능이상을 만성적으로 진행하게 하는 등의 문제를 일으키는 유발인자로 작용할 수 있다는 것이다. 경구용 중금속 해독제는 이스트나 혐기성 세균의 과다증식을 자극하는 안 좋은 결과를 보이기도 한다. 그래서 병원균의 과다증식을 치료하기 위해서 중금속 해독치료를 중단하게 되는데 이것이 중금속 해독치료를 연기하는 가장 큰 이유이다.

중금속 해독치료를 시작할 만큼 위장관이 건강해야 하고, 항진균제 처방 이전부터 이스트 증식을 최소화하는 식이요법도 필요하다. 예를 들면, 항진균제를 먹기 최소한 2주전부터 설탕이 들어있는 음식을 먹지 않아야 한다. 이스트를 죽이는 약을 먹이면서 동시에 이스트가 좋아하는 음식(설탕)을 먹일 이유는 없다. 자당, 포도당, 과당, 젖당, 꿀, 황설탕, 메이플시럽, 조청 등의 모든 당류는 이스트의 먹이가 되기 때문에, 이스트 감염이 있는 아동들에게 도움이 되지 않는다.

아스파탐은 어느 누구에게도 좋지 않고 특히 ASD아동들에게는 더욱 좋지 않다. 문제가 되는 것을 제거하지 않으면 어떤 것도 좋아지지

5장 위장관 치료

않는다. 만약 당분이 필요하다면 스테비아와 자일리톨로 대체하는 것을 추천한다. 불행히 과일에도 높은 농도의 당류가 포함되어 있어서 제한해야 할 식품인데 이스트 문제가 있으면 과일도 먹지 않아야 한다.

사과나 포도와 같은 주스들도 제한해야 하고 그중 배주스만 먹을 수 있다. 브루스 세먼은 『이스트 없는 축제』라는 책에서 "임상에서 보면 사과, 사과주스, 포도, 포도주스는 이스트에 예민한 아이에게 엄청난 피해를 입힌다. 배가 사과를 대신할 수 있고 신선한 딸기가 포도를 대신할 수 있다"라고 직고 있다.[17] 그는 과일 소스로는 크렌베리와 배, 두 가지만을 추천한다. 나를 비롯한 많은 의사들은 아이가 단 음식들, 과일, 과일주스를 먹고 있는데 항진균제를 이용해서 이스트를 치료하겠다고 시간을 버리곤 했다. 면역력에 부정적인 것들은 어느 것이나 이스트가 과다증식하게 한다. 특히 설탕은(다른 이름으로 된 당류도 마찬가지로!) 면역계에 손상을 주는 것으로 잘 알려져 있으며 이미 면역계가 손상되어 있는 아동이라면 더욱 심한 손상을 가져온다.

많은 부모들은 설탕을 제한하려는 의지와 더불어 로리시딘, 자몽씨 앗추출물, 오레가노, 마늘추출물, 사크로비sacro-B, 언디신undecyn같은 천연 항진균제들을 번갈아 쓰면 이스트 과다증식이 없는 상태로 유지하는 데 도움이 된다고 가르쳐줬다. 자연적 이스트 조절의 일부분으로 지속적으로 유산균을 쓰면서 동종요법을 병행하는 경우도 종종 있다.

천연재료든 처방에 의한 약이든 항진균치료를 시작할 때, 진균의 급격한 소멸로 인한 부작용을 겪을 수도 있다는 것을 알아야 한다. 이를 의학용어로는 헤륵스하이머 반응이라고 한다. 이스트들이 설탕이 부족해서 굶게 되고 항진균제에 의해 죽으면서 비정상적인 독성물질을 분비하기 때문에 독감과 비슷한 증상의 부작용을 보이는 경우도 있다. 증상으로 열, 과민함, 통증, 자기자극stimming과 같은 과잉행동 증가나 다른 행동변화를 보이기도 한다. 천연제재들이 상당히 효과적일 수 있지만 곰팡이 증식이 심한 경우에는 처방약이 필요하고 어느 경우나 유산균을 복용해야 하며 소화효소제가 필요하기도 하다.

니스타틴은 가장 잘 알려진 처방용 항진균제이다. 혈류로 들어가지 않고 위장관 내에만 머무르기 때문에 매우 안전하다. 뿐만 아니라 처방하기도 쉽고 값이 싸서 보험회사들이 기꺼이 그 비용을 지원한다. 단점이 있는데 하루에 네 번 정도 먹어야 효과가 좋고 심한 곰팡이 감염에는 전신에 작용하는 항진균제보다 효과가 떨어진다. 캡슐을 삼키지 못하는 아이들의 경우 니스타틴 분말이 매우 쓴 맛이어서 약사에 의해 조제된 스테비아와 색소 없는 향료가 섞인 것을 복용시킨다.

가장 유용한 항진균제는 중추신경계를 잘 통과하는 것으로 알려진 디푸루칸(플루코나졸)이다. 전신성 항진균제는 간독성이 조금 있다고는 하지만, 내 환자들에게 간독성 사례는 없었다. 니스타틴이 아닌 다른 항진균제를 처방할 때에는 전체혈구계산검사CBC, 전반적인 대사상태 검사를 한다. 검사결과가 정상범위에 있으면 디푸루칸 4~5mg/kg의 용량을 하루 2회 나누어 복용하고, 21~30일 동안 먹도록 처방한다. 40mg/ml 제재가 1회 복용량이 적기 때문에 편리하게 이용된다.

이스트감염 증상이 현저하게 나타나지 않으면 치료가 끝나고 수주 내에 소변유기산검사를 시행하여 이스트를 확인한다. 만약 이스트감염이 없으면 일주일이 지나서 간이 약해지지 않았는지 확인하는 혈액검사를 한다. 검사결과가 정상이면 간손상이 의심되는 특별한 임상증상을 보이지 않는 한 2개월 동안은 혈액검사를 다시 하지 않는다.

디푸루칸을 복용해도 효과가 없거나 검사에서 다른 제재에 반응하면 다른 항진균제인 니조랄(케토코나졸)과 스포라녹스(이트라코나졸)를 처방한다. 스포라녹스는 위험한 병원균인 칸디다 파라실로시스를 없애는 몇 안 되는 항진균제 중 하나이다. 드물지만 만약 혈액검사에서 간효소 수치가 올라가있으면 더 안전한 니스타틴을 처방하고, 영양제를 공급해서 간을 튼튼하게 하고 재생시키도록 한다. 간 건강은 다른 치료에 관계없이 매우 중요하다.

그 밖의 위장관 병원균과 치료법

때때로 이스트와 세균, 특히 클로스트리디아 균주를 없애기 위해 아주 많은 양의 유산균이 필요하다. 클로스트리디아는 소장에서 흔히 존재하는 혐기성 세균인데 현저한 균주증식을 할 수 있다. 클로스트리디아 과다증식은 장관벽을 파괴시키고 치료에 매우 저항하는 편이다. 일부에서는 클로스트리디아를 죽이는 항생제인 반코마이신 치료를 하는 동안 인지와 행동이 놀랄 정도로 호전되기도 한다.

그러나 클로스트리디아는 포자생성 세균이어서 항생제 치료가 끝나면 거의 아동의 장애가 다시 나타난다. 심한 클로스트리디아 감염상태를 보이면 식이요법과 유산균 복용을 더욱 엄격하게 하도록 한다. 클로스트리디아와 진균 감염이 동시에 나타날 경우, 클로스트리디아에 대한 치료를 먼저 하거나 항진균제와 동시에 치료해야 한다는 것을 알게 됐다. 왜냐하면 먹이에 대한 경쟁이 치열하지 않는 두 개의 병원균이 있을 때 하나가 치료되면 나머지 하나가 더욱 증식할 수 있기 때문이다. 최근에는 항생제와 항진균제, 높은 단위의 유산균(디푸루칸과 반코

마이신이나 프라질과 클레어랩의 Ther-Biotics Complete)을 동시에 수개월 동안 복용시키는 방법을 주로 사용한다.

프라질(메트로니다졸)은 클로스트리디아 같은 세균과 원생생물이나 기생충에 대해서도 효과가 있는 강력한 항생제이다. 이 약은 제조된 형태에서는 조금 덜하지만 매우 쓴맛이다. 프라질이 유익균을 파괴하기 때문에 이 약을 중단하고 나서는 매우 많은 양의 유산균을 복용하는 것을 추천한다. 잘 치료되지 않는 클로스트리디아의 경우 염산반코마이신이 매우 효과적이다. 이 제재 역시 약으로 인해 파괴되는 좋은 균주를 대신할 만큼 충분한 양의 유산균을 복용해야 한다.

면역계를 증강시키는 것들은 이스트 과다증식의 치료에 도움이 된다. 새로운 영양제를 추가하지 않았고 식이요법을 잘 지키고 있는데도 아이가 엉뚱하고 평소와 같지 않은 행동을 보인다면 반드시 이스트나 다른 병원균의 과다증식을 의심해보아야 하고 이에 대한 검사와 적절한 치료가 필요하다. 아이가 술에 취한 듯한 행동을 한다면 위장관에서 칸디다 알비칸스의 과다증식에 의한 알코올 중독을 의미하는 오토브루어리 신드롬을 의심할 수 있다.

세크레틴 이야기

아이들에 대해서는 부모가 전문가이다. 어머니가 섭식장애가 있으면 아이들이 유난히 집착하는 음식, 특히 설탕 같은 것들을 자제시키기가 두 배로 어렵다는 것을 알게 됐다. 반면 자신의 한계를 넘어서는 부모들의 위대함을 보게 되고, 그것이 아무리 어려운 것일지라도 자식을 돕고자 행동하는 부모들도 계속해서 만난다.

내 환자는 아니었지만, 사례 하나를 소개하고자 한다. 아들에게 어떤 검사를 해보고 싶어했던 이 어머니로 인해 중요한 치료법 한 가지가 발견됐다. 또, 자폐증은 위장관과 연관된 질환이라는 확실한 증거가 된 사례이기도 하다. 이 어머니는 아이가 자폐증이기 때문에 무시되는 다른 문제처럼 심각한 위장관 문제를 받아들이지 않으려 했던 사람들에게 귀감이 됐다. 세크레틴 이야기는 자폐증에서 위장관과 뇌의 연관성을 밝혀내려 했던 많은 학자들을 도와주는 중요한 증거를 제공했다.

세크레틴은 췌장의 기능을 평가하기 위해 사용하는 천연호르몬이다. 빅토리아 벡은 심한 설사와 복통으로 어려움을 겪는 ASD아동의 어머니였는데 이 검사에 대해 알게 됐다. 그래서 아들 파커가 지속적인 위장관 문제를 보이는 이유에 대한 실마리를 알 수 있지 않을까 하여 세크레틴을 투여하고자 의사를 설득했다. 세크레틴을 주사하는 것은 10~15초 정도 밖에 걸리지 않는다. 파커는 지난 몇 개월 동안 말을 하지 않고 있었다. 파커는 세크레틴을 주사하고 잠시 후 엄마와 의사에게 말을 하고 엄마와 조리있게 이야기하기 시작했다.[18]

빅토리아는 매우 놀랐고, 매릴랜드대학의 소아과 의사인 호바스 역시 이 혼란스러운 결과에 강한 호기심을 갖고 호르몬 연구를 하게 됐다. 그는 수년동안 연구한 결과, 세크레틴이 일부 ASD아동에게서 장관누수 치료에 최소한 일시적인 도움은 줄 수 있다는 것을 발견했다. 호바스 등은 20명의 ASD아동들을 대상으로 한 이중맹검실험에서 세크레틴을 1회 주사한 후 장관의 투과성을 평가했다. 이중맹검실험은 실험이 끝날 때까지 연구자와 환자 모두 누가 세크레틴을 투여 받았는지, 누가 가짜 세크레틴을 투여 받았는지 알 수 없고 두 그룹의 수는 비슷하게 설정하는 실험이다. 실험에 참가한 20명은 장관투과성이 높은 아이들이었는데 이 중 13명에서 세크레틴을 투여한 후 장관누수가 현저하게 감소했다.[19]

2001년 11월, 뇌과학회와 국제자폐증연구회 정기학회에서 과학자들은 동물연구를 통해 세크레틴이 특히 편도체(감정을 조절하고 사회적 상호작용을 하는데 중요한 뇌의 한 부분)를 활성화시킨다는 결과를 발표했다. 다른 연구소의 연구에서 밝혀진 바에 의하면 ASD아동들은 얼굴 표정에서 나타나는 감정변화를 잘 알아차리는 등의 사회적 상호작용과 연관된 편도체의 정상적인 활성화를 나타내지 않는다고 한다.

더 많은 연구가 진행되면서 세크레틴이 음식물을 적절하게 소화시키고 흡수를 활성화시켜, 뇌 기능에 필요한 적절한 영양소 이용을 증진시키고 해독 가능성도 증가하게 도와준다는 것이 밝혀졌다. 반복된 연구에서 세크레틴 치료가 안전하다는 것과 어느 한 그룹에서는 매우 반응이 좋다는 것이 밝혀졌다. 예외적인 경우가 있긴 했지만 대체로 3~4세 이하의 아동들에서 더 좋은 경과를 보였다. 최근 국제학술대회에서 발표된 내용 중에는 다음과 같은 것들이 있다.

a. 뉴욕주 미니올러의 윈스로프대학병원 소아과의 쇼코로우는 34명의 ASD아동을 대상으로 세크레틴 치료의 안전성을 입증하기 위해 6주 동안 실험과 연구를 실시했다. 세크레틴 주사를 2회 주사했는데, 특별한 부작용이 없었고 6주 후에 다시 조사했을 때도 마찬가지로 특별한 부작용이 나타나지 않았다. 이 중 4명은 사회성 면에서 극적으로 좋아졌다. 이들 4명은 치료 전 세크레틴

수치가 매우 낮았었다.[20]

b. 애리조나주 포이닉스의 사우스웨스트 자폐증 연구센터의 신시아
슈나이더는 12주에 걸쳐 이중맹검법으로 전반적 발달장애를 가
진 30명에게 세크레틴을 1회 주사하여 그 결과를 알아봤다. 농도
를 달리하여 2~10세의 아동들에게 세크레틴을 주사했는데 연구
자, 아동, 부모들 모두 세크레틴 농도를 알지 못했다. 이 연구에
서는 심리변화, 언어변화, 위장관 변화를 살펴봤고 3주, 6주, 12
주에 평가했다. 6주 후, 12주 후 다시 검사했을 때 발달장애의 정
도가 심한 아동들 중 높은 농도의 세크레틴 주사를 맞은 아동들
이 크게 좋아졌다. 낮은 농도나 중간 정도의 농도로 세크레틴을
투여한 아동들에게는 효과적이지 않았다.[21]

c. 라이트데일은 위장관 문제를 가진 20명의 ASD아동들에게 1회의
세크레틴 투여로 위장관 기능이 좋아지는가에 대해 연구했는데,
맹검연구는 아니었다. 치료 전 이 아동들의 80%는 무른 대변을
보였다. 치료 5주 후 20명 중 15명에서는 무른 변의 빈도수가 적
거나 조금 더 정상적인 형태의 대변양상을 보였다. 검사를 통해
확인되지는 않았지만 83%의 부모들이 치료 후 중등도 혹은 현저
한 정도로 언어적 호전을 보였다고 보고했다. 이 연구는 ASD아
동의 한 그룹은 췌장기능 이상이 있다는 결론을 내렸다.[22]

불행히도 거의 비슷한 수의 연구에서는 세크레틴 투여로 긍정적인
결과를 찾아내는 데 실패했다. 하지만 세크레틴이 도움이 된다는 부모
들이 늘어나고 있다. 왜 많은 연구자들이 부정적인 결과를 보이는데도
이 연구는 계속 되는 것일까? 버나드 림랜드 박사는 '부정적인 플라시

보 효과'가 일어날 수 있기 때문이라고 말한다. '부정적인 플라시보 효과'란 어떤 치료가 효과가 없다고 믿는 연구자들의 경향을 말한다. 림랜드는 이런 예를 들었다. 몇 년 전 세크레틴 투여 후 ASD아동들에서 전혀 호전된 부분을 찾을 수 없었다는 연구가 영국의학저널에 실린 적이 있었다. 그런데, 같은 저자명으로 실린 다른 연구에서는 이 아동들의 부모 중 69%가 이 치료를 계속하고 싶어한다고 했다. 연구자들보다는 부모들이 아이의 호전정도를 더 잘 알아보지 않겠는가?

나는 부모들의 현명함을 굳게 믿는 사람이다. 만약 부모들이 어떤 치료에 아이들이 좋은 반응을 보였다고 말한다면 대체로 옳다고 생각한다. 나는 세크레틴에 대한 연구가 지속되길 바라며 세크레틴이 4세 미만의 ASD아동 중 25%에서는 효과적인 치료라는 것이 밝혀질 것이라 믿는다.

세크레틴이 일부 ASD아동들에게는 큰 의미가 있는 치료이지만 모든 아이들에게 마술지팡이는 아니다. 모든 ASD아동들에게 효과가 있는 단 한 가지 치료는 없다는 것을 알고 있어야 한다. 하지만 세크레틴은 오랫동안 극적인 효과를 나타내는 첫 번째 치료였다. 세크레틴이 소수에서만 극적인 효과가 있을 뿐 모든 ASD아동들에게 똑같은 효과가 나타나는 게 아니라는 것이 알려지기 전에는 자폐증 커뮤니티에서 세크레틴에 대한 기대는 매우 높았다.

그러나 세크레틴 이야기는 장관누수 치료의 중요성에 대한 단서를 제공했고, 오늘날까지 계속되고 있는 위장관-뇌 연관성에 대한 연구를 열심히 하는 데 도움을 줬다. 물론 세크레틴에 좋은 결과를 보인 소수의 아동들에게는 정기적이고 주기적으로 치료를 받게 하고 있다. 세크레틴 치료를 받고 나서 오히려 예전에 보였던 행동들이나 퇴행하는 행동을 보이는 것은 세크레틴 치료가 추가로 필요하다는 것을 의미한다. 어떤 부모들은 지금까지 수년동안 5~6주 간격으로 아이들에게 세크레틴 혈관주사 치료를 받도록 하고 있고 일부 부모들도 매일 밤 혹은 일주일 중 며칠동안 밤마다 피부로 흡수되는 형태를 지속적으로 이용하고 있다.

세크레틴이 ASD아동들에게 효과가 없었다는 연구[23,24]도 있지만 소수의 부모들은 세크레틴 투여로 아이들이 좋아졌다고 보고했다. 세크레틴 유전자의 CpG부분이 유전자-표현형을 조절하기 때문에[25], 많은 ASD아동들에서 메틸레이션이 감소되어 있다는 사실은[26] 세크레틴 기능이 일부에서는 잘 조절되지 않을 수 있다는 또다른 생화학적 경로를 제시하는 것이다. 게다가 세크레틴은 자폐증과 관련있어 보이는 G단백질 계열중 하나여서[27] 비타민A에 치료효과가 있을 수 있다는 연구도 있다.[28] 멕슨가설은 비타민A가 레티노산의 전구체라는 사실[29]에 의해 뒷받침된다. 레티노산은 신경세포를 포함하여 세크레틴 유전자 표현에 이용된다.[30,31] 장관 병리는 자폐증에서 흔히 발견되는데[32], 세크레틴 결핍과 세크레틴 수용체의 미묘한 변화는 장관 림프구의 병리를 일으킬 수 있고[33,34] 이것이 아이에게 부적절한 영양상태, 해독능력 저하, 면역력 약화를 유발할 수 있다.

'장관의 탄수화물 소화효소 활성화가 낮음'에도 불구하고 일부 아동들의 췌장기능은 정상으로 밝혀졌고(n=36)[35] 일부에서는 세크레틴 유전자의 약한 대립형질이 발견되지 않았다(n=29)[36]는 것도 중요하다. 세크레틴이 장관병리를 완화시켜 소화, 흡수를 향상시키고 장관을 통하지 않는 방법으로 일부에게 도움이 됐을 것이라고 예상할 수 있다.[37] 최근에 세크레틴이 소뇌, 시상하부, 해마, 편도체를 포함한 신체 여러 부위에서 어떤 역할을 하는지에 대한 연구가 계속되고 있다.[38~41] ASD아동 12명 중 7명에서 세크레틴을 정맥 투여 후, 자폐증 진단인터뷰 ADI-R 점수가 올라갔다는 보고는 매우 고무적이다.[42]

2006년경에는 세크레틴 치료법이 대부분 ASD아동들에게 처음으로 시도하는 치료법으로서는 신중하지 못한 것으로 여겨졌지만 최근 보고들에서는 오히려 권장할만한 것으로 여겨지고 있다. 더 많은 연구가 필요하고 연구자들은 세크레틴에 반응을 보이는 소수의 소집단을 알아내기 위한 분석방법을 고안해야 한다. 세크레틴 이야기는 중요하다. 왜냐하면 장관 외, 즉 비경구적 치료의 의미를 알려준 사례가 됐고, 세크레틴의 효능이 장관병리를 치료하고 장관 누수를 치료하는 데 중요하다는 것을 상기시켜 주었기 때문이다.

위장관 건강과 치료 요약

모든 생의학적 요소들을 고려할 때 위장관 건강을 회복하는 것이 ASD 아동의 면역계와 뇌 기능을 치료하는 중요한 열쇠라고 생각한다. 누수장관은 아미노산의 불완전 단백질인 펩티드를 이동하게 할 수 있어서 펩티드가 결국 위장관을 통해 혈류 안으로 들어간다. 뇌를 포함해서 펩티드가 있어서는 안 될 곳까지 혈류를 따라 이동한다. 일부 펩티드는 아이들을 마약을 주사한 것 같은 상태로 만드는 아편계 물질로 작용하는 것 같다. 하지만 비마약성 펩티드도 위험할 수 있다. ASD아동들의 신체는 이 펩티드를 신경전달물질로 인식할 수 있기 때문이다. 이런 펩티드들은 정상 신경전달물질의 수용체와 결합하여 신경신호의 정상전달을 아예 차단하거나 손상시킬 수 있다. 자연히 이는 뇌의 인지발달에 부정적인 영향을 준다.

장관누수증후군은 장관 병리의 한 부분으로 모든 ASD아동들에게서 검사상 투과성이 증가된 소견을 보이는 것은 아니다. 펩티드 검사에서 높은 수치를 보이는 아동들은 당연히 식이제한을 더욱 철저히 하도록 해야 한다. 하지만 (나는 더 이상 시행하지 않는) 펩티드 검사에서 음성인 많은 아동들조차도 식이를 통해 좋아졌고, 모든 ASD아동들과 다수의 ADHD아동들도 식이제한을 통해 회복속도가 빨라졌다.

한편 다른 형태의 장관병리는 위장관 염증과 영양소 결핍을 유발할 수 있다. 장관누수증후군이 있으면 위장관 염증으로 인해 건강한 위장관에 정상적으로 존재하는 다양한 운반단백질들이 손상되어, 많은 비타민과 미네랄의 결핍을 가져온다. 이런 아이들은 비타민, 미네랄, 아미노산, 필수지방산, 효소와 조효소가 부족하다. 그래서 글루텐/카세인/콩 제거를 포함한 제한식이와 영양소 공급을 위한 포괄적인 프로그램을 권하는 것이다.

부족한 영양소 공급과 함께 최근 영양프로그램에 추가한 것은 위장관에서 단백질을 분해하는 능력을 향상시키기 위한 소화효소 치료법이다. 철저하게 식이요법을 하더라도 많은 아이들이 우유, 밀, 콩을 제외한 다른 음식의 펩티드들도 잘 분해하지 못한다. 많은 부모들이 식이요법, 영양요법과 동시에 소화효소제를 이용하고 있고, 몇몇 영양제 회사들은 각기 다른 요구에 따른 더 좋은 소화효소제를 만들려고 노력하고 있다.

많은 부모들은 식이제한을 하지 못했을 때에만 소화효소제를 먹이고, 일부는 일반식이와 소화효소제를 병행하고 일부는 식이제한과 함께 소화효소제를 복용하게 한다. 현재까지는 식이제한과 소화효소제 복용을 함께 하는 경우가 가장 좋은 결과를 보이고 있다. 해독요법과 다른 생의학적 치료법으로 자폐증 진단을 벗어난 아이들 중 일부는 일시적으로 소화효소제를 복용하면서 원래의 일반식이로 점점 바꿔가고 있다.

글루텐/카세인/콩 제거에 반응이 없고 지속적으로 위장관 문제를 보이는 일부 아동들은 더욱 제한된 식이를 해야 한다. 이들 중 한 가지가 특수탄수화물 식이요법SCD로 일레인 고트쉘이 쓴 『악순환의 고리 끊기』에 근거한 방법이다. 이 방법은 원래는 크론병, 궤양성 대장염, 셀리악병, 과민성 대장증후군 환자를 위한 치료법이었다.[43] 이 식이는 철저한 곡류, 유당, 과당 제한 식이요법으로 장관 내 미생물이 탄수화물을 이용하여 소장을 손상시킬 수 있는 산과 독소를 만들지 못하게 하는 것이다.

SCD의 원리는 소화과정이 최소한으로만 요구되는 특정 탄수화물들이 흡수가 잘 되어 장관 내 미생물의 먹이를 전혀 남기지 않게 한다는 것이다. 현재 일부 ASD아동들은 SCD식이에 좋은 결과를 보여 글루텐/카세인/콩 제거식이에서 점차 SCD식이로 바꾸고 있다. 또한 많은 부모들이 수개월간 SCD식이를 지속한 후 유제품과 벌꿀을 아주 천천히 먹이기 시작해야 한다는 것을 알게 되면서 ASD아동들에게는 SCD에 변화를 줄 필요가 있었다. 요리법과 음식목록 등 SCD식이에 관해 많은 정보를 알려주는 웹사이트도 유용하다.

6장
두뇌발달을 위한 영양요법

필수영양소

비타민, 미네랄과 영양보충제는 최상의 건강상태를 유지하는 데 도움이 되고 만성질환의 위험성을 줄이고 수명을 늘리는 데도 중요하다는 사실은 널리 인정되고 있다. 그래서 비타민과 미네랄 결핍을 보이는 ASD아동들에게 필수영양소로 위장관을 치료하는 것에 대해 반대하는 사람은 없다. 대부분 ASD아동들은 기저에 신체적 의학문제를 갖고 있는데 특히 위장관 문제는 반드시 치료되어야 한다.

건강상태는 영양상태를 반영한다. 미네랄, 비타민, 아미노산, 소화효소가 부족하면 생화학적 항상성이 불안정해지고 뇌를 포함하여 전신의 영양상태가 결핍되는 불균형을 유발할 수 있다. 그래서 주목하고, 집중하고, 어떤 일을 지속하는 능력이 부족해진다. 지금도 많은 주류의사들이 식이요법이나 영양요법이 소용없다고 부모들에게 말한다. 치료란 어떤 처방약을 의미한다는 전형적인 의학 수련과정을 거치고 난 의사들은 의학교육의 연장으로 주로 제약회사 의약품에 의존하는 치료를 한다.

애리조나 투산지역의 자폐증 연구자인 우디 맥기니스가 시행한 연구에서 ASD아동의 69%는 식도염, 42%는 위염, 67%는 십이지장염, 88%는 대장염을 앓고 있다고 보고했다. 일부 의사들은 ASD아동 중 밤에 자주 깨는 경우가 있는데 역류에 의한 자극문제가 원인이라고 생각한다. 수년간 잘 치료되지 않는 설사나 변비가 있거나, 두 가지가 어느 간격을 두고 번갈아 나타나는 경우 같은 지속적인 위장관 문제도 많이 나타났다. 이런 상태의 공통점은 소화관 염증이다. 십이지장염은 십이지장관의 염증이고, 대장염은 대장의 염증, 식도염은 식도의 염증, 위염은 위의 염증을 의미한다.

만약 주류의학에서 ASD아동들의 만성적인 상태를 해결해주지 못한다면 대체의학으로 눈을 돌려야 한다. 대체의학이 제한된 대안의학이라는 것 때문에 중요성이 낮은 의학으로 생각해서는 안 된다. 대중언론에서는 일명 주류의학과 대체의학으로 양분하지만 이런 인위적인 구분은 긴 안목으로 본다면 상당히 모호하다. 왜냐하면 처음에는 '대체'였던 많은 치료법들이 효과가 증명되면 '주류'가 되기 때문이다.

궤양을 항생제로 치료한 것이 한 예이다. 게다가 주류로 생각됐던 일부 치료법들이 현재는 대체치료법이 되기도 했다. 약초치료가 그 예이다. 수백 년 동안 주류의사들은 주요 치료법으로 약초를 이용했지만, 현대적인 제약회사가 생기면서 약초치료는 선호도가 감소했다. 아이러니하게도 일부 약초치료는 주류로 돌아가고 있다. 간을 튼튼하게 하는데 큰엉겅퀴를 사용하고, 우울증 치료를 위해 '허벌 프로작'이라 불리는 세인트존스를 사용하는 것이 예가 될 수 있다.

대학의 연구자들이 의학치료를 평가하는 기준은 이중맹검의 위약대조군 연구이다. 즉, 평가하려는 치료를 받는지 받지 않는지 여부를 환자와 의사 모두 알지 못하는 검사를 말한다. 의학사를 통해서 익히 증명된 바와 같이 현재의 대부분 치료법들이 처음부터 철저한 이중맹검 실험을 했던 것은 아니다. 어떤 치료가 효과가 있다고 알려져서 이에 대한 이중맹검 연구를 실시할 때 비윤리적이 되는 경우(특히 생명과 연관된 상황)도 가끔 있다. 왜냐하면 실험에 참가하는 일단의 사람들은 필요한 치료가 아닌 위약(플라시보)을 제공받기 때문이다.

대단위 이중맹검 연구 없이 어떻게 한 개인이 ASD라고 부르는 이 복잡한 질병의 치료법을 필요한 것과 그렇지 않은 것으로 구분하겠는가?

그래서 DAN!치료자들은 그들이 실시하는 치료법들에 대해 실용적인 견해를 갖는다. 자폐증 환자에게서 많은 생의학적, 생물학적 이상이 발견됐고 이상소견을 호전시킬 수 있는 치료법들도 발견됐다. 내가 좋아하고 매우 인상적인 글귀는 버나드 림랜드의 "효과가 있는 것을 하라!"이다. 성공적인 DAN!치료법들 중 다수가 용감한 시도와 그에 따른 성공과 실패를 통해 알게 된 것들이다. 왜냐하면 영양결핍과 영양제 공급, 특별한 식이요법, 해독요법들에 대해 관심을 갖는 연구자들은 거의 없었기 때문이다. 이와 같은 치료를 잘 아는 부모들, 관심이 있는 의사들은 자신들이 시도하려는 치료법들이 안전하고 효과적이라고 증명할 수 있는 광범위하고 전형적인 연구가 시행될 때까지 기다릴 수 없었다.

ASD아동들에게 발견되는 영양결핍

ASD아동들에게 나타나는 생화학적 불균형은 무엇일까? DAN!연구인 〈자폐성 아동의 영양상태〉[1]에 의하면 대부분 ASD아동들은 다음과 같은 이상을 나타낸다.

a. 낮은 비타민B6
b. 낮거나 정상범위 중 낮은 한계에 있는 세포 내 마그네슘과 B6의 약한 결합력
c. 낮은 세포 내 아연
d. 혈액 내의 낮은 비타민A, D
e. 미생물 검사상 비오틴, B1, B3, B5의 기능저하
f. 낮은 소변 내 비타민C 농도
g. 적혈구 세포막의 낮은 EPA농도
h. 적혈구 세포막의 높은 아라키돈산(염증 원인물질 중 하나)
i. 낮은 타우린(신경세포에 필수적인 영양소) 수치
j. 카소모르핀과 글루테오모르핀 수치 증가
k. 소변 내 이스트 대사물 증가
l. 우유에 대한 면역글로불린G 증가
m. 위장관 내에서 세균총의 불균형

많은 ASD아동들에게서 나타나는 추가 소견들
a. 낮은 수치의 혈청 셀레늄
b. 미생물 검사상 엽산과 비타민B12의 낮은 수치
c. 적혈구 세포막에서 트랜스지방 수치 증가

d. 곡류에 대한 면역글로불린G 항체

e. 소변 내 세균대사물의 증가(50% 정도에서)

f. 지나치게 산성인 대변

윌리엄 쇼와 윌리엄 왈시 박사 등의 연구에 의하면 ASD아동들에게서 아연, 비타민B6, 감마리놀렌산 결핍이 보이고 질 낮은 단백질 섭취로 인해 메티오닌 역시 낮은 수치를 보인다고 한다.

필수 영양소의 이용

나를 비롯한 많은 DAN!의사들은 특수 비타민, 미네랄, 다른 영양제들을 이용한 생의학적 방법으로 위에 열거된 불균형을 치료하고자 한다. 이 치료법들은 다수의 이중맹검실험을 통해 공식적으로 평가받기 시작했다. 수년동안 필수영양소들은 ASD아동의 영양불균형과 다른 질병에 대해서도 안전하게 이용되고 있다. 많은 임상경험을 통해 이런 영양보급제들이 안전하고 효과적이라는 것을 알게 됐다는 것이다.

여기서 주목해야 할 중요한 점은 개개인마다 가장 적절한 영양제의 종류와 양을 결정하기 위해서 수많은 시행착오가 있었다는 것이다. 왜냐하면 어떤 물질이 ASD아동의 대부분에게 부족하더라도 개개인의 내성과 민감도는 다르기 때문이다. 그래서 저용량으로 시작하고 천천히 증량하여 부족한 부분이 적절한 수치가 될 때까지 교정하고 반응을 관찰해야 한다.

아주 예민한 아동들은 특별한 영양소 결핍에 대한 검사가 필요할 수 있다. 심지어 일부 아동들은 특정 상표의 제품에 민감하기도 하고 첨가물이나 정제를 덮는 성분에도 문제를 일으킬 수 있다.

내 환자들 대부분, 특히 어릴수록 영양제·비타민·미네랄 프로그램으로 많이 좋아진다. 전형적인 ASD아동들은 지나친 편식 때문에 오랫동안 비타민과 미네랄 결핍상태로 지내게 된다. 이전에 비타민제를 이용하지 않았던 경우에는 가끔 반응이 극적인 경우도 있는데 영양프로그램을 시작하고 며칠에서 몇 주 내에 말하기, 눈맞춤, 행동, 수면형태가 좋아지기도 한다.

영양요법을 시작할 때는 적은 용량으로 시작하고 새로운 영양제를 추가할 때에는 한 번에 한 가지씩 추가해서 점차 치료에 적합한 용량에 적응하도록 한다. 이때 부모들은 영양제에 대한 아이의 반응을 관찰하고 기록해야 한다. 부모들은 처방 받은 많은 종류의 영양제에 놀라곤 한다. 그래서 비타민을 담는 용기가 고안됐고 부모들에 의해 영양제의 좋지 않은 향이 나는 것을 숨기는 방법도 고안됐다.

아이들에게 영양제를 먹는 것은 매우 중요한 일을 하는 것이라는 느낌을 주도록 해야 한다. 그래서 영양제 냄새를 맡았을 때 부모가 얼굴을 찌푸리지 않는 것이 중요하다. 가끔은 동정적이지만 "선택이 아니라 반드시 해야만 하는 일이다. 함께 극복하자"라는 단호한 자세가 필요하다. 영양제를 좋아하는 음료에 섞거나 씹기 좋게 주는 것도 도움이 된다. 캡슐을 삼키도록 가르치면 아주 편리하다. 캡슐을 삼키도록 가르치기 위해서는 처음엔 아주 작은 빈 캡슐을 삼키도록 해보고 작은 것에서 보통 크기, 점차 큰 크기의 캡슐로 연습한다.

어떤 음식이 내 아이의 위장관과 뇌에 손상을 일으키는지 알게 되면 글루텐/카세인/콩 제거식이요법을 하게 되는 것과 마찬가지로 영양결핍의 심각성을 이해하게 되면 영양제를 먹이는 일이 점차 견딜만해

6장 두뇌발달을 위한 영양요법

진다. 자기 자녀가 아주 좋은 음식을 먹어왔다고 생각하는 일부 부모들은 영양요법의 좋은 반응을 보고 깜짝 놀란다. 이것은 편식하지 않는 아이들도 위장관 염증 때문에 소화가 안 되거나 영양성분 흡수가 잘 안되어서 뇌에 적절한 영양공급을 하지 못하는 것이 원인이라는 것을 보여주는 예가 된다.

기본적으로 추천하는 영양소

주요 영양소
  (1) **비타민B6**: 가급적이면 P5P와 마그네슘이 함께 들어있는 활성화된 제재로 5세 미만은 하루 50mg, 5세 이상은 50~100mg, 피리독신은 20mg/kg까지
  (2) **마그네슘**: 글리시네이트 형태가 가장 흡수가 잘된다.
     하루 200~400mg
  (3) **아연**: 피콜리네이트 형태가 가장 흡수가 좋다. 하지만 나는 아연 모노메티오닌도 투여하고 가끔은 아연 시트레이트도 투여한다.
     하루 20~50mg(중금속 해독하는 아이에서는 2mg/kg 이상)
  (4) **칼슘**: 최소 하루 1g을 여러 번 나누어 먹인다.
  (5) **셀레늄**: 5세 이상은 하루 150~200mcg까지, 5세 미만은 75~150mcg
  (6) **비타민A**: 하루 1,000~2,000IU
     대부분 아동에서는 베타카로틴이 비타민A로 전환되지 않는다. 최근에는 비타민D가 비타민A와 반대작용을 하기 때문에 미국 등 선진국에서는 비타민D 결핍이 문제가 된다는 보고가 있다.

그리고 여러 제품들에 비타민A가 다양한 함량으로 포함되어 있어서 최근에는 간유를 권유하지 않는다. 만약 이 내용이 바뀌게 되면 다시 목록에 추가하고 홈페이지 www.starvingbrains.com 에도 알릴 계획이다. 현재 ASD아동 대부분에게 추천하는 비타민D3 : 비타민A 비율은 5:1이다.

(7) **비타민D**: 혈청 내 25-하이드록시 비타민D를 검사해보자. 이상적인 수치는 60~70ng/ml이다. 모유수유를 하거나 피부가 검은 아동, 햇빛을 많이 보지 못하는 아동, 그리고 겨울에는 하루 5,000IU를, 나머지 경우에는 하루 2,000~5,000IU를 권장한다.

a. 비타민A와 비타민D에 관한 최신 지견: 최근에 비타민D연구협회(www.vitamindcouncil.org)에서 비타민A와 비타민D가 반대작용을 할 수 있어서 미국과 같은 선진국에서는 많은 아동들에서 비타민D가 결핍되어 있다는 보고를 한 바 있다. 하지만 비타민A 결핍이 만연한 개발도상국에서는 그렇지 않다. 특히 홍역과 연관해서 비타민A가 유일한 치료라고 알려져 있는데 유아들이 홍역으로 사망하는 비율이 높은 이들 나라에서는 최근 비타민A 치료가 매우 좋은 결과를 보여줬다.

의사인 존 커넬이 회장으로 있는 비타민D연구협회는 비타민A가 비타민D의 흡수를 방해하기 때문에 적절한 영양공급을 받는 아동에게 간유를 먹이는 것에 반대한다. 그는 비타민D 결핍의 일반적인 원인은 햇빛을 피하고, 햇빛차단제품을 이용한 결과라고 단정한다. 최근에 발표된 많은 과학논문들은 우리에게 제시된 일일권장량보다 더 높은 수치의 비타민D가 중요함을 증명하고 있다. 커넬 회장은 비타민D 결핍이 근래의 자폐증 유병률에 중요한 역할을 한다고 생각한다.

많은 의문점이 있고 더 충분한 설명이 있어야 하겠지만 현재까지는 비타민D가 과거에 생각했던 것보다 더 많이 필요하다는 것에 많은 과학자들이 동의하고 있다. 여기에 자폐증을 가진 아동과 성인을 위한 커넬의 권장량을 소개한다. 아래 내용은 존 커넬 회장의 글을 2008년 10월 비타민D 소식지에서 발췌한 것이다.

ASD아동의 비타민D 결핍에 대한 검사와 치료를 위한 프로토콜을 제안한다. 이것은 ASD아동뿐만 아니라 어느 아동에게나 적용할 수 있다. 비타민D를 주어서 생길 수 있는 가장 나쁜 경우란 뼈가 튼튼해지는 것뿐임을 기억하기 바란다.

a) 간유 등의 모든 레티놀 전구체, 모든 비타민, 레티닐 팔미테이트, 레티닐 아세테이트 등의 복용을 중단한다. 레티놀 전구체가 비타민D 수용체 부위에서 비타민D에 반대작용을 하기 때문이다. 베타카로틴은 비타민D에 대한 반대작용이 없으므로 특히 색색의 과일과 채소, 유제품, 강화된 아침시리얼을 먹지 않는 아동들에게는 추가로 베타카로틴이 필요하다.

b) 25-하이드록시 비타민D의 혈액검사를 한다. 1,25-디하이드록시-비타민-D 수치를 검사해서는 안 된다. 이것은 비타민D가 결핍된 경우에도 종종 증가되어 있어서 잘못 판단할 수 있기 때문이다. 발뒤꿈치나 손가락을 살짝 찔러서 비타민D3를 검사하는 가정용 도구를 이용할 수 있다. 부모들이 ZRT연구소에 직접 주문할 수 있고 비용은 65달러이며 이것으로 비타민D3 수치를 꾸준히 추적할 수 있다. www.zrtlab.com

c) 만약 25(OH)D 수치가 70ng/ml미만이면(미국인 평균범위는 30~ 100ng/ml) 비타민D3를 준다. 일반적으로 어린이는 하루에 체중 25 파운드(약 11kg)당 1,000IU가 필요하다. 개인차가 많기 때문에 ASD 아동들은 재검사가 필요하다. 신경학적으로 건강한 아동은 최소 한 50ng/ml가 될 때까지, 자폐증, 당뇨, 빈번한 감염, 만성질병을 가진 아동은 최소한 70ng/ml가 될 때까지 매달 검사하고 복용량 을 조절한다.

d) 수개월마다 25(OH)D 수치를 검사하고 수치가 안정화될 때까지 충분한 비타민D를 이용하여 치료하라. 25(OH)D 수치가 200ng/ml 미만인 경우 성인이나 어린이에서 비타민D 독성이 보고되지 않 았다.

b. JM 박사는 지난 2년동안 많은 아이들을 대상으로 혈청 비타민D 수치를 검사해 보니 대부분에서 낮은 수치를 보였고 70ng/ml에 근접한 결과를 보인 경우는 한 명 밖에 보지 못했다고 밝혔다. 그래서 지금은 커넬이 제안한 비타민D 용량을 따르고 있다고 한 다. 그는 비타민A에 대해 "나는 ASD아동들에게 영양제로서 레 티놀 전구체를 하루에 1,000~2,000IU이상 공급할 필요가 없다 고 생각한다. 위장관 내에 홍역바이러스가 있다고 생각되는 아 동을 위한 비타민A 고용량 요법에 대해서는 200,000IU의 비타민 A를 한꺼번에 주기보다 200,000IU의 비타민D를 주는 것이 더 좋 은 결과를 가져올 것이며 이 용량으로 독성이 나타나는 위험성 은 0%이다"라고 말한다. 만일 이 내용이 바뀐다면 내 홈페이지 에도 그 정보를 기록하겠다.

(8) **메틸코발라민으로서 비타민B12**: 750~2,500mcg(64.5mcg/kg)을 일주일에 2회 주사한다. 매일 주사할 경우 40%의 아이에게 도움이 됐다. 비강 내 분무형태는 ASD아동의 부모인 스탠 커츠에 의해 만들어졌는데 일주일에 1~2회 분사하거나 반응에 따라 매일 분사한다. 한 번 분사할 때 비타민B12 1,250mcg과 폴린산 300mcg을 분사한다.

(9) **비타민C**: 하루 1,000mg까지, 체내에 오래 머물지 않으므로 3~4회로 나누어서 완충형으로 공급하는 것이 좋다.

(10) **비타민E**: 5세 미만은 하루 200IU , 5세 이상은 하루 400IU 감마토코페롤 형태가 가장 좋다.

(11) **필수지방산**: 오메가3 750~2,000mcg, 최소한 하루 EPA 500mg, DHA 750~1,500, GLA 50~100mg . DHA는 특히 뇌발달에 중요하다.

(12) **DMG**: 하루 125mg 캡슐 또는 녹여먹는 형태 1~6개 또는 TMG 하루 500~2,000mg+폴린산 하루 800mcg를 공급한다.

(13) **비타민K**: 어린이들은 비타민K에 매우 민감하며 독성이 있을 수 있다. 비타민K가 충분해서 혈액응고 질환을 겪지 않는 경우라면 적절한 식이, 특히 비타민K가 풍부한 진한 색깔의 잎채소를 먹음으로써 충분히 공급된다.

(14) **기타 영양소**

a. 기타의 미네랄 즉, 망간, 크롬, 몰리브데늄, 붕소, 바나듐

b. 비타민B군 즉, 티아민, 리보플라빈, 니아신, 비오틴, 판토텐산, 생태적 형태의 코엔자임-비타민B 복합체가 좋다.

c. 아미노산, 클레어의 필수 아미노스가 좋다.

d. 미네랄, 비타민B, 아미노산은 일반적으로 종합 비타민/미네랄

제재에 포함되어 있다. 아미노산 검사를 통해 개별제재를 공급하는 것이 좋겠지만 균형 잡힌 제재를 이용하는 것도 적절하게 이용될 수 있다. 클레어의 비타스펙트럼을 추천한다.

e. 때때로 검사결과에서 부족하게 나타난 특별한 영양소를 공급하기도 하고 중금속해독과 같은 상황에서는 소실된 영양소를 보상하기 위해 더 많은 영양소를 공급한다. 특별한 영양소 중에는 이데베논(코엔자임Q10의 생물학적 형태)과 같은 항산화물질도 포함될 수 있다.

f. 대부분 ASD아동들은 L글루타치온 수치가 낮다. 환원형 L글루타치온reduced L-glutathione 캡슐, 액상, 피부에 바르는 크림형태를 이용할 수 있으며 많은 아이들에게 권하는 제재이다. 시스테인의 수치가 증가되지 않은 어린이들(15%)에게는 중금속해독을 할 때 환원형 L글루타치온 전구체를 주는 것이 좋은 방법이고 그 과정은 천천히 안전하게 시작한다. 경구 복용하는 환원형 글루타치온 GSH은 새롭게 개발된 기능성 지방형태를 주로 이용하고 있는데 이것은 캡슐 내 가루형태보다 효과적이다.

g. 간 건강과 면역력 증진을 위해 복용하는 큰 엉겅퀴 제재 역시 글루타치온 수치를 높인다. IP6나 아라비노갈락탄 같은 면역조절 영양소들은 면역력이 떨어져 자주 아픈 아이들에게 사용한다.

메탈로티오닌 기능이상

일리노이주 네이퍼빌에 있는 파이퍼 치료센터의 윌리엄 왈시 박사는

ASD아동의 메탈로티오닌의 기능이상에 대하여 연구하고 있다. 그는 영양프로그램이 이런 기능이상에 좋은 효과가 있다고 보고했다. 파이퍼 치료센터에서는 광범위한 실험실 검사, 생화학적 불균형 진단, 영양성분의 결핍 또는 과다 판별, 신체 생화학의 균형을 위한 생화학치료가 시행된다. 여기서 시행하는 영양요법의 일부는 그가 개인적으로 고안한 것이고 함께 일하는 관리자들 이외에는 사용하지 않지만 발견한 것 중 일부를 공유해 왔다. 그는 다음과 같이 말한다.

자폐인의 45% 정도가 메틸레이션이 잘되지 않으며 이들에게 메티오닌, 마그네슘, DMG, SAM(아데노실메티오닌), 칼슘을 주고 대신 DMAE와 엽산을 철저히 제한하면 효과적으로 치료된다. 반면에 자폐인의 15%는 메틸레이션 과잉상태여서 DMAE, 엽산, B-12를 다량으로 투여하고 메티오닌과, SAM(e)를 철저하게 제한하면 도움이 된다.[2]

메틸레이션 저하는 대부분 ASD아동에서 현저하게 나타난다고 생각된다. 메틸레이션 과잉처럼 보이는 것은 복잡한 엽산회로의 덫을 의미할 수 있다. 즉, 중요한 효소와 보조인자들이 엽산회로가 적절하게 작용하도록 하는 데 쓰이지 않는다는 것이다.

특정 영양소를 사용하는 근거

(1) 비타민B6와 마그네슘

버나드 림랜드는 부족한 비타민B6와 마그네슘을 주는 것이 ASD아동들에게 도움이 된다는 것을 알리기 위해 노력해왔다. 림랜드는 ASD아동의 치료에 이용된 비타민B6에 관한 18개의 연구에서 긍정적인 결과를 보였다고 밝혔다. 림랜드는 다음의 두 가지 연구에서는 공동으로 연구했는데 하나는 이중맹검 연구로 캘리포니아대학의 애녹 캘러웨이와 함께 했고 나머지 한 연구는 캘리포니아대학의 피에르 드뢰퓌스와 함께 16명의 아동들을 대상으로 B6와 마그네슘으로 치료하는 연구였다. 마그네슘을 추가한 이유는 마그네슘이 B6의 효과를 향상시키고 B6에 의해 마그네슘 결핍이 생길 수 있는 것을 예방하기 위해서였다.

매일 B6을 300~500mg(8mg/파운드, 18mg/kg)과 수백mg의 마그네슘(3~4mg/파운드, 8~9mg/kg)을 함께 복용한 아동들에게서 만족할만한 효과를 보였다. 눈맞춤이 증가하고 자기자극 행동이 줄었으며 주변에 대한 관심이 증가했다. 짜증도 줄었고 언어가 확장됐다. 비타민B6와 마그네슘 치료를 통해 '완치가 됐다'는 부모는 없었지만, 많은 부모들은 치료를 통해 아이들이 차분해졌고, 좀 더 정상적인 행동을 나타냈다고 했다.

3,500명 이상의 ASD아동들을 대상으로 한 설문조사에서 부모들은 다양한 치료와 중재방법들을 평가해달라고 요청 받았다. 생의학 치료 중에서 비타민B6과 마그네슘을 사용하는 것은 318명의 부모로부터 가장 높은 평가를 받았는데 그들 중 행동상의 호전을 보인 비율과 악화를 보인 비율은 8.5대 1로 나타났다. 이런 결과들은 약물치료에 대한 부모들의 평가보다 더 나은 것이었다.

(2) 아연

아연은 체내 200개 이상의 효소형태로 존재하며 아연결핍은 면역력 약화를 초래한다. ASD아동들에게 아연이 부족하다는 것은 널리 알려져 있으며, 지나친 설사가 아연결핍을 일으키는 원인 중 하나라고 알려져 있다. 2001년 DAN!회의에서 생화학자인 윌리엄 왈시 박사는 503명의 ASD아동들을 검사한 결과 85%에서 구리-아연 비율이 높다고 보고했다. 즉, 체내에서 비정상적으로 구리수치는 높고 아연수치는 낮았다는 것을 의미한다.

아연은 면역계가 효과적으로 작용하도록 하는 필수 미량영양소이다. 아연결핍은 성장, 면역, 뇌발달을 포함한 여러 기능에 영향을 미친다. 대조실험에서 아연공급은 신체적인 성장과 연관됨을 나타냈고 특히 성장이 저하된 아동들에서 높은 연관성을 나타냈다. 또한 아연은 급성과 만성 설사의 기간과 그 정도를 줄인다. 세계보건기구는 심한 단백질 영양실조와 지속적인 설사를 다루는 방법의 일부로 아이들에게 아연공급을 권한다.[3]

공급하는 아연양은 25~50mg이 일반적이지만 구리수치가 높은 경우 구리수치를 낮추고 구리에 대항하기 위해 더 많은 용량이 필요하다. 아연은 구리수치가 높으면서 중금속 해독치료 중인 아이들에게 매우 중요하기 때문에 검사결과에 따라 다르지만 일반적으로 체중 1파운드당 1mg(1kg 당 3mg)을 주는 것을 추천한다. 어떤 아동들은 아연수치가 정상범위 안에 유지되도록 추적 관찰해야 한다.

(3) 칼슘

칼슘은 뼈와 치아의 주요 구성 성분이며 신경전도, 근육수축, 심장박동, 혈액응고, 에너지 생산, 면역계 유지에 중요한 역할을 한다. 칼슘결핍은 ADD/ADHD원인이 될 수 있다. 칼슘결핍 아이들은 성급하고, 수면장애가 생기며, 화를 잘 내며 집중력이 떨어진다. 미국 소아과학회에 의하면 최근 식사를 통한 아동 및 청소년들의 칼슘섭취량은 권장량에 미치지 못한다고 한다.[4] 칼슘결핍의 첫 번째 신호로는 위가 예민해지는 것, 근육 경련, 팔다리 저림, 관절통증 등이 나타난다. 어린이들에게 하루에 필요한 칼슘량은 800~1,200mg이며 특히 글루텐/카세인 제거 식이를 하는 경우엔 반드시 이 정도의 칼슘을 복용시키는 것이 좋다.

(4) 셀레늄

셀레늄은 비타민E와 함께 작용하여 자유라디칼이 세포막을 손상시키는 것을 막는 항산화 미네랄이다. 셀레늄결핍은 면역능력 저하를 유발하고 따라서 백혈구와 자연살해세포(과립형 림프구의 일종으로 바이러스, 세균, 종양세포 등의 비정상 세포를 직접 사멸하는 작용이 있다-옮긴이)가 감소되어 감염의 위험이 증가한다. 셀레늄은 체내 중금속에 대항할 수 있기 때문에 중금속 해독치료 중 특별히 중요한 미네랄이다. 셀레늄은 과량을 주지 않도록 주의를 기울여야 한다. 너무 과량을 투여하면 독성으로 작용할 수 있기 때문이다. 복합미네랄 영양제에는 일반적으로 이미 셀레늄이 포함되어 있다. 하루 총량으로 100~200mcg을 추천한다.

(5) 비타민A와 고용량 비타민A프로토콜

비타민A는 항산화작용이 있고 일반적인 면역증강제이며 특히 홍역에 대한 면역을 증강시킨다. 영아들과 많은 유아들은 무독성 베타카로틴을 비타민A로 전환시키지 못하기 때문에 카로틴 자체를 비타민A의 공급원으로 생각할 수 없다. 비타민A의 일일권장량은 지나치게 낮고 특히 ASD아동들에게는 더욱 그렇다. 비타민A를 오랫동안 높은 용량으로 주거나 백만 단위로 투여하는 경우 독성으로 작용할 수 있지만 비타민A가 독성으로 작용하는 경우는 거의 없다.

일부 부모들은 6개월에 한 번씩 ASD아동에게 장내 홍역과 싸우게 할 목적으로 비타민A를 이틀간 대량투여한다. 최근에 비타민D가 ASD 아동들 대부분에서 결핍된 상태라는 새로운 사실이 발견됐다. 비타민 A가 비타민D의 작용을 방해할 수 있기 때문에 현재는 비타민A가 얼마나 도움이 될 것인지 의심스러운 상태이다.

비타민A 대량요법을 원하는 이들은 팔미테이트를 이용하는 것이 더 좋겠다(클레어의 Mycelized Vit A 5,000IU/drop을 추천한다). 내가 생각하는 비타민A 대량요법 기준은 다음과 같다. 혈청에서 홍역면역글로불린G 수치가 높은 경우, 수초염기성단백질MBP 또는 다른 신경세포 성분 항체가 높은 자가면역의 증거가 있는 경우, MMR접종 후 퇴행했던 이력이 있는 경우, 지속적인 위장관 문제가 있는 경우이다. 일부 의사와 부모들은 아직도 6개월마다 이틀동안 200,000IU(35회까지)를 투여하거나, 400,000IU(35회 초과)를 투여하는 것 중 도움이 되는 것을 찾고 있다.

버지니아 리치몬드의 소아과 의사인 매리 멕슨은 자폐증에 걸리기 쉬운 일부 아동들이 유전학적으로 G-알파단백질 결함이 있을 위험성이 높다고 주장했다.

레티노이드 수용체 경로는 시력과 시야, 감각수용, 언어처리과정과 주의력에 매우 중요하다. 옆으로 비스듬히 보는 것은 간상체(망막에 있는 막대 모양의 광수용기로, 빛에 대한 민감도가 높아서 어두운 곳에서 주로 활동하며 명암의 느낌을 일으킨다-옮긴이) 기능이 매우 좋지 않다는 것을 의미하고 G-알파단백질의 결함을 알려 준다. 특히, 가족력상 다른 가족이 야맹증이 있거나 갑상샘 기능저하증이 있는 경우에는 더욱 연관성이 높다. 간유를 먹여보고 아세틸콜린 수용체의 활동을 억제(담즙과 췌장분비물에 의해 저하된다고 알려져 있다)하도록 자극하는 우레콜린을 시도해보는 것이 일부 ASD아동들에게 도움이 될 수 있다.

(6) 비타민C와 E

비타민C와 E는 자유라디칼에 대항하여 함께 싸우는 중요한 항산화제들이다. 자유라디칼은 불안정한 산소분자로 세포벽을 완전히 뚫을 수 있으며 뇌세포를 산화시키거나 파괴할 수 있다. 뇌세포들은 산화스트레스에 매우 취약하기 때문에 적절한 비타민C와 E의 공급이 필수적이다. 우리 신체는 비타민C를 만들 수 없어서 반드시 음식이나 영양제를 통해 섭취해야만 한다. 또한 비타민C는 오염물질의 해로운 영향에 대항하여 보호작용을 하고 면역력을 높인다. 비타민C는 장내 내용물을 배출시키는 작용이 있어 위장의 운동조절을 돕기 때문에 변비가 있는 ASD아동을 자녀로 둔 부모들은 비타민C 요법을 하는 것이 즐거울 것이다.

비타민C는 매우 중요하기 때문에 소화관이 허용할 수 있는 만큼 최대한 용량을 늘리는 것을 권하고 싶다. 설사를 유발할 때까지 비타민C를 증량하여 설사가 시작되기 직전의 용량을 복용하면 된다. 비타민C는 체내에 그다지 오래 머무르지 않기 때문에 전체 용량을 나누어 복용한다. 비타민C는 비타민E와 공동으로 작용하여 상승효과를 일으킨다. 이 두 가지는 함께 먹어야한다. 비타민C는 하루에 1,000mg 또는 그 이상을, 비타민E는 아동의 신체가 큰 정도에 따라 200~600IU를 복용한다. 비타민E는 특히 중요한 항산화제로서 산화손상으로부터 세포막을 보호한다. 또한 비타민E는 비타민D와 칼슘의 적절한 대사와 흡수를 촉진하고, 혈액순환을 좋게 하며 조직을 치료한다. 비타민E는 자유라디칼의 생성을 막고 지방의 과산화를 막아 세포손상을 방지하는 역할도 한다.

(7) 필수지방산

미국인들은 거의 대부분 필수지방산이 부족한데, 이에 영향을 미치는 인자는 토양의 영양고갈, 지나친 음식조리과정(유통기한을 길게 하려고 특정기름 성분을 제거하고, 화학과정을 거치고, 음식을 다시 개량하는 것), 장관 내 세균총을 바꾸어 놓는 항생제의 광범위한 이용 등이다.

집중하는 데 문제가 있는 아동들과 ASD아동들은 보통의 신경계를 가진 아동들보다 필수지방산이 더욱 부족한 것으로 나타났다. 생선기름은 오메가3라 불리는 특별한 지방산이 풍부하다. 이런 지방산은 신체 내에서 만들어지지 않기 때문에 '필수'라고 부른다. 필수지방산은 음식이나 영양제를 통해 섭취해야만 한다. 게다가 많은 ASD아동들은 지방산 대사에 결함이 있다. 생선기름 영양보급제는 이런 부족을 교정하는 역할을 하며 ASD아동뿐만 아니라 모든 아동들에게 추천된다. 최근에는 냄새가 제거된 생선기름을 이용할 수 있어서 여러 제품을 경험해보고 아이가 잘 먹을 수 있는 제품을 찾는 것이 중요하다.

하루에 EPA 500~750mg과 DHA 500~1,000mg을 복용하길 권장한다. 일부는 감마리놀렌산GLA 50~100mg이 필요한 경우도 있으며, 어떤 제품에는 이 세 가지가 함께 들어있기도 하다. DHA는 특히 뇌 성장에 중요하다. 오메가3 지방산은 정상적인 신경발달에 필수적이며 신경전달물질의 유지 및 세포와 세포막을 온전하게 유지하는 데에도 필수적이다. 신경전달물질은 행동과 학습에 영향을 미친다. 한 신경전달물질이 결핍되거나 차단되면 아동들의(어른도) 학습능력과 다른 적절한 기능이 극적으로 달라질 것이다. 오메가3 지방산은 면역반응을 증진시키고 위장관 염증에 대항하여 작용하며 혈전 형성을 막아 혈류가 잘 유지되도록 도와준다.

(8) DMG와 TMG

DMG를 복용한 ASD아동의 반 정도가 도움이 됐다. 며칠 또는 수주일 후 일부 아이는 눈에 띄게 언어가 호전됐다. DMG는 독성이 없고 면역 증강제로 알려져 있어서 모든 아동들에게 실험적으로 DMG를 먹도록 한다. 일반적으로 어린이들이 글리신 자체의 단맛을 좋아하기 때문에 125mg의 혀 밑에 넣어먹는 작은 정제 형태를 많이 이용한다. 나는 늘 어린이들이 좋아하는 영양제를 찾아본다.

일부 아동에게 과잉행동이 나타날 수 있어서 아침에 먹는 것이 바람직하다. 처음에는 1정으로 시작해서 좋아지면 점차 증량하여 6정까지 복용한다. DMG복용으로 과잉행동을 보이는 아이들은 폴린산을 하루 2,400mcg까지 복용하여 과잉행동을 완화시킬 수 있다. 만약 폴린산을 함께 복용하는데도 과잉행동이 지속되면 DMG를 먹지 말아야 한다. 약 15%에서는 DMG나 TMG같은 메틸레이션 제재에 과민한 반응을 보인다(과메틸레이션된 경우).

어떤 부모들은 TMG는 과잉행동을 유발하지 않는다고 말한다. TMG는 DMG에 메틸그룹이 하나 더 붙어있는 것으로 아데노실메티오닌SAM(e)라 불리는 전구체에 의해 세로토닌을 증가시키는데, SAM(e)는 아세틸콜린 합성에 중요한 효소이다. 그러나 DMG에서 TMG로 바꾸면서 과잉행동을 보여 다시 DMG로 바꾸었다는 부모도 있다. 아이들의 생화학적 상태는 고유한 것이어서 이처럼 독성이 없는 제재를 이용한 시행착오를 통해 아이들에게 도움이 되는 것이 무엇인지 찾아내는 것이 유일한 방법이다. DMG와 TMG 모두 매우 안전하다고 알려져 있다.

(9) 비타민B군

비타민B군은 에너지 생산과정에 연관된 조효소이며 신경, 피부, 눈, 머리카락, 간, 눈, 위장관 근육의 긴장도 등을 건강하게 유지하는 데 도움이 된다. 비타민B군은 조를 이뤄 작용하기 때문에 함께 복용해야 한다. 필요하다면 개별적으로 많은 양을 추가로 투여할 수 있다. 비타민B6 또는 엽산 같은 제재들이 이에 해당한다.

a. **B1**(티아민): 혈액과 염산 생산과 탄수화물 대사에 중요하다.

b. **B2**(리보플라빈): 적혈구 생성, 항체 생산에 반드시 필요하며 트립토판 대사에 필수적이다.

c. **B3**(니아신, 니아신아미드, 니코틴산): 적절한 혈액순환에 필수적이며 간에서 트립토판 형성에 중요하다. 니아신은 탄수화물, 지방과 단백질 대사를 돕고 신경계에서도 적절한 기능을 하도록 돕는다.

d. **B5**(판토텐산): 항스트레스 비타민으로 알려져 있다. 부신호르몬 생산, 항체 형성에 중요하고 지방, 탄수화물, 단백질을 에너지로 전환시키는 것을 돕는다. 또한 부신에서 매우 중요한 스테로이드와 코르티손 생산에 필수적이다.

e. **B6**(피리독신, 생물학적으로 활성화된 형태인 P5P): 다른 어떤 단일영양소보다 매우 많은 신체기능에 관계한다. 이 비타민은 나트륨과 칼륨균형을 유지하고 적혈구 생산을 촉진시킨다. 정상적인 뇌 기능에 필수적이며 RNA와 DNA합성에도 반드시 필요하다. RNA와

DNA는 모든 세포재생과 정상적인 세포성장에 대한 유전적 명령을 가지고 있는 핵산이다. 많은 연구에서 B6가 ASD에 중요하다는 것이 밝혀졌다. 마그네슘은 B6의 흡수를 향상시키고 일부는 B6와 함께 복용했을 때 과잉행동을 감소시켰다. 나는 최고의 효과를 얻기 위해 마그네슘과 P5P가 혼합된 제재를 선호하는데 클레어사 제품을 이용할 수 있다.

f. **B12**(메틸코발라민 형태): B12는 세포형성, 음식물의 적절한 소화흡수, 단백질 합성, 탄수화물과 지방대사에 필수적이다. 동물성 식품에서만 얻어질 수 있기 때문에 B12결핍은 철저한 채식주의자가 아니고서는 음식에서의 결핍이라기보다는 대부분 흡수문제이다. B12결핍은 소화기계 질환을 동반하고, ASD아동들 거의 대부분에서 나타난다. B12결핍의 증상으로는 비정상적인 걸음걸이, 기억력 문제, 눈 질환, 빈혈 등이다.

많은 ASD아동들이 경미한 빈혈이 있는데 중금속 중독과 다른 영양소, 특히 아연과 같은 영양소 결핍이 원인이다. 만약 경미한 빈혈이 있으면 철분을 주기 전에 위장관 치료를 하고 다른 영양소 공급을 통해 다시 균형을 맞추는 노력을 먼저 한다. 왜냐하면 철분이 오히려 산화 스트레스를 증가시킬 수 있기 때문이다. 심한 빈혈의 경우, 언제나 그런 것은 아니지만, 소변이나 혈액에서 메틸말론산MMA을 측정했을 때 B12결핍이 빈혈의 원인일 수도 있다.

B12결핍에 대해서 완전히 신뢰할 만한 검사는 없다. 메틸코발라민 주사를 시도해보아 긍정적인 반응을 보인다면 그것이 바로 검사에 양성이라고 할 수 있다. 용량이 적절하기만 하면 며칠 내에

좋은 반응을 볼 수 있다. 만약 첫 번째 B12주사가 아이에게 도움이 됐다면 얼마나 효과가 오랫동안 지속되는지에 따라 주사 간격을 조절하도록 부모들을 교육한다. 부모들은 고용량의 설하용 또는 경구용 제재가 주사와 같은 효과를 나타내는 것을 경험하기도 한다. 고용량 B12에 대해서는 10장에서 더 자세히 살펴본다.

g. **엽산:** 엽산은 DNA 합성과정에서 조효소로 작용하고 적혈구 생산에도 필수적이다. 엽산은 B12와 함께 작용할 때 가장 효율적이다. 엽산결핍에 의한 빈혈은 B12결핍에 의한 빈혈과 매우 비슷한, 대적혈구 빈혈이다. 만성 설사를 하는 경우 엽산결핍이 흔하고 B12와 마찬가지로 수년동안 체내에 저장하지 못한다. 폴린산은 생물학적으로 엽산이 활성화된 형태이며 최근에는 대부분 아이들에게 폴레이트 형태로 준다. 대부분 아이들에게 비타민B12와 엽산을 함께 주는 것이 중요하다. 이는 뉴브랜더가 대부분 아이들에게 도움이 된다고 말하는 형태이다. 아주 일부 아이들은 다량의 엽산을 조절하지 못해 폴로프로Folopro를 이용해야 할 수도 있고 어떤 형태로든 사용할 수 없는 경우도 있다.

(10) **아미노산**

아미노산은 근육과 뇌 조직의 근본적인 구성요소이고 호르몬, 신경전달물질, 소화효소의 구성요소이기도 하다. 아미노산은 서로 결합하여 펩티드 또는 단백질을 형성하는 분자들이며 펩티드와 단백질은 수백 또는 수천 개의 아미노산을 포함한다. 단백질을 섭취하면 소화기관에서 단일 아미노산, 유리형 아미노산이나 짧은 사슬 펩티드(2, 3개의 아미노산)로 분해되어 소장의 점막세포를 통해 흡수된다. 이후에는 혈액,

간, 신장과 다른 장기에 있는 펩티다제 효소(펩티드를 아미노산으로 분해하는 효소-옮긴이)에 의한 소화작용이 일어난다. 그 결과 유리형 아미노산들은 특정순서에 따라 재결합하여 조직의 성장과 치료에 필요하고 수많은 생리적 기능을 수행하는 데 필요한 펩티드와 단백질을 만든다. 필수아미노산은 류신, 이소류신, 발린, 메티오닌, 페닐알라닌, 트립토판, 리신, 트레오닌이다.

특히 자폐증에서 중요한 비필수아미노산(신체에서 만들 수 있는 아미노산)으로는 타우린, 시스테인, 글루타민이 있다. 최소한 ASD아동의 2/3 정도가 소변이나 공복시 혈장에서 시행한 아미노산 분석검사에서 비정상적인 아미노산 양식을 보인다고 여겨진다. 이런 비정상 소견의 일부는 페닐케톤뇨증처럼 유전적 원인도 있지만 대부분 소화불량과 흡수율 저하와 연관된다. 아미노산을 분석하는 몇몇 검사기관에서는 아미노산 결핍을 다루는 맞춤형 아미노산 파우더를 제공하기도 하는데, 이때 적절한 비타민B군과 필수미네랄들도 아미노산 영양제와 함께 주어야 한다.

(11) 그 밖의 미네랄

비타민과 미네랄은 대사과정 중 아미노산과 지방산을 활성화시키는 보조인자이다. 미토콘드리아 작용을 촉진하고 상승작용을 일으킨다. 많은 양이 필요한 칼슘, 마그네슘, 나트륨, 칼륨과 인은 주요 미네랄이라 하고 아연, 철분, 구리, 망간, 크롬, 셀레늄, 몰리브데늄, 붕소, 게르마늄, 황, 바나듐, 요오드 등은 미량 미네랄이라 한다. 특별히 검사에서 결핍소견을 보이거나 중금속 해독 또는 흡수문제로 요구량이 많은 경우를 제외하고는 일반적으로 복합미네랄을 준다.

영양소 간의 상호작용

개별적으로 영양소를 나열하고 각각의 주요작용을 설명했다. 우리는 영양소 간의 상호작용과 비타민, 미네랄과 다른 영양소들 사이의 상호작용에 초점을 맞춰야 한다. 비타민, 미네랄과 다른 영양소들이 서로 짝을 이뤄 작용하고, 가끔은 짝을 바꾸면서 작용한다. 하나의 비타민이나 미네랄 결핍이 다른 영양소들의 작용에 영향을 미친다. 예를 들면 비타민A, C, E와 B 중 니아신, 판토텐산, B6, 엽산의 결핍, 아연, 마그네슘, 칼슘, 셀레늄과 같은 미네랄의 결핍이 수많은 위장관 작용과 신경학적 진행과정에 영향을 준다.

많은 연구에서 ASD아동뿐 아니라 ADD와 ADHD 아동들 역시 중요한 영양소가 결핍되어 있음이 밝혀졌다. 이런 영양소들이 신체에도 없고 음식을 통해서도 공급되지 않으면 인지능력과 행동에 좋지 않은 영향을 미친다. 만약 자녀가 더 좋아지길 바라는 부모라면 결핍 영양소를 찾아서 공급하고, 꼭 필요한 특정 영양소를 보충해주는 것이 절대적으로 필요하다.

영양소 결핍을 알아보기 위한 검사들

검사는 전체혈구계산검사, 소변검사, 대사검사와 갑상샘 검사를 먼저 시행한다. 이 검사들을 통해 철분결핍을 알아낼 수 있고 신장, 간, 갑상샘과 일반적인 건강상태를 알 수 있다. ASD아동들에게 가장 좋은 영양프로그램을 결정하는 데 도움이 되는 검사들은 다음과 같다.

병력과 식이습관, 의학적 평가도 함께 요구된다.

a. 공복 시 40종류의 아미노산 분석(혈장)

b. 유기산검사(소변, Organix라고도 한다)

c. 지방산 분석(혈장)

d. 면역 글로불린G(지연형) −식품 민감도 검사(혈청)

e. 적혈구 필수미네랄 검사(전혈)

f. 비타민패널, 호모시스테인, 혈청 비타민D25 수치검사

적혈구 세포막에서도 지방산 수치를 검사할 수 있는데 거의 대부분 ASD아동들은 지방산이 부족하다고 알고 있지만 지방산을 주는 것을 신중하게 결정하고 아이들의 반응을 지켜보아야 한다.

적혈구 필수미네랄 검사는 중금속 해독치료 중일 경우 미네랄 수치가 적절하게 균형을 유지하고 있는지 확인할 수 있는 검사로 몇 개월 간격으로 시행한다. 때때로 일부 아동들에서는 시스테인, 황산염, 대변의 산도 등의 특정 성분들을 검사하여 영양요법을 미세하게 조정하기도 한다. 모발검사는 미네랄 균형이 적절한지를 검사하는 데 유용하며 전반적인 불균형 상태를 보여준다. 영양프로그램에 대해 우리가 원하는 방식의 반응이 없다면 소변, 혈액검사와 함께 연속적으로 시행한 모발검사가 그 증거를 제공할 수 있다.

영양요법에 대한 부모들의 이야기

수은해독을 위한 검사를 위해 오는 일부 부모는 영양요법이 자신들이

들었던 마법과 같은 중금속 해독치료의 전제조건이라는 것을 알고는 마지못해 영양요법에 동의하기도 한다. 많은 아이들이 영양요법만으로도 많이 좋아지기 때문에 어떤 부모들은 아이에게 중금속 해독치료까지 필요하냐고 묻고는 한다. 균형을 이루기 시작하면 몸이 스스로 중금속 해독과정을 시작하겠지만, 대부분 아동들에서 해독과정은 매우 오래 걸릴 수 있다.

부모들은 지속적인 식이요법도 하지 않고, 많은 양의 영양제를 주지 않고도 '뇌 치유'가 최대화되길 원한다. 그래서 거의 대부분 중금속 해독을 준비하면서부터 모든 영양요법을 시작하게 된다. 위장관 염증과 곰팡이 과다증식을 줄이기 위해 정기적으로 유산균 제재를 복용하고 최적의 식이요법을 유지하면서 영양제를 복용하면 위장관 기능, 인지 기능, 전반적인 행동변화가 눈에 띄게 좋아진다. 이 부모들은 아이의 뇌가 얼마나 고갈된 상태였는지 알지 못했던 것이다. 여기에 그런 변화를 겪었던 몇몇의 이야기를 적는다.

   a. 5세인 아론의 어머니 사라 이야기이다.
      지난 5, 6일 사이에 아론이 갑자기 좋아졌어요. 주로 언어나 추상적인 사고가 좋아졌어요. 어떤 것은 매우 놀라울 정도였죠. 아이가 하는 새로운 말에 서로 쳐다보고 있는 우리를 발견했어요. 영양요법 때문이라고 생각해요.

   b. 3세 6개월인 테리의 어머니 재니스 이야기이다.
      테리가 할 수 있는 게 아무 것도 없었기 때문에 우리는 선생님의 말을 그야말로 충실히 따랐어요. 영양요법을 시작하고부터 극적으로 좋아졌죠. 반응이 너무 좋아지고, 언어로 표현하는 것이 많이 늘어서 테리를 보는 모든 치료사들이 놀랐죠. 말귀도 잘 알아듣고 말을 따라하는 것도 좋아졌어요. 새롭게 배우는 것도 잘 흡수하구요. 너무 기뻐요. 발음은 아직 부드럽지 않지만 집중을 해요. 중금속 해독치료를 하면 더 좋은 결과가 있을 것 같아서 흥분되네요.

c. 4세 대니의 어머니 다렌의 이야기다.

영양요법을 한 이후 심부름이나 자기가 해야할 일을 전반적으로 잘해요. 말할 때 몸짓을 사용하기 시작했어요. 오랫동안 대니에게 훈련시키던 것들이었는데, 전에는 한 번도 몸짓을 사용하지 못했었죠.

d. 3세 줄리아의 어머니 조앤의 이야기다.

영양요법을 시작하고 일주일 정도 지났을 때 50개 정도 새로운 단어를 말하기 시작했어요. 줄리아의 선생님도 놀랐죠. 알고 있을 거라고 생각하지 못했던 새로운 단어들을 매일 말했어요.

e. 5세 지미의 어머니 매릴린 이야기다.

지미가 이런 정제를 먹을 수 있으리라고는 생각도 못했어요. 하지만 지미는 자기가 어떤 것을 해야하는지 알게 된 것 같아요. 놀랄만한 의지력이 생겼어요. 자기가 뭔가 더 좋아졌다는 걸 느끼는 것 같아요. 날 기쁘게 하려고 하고, 예전보다 엄마를 친밀하게 느끼는 것 같아요. 영양제를 먹은 후로 확실히 말을 더 많이 하려고 노력하고 있어서 기뻐요.

영양요법은 ASD아동들에서 매우 흔한 영양결핍을 줄이는 데 도움이 된다. 영양불균형은 면역계 이상, 장관내 병원균 증식, 중금속 해독장애의 원인이 된다. 영양요법을 위한 검사를 하지 않은 부모들을 위해서 특별히 ASD아동들을 위한 비타민, 미네랄 영양제를 공급하는 좋은 영양제 회사들이 있다. 가장 빈번한 영양결핍을 채울 수 있으며, 나이에 적절한 용량이 들어있는 혼합된 형태의 영양제들이 이미 만들어져 있다.

모든 부모들이 자녀에게 기본적인 영양제를 곧바로 시작하도록 권장한다. 나는 최근에 출시된 복합제재인 클레어랩의 비타스펙트럼 컴플리트Vita-Spectrum Complete를 많이 사용하고 있다. 이 회사의 유산균 Therbiotics도 좋은 제품이다. 클레어랩에 직접 주문하려면 888-488-2488로 전화해서 내가 보냈다고 하면 20% 가격을 낮추어줄 것이다. 모든 수익의 일부는 자폐증 연구에 쓰인다.

커크만랩은 회사 자체가 자폐증 연구를 위해 일하고 있다. 특별히 자폐증 환자를 위해 영양제를 공급하고 있다. 커크만 역시 자폐증에 관한 정보를 개략적으로 알려주는 웹사이트가 있으며 무료로 내려받기할 수 있다. 개인적으로 주로 이용하는 영양제 회사는 클레어랩Klaire Labs, 에콜로지컬 포뮬라Ecological Formuals, VRPVitamin Research Products, 손 리서치Thorne Research이다. 내가 확인하지 못한 좋은 제품들과 영양제 회사들이 많이 있을 것이라 생각한다.

수년간 영양프로그램을 해왔고 앞에서 언급한 회사제품을 사용해서 평가해본 결과 이 제품들이 대부분 ASD아동들에게 도움이 될 것이라고 생각한다. 자폐증에서 위장관의 역할에 대해 더 많이 공부해야 하는 것과 마찬가지로 영양요법 역시 자폐증을 치료하는 중요한 요법으로 대두되고 있다.

중금속의 제거

지금 부두에 서 있다고 생각해보자. 아이가 물에 빠졌는데(자폐증이 진행되고 있거나 ASD를 진단받은 상태) 수영을 하지 못한다. 우리는 필사적으로 도움을 구하거나 구명조끼나 줄(의사나 치료법)을 찾는다. 결국 줄을 찾아 던져서(식이요법, 영양제 보충, 항진균제, 항바이러스제, 세크레틴, 메틸레이션, 중금속 해독) 아이를 구한다.

하지만 전문가들은 이런 방법을 이용하지 말라고 경고한다. 이 줄이 얼마나 튼튼한지 증명되지 않았기 때문이다(이 치료법들이 권위있는 잡지에 과학연구로서 '권위자들'에 의해 완벽하게 최종승인을 받지 못했기 때문이다). 이들에 따르면, 그러는 동안 우리 애들은 물에 빠져 있어야 한다.

누구든 아이가 물에 빠져 있는데, 줄이 튼튼한지 확인하는 이중맹검의 임상시험이 끝날 때까지 기다리지는 않을 것이다. 어떤 부모든 가장 튼튼해 보이는 줄을 잡고 아이에게 던질 것이다. 이때 일어날 수 있는 최악의 상황은 그 줄이 아이를 부두쪽으로 더 가깝게 오게 하는 것이다.

현실에서 우리(자폐자녀를 둔 의사를 포함)는 중금속을 제거하는 것이 ASD아동들에게 효과적인 치료법이라는 것을 알게 됐다. ASD아동의 부모들은 관련단체에서 중금속 해독이 아이를 치료할 수 있다고 '지시' 할 때까지 기다리지 않는다. 주류의사들은 중금속 해독치료가 대체의학의 하나쯤이라고 폄하하면서도 더 좋은 치료법을 제공하지도 않는다. 반대로 부모들은 '권위있는' 주류의사들의 지시를 잘 따른 것이 자폐증의 원인일 수도 있다는 사실을 알게 됐다. 예를 들면 에틸수은이 위험한 수준으로 있는 B형간염 백신을 신생아에게 접종하도록 하는 것 말이다. 수은에 의해 발생한 ASD의 자세한 내용은 부록에 있다.

독성금속을 자연적으로 제거하는 능력은 개인마다 너무 다르다. 비슷한 정도에 노출되더라도 각 개인마다 몸에 축적되는 정도는 다르다. 일부는 별 영향이 없을 수 있지만, 일부에게는 비극적인 결과를 초래할 수 있다. 금속이 독성을 나타내려면 일정 정도의 역치를 넘어야 한다. 금속의 축적양이 개개인의 생리적 내성을 넘어가면 독이 되는 것이다.

대부분 ASD아동들은 해독능력이 손상돼 있다. 이는 아이가 독성물질을 처리하고 제거하는 능력이 떨어져 있음을 의미한다. 해독능력이 저하된 원인으로 독성물질에 영향을 잘 받는 유전적 성향을 제외하고도 몇 가지 생각해 볼 수 있다. 특히 영유아기의 면역계 손상, 영양상태와 면역기능에 영향을 미치는 장관의 병리상태 등이 포함된다.

의학연구소에서 중금속 해독의 효과에 대한 연구를 이미 제공했고 국제학회에서는 ASD아동들이 가지고 있는 과다한 독성물질의 체내 축적으로 문제가 발생했다는 새로운 모델을 지지하고 있다. 중금속의 과다축적과 함께 아이들의 생의학적 평가를 살펴보면 메틸레이션의 결함같은 다른 병리적 상태를 함께 보인다. 이런 것들이 치료되면 위장관 건강상태, 면역력이 좋아지고 더 나아가 해독능력도 증가된다. 여러 번 언급했듯이, 자폐증의 원인 대부분은 유전적 취약성과 백신에 들어있는 독성물질 같은 환경 유발인자가 합쳐진 것이다.

수은을 제거하는 실제적인 방법

가끔 '대체치료법'으로 소개됐던 경구용 중금속 해독제를 이용한 해독요법이 많이 연구됐고 소아들에게 안전하면서 효과적이라고 밝혀졌다. 아쉽게도 많은 의사들이 거의 모든 ASD아동들에서 중금속 해독 기전이 손상됐음을 알지 못한다. 그래서 매우 극소수 의사들만이 해독요법을 시행하고 감독하는 훈련을 받는다. ASD아동들에게 중금속 해독을 위한 해독제를 이용할 때 중요한 것은 위장관 치료, 영양불균형의 교정이 먼저 시행돼야 한다는 것이다. 아이의 면역계가 전체적으로 좋아지는 것이 가능하다면 더욱 좋을 것이다.

사실 중금속 해독을 위한 사전 준비는 해독 기전이 작동하기 시작하게 하고 스스로 몸이 좋아지는 계기가 된다. 그래서 부모들은 더욱 철저한 식이요법을 하게 되고 아이가 더 좋아지도록 영양제를 복용시킨다. 이런 사례는 여러 번 보아왔고 거의 모든 아동들이 해독요법을 시작하기 전임에도 불구하고 준비하는 과정 중에 좋아지기 시작한다.

최근 나를 비롯한 DAN!의사들은 수은과 다른 중금속을 제거하는

데 쓰이는 제재 중 DMSA[1]를 일차적으로 선택한다. DMSA는 독성물질, 특히 납과 수은에 결합하여 체외로, 일차적으로는 소변을 통하여 제거될 수 있게 한다. DMSA는 1998년 소아에서 체내의 납을 제거하는 물질로 식품의약국의 승인을 받았으며 특히 사노피사의 케멧Chemet은 의사처방이 필요하다. 이 약은 소아에서의 안전성 연구가 많이 시행됐으며 그 결과, 안전성이 입증됐다.

해독요법은 체내에 꼭 필요한 필수미네랄을 제거할 수 있기 때문에 주의깊게 이뤄져야 한다. 다행스럽게도 DMSA는 다른 중금속들, 특히 수은과도 결합한다. 과거력을 참고하고 검사결과 중금속이 있다고 보이면 나는 해독과정의 첫 번째로 DMSA를 이용한 경구 해독요법을 한다. 해독치료를 시작하기 전에 미네랄이 충분히 공급돼야 하고 해독요법 중에도 영양상태와 중금속 수치 등의 관찰이 필요하다.

에이미 홈즈와 스테파니 케이브가 해독요법으로 수은과 다른 중금속을 제거했을 때 ASD아동들의 행동과 건강이 증진됐다는 성공적인 보고를 들은 이후 나도 해독치료를 이용하기 시작했다. 홈즈는 아들이 자폐증으로 진단 받자 LA의 보스턴 라운지에 있는 케이브와 연구를 함께 하기 시작했다. 케이브는 2000년 10월, 버나드 등에 의해 발표된 자폐증/티메로살 보고서(부록 참조)를 시작으로 결성된 자폐증학회에서 이를 발표했고 환경건강과학협회에서도 발표했다. 이 모임의 주된 초점은 수은이 자폐증의 원인이 될 수 있다는 것이다. 케이브는 400명 이상의 ASD아동들을 여러 방법으로 치료해왔는데 다수의 아동들에서 해독요법을 이용해 독성금속을 제거하는 치료만큼 효과적인 치료법을 발견하지 못했다고 언급했다.[2]

나는 다른 여러 치료법들에 대하여 홈즈와 이메일로 연락하고 있다.

홈즈가 아들에게 해독치료를 시작할 무렵부터 함께 이야기를 나누었다. 그녀는 새롭고 흥미로운 치료법에 대해서 신중하면서도 과학적으로 접근한다. 항상 그녀가 가진 순수함과 용기에 감명을 받는다. 나는 그녀가 자신의 첫 번째 해독치료 환자인 아들에게 해가 될 만한 그 어떤 것도 하지 않으리라는 것을 안다.

홈즈는 내 손녀 첼시에게 해독치료를 시작하도록 격려했다. 그래서 첼시는 내가 해독치료를 행한 첫 환자가 됐고 그때 이미 6세였다. 나이가 많은 아동일수록 중금속 배출의 속도가 느리다고는 하지만, 독성물질을 전혀 줄이지 못하는 것보다는 느리게나마 배출하는 것이 더 낫다고 생각한다. 첼시의 경과는 첼시보다 나중에 해독치료를 시작한 더 어린 아이들에 비하면 느린 편이었다. 우리는 지금도 첼시에게 해독치료를 하고 있고 다른 치료를 위해 오랫동안 쉬기도 하면서 수년 동안 불규칙적으로 치료하고 있다. 첼시는 식이요법에서처럼 극적인 변화는 보이지 않았다. 이는 자폐증이 그만큼 복합적이고 복잡한 질병이며 여러 치료법에 대한 반응이 아이들마다 매우 다르다는 것을 의미한다.

해독치료는 생각만큼 간단하지 않다. 성인들에게는 여러 해독요법들을 적용할 수 있지만 1999년 이전까지 납을 제거하는 것을 제외하고는 소아들에게 행할 수 있는 해독요법은 알려진 바 없었다. 스테판 에델슨의 1998년 연구에서 소수의 사람들이 수은이 최근 발생하는 퇴행성 자폐증에 연관이 있다는 것을 인식하기 시작했다고 보고한 바 있다.[3] 이에 대해 자폐증 연구소 대표인 버나드 림랜드는 2001년 2월 9일부터 11일까지 텍사스주 달라스에서 ASD아동의 해독치료에 대한 지침을 마련하기 위한 학회를 개최했다.

여기에는 홈즈와 케이브를 비롯하여 수은 해독에 대해 해박한 의사와 과학자 중 25명이 신중하게 선택되어 참가했다. 15명의 의사들 중 7명은 자녀가 자폐증을 앓고 있었는데 해독치료를 통해 좋은 결과를 보였다고 보고했다. 의사들은 이미 해독치료를 3,000명 이상 시행했고 그중 1,500명 정도가 ASD아동이었다. 화학자, 독물학자들을 비롯한 과학자들은 수은독성에 대한 연구는 거의 90년의 역사가 있다고 말했다. 이 모임의 목적은 ASD아동에게 가장 효과적이고 안전한 해독요법에 대해 공통된 의견을 도출해서 문서화하기 위한 것이었다. 이 기록은 2005년 개정됐고 곧 다시 개정될 것이다.[4]

내가 시행하는 경구 해독요법은 2001년 첫 모임에서 결정된 것과 2005년 개정되어 확장된 내용을 근거로 한다. 이것은 간단하게 해독치료를 위한 'DAN!합의'라고 한다. 의사들은 당연히 이 지침에 따라 해독요법을 시행하고 있으며 ASD아동들은 저마다 고유함이 있기 때문에 의사들은 아이마다 특별하게 고려할 점이 있는지 연구해야 한다. 이 요법에 대한 합의는 법률로 명시된 것은 아니다. 나는 환자의 나이와 반응, 부모들이 요구하는 바에 따라, 아동의 과거력을 바탕으로 한 개별적인 상황과 우리 병원에서 하는 치료에 영향을 줄 만한 최근의 의학적 경향 등을 고려하여 환자마다 다르게 치료하기도 한다.

해독요법 연구자들은 자폐증 치료는 지속적인 변화와 흐름상태에 있으며 추천되는 프로토콜들은 자폐증의 세분화된 생의학 치료가 더 알려지면서 발전될 것이라고 강조한다. 독자들은 책에서 추천된 방법 중 공감하는 것들을 받아들였으면 좋겠다. 많은 연구자들이 활발하게 연구한 치료법들에 대한 가설과 모델뿐만 아니라 해독치료가 도움이 된다는 증거는 많은 임상경험을 통해 제시됐다. 경구용 DMSA 해독치료에 대한 연구는 최근에 애리조나대학의 제임스 아담스에 의해 진행됐다. 그 결과는 다음 개정판에 실릴 것 같다.

검사결과, 수은이 있어도 바로 해독치료를 시행하지는 않는다. 종종 부모들이 즉시 중금속을 배출하게 해달라고 아이를 데려오기도 하는데, 치료하기 전에 준비해야 할 많은 과정들이 있다는 걸 알고 기다릴 수 없다고 하기도 한다. 아이의 위장관 건강상태, 영양상태, 면역계가 최적 상태여야 해독치료를 생각해볼 수 있다. 해독치료를 시작하기 전 최소한 위장관 내 병원균의 과다증식은 거의 없는 상태여야 한다. 왜냐하면 DMSA와 같은 황화물질은 이스트 증식을 도울 수 있어서 상황이 더 나빠지거나 효과가 별로 없을 수 있기 때문이다.

위장관의 병원균 과다증식 문제가 별로 없는 아동들은 지금 기술하려고 하는 방법으로 대부분 좋아지며 중금속 축적을 줄이는 가장 안전하고 좋은 방법이라고 생각한다. 최근에는 칼슘-EDTA 경구약, DMPS 경구약과 DMSA 경구약뿐만 아니라 직장에 좌약을 삽입하는 방법과 정맥주사방법에 대해서도 많은 연구가 이뤄지고 있다(DMSA는 정맥주사할 수 없다). 정맥주사법은 종종 글루타치온 주사와 함께 이뤄지고 가끔은 비타민C 같은 영양성분을 주사하기도 한다.

한동안 해독치료를 위해 경피용 DMSA와 DMPS를 이용했는데 이 방법은 경구복용법, 직장삽입법, 정맥주사방법에 비해 소변에서 중금속 검출양이 매우 적었다. 지금도 경피용 제재가 생산되고 있긴 하지만 이 방법을 지속하는 부모나 의사는 거의 없다. 대부분 DAN!의사들은 경피 해독법이 해독치료에 효과적인 치료가 아니라는 데 의견을 함께 한다.

해독치료 전 검사

나는 종종 어떤 검사를 하기 이전에 모발분석을 일반적인 검사에 포함시킨다. 전혈구검사(혈액 중 적혈구, 백혈구, 혈소판 등의 세포수치를 계산하는 검사-옮긴이)와 화학검사는 2개월 내에 검사한 적이 없으면 해독치료 전에 시행하고 그 결과가 정상범위 안에 있어야 한다. 만약 검사에서 비정상소견을 보이면 해독치료 전에 반드시 교정해야 한다. 예를 들면, 간기능 향상을 위해 큰엉겅퀴 제재를 이용하거나 심한 빈혈이 있으면 철분을 보충하고 그 밖의 결핍에 대해서 미네랄을 공급하는 등의 처치가 필요하다. 일반적인 검사와 다음 검사들을 추천한다.

모발분석

이 검사는 유용하고, 아프지 않으며 비싸지 않다. 모발미네랄 검사를 통해 중금속 노출의 정도를 측정할 수 있고 약 3cm 정도를 채취하면 이전 3개월 동안의 노출을 알 수 있다. 나는 닥터스 데이터 연구소에 모발을 보내는 데 몇 가지 이유가 있다. 이 회사는 전세계적으로 가장 많은 모발분석자료를 가지고 있다. 이 연구소의 앤드류 커틀러는 결과지를 해석하는 특별한 방법을 가르쳐 줬다. 커틀러의 해석은 체내 필수미네랄에 대한 중금속의 영향에 관한 것들을 바탕으로 한다.

검사결과가 내가 임상적으로나 과거력상 생각하는 바와 일치하지 않을 수도 있어서 다음에 검사를 실시해 확인해본다. 홈즈의 방대한 데이터베이스는 많은 ASD아동들이 형제자매나 부모와 비교하여 모발에서 더 낮은 중금속 수치를 보인다는 것을 알려준다. 이는 해독능력이 떨어져있다는 것을 나타내며, 모발로 배출되는 수은이 거의 없다는 증거가 된다.

이 검사를 신청하면 부모들은 어떤 모발을 잘라야 하는지를 알려주는 설명서와 작은 도구를 받게 된다. 채취한 모발을 연구소에 직접 우편으로 보내면 닥터스 데이터 연구소에서 처방한 의사에게 결과지를 2부 보내오기 때문에 1부는 부모에게 주어 아이의 의료파일에 보관할 수 있다.

포르피린 검사

소변 포르피린 검사는 DAN!에 의해 환경적 독성의 생물지표로 새롭게 개발된 검사이다. 이 검사는 신체에서 혈색소(헤모글로빈)를 만드는 화학적 고리구조인 포르피린의 존재 여부를 측정한다. 포르피린은 헤모글로빈의 '헴'에 해당한다. 헤모글로빈은 중앙에 철분을 가진 포르피린 고리이다. 수은과 독성물질들은 고리의 특정부분에서 포르피린의 생성을 방해한다. 그 결과 변형되거나 완벽하지 않은 모양의 포르피린이 생기는데 이것은 헤모글로빈을 만드는 데 이용되지 못하고 체외로 배출된다.

수은은 다섯 번째와 여섯 번째 단계에서 포르피린 생산을 방해하여 미완성 포르피린을 배출하는 것으로 여겨진다. 소변에서 미완성이면서 특이한 포르피린이 발견되는 것은 체내에 수은이 있다는 것을 의미한다. 다른 독성물질들은 다른 단계에서 포르피린 생산을 방해해서 다른 종류의 포르피린이 증가한다. 2006년 3월 프랑스 파리의 필리프 오귀스트연구소 호베흐 나타프팀은 〈독성학과 응용약제학〉에 기고한 포르피린 수치를 비교한 논문에서 자폐증군이 대조군에 비해 코프로 포르피린 수치가 높다고 발표했다. 또한 자폐증군에서 경구용 DMSA 치료 후 소변 포르피린 배출이 현저히 감소됐음을 보여줬다.

미국의 연구소들(Lab Corp, Quest Labs, Metametrix, Great Plains)에서도 소변과 혈액에서 포르피린을 측정하는 검사를 할 수 있는데 아직까지는 경험이 많지 않다. 필리프 오귀스트연구소는 이 검사에 대한 폭넓은 경험을 가지고 있다. 또 더 명확한 검사결과를 제시하기 때문에 대부분 우리들은 ASD아동들의 소변검체를 멀리까지 보내고 있다. 일부 DAN!의사들은 소변으로는 수은이 잘 배출되지 않기 때문에 일반적으로 사용하는 유발 후 검사(중금속 해독제를 투여한 후 몸에서 배출되는 정도를 확인하는 검사—옮긴이)보다 포르피린 검사가 해독치료를 끝낼 것인지 알아보는 데 더 나은 검사라고 생각한다. 부모들과 의사들은 항공우편을 통해 소변검체를 보낼 수 있고 검사는 일주일에서 열흘 정도 걸린다. 검사 도구를 받아 보려면 contact@labbion.net에 연락하면 된다. 검사비용은 약 125달러 정도이고 배송비가 추가된다.

시험 전후 소변독성물질 검사

반드시 필요한 검사는 아니지만 부모가 자녀의 중금속 중독 여부를 의심스러워 할 때 확인할 수 있는 검사이다. 그리고 실제 체내에 독성 금속이 축적되어 있다는 것을 측정할 수 있는 가장 확실한 검사이다.

모발을 이용했을 때 샴푸로 오염되거나 수영장의 구리성분에 오염될 수 있는 데 반해 소변검사는 더 믿을만하다. 유발검사는 중금속 해독제가 혈관에 존재하지 않고 깊은 조직에 저장되어 있는 중금속에 결합하여 체외로 배출시키는 특성을 이용한다.

수은을 배출시키는 데 쓰이는 제재는 DMPS와 DMSA이고 경구로 주었을 때 잘 작용한다. 많은 의사들이 DMPS를 이용한 유발검사는 경구복용보다 정맥주사가 더 좋다고 생각한다. 1950년대 중반부터 질병관리본부에서는 납중독 진단을 위해 칼슘-EDTA로 유발 후 소변 납 수치를 검사하는 것을 지지해 왔다. 칼슘-EDTA는 납중독 치료를 위해 점점 많이 사용되고 있으며 좋은 결과를 보이고 있다. 2008년에 해독치료를 받던 그룹에서 좋지 않은 일이 일어났다. 한 사람의 실수로 인해 생긴 일이었는데, 아이에게 칼슘-EDTA가 아닌 나트륨-EDTA를 주사하는 바람에 심부전으로 사망한 예가 있었다.

한동안 혈관주사를 이용한 해독치료법은 조금씩 알려졌는데 이에 대한 많은 연구와 성공적인 결과가 이어지면서 지금은 점점 더 많은 부모와 의사들이 혈관주사를 이용한 수은과 납 해독을 시행하고 있다. 이 제재들은 정확하게 쓰이면 매우 안전하다.

시험 전 방법은 검사기관에서 받은 용기에 아침 소변을 받아 냉장고에 보관한다. 시험 후 방법은 경구용 DMSA를 한 번 먹거나(10mg/kg) 좌약을 직장으로 삽입하는(5~10mg/kg) 방법, 경구용 DMPS 5~10mg/kg를 먹거나 좌약으로 1.5mg/kg을 삽입하는 방법, DMPS나 칼슘-EDTA를 혈관 주사하는 방법이 있다. 투여 후 6시간 동안 커다란 주황색 플라스틱 병에 소변을 받는다. 그런 다음 두 번째 검사용기인 작은 병에 소변의 일부를 담아두고 두 병 모두 의사가 작성한 검사의뢰서와 함께 보관한다. 모든 검체는 에어본 익스프레스에서 가지러 올 때까지 냉장 보관하고 검사기관에서 제공한 플라스틱 가방에 넣어 보낸다.

적혈구 필수영양소 검사

이 검사는 마그네슘, 셀레늄, 아연 등이 부족하지 않은지 알아보고 영양프로그램을 계획할 때 도움이 된다. 해독치료 전에 아이들의 미네랄 균형이 잘 유지되어야 하고 해독치료 중에도 주기적으로 3~6개월 마다 미네랄 상태를 관찰해야 한다. 메타매트릭스와 닥터스 데이터에서 이 검사를 시행한다.

시스테인

이 검사는 제노바 진단연구소에서 시행하는 해독검사의 한 종류로 실시할 수 있다. 글루타치온, 엔아세틸시스테인NAC와 황이 많은 음식을 먹는 것이 도움이 되는지 알아보는데 쓰인다. 시스테인 수치가 높은 경우는 황화합물과 유황음식, 때로는 경구용 글루타치온과 경피용 글루타치온에 대해 반응이 별로 없다는 의미이다. 시스테인이 낮은 수치를 보이는 경우(대부분 ASD아동들에 해당한다) NAC가 크게 도움이 될 수 있다. NAC는 해독과정에 필수적인 세포 내 글루타치온의 수치를 빠르게 증가시킬 수 있기 때문이다. 일부 ASD아동들에서는 NAC나 글루타치온을 복용했을 때 과잉행동이 나타날 수 있다. 그런 경우 체내 수은이 줄어들었을 때인 해독치료 후반부에 사용하는 것이 더 좋다.

해독치료 전 위장관 상태를 알아보는 검사

ASD아동들의 병력에서 면역 결핍이 흔하게 나타나고 특히 반복되는 귀의 염증과 위장관 기능 이상을 자주 보인다. DAN!이 제시한 해독치료에 관한 기준을 보면 환자가 가진 위장관과 영양상의 문제점을 교정하기 전에 중금속 해독치료를 시도하는 것은 기대에 못 미치는 결과를 가져올 수 있다고 한다. 따라서 다음의 검사들을 시행하여 위장관 상태를 검사하고 검사결과에 따라 적절한 치료를 한 뒤 중금속 해독치료를 실시하는 것이 바람직하다.

유기산검사

이스트나 다른 병원균의 과다증식이 있는 아동은 이미 강력한 식이요법과 유산균요법을 시행했어야 한다. 해독치료 전에 위장관이 치료에 적합한지 알아보기 위해 유기산검사를 반복해서 시행하는 것이 바람직하다. 나는 독성검사는 닥터스 데이터를 선호하지만, 유기산검사는 매타메트릭스사의 오가닉스를 이용한다. 이 검사는 다른 어느 검사보다도 치료 정보를 많이 제공한다.

대변을 이용한 광범위한 소화기계 미생물 분석

만약 병원균 과다증식 소견이 나타나면 대변검사에서 항진균제, 항생제, 항기생충제 중 어떤 제재가 치료에 적합한지 알아볼 수 있다. ASD 아동을 치료하던 초기에는 유기산검사가 정상이고 설사, 변비, 과도한 가스나 부글거림, 역류, 복통 등의 위장관 기능이상을 보이지 않으면 대변검사를 하지 않았다.

　최근에 대변검사에서 기생충이 나타난 경우를 접한 뒤로는 일반검사에 포함하고 있다. 기생충은 이스트나 세균과는 달리 소변으로 특별한 대사물을 내놓지 않기 때문에 유기산검사에서는 정상소견을 보일 수 있다. 면역력이 떨어지는 위장관에 기생할 수도 있고, 물건을 입에 자주 가져가는 행동이 있으면 기생충이 들어가기도 쉽다. 나는 이 검사를 닥터스 데이터에 주로 의뢰한다.

미네랄 공급

수은을 비롯한 중금속 축적이 있는 아동은 위장관, 면역계, 신경계가 적절하게 작용하도록 도와주는 생의학적 접근이 빨리 이루어져야 한다. 일찍부터 시도할 수 있는 접근이란 비타민과 미네랄 공급을 의미하고 비타민과 미네랄은 중금속에 의한 손상과 이에 관련된 신경학적 문제를 호전시키는 데 꼭 필요하다. 영양공급과 흡수가 좋지 않기 때문에 많은 ASD아동들은 미네랄 결핍이 생기는데 특히 아연과 셀레늄이 가장 중요하다.

아연은 다른 비타민, 미네랄과 함께 중금속 해독치료 전후로 보충해야 한다. 아연은 하루에 몸무게 1kg당 1~2mg을 추천한다. 현저하게 결핍된 소견이 보이면 더 많이 필요하다. 중금속 해독을 위한 준비로 몸무게 1kg당 30~40mg을 추가로 주기도 한다. 적혈구 필수미네랄검사를 이용하면 더 정확하게 결정할 수 있다. 아연 흡수를 극대화시키기 위해서는 칼슘이나 다른 미네랄과 함께 주지 않고 아연을 단독으로 주는 것이 더 좋다.

셀레늄은 과다할 경우 독성이 있기 때문에 현저한 결핍이 없으면 1kg당 2~8mcg으로 제한한다. 가끔 적혈구 필수미네랄 검사를 하여 셀레늄수치를 살피고 하루에 200mcg 이하로 주는 것이 안전하다.

기타 미네랄들도 부족할 수 있다. 몰리브데늄, 망간, 바나듐, 크롬 등을 종합미네랄제로 섭취할 수 있다. 광범위한 미량미네랄 제품으로는 쏜의 Pic-Mins를 이용한다. ASD아동들은 종종 체내 구리수치가 높은데 과다한 구리는 신경독성이 있다. 그래서 종합비타민제는 구리가 없는 제품으로 선택해야 한다. 적절하게 아연을 주면서 따로 몰리브데늄을 주는 것이 구리가 높은 아동들에게 도움이 될 수 있다. 내가 즐겨 사용하는 것은 이콜로지컬 포뮬라스의 Hypomultiple이라는 제품으로 구리나 철분이 들어있지 않다. 많은 경우 철분수치는 약간 낮기도 하지만 보통 철분을 주지는 않는다. 과다한 철분은 산화기전에 스트레스가 될 수 있고 철분결핍은 에너지를 절약하는 과정에서만 일부 나타나기 때문이다.

영양요법을 위한 모든 영양제들을 중금속 해독치료 이전에 잘 복용해야한다. 만약 영양결핍이 해소되지 않으면 중금속 해독을 도와주는 중요한 생리기전들이 적절하게 작용하지 않을 수 있다. ASD아동들은 편식하는 경우가 종종 있기 때문에 영양제를 이용한 미네랄 공급이 중금속 해독을 통해 몸에서 빠져 나갈 수 있는 일부 필수미네랄만큼 이나 중요하다.

비타민 준비

많은 ASD아동들은 미네랄처럼 비타민도 결핍을 보인다. 좋지 못한 식 이습관과 영양소의 흡수가 좋지 못한 것이 원인이다. 검사상 비타민 B6, B12, 엽산, 나이아신 부족을 보이는 아이들이 많다. 검사 후 예비 과정으로 추천된 것들을 복용시키기 시작하면서 결핍이 자주 보이는 비타민들은 일상적으로 주어야 한다. 비타민C, E와 B6, 다른 비타민B 들은 중금속 해독치료 중 특별히 중요하다. 비타민C는 중금속 해독을 돕고 설사를 일으키지만 않으면 독성이 없는 것으로 알려져 있다. 나 는 비타민C의 경우 일반적으로 설사를 일으키지 않는 가장 높은 용량 으로 최소한 하루 3회 먹이는 것을 추천한다.

2005년 DAN!에서 결정한 중금속 해독요법 요약

DMPS가 좋은 수은 제거제로 알려져 있지만 공식적으로 소아에게 시 행된 검사는 없다. DAN!프로토콜은 DMPS에 대한 안전성 검사가 이 뤄지기 전까지는 중금속 해독과정을 시작하는 경우 일차적인 중금속 해독제로 경구용이나 좌약용 DMSA를 사용하기를 권장한다. DMSA는

7장 엄마손의 쥐기

안전하고 효과적이며 소아에게 엄격한 검사가 시행된 제재이다. 그러나 나는 종종 DMSA에 대해 반응이 느린, 나이가 많은 아동들에게는 경구용 DMPS를 이용하여 좋은 결과를 얻기도 하는데 가끔은 소변을 통해 빠져나간 수은의 양이 현저히 증가되는 것을 보기도 한다.

2004년에 많은 부모들이 경피용 DMPS와 DMSA를 사용하기 시작했다. 경피용은 대부분 ASD아동들에서 수은이 잘 제거되지 않아 결국 효과가 적다고 밝혀졌다. 경구용과 좌약을 이용하는 방법이 더욱 효과적이라는 것이 알려졌고 요즈음에는 정맥주사법이 대중화되고 있다. 칼슘-EDTA와 DMPS 정맥주사법은 특히 수은과 다른 중금속의 독성 변화를 보는 검사에 유용하고 유발검사뿐만 아니라 다른 치료에 많이 이용되고 있다. 정맥주사법에 익숙하지 않아서 좌약을 선택하는 이들도 있는데, 어느 방법을 이용하더라도 중금속이 제거되고 ASD아동들이 좋아지는 것은 고무적이다.

DMSA를 사용한 이후, 일부 의사들은 다른 해독제인 알파리포산ALA를 이용하여 중금속 해독치료의 두 번째 단계를 시작한다. ALA의 용량은 일반적으로 DMSA용량의 1/6에서 1/2이다. 아직 논란이 되고 있지만 ALA는 DMSA와는 달리 혈액뇌장벽을 통과한다고 여겨져서, 뇌에서 수은과 결합하여 수은을 제거한다고 생각된다. ALA는 많은 식품에 들어 있는 영양성분으로 아이의 몸무게에 맞춰서 필요한 만큼 정확하게 조제돼야 하지만 건강식품을 판매하는 곳에서 구입할 수도 있다.

최근 대부분의 DAN!의사들은 DMSA를 이용한 중금속 해독치료를 하기 전에 ALA를 사용해서는 안 된다고 생각한다. ALA는 신체말단에서 중금속과 결합할 수 있는데 그중 일부 결합된 금속이 혈액뇌장벽을 통과할 수 있어서 결국은 뇌 속으로 중금속이 다시 들어갈 가능성도 있기 때문이다. 그래서 ALA는 DMSA를 이용한 중금속 치료를 철저하게 시행한 후에 해야 한다고 생각한다. 일부 의사들은 이에 동의하지 않고 ALA를 함께 투여하기도 한다. 일반적으로 의사의 지도를 받지 않는 일부 부모들은 DMSA 없이 ALA만을 이용하기도 한다. 일부 ASD 아동들에서 ALA가 자기자극을 증가시키기도 한다. 아마도 ALA가 이스트를 증식시킬 수 있어서라고 생각된다. 이 경우 경피용 ALA가 도움이 될 수 있다.

1단계, DMSA의 용량과 간격

특별한 경우를 제외하고는 기본적으로 3일 해독치료를 하고 11일 쉬는 방법을 이용한다. 학교에 다니지 않으면 금요일 정오 즈음에, 학교에 다니면 오후에 첫 복용을 하게 해서 4시간이나 8시간 간격으로 계속한다. 가장 좋은 치료간격과 일정에 대해서는 전문가들 사이에도 약간의 이견이 있다. 나는 어릴수록 적은 용량으로 자주 복용하게 하고, 클수록 많은 용량으로 복용 간격을 늘린다.

부모들에게 두 가지 방법의 차이점을 설명하고 일정을 부모가 결정하게 한다. 복용 중이라도 간격을 줄이거나 늘리는 것이 더 나으면 방법을 바꾸기도 한다. 용량에 대해서도 전문가들 사이에 의견차가 있다. 나의 경우 몸무게를 기준으로 하여 낮은 용량으로 시작해서 검사결과와 임상결과를 보면서 점차 용량을 늘려간다. 1단계의 목적은 DMSA는 혈액뇌장벽을 통과하지 못하기 때문에 가능한, 몸에서 수은과 다른 독성금속들을 제거하는 것이다.

아래 DMSA 용량은 몸무게 기준으로 8시간마다 복용하는 양이다. 4시간마다 복용하려면 용량을 반으로 나눈다.

몸무게	DMSA 용량
20~40파운드(9~18kg)	100mg (몸무게가 더 적은 경우에는 이 용량의 1/2)
40~50파운드(18~27kg)	200mg
50~60파운드(27~36kg)	250mg
60~70파운드(36~45kg)	300mg
70~80파운드(45~54kg)	350mg
80~100파운드(54~63kg)	500mg
100파운드 초과(63kg 초과)	500mg

검사를 통한 관리

2주 간격으로 시행한 1회 또는 2회 치료 후에 소변 중금속 검사를 시행하고 그런 다음에는 2주 간격으로 시행한 3, 4회 치료 때에는 치료 기간 3일 중 2일째 아침에 해독제를 먹은 후 몇 시간 동안 소변을 모아 검사한다. 무작위 소변검사는 6시간 모은 소변을 검사하는 것만큼이나 유용하고 부모와 아이에게도 더 쉬운 방법이다.

대소변 훈련이 되지 않은 소아들은 검사기관에 소변을 받는 봉지를 요청해야 할 것이다. 이 검사는 수은과 기타 중금속들이 빠져 나가고 수치가 매우 낮아져서 ALA를 투여하더라도 위험이 없고 배출되지 않았던 수은이 다시 뇌 안으로 들어가는 위험이 없게 될 때까지 계속한다. 2주 간격으로 10~12회 정도 치료하면 체내 수은은 없어진다. 일부에선 7~8회 치료하여 중금속이 없어지기도 하고 12회 이상 치료해야 하는 경우도 있다. 병원균 과다증식이 일어나면 위장관 문제가 해결될 때까지 중금속 해독치료를 중단할 때도 있다.

중금속 해독치료를 하는 2~3개월 마다 '안전검사'를 한다. 전체혈구 계산검사와 화학검사를 해서 혈액, 간, 신장 등이 손상되지 않았는지 확인한다. 적혈구 필수영양소 검사를 2~6개월 간격으로 하는 것이 미네랄상태 관찰에 좋다. 이 검사는 2~3회 치료 후 정기검사로 시행할 수도 있다. 알루미늄이 높으면 말산영양제가 알루미늄 수치를 낮추는 데 매우 효과적이다. 금속캔에 담긴 음식은 피해야 한다. ALA는 비소에 대해 가장 좋은 해독제이다.

2단계 준비

소변 중금속검사에서 수은이 거의 나오지 않거나 더 많이 나오지 않는다면 2단계를 준비할 때이다. DMSA는 대부분 중금속을 제거한다. DMSA를 이용하여 납과 주석이 많이 빠져 나오면 이 성분들이 많이 나오지 않을 때까지 DMSA를 사용해야 한다. 납과 주석은 숨어있는 수은이 있다는 뜻일 수도 있으니, 이들 수치가 낮아지지 않는다면 2단계를 천천히 진행해야 한다. 때때로 몇차례의 치료만으로도 아주 많은 양의 납이 나오면 2단계를 진행하기 전에 납수치를 낮추기 위해 DMSA로 더 오랫동안 치료를 한다. 17일동안 계속해서 복용시킨 경우도 있다.

부모는 자녀가 있는 환경 중 어디서라도 납에 노출되지 않도록 확인해야 한다. 수은, 주석, 납과 같은 금속들의 수치가 낮아짐과 동시에 대사검사 결과가 좋아야 하고 위장관도 잘 유지되어야 한다. 왜냐하면 ALA는 장관 병원균의 먹이로 악명이 높아서 이스트와 클로스트리디아균의 심한 과다증식이 일어나지 않는지 유심히 관찰해야 한다.

병원균 과다증식이 일어나면 위장관 기능이상은 물론이고 중금속 해독치료에 임상적으로 변화가 없거나 오히려 퇴행한다. 꾸준히 유산균을 먹이고, 글루텐/카세인/설탕 제거식이를 지속하는 것이 중금속 해독과정에 걸리는 시간을 단축할 수 있는 좋은 방법이다. 많은 아이들이 '위장관의 나쁜균'을 해결하느라 중금속 해독치료까지 오래 기다려야 하고 이런 이유로 많은 의사들이 ALA사용을 포기한다.

2단계, 검사를 통한 관리

DMSA는 중금속을 주로 소변을 통해 배출하므로 소변 중금속검사로 충분하다. 하지만 ALA를 추가하면 대부분 금속이 담즙을 통해 대변으로 배출된다. 이 단계에서는 소변에서 수은이 잘 나타나지 않는 경향이 있어서 대변 중금속검사를 하는 것이 좋은 방법이다. 대변은 채취 가능한 시각이 모두 다르고 대변을 통해 금속배출량을 알아내는 것은 어렵다. 그래서 이 검사는 3일 해독과정을 끝낸 다음 날인 4일째에 시행한다.

큰 아이들의 경우 대변 검체를 채취하기가 힘들 수도 있다. 그러나

이 검사를 4~6개월마다 시행하는 것이 좋다. 정확한 시간에 채취할 수만 있다면 대변검사가 더 정확하겠지만 최근에는 연속적으로 시행한 모발분석을 이용하고 부모와 선생님으로부터 어떤 변화가 있는지에 대한 이야기들을 들음으로써 유용한 정보를 얻는다.

안전성 검사는 수개월마다 시행한다. 시간이 지남에 따라 좋아지는 양상이 일정하거나 퇴행이 보일 때 검사를 시행한다. 부모나 선생님이 아이들의 행동과 학습능력의 변화를 살펴보고 평가해주는 것이 중금속 해독치료의 효과를 측정하는 또 다른 관리장치가 된다.

가끔 해독치료 동안 퇴행을 보이는 경우도 있다. 많은 의사들이 퇴행의 원인을 장관 내 병원균이 다시 증식하는 것이라고 보고 있다. 매우 드물지만 다른 원인으로 퇴행을 겪는 것에 대해서는 설명하기 어렵다. 부모들과 의사들은 중금속 해독치료를 하는 동안 주의를 늦추지 않아야 한다.

ALA 용량은 DMSA 용량의 1/6~1/2이다. DMSA를 같이 투여할 때에는 4시간이나 8시간 간격으로 복용하게 한다. 3일 중금속 해독제를 복용하고 11일 쉬는 방법을 이용한다. 이때 위장관의 변화를 잘 관찰해야 한다.

중금속 해독과정의 마무리

행동이나 언어에서 특별한 변화가 보이지 않고 정체된 양상을 보이는 경우에 일반적으로 중금속 해독치료를 종료한다. 일부 ASD아동들은 많이 좋아져서 학교에서 '주류'에 속하기도 한다. 중금속 해독치료를 통해 많은 어린이들이 자폐라는 진단명에서 벗어났다. 일반적으로 중금속 해독치료를 6개월에서 2년 정도 시행하는데 큰 아이들에게는 더 오래하기도 한다. 수은배출 수치가 검사상 기준치 이하로 떨어지는 것보다 부모와 임상가의 판단이 더 중요하다.

아주 드물지만, 중금속 해독치료동안 특정부분에서 지속적인 퇴행을 보이기도 한다. 이것은 해독치료를 시작할 때 보이는 과잉행동이나 자기자극의 일시적 증가와 같은 일시적인 퇴행 현상과 혼동되기도 한다. 퇴행을 보이는 경우의 원인이 모든 경우에 해당하지는 않지만 대부분 병원균의 과다 증식이 주원인이다. 때때로 어떤 아동에서는 호전되다가 퇴행을 보이기도 하는데 그 이유를 알기 어려운 경우도 있다. 이런 과정들은 우리가 아직 다 알아내지 못한 복잡한 과정이 있다는 것을 다시 상기하게 한다. 퇴행을 겪은 부모들은 이런 퇴행을 일으킨 병원균을 완전히 없애는 데 수개월이 걸릴 수 있다는 것을 알고 괴로워한다. 이런 병원균들을 상대할 가능한 빠르고 새로운 치료법을 찾아내고 알아내려고 노력하고 있다. 다양한 양상이 나타나는데, 수개월 동안 항진균제를 먹어야 하는 아이들도 있고 새로운 항생제나 항진균제를 찾아야 하는 경우도 있다.

확실히 어릴수록 치료하기 쉽고 중금속배출 속도도 빠르다. 좋아지는 부분도 일정하지 않은데, 어떤 아이들은 사회성이 좋아지고 어떤 아이들은 수용언어를 포함하여 언어능력이 확장되기도 한다. ASD에 대한 다른 치료와 마찬가지로 표현언어와 발음이 좋아지는 것이 가장 어려운 것 같다. 아동의 선생님이 이야기하는 것과 의사, 부모의 판단을 비교해 보는 것이 매우 도움이 된다.

해독은 길고 때로는 계속해서 연장되는 과정이 요구된다. 부모들에게 어린 아이들은 6개월에서 2년 정도 걸리고, 더 큰 아이들은 더 많은 시간이 소요된다고 말하지만 개개인 반응의 정도가 매우 달라서 치료기간 역시 달라진다. DAN!의사들이 치료한 많은 아동들이 굉장히 좋아졌고 회복됐으며, 부모들과 나 역시 이 아이들이 완치를 향한 길에 있다고 생각한다. 어떤 아이들은 매우 빨리 반응하고 어떤 아이들은 매우 반응이 더디게 나타난다. 나도 어느 아이가 어떻게 반응할지를 예측할 수 없다.

대체 해독요법 - 알리티아민, 경피적 티아민 TTFD

최근 연구에서 알리티아민과 화학적으로 매우 비슷한 성분이 ASD아동들을 치료하는 데 유용하다는 것이 밝혀졌다.[5,6] 데릭 론스데일은 TTFD가 ASD아동들에게 큰 효과가 있다고 기술했다. TTFD는 양파류에서 발견되는 티아민(비타민B1)의 이황화 유도체(두 개의 황이 연결된 분자를 말하며 인체에서 산화환원반응에 관여한다-옮긴이)로 자연적으로 생겨나는 합성물과 같은 구조이다. 양파류에서 가장 널리 알려진 식물은 마늘이다. 비타민의 다른 이황화(S-S) 유도체 역시 합성이 가능하고 TTFD는 이것들 중 가장 최신물질이다. 자연적으로 생겨나는 분자는 알리티아민인데 식물의 이름인 알리움에서 유래됐다.

티아민은 두 개의 고리구조인데 그중 하나는 황원자를 포함하기 때문에 티아졸리움이라 불리는 5각형 형태이다. 이 고리는 열릴 수 있어서 일부 다른 보결분자군(단백질에 부착되어 기능을 나타내는 분자들을 말하며, 단백질에 결합된 금속이온, 핵산, 당 성분 등이 포함된다-옮긴이)이 황원자에 결합하기도 한다. 그래서 이황화가 아닌 다른 형태의 화합물, 즉 S-아실 유도체(SAT)로 알려진 화합물이 존재한다. 이런 화합물 중 잘 알려진 것이 벤조티아민이다.

론스데일은 TTFD가 도움이 된다는 것을 설명하기 위해 황과 연관된 가능성이 있는 세 가지 기전을 제시했다. 첫째, TTFD가 중추신경계에서 에너지 대사를 증가시킬 수 있다. 둘째, TTFD가 중금속 해독제의 기능이 있다. 비소를 비롯한 몇 가지 금속들의 소변 배출이 증가했다. 셋째, ASD아동 10명 중 3명은 세포 내 티아민 결핍을 보이는데 TTFD가 이것을 완화시킨다.

론스데일은 TTFD의 이황화 결합이 세포막에서 파괴된다고 한다. 즉, 메틸렌 다리에 의해 피리디늄 고리와 티아졸리움 고리가 연결된 구조인 티아민 분자는 세포막을 통과하면서 티아졸리움 고리가 닫히게 된다. 티아민이 세포로 들어갈 때에는 일반적인 방법인 속도제한 방법이 적용되는 반면에 TTFD는 수용성 티아민을 운반하는 시스템이 필요하지 않다. 따라서 티아민 농도가 높으면 세포 내에 쌓이고 티아민이 필요한 활동에 자극이 된다.

티아민은 ATP을 만들기 위한 인을 전달하는 데 반드시 필요하고 미토콘드리아에서 에너지 합성에 중요한 티아민3인산염의 형성과정에도 관여한다. 테트라하이드로 퍼퓨릴기의 1/2은 세포 밖에 머물러 메르캅탄이 되는데 메르캅탄의 SH기에 반응하는 금속이 결합해서 주된 기능을 하는 끝부분인 '비즈니스 엔드'가 된다. TTFD가 SH-반응성 금속을 해독하는 것은 확실하지만 우리는 아직 수은의 재분배에 대해서는 알지 못한다. 이 제재와 함께 뇌조직의 메르캅탄 복합체는 일반적으로 '제거제'로 이용된다. 금속이 눈에 뜨게 배출되는 것은 소변검사를 통해 알 수 있는데 특히, 비소, 카드뮴, 니켈, 납, 수은이 배출된다.

S-S화합물과 SAT화합물 사이에 중요한 차이점이 생기는 이유는 무엇일까? 이 질문에 대해서는 약간의 이야기가 필요하다. 일본에서 티아민에 대해 관심이 크게 증가한 일이 있었는데 그 이유는 '베리베리병' 때문이었다. 이 병은 백미를 주식으로 하여 티아민이 부족한 것이 주요 원인이다. 티아민과 다른 비타민B군은 쌀의 겉껍질에 존재하는데 도정하는 과정에서 겉껍질이 없어져 티아민이 부족하게 된 것이다. 티아민이 발견되고 난 20세기 중반에 비타민B 연구위원회라는 단체가 결성됐고 인간과 동물들에서 여러 연구를 시행한 결과를 책으로 발간했다. 이 책에는 S-S와 SAT화합물의 차이에 대해 알려주는 연구가 자세하게 기술되어 있다.[7]

첫째, S-S화합물과 SAT화합물 모두 장관으로부터 흡수되는 것은 티아민의 혈중 농도를 크게 높이기 때문에 분명히 스트레스가 된다. 그들 사이의 주요 차이점은 정상적인 세포막 생리에 중요인자인 이황화 결합이다. TTFD가 세포막에 닿으면 S-S결합이 깨지면서 한 조각이 세포막을 통과한 후 티아졸리움 고리가 닫힌다. 그래서 작용이 필요한 부분의 세포 내에서 완전한 티아민 분자가 만들어진다. 보결분자인 테트라하이드로 퍼퓨릴기의 1/2은 세포 밖에 남겨지고 메르캅탄이라는 티올을 만든다.

간에서는 효소의 오목한 부분에 SATs가 분리된 부분과 비슷한 것이 필요하기 때문에 결국 메르캅탄은 전혀 만들어지지 않는다. 다음으로 방출된 티아민 분자는 식품에 들어있는 본래의 티아민을 흡수하는 효율성이 낮은 수송시스템을 이용하여 티아민 작용이 필요한 세포로 흡수된다. 내가 아는 바로는 SATs의 파편으로부터 생긴 보결분자의 운명에 따라 어떤 작용이 시작되지는 않는다.

　일본 연구자들은 티아민에서 유래한 비타머 두 군의 임상적 행동양상에 중요한 차이점이 있다는 것을 발견했다. 비타머라는 용어는 정상적인 작용과정에서 비타민으로서의 역할을 하는 제재를 의미한다. 그들은 구체적인 생물학적 효과를 연구했다. 동물연구에서 S-S비타머가 테트라클로라이드(4염화물), 카본 테트라클로라이드(4염화탄소), 시안화물(청산가리)의 독성효과를 부분적으로 막아주는 효과가 있다는 것이 밝혀졌다. 반면 SAT비타머는 이런 작용은 없고 차이를 만드는 S-S결합을 포함하고 있을 뿐이었다.

　우리는 TTFD가 비타민B1을 세포 안으로 이동시키기 쉬운 체계를 가졌다고 생각한다. 티아민은 정상적으로는 세포막을 통과해서 흡수하는 이동체계가 필요하다. 이황화구조는 비타민이 세포안으로 이동할 때 속도제한 운반체계가 필요하지 않게 해준다. 따라서 TTFD를 투여하는 것은 세포 내 티아민 농도를 높이고 일반적인 티아민으로는 쉽게 도달할 수 없는 치료 수치에 도달하게 된다. TTFD가 세포막과 접촉하여 세포로 들어가는 동안 세포 밖에 남아있는 메르캅탄에는 어떤 일이 생길까? 일본 연구자들은 이 부분에도 많은 연구를 했다. 이들은 메르캅탄이 독성이 없으며 황산염과 술폰을 가진 효소들에 의해 제거되고 소변으로 배출된다는 것을 알아냈다.[8~11]

　그렇다면 이것이 어떻게 ASD치료와 관계가 있을까? 수은과 SH(메르캅토기)에 반응하는 중금속들이 중요한 원인이 된다는 증거가 나온 이후 우리는 이런 중금속들을 해독하고 배출하는 방법을 알아보아야 했다. SH-반응성은 중금속 독성을 이해하는 단서이다. 양을 이용한 동물연구에서 납 해독제로 널리 알려진 EDTA는 티아민과 함께 투여했을 때 주입한 납이 담즙과 소변을 통해 잘 배출됐다는 것이 밝혀졌다.[12] 두 가지 제재를 함께 투여하는 것이 한 가지만 투여하는 것보다 더 나은 결과를 보였다. 이것은 티아민이 SH-반응성 금속을 제거한다고 할 수 있다. 좌약을 이용한 TTFD연구에서 치료받은 10명 중 8명이 의미있는 호전을 보였다.[6] 소변검사에서도 마찬가지로 한 가지 또는 그 이상의 SH-반응성 금속인 납, 수은, 비소와 카드뮴의 배출이 증가하는 소견을 보인다.

아마도 TTFD의 치료적 효과는 보결분자가 메르캅탄으로서의 역할을 하는 티아민의 세포 내 작용과 연관이 있는 것 같다.[8] 경피용 TTFD의 부작용 중 한 가지는 아이들 몸에서 스컹크와 비슷한 냄새가 난다는 것이다. 스컹크 분비물은 몇 가지 메르캅탄으로 되어 있어서 특징적인 냄새를 유발하고 낮은 농도에서도 후각이 자극된다. 경피용 TTFD를 사용하는 의사들이 몇 명의 사례를 보고했다. 스컹크 비슷한 냄새는 메르캅탄의 작용일 것이라고 여겨진다. 그 냄새는 일부 아동에서만 나타났는데 누구에게 냄새가 생길지 예측하기는 어렵다. 환자가 임상적으로 좋아지면서 점차 냄새가 줄어들기 때문에 이런 반응은 환자의 비정상적인 생화학적 과정과 밀접한 관계가 있을 것이라고 추정한다. 10mg의 비오틴을 먹이면 빠르게 냄새가 사라지기도 한다. ASD 아동의 부모들이 말하기로는 피부에 레몬주스를 바르면 냄새가 줄어든다고 하는데 기전은 알 수 없다.

TTFD가 보결군에서 티올 메르캅탄을 만든다는 것 때문에 특별한 역할이 있을 것이라고 생각되기도 한다. ASD가 다른 질병에서처럼 산화스트레스와 연관이 있다는 증거들은 많다. 특히 뇌와 중추신경계에서의 질병들이 산화스트레스와 연관이 있다고 알려져 있다. 산화스트

201

레스란 세포가 산소를 이용하는 것이 비효율적임을 의미한다. 반응성 질소군RNS과 반응성 산소군ROS의 산화작용으로 생겨난 일차적, 생물학적 산물은 메르캅탄이라고도 알려진 티올에 의해 감소된다. 즉 항산화작용이 일어나는 것이다.[9] 이런 황 함유물질은 자유라디칼을 없애기 위해 전자를 줄 수 있고 그 과정에서 산화가 된다. 이것들은 강력한 항산화제가 된다. 아직 실험증거가 부족하긴 하지만 SH-반응성 금속들의 소변 배출이 증가한 것은 TTFD의 이황화결합이 깨진 것에서 생기는 메르캅탄이 해독작용을 하기 때문이다.

마지막으로 TTFD의 주효과는 세포 내 티아민이 증가한 때문이라는 점이 이해되어야 한다. 에너지 대사에서 비타민의 위치는 매우 중요하며 특히 뇌와 중추신경계에서 비타민의 수많은 작용에 대한 연구가 더욱 필요하다.[8] ASD아동들이 걱정스러울 정도로 많아지는 상황에서 도움이 된다고 밝혀진 각각의 많은 영양소들은 중요하다. 많은 의사들은 경피용 TTFD을 사용하는 것이 더욱 효과적이라고 보고했다. 스컹크 비슷한 냄새는 경구복용할 때에는 전혀 발생하지 않는데 이는 분자가 위산에 의해 먼저 분해되어 티아민이 세포 안으로 흡수될 때 이황화반응을 하지 않기 때문이라고 생각된다. 일본에서 만들어진 노란 정제는 TTFD가 염기성 매체가 존재하는 소장에서 흡수될 수 있게 코팅이 되어있다. 일본에서 이 제재는 알리나민F라는 처방약으로 판매된다. 미국에서는 유통되지 않는다.

자폐증 관련단체들은 이 새로운 치료법을 기꺼이 받아들였다. 그러면서 TTFD를 사용했을 때 색이 엷고 하얗게 보이는 대변을 보거나 변비가 생기는 경우도 보고됐다. 경구용 알리티아민을 먹은 아동 몇몇에게도 같은 현상이 관찰됐다. 실제로 이런 대변양상은 TTFD 이용과 관계없이도 ASD아동들에서 흔하다. 아직 나와 론스데일은 이런 일을 겪지 못했다. 존 팡본은 TTFD가 시스테인 산화효소기능이 있어서 시스테인이 분해되면 타우린보다는 설파이트가 된다고 알려줬다. 담즙을 만들기 위해서는 타우로콜린산이 필요하기 때문에 TTFD와 함께 타우린을 주는 것이 이 문제를 해결할 수 있을 것 같다는 의견도 제시했다.[13]

ASD아동의 60% 이상이 검사상 타우린 수치가 낮았다. 시스테인이 부족하면 타우린은 더 많이 부족할 수 있어서 적절하게 공급해주는 것이 중요하다. 타우린은 신경조절물질의 기능을 하고 담즙을 엷게 해서 담석이 생기지 않도록 하는 중요한 아미노산으로 알려져 있다. 또한 하루에 400~1,200mg을 복용하면 일부 아동들에서는 간질성 경련을 줄이는 데에도 도움이 된다. 타우린은 낮은 용량으로 시작해서 하루에 2,000mg까지 증량하고 여러 번 나누어 먹일 수 있다. 마그네슘과 함께 비타민B6를 복용하는 것은 메티오닌이 시스테인과 타우린으로 대사되는 데 반드시 필요하다고 알려져 있다.

내 환자들은 검사결과에 따라 필요한 만큼의 비타민과 미네랄 적정용량을 복용하기 때문에 색이 엷고 하얀 변을 본다거나 변비가 생기는 경우는 보지 못했다. 비타민C를 꾸준히 사용하는 것도 변비에 도움이 되는데 복용 후 혈류에 짧은 시간만 머무르기 때문에 하루에 3~4회, 최소한 2회를 복용해야 한다. 대부분 아이들이 하루에 최소 750~1,000mg의 비타민C가 필요하고 일부에서는 더 많은 용량을 주어야 한다. 특히 해독치료 중에는 비타민C가 더 많이 요구된다. TTFD를 시작하기 전에 비타민B6, 마그네슘, 비타민C, 타우린을 잘 먹여야 한다. 어떤 영양소도 혼자 작용하는 것은 없다는 것을 명심해야 한다.

만약 미토콘드리아 수준에서 TTFD를 사용해 대사가 활발해지면 이전에 잠복해 있던 비타민 결핍을 발견할 수도 있다. 론스테일은 약 30년 이상을 TTFD를 거의 지속적으로 사용했는데 어떤 중대한 독성을 보지 못했다고 한다. 이것은 TTFD가 산화대사를 자극하는 매우 강력한 힘을 가졌고 나쁜 식습관으로 인해 비타민 결핍이 있는 아이들은 대사과정이 가속화되기만 하면 쉽게 극복할 수 있다. 론스테일은 임상에서 더 많은 연구가 필요하다고 강조한다.[8]

경피용 TTFD 사용은 새로운 시도이다. TTFD를 이용한 해독과정을 잘 알기 위해 더 많은 대조군 연구가 필요하다. 나는 이 제재가 유익하며 우리 치료법에 기꺼이 추가될 수 있다고 생각한다. 특히 DMSA와 ALA를 사용했을 때 위장관 병원균의 과다증식을 보이기 쉬운 아동들에게는 유용하리라 생각한다. 경험상 DMPS를 사용하는 경우에는 위장관의 병원균 과다증식 빈도가 낮은 것 같다. 모든 해독치료는 반드시 위장관 치료와 적절한 검사를 바탕으로 한 필수영양소 공급 후에 시도하길 권한다. 유산균제, 적절한 소화효소제, 식이제한을 통한 건강한 위장상태를 만드는 것이 해독과정 전에 그리고 해독과정 중에도 필요하다.

부모들의 이야기를 들어보면 글루타치온에 효과적인 아이들은 특히 환원형 글루타치온GSH과 TTFD를 함께 이용하는 것이 효과적이었다고 한다. TTFD와 타우린을 함께 투여하는 것이 중요하다는 것을 알기 이전에는 가끔 색이 엷고 하얀 변을 보거나 변비가 생기는 경우가 있었지만 내 환자들의 대부분에서는 크림을 사용하면서 불쾌한 냄새가 나는 것 말고는 부정적인 반응을 보이는 경우는 없었다. 현재는 생태계에 자생하는 형태의 TTFD를 이용한다.

해독치료의 실제

각각의 치료법에 대한 철저한 연구들이 이뤄지는 것은 매우 좋은 일이지만, 나와 부모들은 치료가 의미가 있고 안전하다고 증명될 때까지 기다릴 수 없다. 해독치료의 경우 지금까지 자료들이 매우 의미가 있어서 장기간의 확인연구를 기다릴 수 없기도 하다. 우리는 도움이 될만한 모든 도구들을 이용해 치료하고 있다. 나는 첼시를 비롯한 ASD아동들의 더 나은 삶을 위해 더 많은 정보와 새로운 치료법에 지속적인 관심을 기울인다.

해독치료를 시행하던 초기 단계에서 시행착오를 거치면서 어떤 경우에는 진균이나 다른 위장관 병원체의 증식이 발생하여 긍정적인 반응이 정체되거나, 어떤 경우에는 퇴행을 겪는 것을 알았다. 홈즈는 해독제들이 진균뿐만 아니라 혐기성 세균이면서 치료하기 힘든 클로스트리디움 디피실과 같은 세균도 증식시키는 것 같다고 알려줬다. 이 균종의 증식은 유기산검사에서 HPHPA와 같은 소변대사물의 증가로 확인할 수 있다.[14] 이와 함께 해독치료는 몇 가지 필수영양소를 제거할 수 있다는 것을 알았기 때문에, 가능한 적절한 미네랄 상태를 유지하고 영양결핍을 교정하는 데 노력을 기울여왔다. 또한 며칠간 해독치료를 하고 아이의 몸과 부모의 휴식을 위해 적어도 치료시기만큼의 정지기를 두는 전통적인 방법을 따랐다. 현재는 3일 치료하고 11일 휴식하는 방법을 따르는데, 이 주기는 대부분 아이들이 부작용을 보이지 않으면서 잘 반응하는 안전하고 안정적인 방법으로 여겨진다.

만약 설사, 변비, 심한 퇴행, 대사징후가 악화되는 것과 같이 위해한 위장관 감염의 증거들이 보이면, 적절한 검사와 치료로 문제가 해결될 때까지 해독치료를 중지한다. 호전이 정체되는 경우 즉시 위장관 병원체가 영향을 준다고 판단하고 그 상황을 해결하기 위해 적절한 방법을 찾는다. 경험상 해독치료 중에 위장관 병원체가 문제가 되는 대부분은 글루텐/카세인/콩 제거식이를 하지 않았던 아동들이었다. 최근 연구들에 따르면 ASD아동의 75~80%가 콩, 우유, 밀류의 단백질에 면역반응을 보인다는 증거가 있다.

미네소타대학의 소아면역 및 알레르기 학자인 하루미 요노우치는 ASD아동에서 나타나는 면역반응에 대해 연구하고 있다. 그녀의 연구는 ASD아동들이 글루텐, 카세인, 콩에 대해 비정상적인 면역반응을 보인다는 부모들의 주장을 뒷받침한다.[15] 자폐증이 지연성 또는 퇴행성으로 나타났고, 특히 위장관 손상, 면역계 손상, 빈번한 감염, 항생제, 장관누수를 유발할 수 있다고 여겨지는 B형간염 백신을 신생아시기에 접종 받은 아이가 해독치료 예정이라면 글루텐/카세인/콩 제거식이를 권한다.

ASD에 대한 해독제의 용량과 투여횟수에 대한 혼선이 있어 왔다. DMSA나 DMPS는 혈액뇌장벽을 통과하지 못할 뿐만 아니라 수은과 결합하면 DMSA와 DMPSD에서 수은이 분리되지 않는다고 알려져 있다. 따라서 해독치료 동안 소변검사에서 보이는 수은은 뇌가 아니라 체내에 축적된 것일 가능성이 있다는 연구결과가 있었다. 그렇지만 수많은 ASD아동들이 의심할 바 없이 해독치료로 좋아졌다. 약을 복용하는 시간 간격이 길면 중금속이 재분포되어 손상을 일으킬 수 있다는 주장은 과학적으로 증명된 것은 아니지만, 임상경험상 ASD아동들의 50%에서 8시간의 간격으로 많은 용량을 투여하는 것보다 4시간 간격으로 적은 용량을 투여하는 것이 더 좋은 반응을 보인다.

현재 해독치료를 시행하고 이에 대한 연구를 하는 사람들은 황화/메틸레이션 화학반응과 해독제를 통한 황의 공급으로 시스테인이 합성되고 그것이 체내 해독작용을 돕는 것과 같은 작용기전이 있을 것으로 생각하고 있다. 나는 어리고 증상이 심한 아이들에게는 적은 용량으로 자주 투여하고, 큰 아이들에는 8시간 간격으로 많은 용량을 투여한다. 만약 부작용이 나타나거나 효과가 없는 경우에는 4시간 투여 방법으로 변경한다. 그것이 일부 아동들에게는 효과를 나타낸다.

어떤 의사들은 DMPS만 사용한다는 것을 알게 됐다. 이들은 DMSA에 비해 DMPS가 해독효과가 더 좋고, 위장관 병원체 증식을 덜 야기한다고 생각한다. 4시간이나 8시간 스케줄은 개인상황에 따라 다르게 이용한다. 나를 포함해서 많은 의사들이 해독치료를 촉진하거나 보조하는 수단으로 경피용 TTFD를 이용한다.

안전이 가장 중요하다고 다시 강조하고 싶다. 혈액과 소변상태를 통해 신체상태를 감시하는 적절한 검사가 정기적으로 이뤄져야 한다. 추가로 어떤 중금속이 배출되는지 보여주는 정기적인 소대변검사는 치료 방향을 정하는 데 도움이 된다. ASD아동에 대한 해독치료는 비교적 새롭고 연구가 덜 된 분야이다. 해독치료를 받는 거의 대부분 ASD아동들이 효과를 보고 있으며, 내가 아는 한 DAN!의 지침을 따르는 경우 돌이킬 수 없는 의학적 부작용 보고는 아직 없다.[4]

재해독

DAN!의사들은 해독치료 전에 강력한 영양요법을 시작한 많은 아이들이 좋아진다는 것을 보아왔다. 세포대사에 대한 복잡한 지식이 없어도 좋은 영양제가 해독시스템을 도와준다는 것 정도는 알 수 있다. 나는 일반적으로 비타민A, C, D, 코엔자임Q, 비타민E 같은 항산화제, 칼슘을 비롯한 미네랄 제재(아연이 많이 들어있고 구리가 없으면서 P5P와 마그네슘이 들어 있는 제재)를 이용하여 영양요법을 시작한다.

그리고는 다른 비타민B군, 오메가3, 환원글루타치온과 글루타치온의 전구체인 NAC, ALA, 글리신, 이노신, 천연해독제인 셀레노메티오닌을 추가한다. 너무 많은 NAC에 견디지 못하는 일부 아이들은 조심스럽게 영양요법을 시작한다. 일부 의사들은 DMPS와 칼슘-EDTA를 정맥주사하기 시작했고 많은 아이들에게서 글루타치온을 정맥주사로 투여한 경우 큰 효과가 있었다.

글루타치온은 셀레늄을 함께 공급했을 때 아연이 세포에 전달되는 것을 돕고 수은과 중금속을 제거하는 작용을 하며 메탈로티오네인이 효과적으로 작용하는 데 필수적이라고 알려져 있다. 경피용 알리티아민TTFD이나 티아민 테트라하이드로 퍼퓨릴 이황화물을 이용한 방법과 기존 해독요법을 지속적으로 함께 하면 좋은 결과를 보인다.

생의학 치료의 목적은 독성금속 제거, 현재와 미래에 독성물질에 대한 노출방지, 위장관 정상화, 면역기능과 행동의 호전, 뇌신경과 시냅스 연결의 발달증진 등이다. 강조했던 것처럼 다양한 DAN!해독요법은 단순히 중금속을 제거하는 것뿐만 아니라 위장관을 치료하고 최상의 영양상태가 되도록 하는 것을 포함한다. 더 많은 연구와 기록이 있어야 하고 또한 진행되고 있다. 현재까지의 결론은 이 책에 기술된 요법들에 의해 많은 ASD아동들이 도움을 받고 있다는 것이다. 미 국립보건원과 국제내과학회에서 밝힌 자료에 따르면 행동치료와 마찬가지

로 해독치료, 위장관치료, 영양치료를 일찍 시작하는 것이 큰 도움이
된다.

해독요법에 관련하여 질문과 시험이 계속되고 있다. 해독제의 용량
과 간격을 어떻게 하는 것이 최선인가에 대한 의견은 전문가들 사이에
서도 다르다. 아직 소아들에 대한 정식검사 전이지만 많은 의사들이
DMPS와 칼슘-EDTA 주사를 사용하고 있다. 한편 우리들 중 많은 이
들은 경구용 또는 좌약 형태가 안전하고 효과적이라고 생각한다. 해독
시스템을 활성화시키는 새로운 방법을 발견하는 것이 우리가 더욱 연
구하고 공부해야 할 진지한 대상이다. 이런 주제의 일부는 결론이 나
지 않은 상태이며, 대부분의 치료에서와 마찬가지로 나이, 위장관 상
태, 독성 정도, 다른 인자들에 따라 개개인마다 반응이 좋은 치료법이
다르다.

면역, 자가면역질환, 바이러스

1997년 자폐증 치료의 생의학적 접근에 대한 정보를 처음으로 찾기 시작했을 때, 대부분 의학문헌에는 자폐증이 유전질환이며 태아시기에 발병한다고 기록되어 있었다. 연구를 진행하면서 자폐증의 원인은 매우 다양하며 대부분 원인이 불확실하다는 것을 알게 됐다. 자폐증의 5% 정도에서는 염색체 이상을 보이지만, 자폐증을 유발하는 단일유전자를 보유하는 염색체에 대한 증거는 없다. 가족과 쌍둥이 연구를 보면 자폐증 발생에 유전적 요인이 있다는 것은 확실하다. 1996년 버나드 림랜드는 자폐증이 있는 일란성 쌍둥이 연구를 통해 자폐증 발생에 유전적 요소가 강하게 작용하지만 환경요인에 크게 영향을 받는다고 발표했다.

자폐증과 면역기능장애

감염이나 독성원인들은 유전과는 상관없는 것처럼 보인다. 하지만 개인적 감수성은 유전적 취약성이나 환경요인에 의해 증폭될 수 있으며, 문제가 발생한 시점이 중요하다. 1999년에 실시된 인터넷 자폐증 그룹의 조사에서, ASD아동을 둔 엄마들의 30%에서 자가면역질환이 보고됐는데, 이는 코미 등의 연구와 일치한다. 연구들에 따르면 ASD아동을 둔 부모들은 대조군에 비해 갑상샘 기능저하증, 당뇨병, 류마티스 관절염의 발생률이 높았다.[1] 아래와 같은 다양한 면역학적 연구들에 따르면 ASD아동들은 비정형적 면역기능장애를 보인다.

a. T세포와 T세포 분획 이상(Stubbs 등 1977, Warren 등 1990, Yonk 등 1990, Warren 등 1995, Gupta 등 1998)

b. 유사분열촉진제(세포가 증식할 때 일어나는 세포 내 핵분열 과정을 촉진하는 물질-옮긴이)에 대한 반응 억제(Stubbs 등 1977, Warren 등 1986)

c. 자연살해세포의 기능 감소(Warren 등 1987)

d. 도움-유도세포(다른 면역세포의 기능을 보조하는 T림프구-옮긴이)의 낮은 비율(Denney 등 1996)

e. 인터류킨-12의 증가(Singh 1996)

f. 인터페론-감마의 증가(Singh 1996)

g. 알파-인터페론 수치의 증가(Stubbs 1995)

음식 알레르기의 면역학적 징후들은 건강한 사람들에 비해 자폐환자에게 더 강하다. 주조직 적합복합체MHC는 면역기능을 조절하는 유전자집단이다. 이것 중 하나인 CB4유전자는 바이러스나 세균과 같은 병원체를 몸으로부터 제거하는 물질을 만든다. CB4유전자에 결함이 발생한 CB4무반응 대립유전자가 자폐증, ADHD, 난독증 환자에게서 높게 나타난다.

반 젠트 등은 정신신경면역학 논문에서 자가면역과 바이러스 작용이 신경계에 영향을 주고 중추신경계 활동을 변화시킨다는 가설을 제시했다.[2] 수초염기성 단백질과 뉴런 축삭필라멘트 단백질에 대한 항체는 대조군에 비해 ASD아동에게 증가되어 있는 것으로 알려져 있다.[3] 싱 등은 ASD아동에게 나타나는 홍역 바이러스나 인간헤르페스 바이러스-6에 대한 양성반응이 자가항체, 특히 항수초염기성 단백질 항체와 연관된다고 보고했다.[4]

자기조직에 대한 비정상적 면역반응을 일으키는 것은 자가면역질환에서 중요한 부분을 차지한다. 자폐증에서 보이는 감염성 질환으로는 풍진, 단순헤르페스뇌염, 수두, 거대세포 바이러스, 장미진 등이 있다. 영유아는 선천성 면역결핍이 조금만 있어도 적절하게 병원체 배출을 하지 못할 수 있다. 이런 상황에서는 뇌발달과 뇌기능을 방해하고 병원체 감염에 따른 자가면역반응의 유발 위험이 높으며, 실제 두 상태 모두 ASD의 주요 증상으로 여겨지고 있다. 우타 프리스는 〈자폐증 수수께끼 풀기〉에서 이렇게 말한다.

출생 전후의 중요한 시기에 중추신경계에 감염이 발생하면 자폐증이 발생할 수 있다. 특히 레트로바이러스가 주요 관심대상인데, 이 바이러스는 세포 내에서 자신의 유전물질을 완전히 통합시킬 수 있다. 자폐증을 일으킬 것으로 여겨지는 다른 바이러스들에는 헤르페스 바이러스와 거대세포바이러스가 있다. 이것들은 수년 동

안 상주할 수 있으며 때때로 재활성화된다.[5]

위장관 면역기능과 자폐증

이미 말했듯이 앤드류 웨이크필드는 런던의 왕립자유병원에서 위장관 학자와 의과대학 교수로 있었으며 일부 ASD아동의 회장에서 홍역 바이러스 입자를 발견했다. 이 훌륭한 연구는 백신산업의 복잡한 정책과 맞물려서 공식적으로 거부됐고, 그는 왕립자유병원을 떠나게 된다. 최근 웨이크필드의 연구 중 중요한 부분이 하버드대학의 티모시 뷰이에 의해 재시도됐는데, 그는 자폐증이 있는 일부 집단에서 소장의 일부인 회장의 과증식을 발견했다.

뒤이어 일본의 존경 받는 바이러스 연구진들이 DNA/RNA 배열기법을 이용하여 회장에 염증이 있는 ASD아동들에게 발견된 홍역 바이러스가 백신에 사용된 것임을 증명했다.[6] 이 소견은 많은 부모와 전문가들로 하여금 MMR에 있는 홍역바이러스에 의해 일부 ASD아동의 성장이 퇴행될 수 있다는 사실을 확고히 믿도록 만들었다.

웨이크필드는 줄곧 더 이상의 논란은 의미가 없다고 말해왔다. 모든 백신제조사들은 MMR 성분을 원래대로 세 가지로 분리했어야 하며, 그것들은 아이가 아프지 않을 때 부모의 철저한 관찰하에 단일백신으로 접종됐어야 했다.

세포매개성 면역(외부 이물질이나 병원체에 대해 항체가 반응하여 사멸하는 것은 체액성 면역이며, T세포가 직접 작용하며 사멸하는 것은 세포매개성 면역이다−옮긴이)은 칸디다 감염에 대한 인체의 중요한 방어기전으로 보인다. Th1

유형에서 Th2유형으로의 전환은 점막 칸디다증에 대한 취약성을 증가시킨다.[7] ASD아동의 일부 집단에 대한 몇몇 연구들에서 Th2 양상의 전환이 보고되고 있다(Th1은 면역세포가 직접 병원체를 사멸하는 작용이 있다. Th2는 B세포가 관여하여 항원-항체 반응을 일으킨다. 인체의 적절한 면역기능이 유지되기 위해서는 Th1과 Th2의 균형이 중요하다-옮긴이).

항체가가 비정형적으로 증가하는 바이러스들이 있다. 엡스타인-바바이러스, 거대세포 바이러스, 단순헤르페스 바이러스 1과 2, 인간헤르페스 바이러스-6, 홍역 바이러스 등이 여기에 속한다. 실험실의 바이러스 항체가에 대한 해석은 복잡하지만, 테레사 빈스톡과 같은 사람들은 다양한 항체가 증가가 ASD의 소집단에서 만성적이고 저강도의 바이러스 감염을 나타내고, 이것이 자폐증 원인으로 작용한다고 여긴다.[8] 이런 아이들은 외형적으로는 건강하게 보일지 몰라도 기저에 있는 면역결함으로 인해 비정형적 만성감염 상태에 있다.

1990년대에 일부 바이러스들이 명확한 뇌염을 일으키지 않으면서 중추신경계의 특정영역에 침범해 그곳에서 장기간 상주할 수 있다는 것이 확인됐다. 쥐 실험을 통해 단순헤르페스 바이러스는 위장관 신경으로 들어갈 수 있고 다양한 경로를 통해 척수로 이동할 수 있음이 확인됐다. 게서 등은 바이러스가 편도체로도 이동할 수 있으며, 쥐와 마찬가지로 인간에서도 발생할 수 있다는 것을 보여줬다.[9]

아시클로버나 발트렉스에 효과를 보인 일부 ASD아동들은 단순헤르페스 바이러스가 뇌의 중요한 부분으로 이동하여 명확한 뇌염을 일으키지 않으면서도 뇌세포로 침범했을 수 있다. 이 가설은 뇌의 편도체가 불안, 정서, 식욕, 감각정보통합, 얼굴에 대한 반응에 관여하고 있다는 것과 일치한다. 편도체는 눈맞춤과 연관된 신경을 가지고 있고 간질이나 언어의 정서적 뉘앙스와 연관되고 있다.[10] 아시클로버나 발트 렉스에 꽤 반응이 좋은 아이들은 췌장, 간, 비장과 같은 다른 조직에 단순헤르페스 바이러스가 숨어있을 수 있다.[11]

유제품으로 영양을 공급받는 아이들이 우유 알레르기가 있는 경우 매우 초기에 위장관 염증과 소화장애를 겪을 수 있다. 모유수유를 하는 아이들은 일반적으로 더 나은 면역상태를 보인다. 모유로부터 항체를 받고 모유 알레르기도 드물기 때문이다. 어떤 엄마들은 모유수유를 중단하고 우유를 먹인지 얼마 되지 않아 자폐증이 발생했다고 말한다. 물론 그 시기에 독소가 있는 백신접종과 같은 다른 일이 일어났을 수 있지만, 우유를 먹은 아이들에 비해 모유를 먹은 아이들의 상태가 훨씬 좋다는 증거들이 있다. ASD아동들에게 알레르기 발생률이 더 높다는 연구결과들을 고려할 때, 이 같은 양상은 대부분 ASD아동들이 카세인에 독성반응을 보인다는 생각과 일치한다.

면역학적 평가

오래된 가설에 따르면 자가면역증후군은 '치고 도망가는' 병원체에 의해 발생할 수 있다. 일상적인 실험실 검사에서는 검사 당시에 병원체가 없으면 병원체가 발견되지 않는다. 최근 연구에 따르면, 다발성 경화증이 있는 환자 일부에서 재활성화된 감염이나 만성적인 저강도 감염이 있었다.[12] 비슷하게 임상실험실 검사자료들은 저강도 또는 재활성화된 감염이 ASD의 중요한 원인으로 작용했다는 것을 보여준다.[13] 각각의 아이들이 다르다는 것을 고려할 때, 출생 전이나 선천적으로 나타

8장 면역, 자가면역질환, 바이러스

난 경미한 면역결함으로 인해 ASD가 나타났는지, 아니면 오래 끄는 감염이 지속적으로 면역기능을 억제한 결과인지는 알기 어렵다.

아이들에게 어떤 검사를 처방할 것인지는 몇 가지 이유로 쉬운 일이 아니다. 이것은 의사들에게는 비교적 생소한 영역에 속하기 때문에, 검사할 의지가 있고 실험실 검사결과를 해석할 수 있는 의사를 만나는 것도 쉬운 일이 아니다. 부모들은 마치 고문하는 것과 같이 아이를 붙잡고 검사하는 상황을 달갑지 않게 생각할 것이고, 불필요한 검사들은 하려고 하지 않을 것이다. 또한 보험은 흔히 이런 비주류 치료에 대해 보장하지 않으려고 한다. 완전한 진단에는 꽤 비싼 비용뿐만 아니라 결과가 효과적인 치료를 이끈다는 보장도 없다. 그렇지만 많은 부모들이 검사를 시도하기 때문에, 면역조절장애, 해독장애, 불현성 감염으로 보이는 것들에 대한 이해를 돕는 실험실 검사자료들이 증가하고 있다. CBC(전체혈구계산 검사), 대사패널(인체 장기의 대사기능을 평가하는 생화학 검사-옮긴이), 이미 언급한 다른 검사들에 더하여 다음 검사들은 ASD아동의 면역학적 평가에 도움이 될 수 있다.

포괄적 바이러스 선별검사

ASD아동에게 면역학적 검사를 하는 경우 바이러스에 대한 증가된 항체가 흔히 관찰된다. 이 검사는 단순헤르페스 바이러스1, 단순헤르페스 바이러스2, 수두대상포진 바이러스, 엡스타인-바 바이러스, 거대세포 바이러스, 인간헤르페스 바이러스-6와 같은 헤르페스 바이러스에 대한 IgG(과거 감염이나 만성감염을 의미)와 IgM(최근 감염이나 재발을 의미) 항체를 구별한다. 정상적으로 면역억제된 경우를 제외하고 면역기능결함은 해독기능장애 및 환경독소의 증가와 함께 만성적인 바이러스 감염에 놓이게 한다. 나는 헤르페스 바이러스에 대한 검사와 함께 IgG풍진항체를 동시에 검사한다.[14]

수초염기성단백 항체 검사

수초는 중추신경계와 말초신경계 모두에서 신경섬유를 둘러싸고 있는 다층막이다. 수초는 중추신경계에서 희소돌기 아교세포(뇌와 척수와 같은 중추신경계에서 신경세포를 둘러싸는 수초를 형성하는 세포-옮긴이)에서 유래하고 말초신경계에서는 슈반세포에서 유래한다. 염기성단백에 대한 항체는 ASD아동에게 높은 비율로 검출된다. 양성반응은 자가면역을 의미한다.

사례1: 수지 이야기

1998년, 16세의 고기능 자폐증 소녀 수지가 검사를 위해 방문했는데, 수지의 어머니는 수지에게 뇌바이러스가 있다고 생각했다. 나는 뇌바이러스가 있는 환자를 치료한 적이 없어서 자폐증 원인 중 바이러스와 면역계의 교란을 연구하는 다른 의사를 추천했다. 수지 어머니는 내가 해야된다고 우겼다. 이런 헌신적인 부모들이 내가 아이들을 돕기 위해 더 많이 배우게 하고, 바뀌게 했다. 나는 이에 대해 항상 감사하게 생각한다. 교과서와 연구논문들, 병균, 바이러스, 자가면역에 관한 테레사 빈스톡의 출판물 및 보고서와 같은 새로운 정보들을 공부하기 시작했다. 수지에 대한 치료를 준비하면서, 이런 난해한 논제들에 대해 할 수 있는 모든 것을 배우기 시작했다.

수지는 작고 아름다운 소녀였는데, 내가 보기로는 16세라기보다는 14세 정도에 가까운 것 같았다. 선생님이자 작가였지만 수지가 태어난 이후 전적으로 엄마역할만 해온 수지의 어머니는 가정교사와 함께 수년 동안 공립학교에 보내기 위해 애쓴 노력들을 이야기했다. 수지는 학업능력을 유지하면서 열심히 노력하는 학생으로서 선생님과 부모를 기쁘게 했다.

그렇지만 사회적으로 고립됐고 친구도 없었으며, 멋진 외모와 매력에도 불구하고 남자 아이들의 관심을 끌지 못했다. 그녀는 약간 공상에 빠진 듯 하고 산만했지만 사실적인 질문에는 대답을 잘하는 편이었다. 수지는 이상한 식습관이 있었는데 수년간 가족과의 식사를 거부했고 몇몇 음식들만 좋아했다. 병력을 듣는 중에 어머니는 수지가 풍진을 앓았던 4세 전까지는 정상이었고, 풍진을 앓은 후 이상행동을 하고 언어를 잃어버리고 다른 아이들처럼 학습하는 것이 안됐다고 말했다. 이후에도 간혹 팔다리에 감염이 재발한 것 같은 사진들을 보여줬다. 아마 수지는 간헐적으로 재활성화되는 약한 정도의 만성HHV6(장미진) 감염이 있었던 것으로 보인다.

일반적인 선별검사를 시행했는데 거의 모든 항목에서 정상범위였다. 수지의 자발적 동의가 있었던 영양요법과는 달리 비협조적인 식이조절은 힘들었다. 당연히 십대보다는 서너살 된 아이들에게 글루텐/카세인/콩 제거식이가 쉽다. 비버리힐스 면역학연구실의 아리 보다니와 의논했는데 그는 바이러스와 면역계를 이해할 수 있도록 도움을 준 훌륭한 원천이었다. 그는 전체혈구계산검사, 생화학분석, 갑상샘기능 검사뿐만 아니라 포괄적인 바이러스 검사와 자연살해세포의 세포독성 검사를 제안했다.

수지의 결과는 HHV6에 대한 IgG와 IgM 양성이었다. 또한 자연살해세포가 매우 낮은 세포독성을 보였는데, 이는 수지 면역계가 바이러스에 대항해서 싸우는 일선에서부터 문제가 있음을 의미했다. 나는 이런 수지의 결과를 보고 놀랐는데 오히려 수지 어머니는 그렇지 않았다. 그녀는 내가 이 특별한 아이들을 치료하기 시작한 이후에 만난 현명한 어머니들 중 한 사람에 속했다.

나는 수지의 사회적 불안을 줄이기 위해 소량의 SSRI(항우울제)를 처방했는데, 그것이 수지가 집 밖으로 나가는 데 도움을 조금 주는 것 같았다. 내가 아시클로버를 처방할 때는 이미 SSRI처방과 영양프로그램을 수개월 하고 있었다. 이 항바이러스제는 단순헤르페스 바이러스와 수두대상포진 바이러스의 많은 변종들에 유용하며, 엡스타인바 바이러스와 인간헤르페스 바이러스-6에 어느 정도 효과적이다. 우리는 곧바로 아시클로버보다 약 6배 정도 강력한 제재인 발트렉스를 투여했다. 나는 예전에도 성인헤르페스 환자들에게 수년간 처방경험이 있어서 이 약이 매우 안전하다는 것을 알고 있었다.

발트렉스를 투여한 지 일주일에서 열흘 정도 후에 수지의 변화는 놀라웠다. 그녀의 눈은 빛나고 훨씬 현실감 있게 보였으며 더욱 위트가 있고 전체적으로 표현력이 좋아졌으며 친구가 생기기 시작했다. 발트렉스를 복용한지 3개월이 지나자 더욱 정상적이고, 반항하는 전형적인 십대 청소년이 됐다. 부모들은 완전히 어리둥절했고 몇 년이나 함께 지낸 가정교사들도 깜짝 놀랐다. 곧 수지는 가정교사들과 많은 시간을 보내는 것에 반항해서 그들 대부분을 돌려보냈고 그럼에도 B학점과 C 학점을 받아와 부모를 기쁘고도 놀랍게 했다.

수지는 남자아이들의 주의를 끌기 시작했고 고등학교 시절의 '떨림 과 애끓는 마음'의 드라마를 시작한 전형적인 청소년이 됐다. 여전히 학습에 어려움이 있었지만 치료 전 그녀와 알고 지낸 사람들은 다양 한 방면에서 일어난 긍정적인 변화들을 감지할 수 있었다. 수지의 부 모는 이런 변화에 대해 대단히 기뻐하고 감사했다. 어머니는 수지가 교 육심리학자의 관리가 필요한 학습장애 아동이라는 신념을 갖고 있던 의사인 수지 아버지에게 수지의 신체적 문제에 대한 '확신'을 입증하게 됐다.

수지는 몇 달동안 SSRI를 그대로 처방 받았고 18개월 동안 발트렉스 (하루 1,500mg)를 복용했다. 바이러스 수치는 계속 낮아졌고 NK수치는 올라갔다. 치료과정의 여러 시기에 그녀는 다양한 면역증강제와 천연 항바이러스제인 모노라우린을 복용했다. 비록 안정됐지만 치료에 따 른 간기능 혈액검사를 수지가 싫어했음에도 불구하고 어머니는 발트렉 스 중단을 꺼렸다. 물론 간손상은 없었다!

결국 수지가 졸업할 무렵에는 모든 약을 끊었다. 점차 좋아지면서 다량의 영양제를 먹는 것도 싫증을 냈다. 수지는 몇 시간 거리에 있는 작은 사립미술대학에 입학하기 위해 집을 떠난 이후로도 여전히 그 이 상스런 식습관을 유지하고 있지만 우리는 기꺼이 받아들이고 있다. 최 근에 수지 부모님이 전화를 했는데, 수지가 학교에서 B학점을 유지하 고 있고 믿을 만한 남자친구가 있다고 말해줬다. 식습관에 몇몇 특징 이 있긴 하지만 나는 수지가 자폐증 진단에서 자유로워졌다고 생각한다. 사실 수지의 특이한 식습관은 좋은 영양보다는 날씬함에 관심이 있는 또래 여성들과 크게 다를 바 없다.

항바이러스 치료와 중금속 해독

수지의 성공은 나를 흥분시켰고 첼시를 포함해서 모든 아이들에 대해 바이러스 검사를 권했는데, 헤르페스 바이러스 계열의 수치가 증가한 경우에는 항바이러스 치료를 시작했다. 일부 아이들이 점진적으로 좋아졌지만, 수지에게서 본 것과 같이 놀랄만한 즉각적인 성공은 나타나지 않았다. 다른 의사들이 학회나 인터넷에 항바이러스제로 크게 좋아진 아이들에 대해 언급하는 것을 보며 수지의 결과가 비정상적인 것은 아니라는 사실을 알고 안심했다. 나는 항바이러스제와 함께 글루텐/카세인/콩 제거식이, 세크레틴, 비타민, 영양제 등과 같은 다른 치료들을 하고 있었는데, 어떤 것에 의해 호전됐는지 수지의 경우만큼 명확하지 않았다.

그런데 2000년 여름과 가을에 중금속 특히 수은에 대한 해독치료로 좋아진 아이들에 대해 듣고 공부한 후, 이 치료를 이용하기 시작했는데 항바이러스제 치료반응에 비해 해독치료에 대한 반응이 더 좋았다. 중금속은 면역계 결함을 일으키고, 일부 효소계를 방해하며, 진균과 세균, 일부 바이러스를 증식시켜 위장관에 단단히 부착하게 한다. 이런 요소들은 식품과민을 일으키고, 위장관을 통한 영양소 이동을 차단하며, 만성적으로 뇌에 영양이 결핍되게 한다. 영양소 이용이 불충분하면 면역력을 떨어뜨리고 기회감염(면역력이 약화되었을 때 체내에 상주하던 균에 의한 감염-옮긴이)의 치유를 어렵게 하는데, 이는 ASD아동에게 매우 흔하다. 나는 많은 ASD아동들이 위장관 병변, 영양부족, 면역력 약화의 악순환에 빠져있다는 사실을 알게 됐고, 이 모든 상황에 대한 치료가 필요했다.

해독기능결함과 이에 따르는 독성금속 축적은 면역, 자가면역, 바이러스 등에 비해 이해하고 치료하기 쉬운 것으로 보였다. 몸 밖으로 독성금속을 배출함으로써 병행하는 다른 치료들이 좀 더 효과적일 수 있다는 사실은 나를 비롯하여 다른 의사들에게 논리적으로 여겨졌다. 항바이러스제가 세균이나 진균 증식에 영향을 주지 않는다는 점을 생각하면, 킬레이션은 만성 위장관 병변이 있는 경우에 훨씬 더 중요한 치료이다.

어떤 아이들은 진균이 계속 재발하며 우리가 뭘 하든지 위장관의 문제가 그대로 남아있다. 실험실 검사와 초기 킬레이션 치료에 의해 중금속 중독이 의심될 때, 위장관을 치료하고 영양상태를 최적화하며 중금속을 제거해주면 바이러스나 다른 병원체를 물리칠 수 있을 정도로 아이의 면역상태를 충분히 끌어올릴 수 있다.

계속 강조하는 것이지만 킬레이션은 위장관 치유가 충분히 이뤄진 다음에 해야 하는데 그렇지 않으면 효과가 없거나 위장관 상태가 더 나빠질 수 있다. 위장관 치유와 영양회복이 이뤄진 후, 만약 진단에서 중금속 중독이 나타나지 않거나 킬레이션에 효과를 보이다가 완전히 치유되기 전 특별한 이유없이 상태가 정체되면 비정형적인 병원체가 존재하는지를 확인하기 위해 특이적인 면역계 및 바이러스 검사를 진행하고 그 결과에 따라 치료해야 한다.

면역계를 강화시키는 치료

면역계는 위장관과 직접적으로 연관되어 있다. 방어기전과 더불어 위장관과 연관된 림프조직은 음식 항원에 대한 체계적인 면역반응을 차단하고 자기조직에 대한 내성을 유지하는 데 중요한 역할을 한다. 위장관은 신체의 다른 어느 곳보다 많은 면역글로불린이 합성되어 분비되는 곳이다. 위장관의 면역글로불린은 자가면역에 대항하고 자가면역질환의 발생을 억제한다. 위장관 손상이나 면역기능 결함은 밀접하게 연관되기 때문에 과연 어떤 것이 아이들에게서 병변을 유발했는지 알 수는 없다.

그동안 ASD아동들의 약화된 면역계를 증강하는 방법들에 대한 몇몇 연구들이 있었다. 특히 몸에서 과민반응을 일으키는 음식을 제거하는 것이 가장 중요하며, 다음으로 결핍된 필수영양소를 공급해야 한다. 면역기능 결함에 따르는 질병들을 치료하기 위해서 항진균제, 항생제, 항바이러스제를 이용할 수도 있다. 또 면역계 자체를 튼튼하게 하는 물질을 사용할 수도 있을 것이다. 어떤 복합제들은 면역계 기능을 촉진하는 데 도움이 된다.

'신경면역결함 증후군'의 설립자이자 책임자인 마이클 골드버그는 연구소 목표가 '후천성 자폐증'에 대한 면역조절치료를 발전시키는 것이라고 밝힌다. 그는 면역조절장애나 바이러스가 다양한 ASD증상의 원인과 관련이 있다고 생각한다. 골드버그는 환자들에게 항바이러스제, 항진균제, 항우울제 등을 처방하는 것으로 잘 알려져 있다. 지금은 쓰지 않지만, 쿠타프레신으로 불리는 돼지간 추출물을 처방하기도 했는데, 이 물질은 인간헤르페스 바이러스를 억제하고 염증을 줄이는 것으로 알려져서 이전에 대상포진 치료제로 이용되기도 했다. 이것은 상당기간 근육주사가 필요했는데 자폐증 인터넷 후원단체에 속한 의뢰인들이 다양한 치료효과를 보고했다.

내가 알기로는 아직까지 면역조절제의 범주에 속한 처방약은 없으며, 쿠타프레신과 면역글로불린 정맥주사IVIG이외에 특별히 그와 같은 목적으로 이용된 약도 없는 것으로 알고 있다. 신경면역조절제들에는 다음과 같은 것들이 있다.

a. 낙엽송 아라비노갈락탄은 낙엽송에서 얻어지는 다당류로서 몇 가지 면역학적 작용을 지닌다. 낙엽송은 맛이 거의 없고 수용성 분말로서 아이들이 먹기 쉽다. 이것은 몇가지 감염을 치료하는 데 매우 효과적이다.

b. 모듀케어는 쏜연구소의 제품으로 아프리카 감자에서 추출한 식물성 지방이며 면역조절기능이 있는 것으로 생각된다. 이것은 자연살해세포와 T도움세포를 강하게 하면서도 과도한 항체반응은 완화시키는 것으로 여겨진다. 내 임상경험으로 볼 때, 이 물질은 아주 강력한 면역증강제인 것 같다. 이것은 최대효과를 위해 공복에 복용해야 하는 불편함이 있다.

c. 이노시톨 헥사포스페이트는 자연살해세포의 기능을 증가시키고 독소로부터 세포를 보호하는 것으로 알려져 왔다. 이 물질은 인 화합물로서 특히 씨앗, 콩, 곡물에 풍부하다.

d. DMG는 많은 연구에서 자연살해세포를 촉진하는 것으로 나타났으며 독성이 없고 천연의 단맛이다.

e. L글루타민은 혈액 중에 가장 풍부한 아미노산으로 '조건부 필수

아미노산'으로 여겨지고 있다. 위장관은 글루타민을 가장 많이 이용하는 곳으로, 위장관을 따라 섬유아세포, 림프구, 대식세포 등의 면역세포들이 많이 상주한다. 이 면역세포들이 글루타민을 얼마나 잘 이용하는가에 따라 면역기능이 변화된다. 위장관 문제가 있는 ASD아동들은 검사에서 글루타민수치가 낮게 나타났다. 나는 하루 1,000~4,000mg을 추천하는데 일반적으로 독성이 없고 위장관 기능에 도움을 준다.

f. 버섯화합물은 프로테오글라이칸과 알파 및 베타 글루칸을 포함하는 다당류를 함유하고 있다. 이 물질은 강력한 면역증강제로서 종양괴사인자-알파를 증가시키고, 대식세포활동을 자극하며, NK세포수와 활동을 증진하고, 인터류킨1, 인터류킨2, B림프구 활성을 자극하는 것으로 알려져 있다.

g. 로리시딘은 코코넛과 모유에서 발견되는 물질로 존 카바라에 의해 연구되어 왔는데 몇 가지 바이러스 질환에 효과를 보인다. 이 영양소는 두 가지 형태로 존재한다. 모노로린 캡슐은 300mg을 함유하고 있고, 로리시딘은 8온즈 병에 작은 알갱이로 담겨있다. 정제되고 매우 농축되어 있어 헤르페스 질환의 발병을 예방하는데 특히 효과가 있다. 이 알갱이는 맛이 매우 좋지 않아 설령 효과가 있을 것 같은 아이들이라도 삼키게 하는 것이 어려워서 투여할 수 없었다. 복용한 아이들은 큰 도움을 받았는데, 특히 입술이나 얼굴에 재발성 헤르페스 병변이 있는 아이들에게서 효과가 좋았다. 어떤 아이는 로리시딘 한 숟갈 정도의 용량에 해당하는 모노로린 7캡슐을 먹어야 했는데 캡슐을 삼키든지 아니면 맛을 좋게 하기 위해 어떤 시럽에 타 먹이든지 기겁을 했다.

나는 로리시딘이 안전하고 효과적인 천연 항바이러스제이며, 단순헤르페스1형과 2형, 수두대상포진 바이러스에 효과가 있다고 생각한다.

로즈마리 워링 박사는 황 대사경로의 권위자이며, 수잔 오웬은 황에 대해 연구해 온 자폐증 부모연구자의 한 사람이다. 최근 인터넷 생의학 치료 블로그에 오른 부모들의 글에서 모노로린이 장기능에 도움을 줬다는 내용이 있었다. 이에 대해 오웬은 장기능에 효과를 주는 지방산에 대한 워링 박사의 연구에서 로린산이 ASD아동들에게 부족한 장기능 조절의 주요 효소를 증가시킨다고 보고했다. 워링 박사의 작업에서 황 전달계는 인체의 주요 해독수단의 하나인데, 많은 ASD아동들이 황결핍을 보인다. 나는 카바라가 그런 유용한 물질을 좀 먹기 쉽게 만들어내도록 격려하는 중이다.

h. 에피코epicor는 새로운 면역증강제/조절제로서 진균의 대사물질이며 분비성 IgA를 증가시키는 것으로 알려져 있다.

i. 면역증강제로서 가장 좋은 것은 바로 신선한 과일과 채소이다. 그러나 많은 아이들은 먹으려 하지 않는다! 유가공 단백질(카세인이 있는지 주의가 필요하다), 에키네이셔, 딱총나무추출물, 게르마늄, 코엔자임Q10, 마늘, N-아세틸시스테인, 자운영 뿌리, 감초, 올리브잎 추출물, 포도씨 추출물, 알파리포산ALA, 그 외 여기에서 언급한 많은 것들이 있다. 부모들은 이런 비처방 영양제에 대해서도 공부해야 하고 용량과 부작용에 대한 경고에 주의를 기울여야 한다.

면역조절제로서의 유산균

면역계 조절을 포함하여 유산균이 건강에 중요한 역할을 한다는 과학적인 증거들이 늘어나고 있다. 유산균은 세포매개성 및 체액성 면역세포에서 작용하는 것으로 알려지고 있다. 면역계에 직접 작용하여, 염증유발성 시토카인을 하향조절하고 항염증성 시토카인을 상향조절하는 것과 같이 면역방어기전을 돕는다. 유산균은 국소적인 내인성 균주를 조절하고, 분비성 IgA 생산을 증가시키고, 위장관의 면역학적 장벽에 긍정적인 영향을 미친다.[15] 클레어랩의 새로운 Ther-Biotic[16]계열은 그들의 특허기술인 InTactic을 이용하여 다른 유산균 제제들보다 더 높은 기능적 특성을 함유하는데, 나는 고강도의 위장관 요법이 필요한 아이들에게 이용하고 있다.

경구 유산균 제제는 심한 염증성 장관에 중요하며 일반적으로 해로운 염증성 반응을 일으키지는 않는다. 고강도의 복합 유산균 제제는 안전할 뿐만 아니라 자폐증과 연관된 위장관 질환에서 효과가 있는 것으로 보인다. 면역계에 특히 중요하다고 알려진 영양소들로는 미네랄인 아연과 셀레늄, 항산화제인 비타민A, C, D, E, 아미노산과 지방의 균형 복합체가 있다.

글루타치온GSH

글루타치온은 삼중 펩티드로서 지방에서 합성되고 저장되며, 아미노산인 글리신, 글루탐산, 시스테인으로부터 합성된다. 이 물질은 자유라디칼의 합성과 세포손상을 억제하는 강력한 항산화제로 작용하여 중금속과 같은 독성물질로부터 몸을 보호한다. L글루타치온으로 불리는 환원형은 가장 활성화된 형태이며 ASD아동에게 추천된다. 이 물질은 킬레이션 동안에 특히 중요하지만, 일부 아이들은 글루타치온 투여에 민감한 반응을 보이기 때문에 어떤 의사들은 킬레이션을 하는 날에는 글루타치온을 빼라고 말한다.

정맥주사용 글루타치온은 일부 의사들에게 큰 도움을 주고 있다. 경구 글루타치온은 일반적으로 잘 흡수되지 않기 때문에 경피제들이 생산되고 있는데, 이는 이 필수영양소를 공급하는 데 좀 더 효과적인 방법이다. 바이러스 감염, 중금속을 포함한 환경독소, 염증, 글루타치온의 전구체와 효소 보조인자의 식이결핍에 따른 산화스트레스를 예방하기 위해, 충분한 글루타치온이 생산되도록 식사나 보충제를 통해 아미노산 전구체를 섭취하는 것이 중요하다.

면역글로불린 정맥주사

면역글로불린은 B림프구에서 만들어지며 체액성 면역계에 작용하는 주요 분자이다. 일반적으로 면역글로불린 분자는 특이 항원과 반응하는 항체들이다. 면역글로불린 정맥주사치료는 시토카인을 억제하고 자가항체를 제거하는 작용이 있는 것으로 생각되며 문헌들에 따르면 항바이러스 효과도 있는 것으로 보인다. 글로불린주사제는 식품의약국 승인을 받은 약물로 일차성 면역결핍증후군의 치료에 이용되며 16,000명 이상의 공여자로부터 얻은 인간혈장으로 만들어진다. 이 제품은 주로 IgG로 구성되며, 약간의 IgA와 미량의 IgM을 함유하고 있다.

환자검사에서 면역글로불린 결핍과 함께 재발성 감염, 총IgG결핍, 지속적인 발작이나 다른 신경학적 소견이 있는 경우 값비싼 이 약에 대해 보험처리를 해준다. 몇몇 연구자들에 의해 자폐증의 한 형태로 생각되는 자가면역성 뇌병증은 아직까지 보험처리가 되지 않는다. 대부분 보험회사들은 검사에서 증명된 면역질환과 잘 치료되지 않는 발작에만 보험처리를 해주고 있다. 아이들에게 안전하게 이용할 수 있는 항홍역제로는 감마글로불린과 비타민A 이외에는 없다.

고용량 비타민A 요법

과거에 MMR 백신접종을 받았거나, 특히 MMR접종 후에 퇴행을 보인 아이들에서 다음 다섯 항목 중 세 가지가 충족되는 경우 6개월에 1회 복용하는 비타민A가 안전하게 이용될 수 있다.

   a. MMR접종 후 퇴행

   b. 치료에 반응하지 않는 지속적인 위장관 문제와 통증

   c. IgG 풍진 항체의 증가

   d. 항수초염기성단백anti-MBP항체와 항핵인자anti-NF항체의 상승

   e. 내시경에서 회장의 과증식이나 PCR검사에 양성인 경우

아이의 체중에 따라 200,000~400,000IU를 이틀 동안 아침에 혀 밑에 떨어뜨리며 같은 용법을 6개월 후에 반복한다. 아이의 체중에 따라 매일 10,000~25,000IU의 용량을 투여한다.

8장 면역, 자가면역질환, 바이러스

면역증강 약물처방

대중적으로 꽤 알려진 두 가지 기대되는 면역증강약물에 악토스와 저용량 날트렉손LDN이 있다. 마빈 보리스 연구진이 면역과 염증반응에 대한 악토스의 작용에 대해 연구 중에 있다. LDN은 아편 길항약물(어떤 물질이나 약물의 작용을 약화시키는 물질-옮긴이)로서 면역계를 조절하고 기분을 조절하는 데 이용되고 있다.

항바이러스 처방약

어린 아이들은 아시클로버를 이용하고, 5세 이상이거나 체중이 18kg 이상인 아이들은 아시클로버보다 생물학적 활성이 6배 정도 강한 발트렉스를 이용한다. 대부분 아이에게 아시클로버는 안전하며 단순헤르페스 바이러스1형과 2형, 수두대상포진 바이러스의 거의 모든 균주들에 효과적이고, 몇 종의 엡스타인바 바이러스와 인간헤르페스 바이러스-6형에 대해서는 다양한 수준의 효과를 보인다. 거대세포바이러스에는 효과가 없다.

아시클로버를 복용하는 아이들의 약 30%가 효과를 보인다. 아시클로버나 발트렉스가 효과가 없는 경우에는 팜비르가 이용될 수 있는데, 이 약제는 아시클로버와 같은 방식으로 효과를 나타낸다. 가끔씩 항바이러스제를 바꿔가면서 투약하는 것이 효과를 유지하는 데 도움을 주는 것 같다. 이 약제들은 간에 부담을 주기 때문에 혈액검사를 통해 안전여부를 확인하는 것이 필수적이다. 대체로 나는 이 검사를 치료 후 1개월 정도 후에 하고, 이후 임상적으로 문제가 되는 경우가 아니면 2~3개월 간격으로 검사한다.

사례2: 이던 이야기

스탠 커츠는 캘리포니아주 반누이스에 어린이코너학교Children's Corner School를 세웠는데 이전에는 전형적인 기계장비회사 임원이었다. 이 학교는 자폐증이나 ADHD를 포함해서 특별한 도움이 필요한 아이들을 가진 가족을 돕는다. 이 학교에서 이용하는 식이요법, 영양요법의 원칙들은 자폐증을 가진 커츠의 아들을 회복시키는 데 도움을 줬던 방법에 기초하고 있다.

2005년, DAN! 회의에서 커츠는 아들인 이던의 진단 전후 장면을 비디오로 보여줬다. 커츠는 이던의 성공이 식이제한(탄수화물 제한식)과 9개월 이상 복용한 발트렉스와 디플루칸 때문이라고 했다. 순차적으로 기록된 이 놀라운 비디오를 통해 부모들에게 항바이러스제를 이용한 치료에 대한 관심을 불러 일으켰다. 특히 이 회의에 처음 참석한 부모들에게는 더욱 관심의 대상이 됐다.

사실 이던은 바이러스 검사에서 양성을 보이지 않았다. 바이러스 검사를 받지는 않았지만, 커츠는 관찰과 문헌연구를 통해 아들이 바이러스와 곰팡이에 의해 영향을 받고 있다고 직감했다. 그는 검사 없이도 발트렉스와 디플루칸을 처방해줄 의사를 찾아다녔다. 나를 포함한 대부분 의사들과 부모들은 처방전을 받기 전에 면역계와 바이러스 검사를 하고자 했다. 그러나 커츠의 성공은 이 요법을 해보고는 싶지만

231

혈액검사를 피하고 싶거나, 비싼 검사의 여력이 없는 부모들이 그의 프로토콜을 시도해 보도록 이끌었다.

발트렉스는 매우 안전한 약으로 알려져 있기 때문에 오래지 않아 많은 가족들이 항바이러스 치료를 시작했다. 발트렉스를 구하지 못한 사람들은 천연 항바이러스 제재를 이용했다. 예를 들면 올리브잎 추출물과 비라스탑이라 불리는 단백분해효소 억제제가 혼합된 약제는 가끔 발트렉스를 복용하는 것과 같은 효과를 보였다. 커츠는 곰팡이 문제가 없었던 아이들도 두 가지 유형의 항바이러스제를 쓰면서 곰팡이가 증식했다는 보고가 있었다고 말했다. 이런 점은 항바이러스제와 항진균제를 동시에 사용하는 병합요법을 하도록 유도했는데, 항바이러스제 단독요법보다는 좋은 효과를 내는 것 같았다. 또한 커츠가 운영하는 인터넷 모임에 글을 올리는 부모들의 반 이상이 발트렉스 복용 후 발진을 보였다는 보고했다. 어떤 가족들은 이런 병합요법으로 아이들의 몸에서 상당량의 중금속이 배출됐다는 보고도 했다. 커츠는 이런 보고를 통해 항바이러스제가 중금속 배출을 도왔고 이 때문에 '수은 발진'이 발생했다고 생각했다. 어떤 가족들은 중금속 해독치료와 항바이러스요법을 동시에 진행했을 때 해독치료를 단독으로 했을 때보다 중금속 배출이 더 잘되는 것처럼 보이는 검사결과를 알리기도 했다.

아데노신 대사에 관한 시드 베이커의 연구는 아시클로버가 ASD아동들에서 아데노신 수치를 변화시키는 것을 보여줬다. 베이커는 아데노신 수치가 높은 경우는 낮춰주고 낮은 경우는 높여준다고 했다. 비정상적인 아데노신 수치는 메틸레이션을 손상시켜 헤모시스테인을 축적시키고 결국 메틸레이션을 억제하는 S-아데노실 호모시스테인SAH도 증가시킨다. 커츠는 그 반대의 경우도 가능하다고 생각했는데, 즉

활동성 바이러스가 수은 배출을 억제할 수 있다는 것이었다. 다른 많은 견해와 마찬가지로 이런 견해를 뒷받침할 만한 연구들이 필요하다.

특별한 방법으로 아들 이던이 호전된 것에 대한 관찰과 기록, 그 경험을 사회적 관심으로 이끌어낸 노력으로 그는 일주일 내내 특별한 관심이 필요한 아이들을 돌본다. 동시에 다른 부모들뿐만 아니라 의료전문가들에게도 도움을 줌으로써 ASD의 치료를 확장시킨 특별한 부모 중 한 명이 됐다. 커츠의 프로토콜과 좋아진 아이들의 비디오에 많은 관심을 갖는 부모들과 전문가들은 www.recoveryvideos.com을 방문하면 볼 수 있다.

항바이러스 치료 요약

앤드류 웨이크필드는 일부 ASD아동에게 홍역 위장관염이 발생한다는 사실을 알렸는데, 접종에 이용된 홍역 바이러스와 위장관 질환과의 관련성이 서로 다른 저명한 위장관 전문가들에 의해 증명되고 있다. 홍역 위장관염에 대해서는 항염제의 사용과 홍역에 대해 면역방어기능을 제공하는 것으로 보이는 비타민A 치료와 같은 보완요법 이외에는 치료법이 없는 상태이다. 고용량(200,000IU)의 비타민A를 경구로 복용하는 것에 대한 몇 가지 연구를 분석해 보면 홍역의 심각한 문제들인 폐렴의 장기화, 발열, 설사 등이 현저하게 줄어드는 것으로 나타난다. 비타민A 치료를 받지 않은 대조군에 비해 비타민A 치료를 받은 아이들의 면역반응이 호전되었는데, 림프구의 수가 증가하고 홍역에 대한 IgG항체가 크게 증가한 것으로 증명됐다.

위장관 홍역에 대한 보완요법에는 거대분자에 의한 염증반응을 줄이기 위한 식이제한과 소화흡수를 돕기 위한 효소제를 이용하는 것이 있다. 양질의 식이영양공급, 메틸레이션, 중금속해독, 영양제, 위장관 치유, 간보호와 같이 아이들의 전반적인 면역상태를 돕기 위한 치료들은 아이들이 호전되고 정상적으로 성장하도록 돕는다. 어떤 부모들은 고용량 비타민A 요법이 위장관 문제와 옆으로 힐끗 쳐다보는 것과 같은 시각문제를 해결하는 데 도움을 줬다고 말한다.

바이러스 잠복감염은 휴면상태로 몇 년동안 지속될 수 있고, 시간이 지남에 따라 활성화될 수 있다. 면역결핍이 있는 다른 사람뿐만 아니라 일부 ASD아동들은 질병발생과 연관된 만성적이고 경미한 바이러스 감염을 보인다. 이런 아이들은 겉보기에 건강할 정도의 충분한 면역상태를 보이지만 숨겨진 면역결핍 때문에 모호한 만성 감염을 겪는다. 아이들의 전반적인 면역상태를 증가시키기 위해 면역글로불린을 근육이나 정맥으로 주사하기도 한다. 현재 연구 중인 처방들에는 당뇨병 전기 환자들에게 이용되는 악토스가 있는데, 항염효과가 있고 자가면역질환에서 특징적으로 보이는 T2(체액성)면역을 T1(세포성)면역으로 전환시켜 ASD아동들에게 도움을 준다.

몇몇 연구들에 따르면 저용량 날트렉손 역시 T2에서 T1으로 전환을 유도하는 것으로 나타난다. 또한 아편계 물질들이 선천성 및 후천성 면역세포, NK세포, 대식세포, 미성숙 흉선세포, T세포, B세포 모두를 변화시키는 것으로 보인다. 베타엔도르핀을 증가시키는 것으로 알려진 매우 낮은 용량의 날트렉손이 실제적으로 면역계에 작용하는지, 면역검사상의 변화를 일으키는지에 대한 연구는 진행 중이다.

바이러스 문제에 이용되는 특정 처방들은 바이러스를 사멸시키는 것은 아니고 억제하는 것인데, 몇 가지 강력한 처방들은 매우 심각한 바이러스 질환 환자들을 대상으로 병원에서 이용된다. 검사에서 바이러스 수치가 상승한 경우, 일차적으로 어린 아이들에게 처방하는 아시클로버와 큰 아이들에게 처방하는 발트렉스가 있다. 검사가 비싸 이용하기 힘들지만 임상적인 증거(반복되는 감염, 감기, 사마귀 등)가 바이러스 감염을 나타내거나 일반치료에 반응을 보이지 않는 경우 나는 그 약제들을 이용한다.

아이의 호전이 정체되는 경우 발트렉스와 팜시클로버를 교대로 이용할 수 있는데, 두 약제는 동등한 효과를 보이지만 호전을 보이다가 얼마 후 정체되는 경우, 약제를 바꾸면 다시 효과를 보이는 경우가 있다. 면역증강 영양제로는 오메가3 지방산, 글루타치온, 메틸코발라민/엽산, 유산균, 비타민A, C, D, E, 코엔자임Q10, 아연, 셀레늄이 있다.

다양한 천연 항바이러스제들도 있다. 로리시딘[17]은 수년동안 연구되어 왔는데 외피가 있는 바이러스에 효과가 있다. 나는 수년에 걸쳐 수백 명의 아이들에게 이 영양소를 이용해 큰 효과를 보았다. 입술에 헤르페스가 있는 아이들은 흔히 로리시딘으로 감염이 중지된다. 항바이러스효과가 있는 것으로 연구가 잘 이뤄진 영양소들로는 마늘[18], 올리브잎 추출물[19], 글루타민[20], 유산균, 검정 딱총나무 추출물[21], 오레가노오일[22], 이노시톨 헥사포스페이트[23], 포도껍질추출물[24], 녹차[25] 등이 있다. 부모들은 현명하게도 이들 영양소를 혼합하거나 교대로 이용할 때 아이들에게 도움을 줄 수 있다는 사실을 알고 있다.

생활습관은 바이러스 분야에서 매우 중요하다. 피로, 좋지 못한 식사, 장기적인 정서적 육체적 스트레스, 사회적 고립은 바이러스 감염의 위험성을 증가시킨다. 흡연과 다량의 당분을 섭취하는 것과 같이 면역

235

계를 약화시키는 활동들도 바이러스 감염을 증가시킨다.

의사들은 치료 우선순위에 다양한 입장을 취한다. 나를 포함하여 DAN!의 많은 의사들은 일반적으로 중금속 부담을 줄이는 것을 우선적으로 여기고 있다. 특히 수은과 같은 중금속이 면역계에 작용하여 발생하는 결함들은 바이러스 침투의 가능성을 높인다. 식이조절, 항진균제, 발트렉스로 좋아진 아이의 동영상이 발표된 후 발트렉스 사용이 최근 크게 증가됐다고 한다. 이들 중 많은 아이들이 어떤 면역계 검사도 받지 않았다. 발트렉스 복용을 시작한 대부분 아이들은 이미 해독치료를 받고 있거나 한 가지 이상의 해독치료과정을 마쳤던 경우였다.

그래서 중금속 해독치료 없이도 3가지 치료법(탄수화물 제한식이, 디플루칸, 발트렉스)이 어느 정도 효과를 보일 것인가에 대한 판단은 아직 내릴 수 없다. 다른 치료와 마찬가지로 이 치료 또한 독자적인 효과에 대한 연구가 필요하다. 자폐증과 같은 복잡한 질환에서 바이러스에 대해 모르는 것이 너무 많다. 면역계의 건강은 ASD치료에서 매우 중요한 위치를 차지한다. 면역과 자가면역은 위장관 상태, 감염병과 그 밖의 바이러스 병리와 밀접하게 연결되어 있다. 궁극적으로 ASD치료는 강하고, 자기조절능력이 있으며, 감염에 저항하고, 병원체를 억제하는 면역계를 갖추도록 돕는 데 있다. 면역계가 건강하게 회복된다면 아마도 많은 ASD아동들이 더 좋아질 것이다.

자폐증에 대한 고압산소치료

* 이 장은 의사인 제임스 뉴브랜더가 쓴 것의 요약이다. 전문은 www.drneubrander.com에서 볼 수 있다.

전통적인 고압산소치료는 압력실에서 100% 이상의 산소를 1기압 이상 으로 흡입한다. 현재는 압력실에서 1기압 이상에서 다양한 산소분압 으로 치료를 받는다. 경실hard chamber에서 100% 산소로 1.5기압 이하 로 치료 받으면 효과가 없으며, 연실soft chamber에서 저압력과 낮은 산 소 농도로 치료하면 돈만 버린다는 이야기가 있지만 사실이 아니다. 수년간의 임상경험은 통념은 통념일 뿐이라는 사실을 보여줬다.

　높은 압력과 낮은 압력 모두에서 효과적일 수 있다. 아이에게 어떤 치료를 선택할 것인가 하는 문제는 다양한 요소들에 따라 달라진다. 어떤 경우는 현실적인 이유로 또 어떤 경우는 의학적인 이유로 달라진 다. 현실적 요소들에는 경제상황, 병원에서 제공하는 치료의 종류, 치 료비, 치료에 걸리는 시간과 병원까지의 거리와 같은 편의성, 주당 치 료 횟수, 장기간 치료를 지속할 수 있는 능력 등이 있다. 의학적 요소

9장 자폐증에 대한 고압산소치료

들에는 아이가 가지고 있는 주요 질병과 부차적 질병(예, 자폐증과 뇌성마비를 함께 가지고 있는 경우), 관심의 대상이 되는 질병 기전(예, 염증성, 혈관성 등), 의학적 상황의 심각성 정도 등이 있다. 현실적인 요소와 의학적인 요소들 모두 검토해야 하지만 이것들은 개개인에 맞게 검토해야지, 일반론적으로 접근하지 않는 것이 좋다.

고압산소치료의 효과

자폐증에서 흔히 보이는 어떤 증상이라도 고압산소치료로 도움을 받을 가능성이 높다. 어떤 효과들은 다른 효과들에 비해 더 흔하게 나타나고, 효과가 나타나면 반응 정도는 더 크게 나타난다. 예를 들어 부모들이 가장 기대하는 효과는 언어가 호전되는 것이다. 내 클리닉에서 언어호전은 가장 흔히 보이는 효과 중 하나다. 부모들은 아이들이 다양한 수식어를 이용해 대화체로 말하고 좀 더 완전하고 복잡한 구문을 이용한다고 말한다. 또한 적절한 시점에 자발적인 대화를 시작한다고 말한다. 전에 비해 어휘가 더 완벽해지고, 질문을 하고, 다른 사람의 반응을 기다리고, 그들이 말한 것에 대해 적절히 반응한다고 한다. 고압산소치료로 치료한 후 언어기능에 호전을 보인 많은 아이들의 사례가 있다.

비타민B12, 위장관 치료와 같은 다른 주요 치료와 같이 했을 때 좀 더 좋아진다. 6세 이하뿐 아니라 모든 연령군에서 믿을 수 없는 결과를 목격하곤 한다. 2005년 가을, 가끔 두세 단어만 말하는 11세 소년이 클리닉에 왔다. 30일 정도 머무르는 동안 그 아이는 수식어를 포함해서 6~9 단어를 말할 수 있게 됐다. 어떤 젊은 남자는 기능적인 언어를 제대로 구사하지 못하는 문제로 우리 병원을 찾았다. 반복치료 후 그는 5분 이상 대화할 수 있게 됐다. 심한 자폐증으로 진단 받은 4세 소년은 몇 마디 소리 외에 거의 말을 못했는데, 10개월간의 치료 후 언어를 완전히 습득했고 공식적인 진단에서 벗어났다. 다행히 이런 사례들은 특별한 이야기가 아니다. 고압산소치료는 특히 비타민B12에 선행되는 경우 자발언어와 대화언어를 회복시키는 데 있어서 좋은 결과를 보이는 치료에 해당된다.

흔히 보고되는 다른 효과들에는 실행기능이 일어나는 전두엽 내의 반응들이 있다. 치료 받은 대부분 아이들에게 인지기능의 호전이 관찰됐다. 아이들은 좀 더 현실감 있게 보였는데, 그들이 알고 있는 상황에 적극적으로 참여하는 모습을 보여줬다. 매일 일어나는 상황에 더 잘 적응할 수 있게 됐고, 주변에서 무슨 일이 일어나는지, 어떻게 계획을 세울지 이해할 수 있게 됐다.

인지능력향상으로 좌절감과 두려움을 덜 느끼고, 덜 경직되며, 수용적이고 느긋해지면서 이전에 자신들을 괴롭혔던 세상의 변화들에 대해 더욱 내성을 지니게 됐다. 이제는 그들을 혼란스럽게 하는 일이 일어나도 치료 전과는 달리 빨리 대처하고 일찍 회복할 수 있게 됐다. 다른 변화로는 눈맞춤이 좋아진 것이다. 남이 부르거나 말할 때 더 잘 알게 됐다. 예전에 힐끗 쳐다보는 것 대신에 부모들의 눈을 바로 쳐다보고 꽤 오랫동안 눈맞춤을 유지한다. 무엇을, 언제, 어떻게 해야 하는지도 더 잘 알게 됐다. 한곳에 앉아서 꽤 오랫동안 손을 이용해 작업을 마무리할 수 있게 됐다.

부모들은 아이들이 원인과 결과를 이해하는 수준이 향상되고 새로운 개념을 이해할 수 있으며 적절히 행동할 수 있게 됐다고 자주 보고한다. 예를 들어 예전에는 높은 곳에서 떨어지면 다칠 수 있다는 사실을 몰랐던 아이가, 엄마가 선반가장자리에 있는 것을 보고 "엄마, 조심해요. 떨어져요"라고 말했다고 한다. 좀 더 복잡한 내용에 대한 인지능력도 좋아지고, 일관성이 있게 됐으며, 예전보다 짧은 시간에 정확하게 나이에 맞는 문제해결능력을 보여준다고 보고한다. 또한 이해력이 좋아지고, 복잡한 생각과 개념을 이해할 수 있으며, 이해속도가 빨라져, 예전 같이 부모나 선생님이 반복해서 가르칠 필요가 없게 됐다고 한다. 아이들은 더욱 호기심이 많아져서 이것저것을 질문한다고 한다. 그들은 마치 세상을 처음 보는 것처럼 행동하며, 예전과는 달리 새로운 것에 대한 호기심으로 새로운 것들을 탐구한다.

사회화와 정서영역에서의 변화 또한 흔히 볼 수 있는 변화이다. 부모들은 아이가 이전과는 달리 또래아이들이나 어른들과 자발적으로 어울리기 시작한다고 말한다. 처음으로 주변사람들에게 자신의 요구를 알리고, 적극적으로 반응해주기를 기대한다. 아이들은 흔히 주변에 관심을 가지게 된다. 처음으로 부모를 주의 깊게 쳐다보고, 그들이 하는 것을 배우고, 나중에는 동작을 흉내내기 시작한다. 아이들은 결국 표정과 몸짓, 다른 사람의 감정을 이해하기 시작한다. 많은 부모들은 아이가 감정적인 상황에서 적절하게 반응하는 것을 보고 놀란다. 예를 들어 엄마가 슬퍼할 때 "엄마 울지 마세요"라고 말하거나, 아빠가 이웃과 다투면서 화났을 때 손을 잡아끌며 "참으세요. 집으로 가요"라고 말하는 것이다.

놀랄 만한 다른 두 가지 효과가 보고됐다. 하나는 식욕이 갑자기 증가하여 새로운 음식을 먹으려고 한다는 것이다. 많은 부모들이 2년 사이에 처음으로 아이의 체중이 늘었다고 말한다. 부모들이 가장 흔히 경험하는 다른 효과는 장기능이 굉장히 좋아진다는 것이다. 으깬 감자와 같은 형태 없는 변을 보고, 주요 위장관 약물을 복용해온 아이들이 고압산소치료를 시작하자, 태어나서 처음으로 대변형태가 좋아지는 경우도 적지 않다. 차료하기 전에는 변기사용 훈련 때문에 수년 동안 씨름해야 했던 것이 주말 동안 해결된 사례도 있다. 부모들은 어떻게 그런 짧은 시간 동안 큰 호전이 있었는지 궁금해하며 이렇게 묻곤 한다.

"경실과 연실 중 어떤 것이 더 좋습니까? 둘 중 어떤 것이 좋나요?"

나는 경실과 연실 모두에서 동일한 효과를 보이며, 효과 정도는 산소, 압력, 시간, 세포생산 단위들과 연관되어 있다고 대답한다. 그렇지만 경험상 운동기능을 고려하면 경실치료가 더 낫고, 대근육, 소근육, 근육긴장도, 실행증 등도 경실치료에서 효과가 좀 더 빨리 나타난다.

고압산소치료의 부작용

고압산소치료가 모두 완전한 것은 아니다. 고압산소치료 문헌에 따르면 가장 흔한 부작용은 기압장애(2%), 부비동 압축(압력 변화에 따른 부비동 통증), 장액성 중이염(고막자극에 의한 비세균성 액상 귀염증), 폐소공포증, 가역성 근시, 발작이 있다. 내 병원에서도 부작용은 있다. 그것들은 대부분 긍정적인 부작용들이며, 견딜 수 없는 것들은 아니다. 부정적이지만 견딜 수 있는 부작용 중 가장 흔한 것으로는 과잉행동이 있는데, 일부 의사들은 이것을 긍정적인 부작용으로 보기도 한다.

로시놀의 연구에 따르면 과잉행동은 흔히 치료 후 15시간에서 20시간 이내에 점차 감소한다. 증가된 자기자극은 꽤 흔한 부작용이지만 견딜 수 있는 것에 속한다. 부모들이 접하는 행동문제들은 긍정적인 부작용으로서 치료가 진행되고 있다는 것을 의미하며, 부정적인 방식으로 그 효과가 나타난다고 볼 수 있다.

아이들은 흔히 좌절감을 느끼고, 더 공격적이 되고, 수용적이지 못하고, 더 짜증을 내며, 비협조적이고, 지시나 명령에 잘 따르지 않고, 과민해지며, 기분 변동이 많아지고, 적응력이 떨어지게 된다. 이런 기대하지 않았던 반응들이 나타나는 흔한 이유는 아이들의 뇌가 좋아져서 더 많이 인식하기 때문이다. 아이들은 좀 더 자기 주장을 지니며, 자기 믿음을 가지게 되며, 독립적이 되고, 자신만의 견해를 지니며, 상황을 스스로 조절하기를 기대하는 것이다. 부모들이 아이로 인해 어려움이나 부담을 겪지 않는다면, 위에서 언급한 좋은 면들을 보는 것이 좋다.

아이들에게 뭔가 요구하고 부담을 주면, 아이들은 부정적이고 불편한 방식으로 반응한다고 볼 수 있다. 예를 들어 부모가 아이에게 욕조에서 목욕하라거나, 장난감을 치우라거나, 지금 밥을 먹으라거나, 그만 놀고 들어오라고 하면, 아이는 부모의 요구를 자신의 권리에 도전하고 자기 인생을 통제하는 것이라고 생각한다. 아이는 발로 차고, 울고, 소리 지르며, 축 쳐지는 반응을 보일 수 있다. 마찬가지로 아이는 부모와 말하고 싶지만 언어장벽 때문에 그럴 수 없다는 것을 알게 되는데, 이때 자신에게 좌절감을 느낀다. 또, 자신이 무엇을 원하는지 부모가 이해하지 못하기 때문에 부모가 문제가 있다는 생각으로 좌절한다. 반응이 긍정적인지, 부정적인지를 구별하는 기준은, 기대하지 않았던 행동이 아이가 원하지 않은 것을 요구한 이후에 발생한 것인지 또는 아이가 부모에게 요구한 것이 받아들여지지 않은 후에 발생한 것인지 점검해보는 것이다.

중등도 수준을 넘는 부작용이 발생한 경우 부모나 의사가 고압산소 치료를 계속할지 여부를 결정하는 데 도움을 주는 몇 가지 규칙이 있다. 첫째, 아이나 다른 사람의 삶이 견딜 수 없게 힘들게 되고, 안전을 위협하거나, 학습이 견딜 수 없게 힘들 경우 치료를 중단하거나 계획을 크게 수정해야 한다. 둘째, 회복이 확실하고 부작용을 견딜 수 있다면 귀찮고 예상하지 못했더라도 치료 횟수나 시간은 그대로 유지하거나 약간만 변경한다. 이런 경우에는 방법의 변경없이 치료를 계속할 수 있으며 시간이 지나면서 대부분 부작용은 사라진다.

치료가 작용하는 원리

a. 산소의 추가 공급에 따른 혈관신생
b. 산소의 제거에 따른 혈관신생
c. 새로운 혈관의 합성과 무관한 혈류의 증가
d. 염증성 화학물질의 감소
e. 항산화 효소의 증가와 산화스트레스의 감소
f. 기능적 미토콘드리아에 의한 산화증가
g. 새로운 미토콘드리아의 생산 증가
h. 비정상적인 포르피린 합성에 의해 만들어진 기능결함이 있는 헤모글로빈을 우회하여 세포로 이동하는 산소 증가
i. 면역질환과 자가면역질환의 호전

j. 위장관과 전신에서의 세균/진균 부하 감소

k. 전신적으로 보이거나 위장관 점막에 존재할 수 있는 바이러스 부하 감소

l. 골수에서의 줄기세포 생산 증가와 중추신경계로의 이동 증가

m. (이론적으로) 뇌 특정영역에서의 줄기세포 생산의 증가

n. 세로토닌의 생산과 이용의 증가

o. (이론적이며 확실하지 않음) 체내에서 석유화합물의 제거 증가의 가능성이 있음

p. (이론적이며 확실하지 않음) 체내에서 수은과 중금속을 배출할 가능성이 있음

위에 나열한 특이적 작용기전은 일반적인 작용기전의 영향을 받는다고 생각한다. 일반적인 작용기전에는 매 치료에서 전체 산소농도의 증가, 저산소분압과 저압을 이용한 치료에서 전체 치료 횟수의 증가, 산소농도와 상관없이 압력의 증가라는 기전이 있다. 이들 세 가지 개념은 새롭지는 않지만, 그것을 이해하고 적용하는 방식은 개인적인 견해이다.

기본원칙과 안전요령

체내 수분에 용해될 수 있는 산소의 양은 사용한 대기압과 산소농도의 두 가지 요소에 의해 결정된다. 그러나 체내수분에 용해되는 산소농도가 증가할수록 산화스트레스, 산소 독성, 중추신경계 독성, 폐 독

성의 가능성 때문에 치료시간은 짧아지게 된다. 반대로 체내 수분에 용해되는 산소농도가 낮을수록, 용해산소의 최종농도가 생리적 범위에 있는 한 더 긴 시간 동안 안전하게 치료할 수 있다.

이런 점이 치료에 중요한 이유는 산소 농도와 압력을 조절함으로써 체내 수분에 대한 산소농도의 범위가 결정되고 경미, 중등도, 현저, 과도 상태 사이에 놓일 수 있기 때문이다. 용해산소가 현저하거나 과도한 경우, 적은 농도라도 장시간 유지되는 경우에는 독성이 발생할 수 있다. 독성은 민감성과 같지 않다. ASD아동들은 압력에 따른 산소농도와 전체 치료시간의 효과에 훨씬 더 민감한 것처럼 보인다. 그런 점이 좀 더 안전하고 효과적이라고 생각되는 치료법을 발전시킨 이유다. 경실과 연실에서의 치료에 대한 진단과 반복사용에는 방법이 있다. ASD아동에게 고압산소치료를 이용하는 경우, 일반적으로 낮은 농도에서 천천히 시작하는 것이 현명하다.

이 장의 완전한 내용은 내 웹사이트의 고압산소치료 항목에서 볼 수 있다. 거기에는 높은 압력과 낮은 압력에서 시간단위, 산소단위, 압력단위, 세포생산단위를 비교해 놓았다. 다음으로 경실에 반응하는 경우와 연실에 반응하는 경우를 구별하기 위해 진단방법을 제시했다. 마지막으로 가정이용자에게 추천했던 방법과 아이들에게 경실치료를 반복적으로 조작하는 부모들에게 처방하는 방법을 제시했다.

의문점과 고려할 점

부모들이 가지는 가장 큰 걱정은 고압산소치료가 효과는 없고 큰돈이

들어갈 수 있다는 점이다. 고압산소치료는 확실히 비싼 치료 중 하나다. 그렇지만 아이들의 약 80%에서 어느 정도의 효과를 보인다. 경험상 아이가 반응을 보이는 경우 치료를 계속하면 시간이 지나면서 획득된 효과들이 지속될 수 있다. 새로운 효과들도 추가될 수도 있다. 많은 긍정적인 반응들이 일어나 계속 유지된다는 것을 알 수 있었다. 그렇지만 치료가 중단되는 경우 몇 가지 획득된 효과들은 수개월 이내에 감소하거나 사라진다.

2006년 처음 쓸 때와 비교할 때 내 생각에 약간의 변화가 있다. 진보된 방법들을 이용하기 시작하자 반응 정도와 함께 반응을 보이는 빈도가 높게 증가했다. 현재 그 어느 때보다도 치료에 반응을 보이는 수백 명의 아이들과 행복해하는 많은 부모들이 있다. 현재의 방법들에 대해 부모들은 고압산소치료가 아이들에게 얼마나 가치가 있는 치료인지 스스로 경험한다. 나는 충분한 휴식시간이 동반될 때만 효과가 축적된다는 강한 믿음을 가지고 있다.

많은 부모들이 치료를 받는 동안에는 치료효과가 별로 나타나지 않지만, 치료가 끝난 후 1~2주 정도 지나면 놀랄만한 효과가 나타난다고 말한다. 또한 어떤 것을 기대하지 않으면 그것에 대한 변화도 볼 수 없다는 것이 내 생각이다. 그래서 부모가 뭘 기대하는지 알게 해주는 평가지를 이용하는 것이 중요하다. 초기반응을 고려할 때, 단지 10%의 아이들만이 30일 이내에 뛰어난 호전을 보인다(언어, 위장관 기능, 사회화, 인지, 실행기능의 호전). 20%에서는 좋은 호전을 보이고(위에서 언급한 내용들에서 호전을 보이지만 호전 정도가 좀 덜하다), 나머지 70%에서는 경미한 수준에서 중등도의 호전을 보인다(모든 호전이 나타나지 않으며 호전의 정도도 덜하다).

튤립 씨앗이 30일 내에 아름다운 꽃을 개화할 수 없는 것처럼, 나무 씨앗이 30일 내에 그늘을 드리울 수 없는 것처럼, 학교에 들어간 아이가 30일 이내에 철자를 다 알 수 없는 것처럼, 대부분 아이들은 30일 간의 고압산소치료로 부모가 원하는 것들을 모두 보여줄 수는 없다. 그렇지만 부모들이 초기에 무엇을 예상할 수 있는지에 대한 이야기를 듣고, 또 아이가 반응을 보이는 경우 어떻게 치료를 지속할 것인지에 대한 정보를 알고 있다면 실현 불가능한 기대 때문에 받을 수 있는 좌절은 겪지 않을 것이다.

지금까지 말한 좋은 효과들은 어떤 치료를 하든 모든 부모들이 자기 아이에게 일어났으면 하는 것들이다. 그동안 내가 배운 아주 강력한 가르침이 하나 있다. 부모들을 참고 기다리게 하고, 어떻게 하면 더 자세히 관찰하는가를 가르치는 것만큼 중요한 것이 없었다는 것이다. 불편하고, 비용이 많이 들고, 광고가 많이 되는 그런 치료에 대해서는 더 큰 변화를 기대해야 한다. 고압산소치료는 비싸고, 보험도 안 되고, 불편하기 때문에 하느냐 마느냐를 결정할 때 고려할 점이 더 많다. 부모들은 치료 전에 원하는 것이 무엇인지 정확히 알아야 하며, 특정 아이에게 보이는 결과와 일반적인 결과를 비교할 수 있어야 한다.

내 병원에서는 부모들이 그들 자신의 용어로 상황을 어떻게 보고 있는가에 대한 평가도구를 개발해왔다. 부모에 의해 고안된 이 고압산소치료 보고 형식은 다른 평가도구를 이용했을 경우 누락될 수도 있었던 사소하고 미묘한 변화들을 알 수 있게 해주었다. 부모들 스스로 만든 이 보고형식은 고압산소치료를 이용할 때 보이는 흔한 증상들에 대해 민감도와 적합성이 좀 더 높다. 표준화된 평가도구를 이용하지 않는다는 말은 아니다. 그렇지만 부모들은 모든 피할 수 없는 변화들을 상세

9장 자폐증에 대한 고압산소치료

247

히 기록함으로써 그렇게 하지 않았을 때보다 빨리 긍정적인 변화들을 볼 수 있다는 것을 경험했다. 변화를 빨리 관찰하고, 그것을 다른 부모들과 비교하면 치료를 지속할 수 있다. 많은 부모들이 크고 명확한 반응만 기다리다가, 미묘하고 작은 변화를 놓치고 결국은 치료 중단을 고민했다고 털어놓는다.

치료를 결정할 때 또 하나의 걱정은 아이들이 산소치료실로 잘 들어갈까 하는 점이다. 한 번 치료실에 들어간 후에는 치료실을 싫어하는 아이가 거의 없었다. 사실 많은 아이들이 치료를 기다릴 수 없다는 듯이 치료실이 있는 복도를 달려가고 심지어 어떤 아이들은 다른 아이에게 나오라고 두드리기도 한다.

고압산소치료는 통증이나 소리 과민에 의한 귀 문제를 야기할 수 있다. 소리 과민은 대부분 아이들에게 소음장치를 이용하면 해결될 수 있으며, 치료실에 익숙해지면 큰 문제가 되지 않는다. 통증은 기압손상 때문에 발생한다. 기압손상은 압력효과에 의해 고막이 손상되는 것이다. 기압손상은 고압산소치료의 가장 흔한 부작용 중 하나이다. 귀, 치아, 그 외 다른 폐쇄공간에 통증이 나타나며 손상의 정도는 다양하다.

잘 훈련된 치료자들은 어떻게 기압손상을 피할 수 있는지 알고 있다. 그들은 기압손상, 소리 과민, 아이들의 불안에 대한 증상을 감별한다. 또한 그들은 고압산소치료에 익숙하지 않아 발생하는 불안감과 부모들이 불안해하는 것 때문에 생기는 아이들의 불안감을 구분할 줄 안다. 집에서 치료하기 위해 고압산소치료기를 구입하거나 빌리는 경우, 우리 병원은 부모들이 잘 이용할 수 있도록 교육한다.

고압산소치료는 보험적용이 안 된다. 불행히도 이 치료는 현저한 빈

혈을 동반한 혈액소실, 화상, 일산화탄소 중독, 구획증후군, 압궤손
상, 잠수병, 색전증, 가스 괴저, 괴사성 연조직 감염, 급성 외상성 허
혈, 불응성 골수염, 방사선 골괴사, 피부이식, 급성중증 연기흡입손상,
상처 등에서만 보험인정을 받을 수 있다. 자폐증, 전반적 발달장애, 뇌
병증 등은 보험혜택을 받을 수 없다. 2005년부터 이 치료를 해오고 있
지만 보험혜택을 받은 것은 단 두 번뿐이다. 두번째 경우는 감사대상
이 되어 규칙이 바뀌었다. 고압산소치료를 많이 하는 다른 유명한 의
사들도 상황은 마찬가지다.

고압산소치료는 우리가 원하는 것을 모두 줄 수 있는 마술지팡이는
아니다. 그런 것은 존재하지 않는다. 하지만 현재 받고 있는 치료의 강
력한 보조치료가 될 수는 있다. 현실적으로 기대하고 지속적으로 치료
하며, 부모 스스로 작성한 평가도구를 이용하면, 80% 이상에서 고압
산소치료가 아이들에게 도움이 된다고 말할 수 있을 것이다.

장기간에 걸친 치료 결과들을 종합해볼 때, 고압산소치료는 ASD아
동들에게 매우 유용하다. 그러나 고압산소치료는 비싸고 보험회사들
이 아직 보상을 해주지 않는다. 좋은 결과를 줄 수 있음에도 많은 부
모들이 도움을 받지 못하고 있다. 다행히 최근 고압산소치료가 자폐아
동에게 도움을 주는지에 대한 검토가 이뤄지고 있다. 만약 결과가 나
오면 보험회사들이 그 치료에 대한 보장을 하는 데 필요한 과학자료로
제시될 수 있을 것이다.

10장

최근의 생의학 치료

이 장은 아래와 같이 공동집필했다.
(1) 메틸레이션 – 리차드 데스, 재클린 맥캔들리스
(2) 메틸레이션 결함의 유전자 검사 – 신시아 슈나이더
(3) 악토스 – 마이클 엘리스
(4) 저용량 날트렉손LDN 치료 – 재클린 맥캔들리스
(5) 저옥살산염 식이요법 – 수잔 오웬스

리차드 데스는 신경약리학자이며, 노스웨스턴대학 약리학 교수, 미국자폐증학회의 과학자문위원이다.
신시아 슈나이더는 자폐증 전문의이며 유전학을 연구해오고 있다.
의사인 마빈 보리스와 마이클 엘리스는 악토스의 항염증효과와 면역증강효과를 연구해오고 있다.
수잔 오웬스는 자폐증 옥살산염 프로젝트 대표이며, DAN!의 자문위원이다.

(1) 메틸레이션

비타민B12, 엽산, 티아민은 체내 대사회로에 중요하다. 비타민B12는
엽산의 메틸기를 메티오닌에 전달하는 핵심성분이다. 비타민B12는 조
효소 형태인 메틸코발라민으로서 엽산과 함께 메티오닌 합성에 관여
하고, 황 함유물질의 대사에 영향을 준다. 모든 세포들은 엽산/메티오
닌 회로를 지니고 있기 때문에 메틸기 전달에 결함이 발생하면 중간대
사의 핵심적 생화학반응에 영향을 준다. 우리는 수은, 납, 비소, 카드
뮴과 같은 황 반응성 금속들이 어떻게 ASD에 영향을 미치는지 조금

씩 알아가고 있는 중이다.

자폐증 치료에 대한 기초과학을 제공해 준 탁월한 연구자들 덕분에 ASD아동에게 메틸기 전달 결함이 있다는 증거들이 쌓여가고 있다. 2003년부터 질 제임스 박사는 황 전달장애와 산화스트레스에 대한 이야기를 했는데, 이 문제는 해독기능에 필수적인 글루타치온 결핍의 문제로 나타난다. 폴린산과 베타인을 이용한 그녀의 연구에서 단 3주 동안, 혈장 메티오닌, 시스테인, 글루타치온의 현저한 증가가 나타났다. 연구대상 20명 중 8명의 아이들은 이런 식이조절을 3~4개월 동안 지속했고 메틸B12주사 치료를 추가했는데 효과는 더 긍정적이었다. 이는 메틸레이션과 항산화기능이 좋아지면 자폐증을 호전시킬 수 있다는 것을 보여준다.

메티오닌 합성보조제로는 아연, 폴린산, 베타인(TMG), 메틸B12, 콜린이 있다. 메틸B12 주사 치료를 받은 아동들은 엽산도 복용했는데, B12가 몸에서 효과적으로 작용하려면 엽산이 필요하다고 알려져 있기 때문이다. 제임스 박사는 폴린산이 환원형으로 엽산 경로에 들어가고 이것이 비타민 형태인 엽산보다 더 쉽게 엽산 대사에 참여한다고 말했다.

2003년 리차드 데스 박사는 티메로살이 메티오닌 합성효소에 영향을 미친다고 말했다. 티메로살이 메틸레이션 기능에 악영향을 미친다는 것이다. 그의 연구들은 티메로살이 메티오닌 합성을 변형시켜 DNA 메틸레이션과 유전자 표현에 신경독성을 일으킴으로써 발달에 해를 끼치는 과정을 보여주고 있다.

a. 메틸레이션 과학과 자폐증의 연관성

메틸레이션은 분자에 탄소원자가 첨가되는 생화학적 반응으로 분자

활성을 변화시킨다. 예를 들어, 도파민과 에피네프린과 같은 신경전달물질에 메틸레이션이 일어나면 그것들은 비활성화된다. 메틸레이션의 가장 중요한 기능은 CpG로 알려진 특정 DNA부위의 메틸레이션에 의해 유전자 표현을 변화시키는 것이다.[1] CpG에서 C의 메틸레이션에 의해 주변의 DNA는 단백질인 히스톤에 단단히 결합하고 유전자는 휴식 상태가 된다.

개체 내의 모든 세포들은 동일한 DNA를 가지고 있기 때문에, 특정 세포들은 각자 차별화된 DNA 메틸레이션을 반영하고 이것이 세포의 독특한 기능을 유지시킨다(예를 들어, 간세포는 신경이나 근육세포와는 다른 기능을 지닌다). 수정란부터 시작하는 발달은 태아기와 영유아기에 최고조이며, 일생동안 지속하는 DNA 메틸레이션의 변화에 따라 진행한다. 삶을 이해하기 위해서는 메틸레이션을 이해해야 한다는 말은 의심의 여지가 없다.

메틸레이션은 황 대사의 일부분이다. 황 함유 필수아미노산인 메치오닌은 세포에서 이용되는 거의 대부분의 메틸기를 제공한다. 메티오닌은 메틸기 공여자로서 ATP에 의해 처음으로 활성화되어 S-아데노실 메티오닌SAM이 된다.[2] SAM은 메틸기 전달효소에 의해 다양한 분자들에 메틸기를 전달하고(도파민, DNA) S-아데노실 호모시스테인SAH으로 전환된다. 만약 대부분 ASD아동처럼 SAH의 수치가 증가하면, SAM의 메틸기 전달효소 부착이 차단되고 메틸레이션은 감소한다. 따라서 SAH는 메틸레이션의 중요한 조절자이다. SAH는 아데노신과 호모시스테인HCY으로 분해된다. HCY는 메틸기가 없는 메티오닌이다. SAH이 HCY와 아데노신으로 분해되는 것은 가역적인 반응이고, HCY와 아데노신이 대사되면서 SAH는 낮은 농도를 유지하게 된다. 어떤

HCY는 메티오닌으로 다시 전환되어 메티오닌 회로를 완성하게 되고, 다른 것들은 황 전달경로를 거쳐 시스테인과 항산화물질인 글루타치온을 합성하는 경로로 보내진다. HCY가 메틸레이션을 유지하거나 산화스트레스를 줄이는 데 이용되는 것은 세포 생존에 중요할 뿐만 아니라 메틸레이션을 통해 다양한 세포기능을 조절하는 데 중요하다. 이것이 자폐증의 가장 핵심적 요소이기도 하다.

HCY를 대사시키는 두 가지 효소인 메티오닌 합성효소^{MS}와 시스타티오닌 베타합성효소^{CBS}의 상대적인 활성은 HCY과 SAH의 수치를 결정하며, 이들 두 효소는 세포의 산화상태에 대한 반응을 조절하기 위한 표적이 된다.[3] 이들 중 하나가 억제되면 HCY가 축적되고, 이는 SAH를 증가시켜 메틸레이션의 결함을 유발한다. CBS의 경우, 산화스트레스는 효소의 억제부분이 분해되어 활성이 증가하면서 글루타치온 합성을 증가시킨다. CBS 변이는 자폐증을 포함한 신경학적 질환과 연관되어 있다.

MS는 코발라민(비타민B12)을 이용하여 메틸엽산에서 메틸기를 제거하여 HCY에 전달함으로써 메티오닌을 합성한다. 이는 메티오닌 회로를 유지하기 위한 식이 메티오닌의 필요를 줄여주며 또한 황 전달도 제한한다. 역으로 MS활성감소는 메틸레이션에 필요한 식이 메티오닌의 이용을 증가시키며 시스테인과 글루타치온 합성을 증가시킨다. 진화의 과정동안 산화스트레스 상황에서 MS활성이 감소되는 방향의 분자적 변환이 일어났을 것이다.

실제로 코발라민의 생합성은 산화적 환경에 대한 대사반응의 하나로 눈에 띄게 증가했다. ASD아동들은 심한 산화스트레스 징후를 보여왔다.[4] MS를 포함하지 않은 다른 반응들과 함께 이 같은 적응반응들이 활성화되어 왔고, 자폐증의 다양한 증상들이 이런 대사장애의 결과를 반영한다고 추정할 수 있다. 현재는 자폐증이 산화스트레스에 의해 유발되고, ASD아동들이 중금속과 살충제 노출을 포함한 산화스트레스를 유발할 수 있는 요인들에 유전적으로 더 취약한 인구집단에 속한다는 확실한 증거가 있다. 이런 환경적 인자들은 자폐증을 유발시키고 메틸레이션의 결합은 이 질환에서 중요한 작용을 한다.

MS 내에 있는 코발라민 코발트Cbl(I)는 핵심성분으로 효소사이클 동안 몇 가지 다른 산화상태로 존재한다. Cbl(I)은 비워져 있으며 엽산에서 유래한 메틸기가 부착하면 Cbl(III)가 되는데, 이는 메틸코발라민 또는 비타민B12로 알려져 있다. Cbl(I)은 매우 반응성이 높아서 몸속에서 가장 쉽게 산화될 수 있는 물질이다. 또, 국소환경에서 산화물질의 존재(ROS 또는 환경대사물질) 여부에 따라 Cbl(II)로 곧바로 산화된다. Cbl(I)은 세포의 산화-환원 환경에 대한 정교하고 예민한 감지기능이 있으며, 일단 산화되면 MS의 활동이 일시적으로 중지되고 글루타치온GSH합성이 증가된다. 따라서 비타민B12의 불활성화는 세포 내 산화-환원반응의 균형을 조절하는 매우 간단한 기전이다.

Cbl(II)가 메틸B12로 전환되면 MS는 재활성화될 수 있다. 뇌에서 GSH를 필요로 하는 두 단계의 기전을 통해 메틸B12가 합성되며, 자폐증에서 흔히 보이는 것과 같이 만약 GSH수치가 정상보다 낮으면 효소는 비활성상태로 남아 있게 된다. 여러 신경발달 독소들은 GSH를 감소시키고 메틸B12의 합성을 방해하여 MS활성을 떨어뜨린다.[5,9] 이 같은 사실이 별로 놀랍지는 않다. 메틸레이션 활성의 변화들이 발달단계에서 유전자 활성과 불활성을 결정하는 데 중요하기 때문이다. 수은과 다른 중금속들은 자폐증에서 산화스트레스와 메틸레이션 결합의 주요 원인물질로 의심되지만, 다른 환경독소들 또한 여기에 관여한다. 최근 〈자폐증의 산화환원/메틸레이션 가설〉이란 내용을 통해 환경적 노출의 영향과 항산화 및 메틸레이션을 유지하는 데 관여하는 대사경로 사이의 연관성에 대해 정리한 바 있다.

자폐증의 신경학적 증상은 D4도파민 수용체의 도파민 자극성 인지질 메틸레이션PLM의 결함에 뿌리를 두고 있다.[6] 이 기전에서 도파민은 D4수용체를 활성화시켜 수용체의 주요 성분인 메티오닌을 이용해 메티오닌 회로를 작동시킨다. 이 메티오닌은 오직 D4 수용체에서만 발견되며 메틸기를 수용체 주변에 있는 인지질 분자에 줌으로써, 세포막의 유동성을 국소적으로 증가시킨다. 세포막 액체 특성의 변화는 이온통로 변화를 유도하고 신경활성빈도를 증가시킨다.[7,8] 활성빈도수를 조절함으로써 도파민은 특정 정보에 대한 주의를 일으킨다. 서로 다른 뇌 영역이 같은 빈도로 활성화되면 그들은 상호작용하여 복잡한 업무를 수행할 수 있게 된다. D4수용체 PLM기전의 실패는 자폐증에서 보이는 것과 같은 동시화의 결함을 일으킬 수 있다.

MS(메티오닌합성효소)활성은 도파민 자극성 PLM이 적절하게 작동하는 데 절대적으로 필요하다. 실제로 식이 메티오닌의 섭취를 늘리면 적어도 산화스트레스에 의한 메틸레이션 회로의 부정적 영향은 차단할 수 있지만, D4수용체 PLM에 대한 메틸기 공급은 대부분 MS에 의존한다. 결과적으로 산화스트레스가 MS를 차단하면 신경학적 동일화와 주의력에 부정적인 영향을 주게 된다. D4수용체의 유전적 변이는 ADHD 뿐만 아니라 새로운 것을 찾는 성격 변화와 연관되며, 최근 연구들은 이런 변이들에 의해 주의를 하는 동안 뇌피질망에서의 전기적 특성의 변화를 초래하는 것을 보여 준다.

결론적으로 자폐증의 주요 특징인 신경동일화 장애는 도파민 자극성 PLM 활성의 감소에 의한 것으로 보이며, 이는 메틸B12 투여로 증상의 개선을 보이는 것과 연관하여 중요한 의미를 갖는다.

b. 자폐증에서 메틸레이션의 임상적 이용

최근 생의학적 접근에서 중요한 치료는 주사용 메틸B12의 이용이다. 자폐증에서 메틸기 전달에 결함이 있다는 증거는 어떤 영양소들이 ASD아동에게 도움이 된다는 임상적 경험에 대한 과학적 이해를 돕는다. 2002년 5월 DAN! 의사인 제임스 뉴브랜더는 메틸B12가 자폐증에 뛰어난 효과를 보였다고 발표했다. 2002년 이전에 주로 이용됐던 시아노 코발라민이나 하이드록소 코발라민에 비해 메틸코발라민이 월등한 효능을 보인다는 것이다.

모든 세포들은 엽산/메티오닌 회로를 지니기 때문에 메틸기 전달 결함은 중간대사의 주요 생화학적 반응에 영향을 줄 수 있다. 이 연구를 바탕으로 제임스 박사는 자폐아동 20명 중 8명에게 메틸B12를 투여했다. 이들 8명의 아이들은 3~4개월 동안 식이요법을 하면서 메틸B12 주사가 추가됐다. 결과는 긍정적이었는데 이는 메틸레이션으로 항산화 기능이 증가하여 효과가 나타날 수 있다는 것을 보여줬다. 제임스 박사가 메티오닌 합성보조제로 쓴 것들에는 아연, 폴린산, 메틸B12, 콜린, 베타인(TMG)이 있다. 베타인은 대체경로에 관여하고 일부에만 효과를 보인다.

그의 연구들은 메틸레이션 장애와 치료의 중요성에 대한 신뢰를 퍼지게 했다. 2005년 봄 DAN!회의가 열리기 전, 나는 세 곳의 제약사에 메틸B12를 공급받는 환자수가 얼마나 되는지 문의했는데, 총 4,500명의 아이들이 일주일에 2~3회 주사치료를 받고 있었다. 현재는 미국 전역과 다른 많은 나라에서 소아와 성인 모두에게 투여되고 있다.

메틸B12는 ASD환자의 80~90%에서 어느 정도 효과를 보인다고 여겨진다. 뉴브랜더의 웹사이트 www.drneubrander.com에는 치료반응 여부를 알 수 있는 무료 평가지가 있다. 그는 메틸B12를 추가한 후 반응이 어떻게 나타나는지 보기 위해 5주 동안은 영양요법에 변화를 주지 말 것을 요청한다. 광범위한 치료법들이 필요하다는 DAN!원칙에 따라 폴린산이 추가되거나 검사를 통해 필요한 다른 영양소가 추가되기도 한다. 평가지에는 메틸B12 치료로 기대되는 많은 반응들이 있다. 주요 반응으로는 실행기능, 언어, 사회화, 정서기능 등이 있다. 뉴브랜더는 부모들이 주요 효과에만 관심을 보이면서 충분히 치료하지 않은 채 포기하는 것을 우려한다. 메틸B12에는 다음과 같은 여러 속설이 있는데 이것은 사실이 아니다.

- ASD의 30~40%에서만 효과가 있다(적절한 용량, 시간, 치료법을 지킨다면 94%이상에서 효과를 보인다).
- 어린아이들에게만 효과가 있다(나이에 상관없다).
- 경구제, 설하제, 경피제, 근육주사가 피하주사와 비슷한 효과를 보인다(피하주사가 가장 좋고, 다음으로 비강제, 설하제, 경구제 순이었다. 현재는 주사 거부감 때문에 비강스프레이가 점차 널리 쓰이지만 재채기를 할 가능성이 높다).
- 전체 용량이 같으면 메틸B12 주사제 농도는 문제되지 않는다(예외가 있지만 25mg/ml주사제를 64.5mcg/kg의 용량으로 매 3일마다 투여하는 것이 가장 좋았다. 뉴브랜더는 현재 환자의 40%에게 매일 동일 용량으로 투여해서 좋은 효과를 보고 있다).

- 주사에 있어 팔, 복부, 다리의 지방은 엉덩이의 지방과 동일하다 (엉덩이에 주사한다).

일반적으로 부작용이 사라질 때까지 용량을 낮추는 것은 올바르지 않다. 가장 좋은 반응을 보이는 경우는 치료 중에 부작용을 보이는 아이들이다. 가장 흔한 증상에는 과잉행동, 수면변화, 물건을 입에 가져가는 행동의 증가 등이 있다. 통제가 불가능하거나 다른 사람에게 위험한 행동을 하는 경우, 더 이상 기능을 수행하지 못하거나 학습이 불가능한 경우와 같은 부작용들은 이 영양소 투여를 중지해야 하는 조짐이다. 그러나 뉴브랜더는 아이가 배울 수 있고, 과제를 수행하고, 통제된 상황에서 집중할 수 있는 한, 집에서 과잉활동을 얼마나 하느냐에 상관없이 곧 안정이 된다면 치료를 지속해야 한다고 말한다. 물건을 입에 가져가는 것은 이전에 활성화되지 못했던 말초신경이 깨어나는 것이며 따라서 이것은 긍정적인 부작용에 속하고, 메틸B12가 작용하고 있다는 증거이다. 2~6개월 내에 대부분 부작용은 감소하거나 완전히 사라지는 반면, 아이는 계속 호전을 보인다.

c. 메틸B12주사치료의 주의점

적정 용량의 주사제를 생산할 수 있는 좋은 제약사를 이용해야 한다. 주사부위의 지방을 세게 잡지 말아야 한다. 가능한 주사기를 피부에 눕혀서 근육이 닿지 않게 해야 한다. 분홍색 소변이 보이면 너무 깊게 주사한 것이다. 올바로 주사하면 통증을 거의 유발하지 않는다. 가능한 적절한 주사바늘(8mm, 31게이지 바늘이 있는 3/10cc 인슐린 주사기)을 사용하여 올바르게 주사해야 궁둥신경 손상을 방지할 수 있다.

메틸B12 치료에 대해 누가 반응을 보이고 누가 반응을 보이지 않을지 알 수 있는 검사는 없다. 반응을 보이는 대부분 아동의 혈액 B12 수치는 높은 정상경계선에 있거나 더 높게 나타났다. 비록 혈액에서 높은 수치를 보일 수 있지만 그것은 산화된 형태이기 때문에 환원되거나 재순환하지 못한다. 유전자검사는 치료에 효과가 있을, 치료가 필요한 아이들 대부분을 놓치는 경우가 있어서 아직까지 신빙성 있게 예측할 만한 수준은 아니다.

항바이러스제로 아들을 호전시킨 스탠 커츠는 메틸B12 비강스프레이제를 소개하여 메틸레이션 치료에 공헌했다. 뉴브랜더는 피하주사가 더 좋긴 하지만 비강스프레이제도 효과가 있으며 주사제 거부감이 있는 가족에게 좋은 대안이 될 수 있다고 했다. 어떤 가족들은 비강스프레이제가 더 좋다고 말하기도 한다. 메틸B12가 폴린산과 결합시킬 수 있어서 어른뿐만 아니라 아이들도 주사제 대신 비강스프레이제를 이용하기 시작했다. 주사제와 마찬가지로 스프레이제도 의사의 처방에 의해 제약사에서 제조된다. 메틸B12 치료로 좋아질 것인가를 알아보는 유일한 방법은 그것을 이용해보는 것이다. 메틸레이션은 지난 수년 동안 DAN!에 의해 제시된 식이제한, 영양제, 위장관치료, 해독, 항바이러스/면역증강치료, 항염치료, 고압산소치료와 더불어 중요한 생의학 치료이며, 매일 더 많은 아이들의 회복과 치유에 도움을 주고 있다.

(2) 메틸레이션 결함의 유전자 검사

ASD아동에게 메틸레이션 결함이 있다는 증거들은 점차 증가하고 있다. 메틸레이션은 몸의 대사반응 중 하나의 화합물에서 다른 화합물로 메틸기를 전달하는 반응이다. 이 반응은 가장 중요한 대사경로에 필요하다. 모든 세포의 증식과 복원은 메틸레이션을 필요로 한다. 바이러스 유전자를 불활성화시키는 것도 메틸레이션이 관여한다. 도파민이 수용체에 붙고, 지질막을 변형시키고, 뇌의 파동을 변화시켜 주의 집중력을 증가시킬 때도 도파민 수용체의 메틸레이션이 필요하다. 커피 중독은 집중과 주의를 불러오기 위해 메틸 공여체인 카페인을 갈구하게 만든다. 같은 이유로 많은 아이들이 메틸 공여체인 리탈린(메틸페니데이트)을 복용한다. 신경이 수초로 보호되지 않으면 신경을 통해 정확하고 효과적인 정보전달이 되지 않는데, 여기에도 메틸레이션이 관여한다.

흔히 알려진 메틸레이션 결함은 다발성 경화증이며 이 질환에서는 수초 항체가 만들어진다. 수초 항체는 자폐아동에게도 자주 관찰되는데, 이 항체수치는 홍역항체수치와 연관된다. 이는 신경계의 만성 홍역감염이 자폐증 원인 중 하나라는 의심을 불러일으키고 있다. 다발성 경화증에서 메틸B12주사의 성공은 뉴브랜더가 자폐아동에게 이 치료를 시도하도록 했으며 상당한 효과가 있다는 것이 증명됐다.

메틸레이션은 인체의 일차적 항산화제인 글루타치온을 합성하는 데 필요하기 때문에 이 기능이 떨어진 사람은 습진, 장염, 천식, 관절염과 같은 염증성 반응을 보일 수 있다. 만성 염증과 그와 연관된 조직손상은 면역계가 자기조직에 대한 항체를 만드는 자가면역질환을 유발할 수 있다. 당뇨병, 크론병, 루푸스, 다발성 경화증 등은 자가면역질환들로서 자폐환자의 가족들에게 흔히 관찰된다.

또한 불안과 강박충동 성향이 흔하다. 이는 항불안 신경전달물질인 세로토닌 합성을 위한 메틸레이션과 연관이 있다. 세로토닌은 메틸레이션을 포함한 몇 단계의 반응을 거쳐 멜라토닌으로 전환되는데, 이 물질은 깊은 수면에 필요하다. 자폐증과 수면장애와의 연관성은 자폐증에 대해 잘 모르는 의사들도 알고 있는 사실이다. 메틸레이션 결함이 있으면 바이러스 감염과 바이러스 생백신에 더 취약한 것 같다. 만성 바이러스 감염이 흔하며 홍역과 같이 위장관과 신경계를 침범하는 바이러스가 가장 큰 문제가 된다.

엄청난 돈이 유전학 연구에 들어가고 있지만 어떤 자폐증 유전자도 발견되지 않았다. 자폐환자에게서 흔히 보이는 유전자들이 있지만, 이 유전자 중 어떤 것도 자폐증을 유발하지 않으며 이런 유전자를 지니고 있는 대부분은 자폐증이 없다. 자폐증은 다각적 질환의 모든 특징들을 지니고 있으며 이는 환경과 유전적 위험인자 모두가 관여하고 있다는 것을 암시한다.

메틸레이션 기능이 떨어져 있는 유전적 결함이 있는 사람은 이상적인 환경에서는 완전히 건강상태를 유지할 수 있다. 그러나 환경이 좋지 못하면 병에 걸릴 수 있다. 어떤 대사성 결함은 수은이나 살충제와 같은 독성물질에 노출되지 않으면 어떤 문제도 일으키지 않지만 독소에 노출되면 건강과 기능의 약화가 급격히 진행된다. 영양상태 또한 매우 중요하다. 많은 유전자들은 촉매 또는 조효소를 지니고 있는데 이것들이 더 효과적으로 기능을 수행하도록 돕는다.

흔히 비타민과 미네랄로 이뤄진 조효소들이 없으면 유전자 기능은 제대로 유지되지 못한다. 이것들이 있으면 비록 약한 효소라도 정상범위에서 기능을 수행한다. 이런 이유로 많은 의사들은 평균보다 더 높은 영양상태를 권장한다. 영양보충제의 기저에 작용하는 생화학을 이해하는 의사들은 단순히 증상을 줄이는 것보다 핵심문제를 해결하는 데 이 보충제들을 이용한다. 예를 들어 프로작과 같은 세로토닌 재흡수 차단제는 시냅스에서 세로토닌이 머무는 시간을 증가시켜, 불안과 우울과 같은 세로토닌 결핍증상을 줄여주는 것으로 알려져 있다. 그와 같은 증상을 지닌 사람은 메틸레이션 결함에 의해 발생할 수 있는 전반적인 건강문제에 취약한 상태일 수 있다. 프로작을 이용해 세로토닌 문제를 성공적으로 교정하더라도 그것은 발생가능성이 있는 많은 문제들 중 한 가지만 해결한 것이다. 메틸레이션의 증진은 일반적으로 광범위한 효과를 보일 수 있다.

자폐증 유전자라는 개념을 생각하는 것보다는 자폐증 경로라는 용어를 이용하는 것이 더 현명할 것이다. 메틸레이션 경로는 가장 유력한 후보 경로인데, 이들 반응에서 치환이 일어나면 자폐증에서 보이는 결함이나 증상이 발생할 수 있으며, 성공적인 효과를 보이는 생의학 치료들은 궁극적으로 이런 경로들에 작용하고 있다.

유전자 검사는 다양한 검사소와 연구소에서 이용할 수 있다. 현재까지 가장 흥미를 끄는 유전자에는 COMT, MTHFR, MS, MSR, DHPR, CBS, SAHH, ADA, PON1 등이 있다. 이들 유전자의 상호작용은 신경 전달물질의 농도에 영향을 줌으로써 인격의 양상을 결정하는 데 관여한다. 이것들은 세포 증식과 복원이 이뤄지도록 하는데, 이 과정은 성장이 끝난 후에도 지속된다.

화학요법을 받는 사람은 세포증식을 억제하는 치료를 받는 것이다. 화학요법의 가장 흔한 부작용은 오심, 구토, 설사인데, 주원인은 위장관을 이루는 세포들이 증식하지 못하기 때문이다. 통상적으로 얇은 위장관 벽은 매일 대체되는데 3일 정도면 거의 모두 새로운 세포들로 바뀐다. 세포가 그렇게 빨리 교체되지 않는 다른 부위들은 화학요법에 영향을 덜 받으며 따라서 메틸레이션 결함에 의한 영향을 덜 받는다. ASD아동은 화학요법을 받는 환자에 비유될 수 있다. 위장관 문제를 겪을 수 있고, 감염에 취약하며, 집중력이 떨어지고, 인지능력이 떨어질 수 있다.

메틸레이션 결함이 있는 사람에게 어떻게 메틸레이션을 증진시킬 수 있을까? 메틸 공여체들을 이용할 수 있는데 최적의 조합은 시행착오를 통해 정립될 수 있다. 유전자 검사를 할 수 있으면 그만큼 시행착오를 줄일 수 있다. 가장 도움이 되는 보충제로는 메틸코발라민, 5-메틸테트라하이드로 엽산으로 불리는 활성형 엽산, 코엔자임Q10이다. 모두는 아니지만 상당수에서 비타민B6이나 그것의 활성형인 P5P, 마그네슘, 아연 등이 꽤 좋은 반응을 보인다. 이들은 주요 효소의 기능을 증강시킨다. 어떤 경우에는 DMG나 TMG도 잘 작용하는데, 이들은 메틸레이션 경로의 특정흐름에 영향을 준다. 적절하지 못한 보충제를 투여하거나 올바른 시간에 투여하지 않으면 과민, 과잉행동, 수면장애가 발생할 수 있다.

부작용이 발생하면 원인이 규명되도록 해야 한다. 몇 가지 부작용은 단순히 해독작용 때문에 발생한다. 이 경우 독소가 제거되고 나면 증상들이 없어지고 언어나 주의력과 같은 영역에서 호전을 보인다. 의심스러울 경우에는 독성물질이 배출되는지를 확인하기 위해 소변검사를 시행해야 한다. 보충제들은 암모니아 수치도 상승시키는데 과민, 집중력 결여, 자해행동을 유발할 수 있다. 병원급 기관 이외에서는 암모니아를 정확하게 측정하는 것이 어렵지만, 위와 같은 행동변화가 나타나면 암모니아 독성의 가능성을 고려해야 한다.

CBS, MTHFR, NOS 등의 유전자 변이들은 높은 암모니아를 유발할 수 있다. 이런 유전자 변이가 관찰될 때 다양한 방법으로 암모니아수치를 조절해야만 한다. 어떤 위장관 균주들은 높은 농도의 암모니아 수치를 유발한다. 적극적으로 변비를 해결하고, 유산균을 투여하고, 식이에서 단순 탄수화물을 줄이고, 소화제를 투여하는 것과 같은다양한 방법을 통해 위장관 건강과 소화기능을 호전시키면 세균에 의한 암모니아 수치를 현저히 줄일 수 있다. 단백질을 제한하고 한 번에많이 섭취하는 것보다 여러 번 나누어 복용하면 암모니아를 배출하는경로의 부담을 줄일 수 있다.

어떤 사람들에서는 5-메틸테트라히드로 엽산이 테트라히드로 단백질BH4를 증가시켜 암모니아를 줄일 수 있다. BH4가 이런 목적으로 이용될 수 있지만 의약용으로 구하기 힘들고 아직 식품의약국 승인을 받지 못하고 있다. 약간 더 비정형 원료로 만들어진 BH4는 바이오사이로Bio Thyro라는 이름으로 판매되고 있으며 많은 경우에 효과를 보였다. 어떤 의사들은 암모니아를 줄이는 데 활성숯을 추천하지만, 너무자주 사용하면 영양소 흡수를 방해하고 심한 변비를 유발할 수 있다.숯을 이용할 때는 위장관 운동을 증가시키기 위한 고용량의 마그네슘이나 다른 방법들을 병행해야 한다.

PON1은 유기인 살충제의 대사에 필요한 효소이다. 이 유전자에는다양한 유형이 있는데, 어떤 것들은 유기인 살충제를 배출하는 능력이다른 것의 40배에 달한다. PON1유전자는 7q21.4-22.1에 위치하는데이 부위는 자폐증과 유전적으로 깊은 연관이 있는 것으로 보인다. 페르시코 등은 가족 중에 자폐증이 있는 177명의 이탈리아인과 107명의백인 미국인 가족에서 C-1085T, L55M, Q192R로 불리는 세 가지 유전적 변이를 발견했다. 백인 미국인들은 L55, R192로 표현되는 PON1 변이들과 자폐증 사이에 강한 연관성을 보여줬다. 이탈리아 자폐아동에게는 어떤 경향도 보이지 않았다. 이것은 어느 정도 예측된 결과로서, 미국에서는 유기인 살충제의 이용이 훨씬 많고, 자폐증의 주요 유형이 미국과 이탈리아에서 서로 다르다. 적어도 한 개의 R192복사본을 지니고 있는 백인 미국 자폐아동들은 혈액 세로토닌 수치가 현저히 낮았지만 이 유전자가 있는 이탈리아 아동들은 그렇지 않았다.

이것은 PON1이 DPP-IV로 불리는 효소에 대한 작용으로 설명된다. 유전자 변형이나 살충제 노출에 의해 PON1활성에 결함이 발생하면 아데노신 디아미나제ADA활성에 영향을 준다. ADA기능에 결함이 발생하면 기질에 해당하는 아데노신이 증가하게 되고, 이는 메틸레이션을 차단하여 위에서 언급한 문제들을 일으킬 수 있다. DPP-IV의 두 가지 기질인 글루테오모르핀과 카소모르핀을 피하면 DPP-IV와 ADA기능이 증가될 수 있다. 이런 기전에 의해 글루텐과 카세인을 제거하면 인지기능이 증가되고 염증이 줄어들며 주의력이 증가될 수 있다.

(3) 악토스

자폐증은 복잡한 신경발달 질환이라는 사실이 점점 널리 받아들여지고 있다. 자폐증을 일으키는 특정원인들이 일정부분 밝혀졌는데, 유전인자, 환경인자, 염증에 관계된 인자, 면역계 인자, 대사인자 등 모두가 이 질환에 중요한 역할을 한다.

시토카인은 작은 단백질로서 혈관을 순환하는 백혈구가 직접 염증이나 손상 부위로 움직이게 한다. 시토카인과 그 수용체들이 염증과 연관된 많은 질병에서 중요한 역할을 하는 것으로 알려졌다. 예를 들면, 류마티스성 관절염 환자에서 관절 내 시토카인 수치가 올라가면 단핵구와 T세포가 윤활막조직으로 이동하는 것이 활발해진다. 천식에서도 염증은 중요한 인자이다. 알레르기에 반응하여 시토카인이 호중구나 백혈구가 폐로 움직이게 한다. 건선은 염증과 시토카인을 매개로 하는 세포이동의 또 다른 예이다. 다발성 경화증은 어떻게 시토카인이 자가면역질환의 진행과 정도에 영향을 미치는가를 설명하는 예가 된다.

ASD아동들에게는 변형된 면역반응이 잘 나타난다. 1976년, 스터브는 백신접종 이전인데도 풍진항체가 발견되지 않은 경우는 13명의 ASD아동 중 5명에 불과해했다는 논문을 발표했다.[1] 추가논문에서 단핵구와 T림프구라고 알려진 특정 백혈구들이 비정상적인 기능을 한다고 밝혔다.[2] ASD아동들은 T1도움세포(Th1)보다 T2도움세포(Th2)가 우세하다. 이런 결과는 신시내티 아동병원의 의료센터에서 확인됐다. 2005년, ASD아동에 대한 연구결과에서 대조군에 비하여 시토카인에서 차이가 있었다. 모두에게 Th2시토카인 수치가 Th1시토카인에 비해 월등히 높았는데 이것은 비정상적인 자가면역/염증 반응을 의미한다.[3]

페록시솜 증식인자−활성화 수용체PPARs는 지방산과 그 부산물에 의해 활성화되는 핵산의 전사인자의 한 부류인데, 1950년대에 전자현미경을 사용하게 되면서 발견하게 됐다. 벨기에 브뤼셀의 크리스티앙 드뒤브는 이 구조물을 분리해내고 과산화수소를 만들어낸다는 것을 밝혀 페록시솜이라고 명명했다.[4] 1990년대에는 PPARs가 발견됐고 이것이 전사인자라는 것도 밝혀졌다. 수많은 유전자들을 조절하지만 그중 대부분은 페록시솜이 함께 작용하지는 않았다. 대신 PPAR감마는 지방세포대사와 인슐린에 대한 세포반응 조절에도 중요하다. 나중에 이것들이 T세포 반응성을 조절하고 대식세포와 소교세포의 활동성을 억제하는 것으로 밝혀졌다. 이런 작용들은 다발성 경화증을 비롯한 다른 신경퇴행성 질환과 연관이 있다. 특히 PPAR감마의 작용물질인 TZD's가 항증식, 항염증, 면역조절 작용이 있다는 것이 밝혀지면서 당뇨합병증 치료와 인슐린 저항성이 없는 정상혈당을 보이는 사람들의 염증성, 증식성 질환 치료에 사용될 수 있는가를 평가하게 됐다.[5]

최근에는 TZD's가 인슐린 저항성을 호전시킬 뿐 아니라 건선, 궤양성 대장염, 자가면역질환, 아토피, 염증성 질환, 신경퇴행성 질환을 호전시킬 수 있다는 것이 알려졌다(예를 들면 천식, 아토피성 피부염, 다발성 경화증, 알츠하이머병, 파킨슨병). 이런 발견들로 치료법이 불충분하거나 없었던 대사질환 치료제를 개발하는 길을 열게 됐다. 신경세포에 대한 항염증 작용은 시토카인을 억제하고 NOS(산화질소합성효소)와 COX2(사이클로옥시게나제2: 염증, 통증, 열을 일으키는 프로스타글란딘을 만드는 효소-옮긴이)를 비롯한 자유라디칼 생산에 관여하는 효소를 억제한다.[6] 일부 PPAR 작용물질은 혈액뇌장벽을 통과할 수 있다고 밝혀졌는데 이는 뇌 생리에 직접적인 작용을 한다는 의미이다. 악토스로 알려진 피오글리타존과 아반디아로 알려진 로시글리타존은 T세포, 대식세포, 교세포의 면역반응을 억제하는 PPAR감마를 활성화시킨다. 이 면역반응을 억제하는 것이 뇌의 염증성 질환에 도움이 된다면 피오글리타존은 다발성경화증을 비롯하여 전반적인 자가면역질환 치료에 도움이 될 것이다.[7]

이 약들은 원래 인슐린 민감성 효과 때문에 항당뇨약으로 개발되어 실제 임상에서 수년간 이용되어 왔다. 악토스의 안전성은 세계적인 임

267

상연구에서 증명됐다.[8] 식품의약국의 승인이 있은 이후로 악토스는 수백만 명의 환자들에게 처방되고 있다. 부작용은 일반적으로 미미하고 일시적이다. 효과를 보이면서 중단됐던 연구가 다시 시작되고 있다.

신경학적 질병상태의 동물을 대상으로 PPARg를 이용한 최근 연구에 이어 알츠하이머병과 다발성 경화증에 대한 임상실험이 이뤄지면서 ASD질환의 임상적 경과에 영향을 주는 치료법이 될 가능성도 기대할 수 있을 것 같다. 3,000명 이상의 ASD아동들을 치료하는 병원에 있는 마빈 보리스와 마이클 엘리스는 면역증진을 위해 악토스를 이용해서 치료하고 있다. 환자연령은 2세부터였고 병원에 오기 전에 이미 자폐 진단을 받은 상태였다. 아이들은 모두 언어치료, 작업치료, 물리치료, 응용행동분석ABA, 청각통합치료AIT를 받고 있었다. 일부 아동은 최소 1년 동안 생의학적 치료도 하고 있었다. 효과 측정은 정신과학회에서 추천하는 일탈행동 점검사항 목록표를 이용했다.[9] 자폐환자에서 염증 표지자의 변화는 혈청 시토카인 수치와 반응성 산소의 측정, 혈청 T-세포분리를 통해 확인했다.

보리스와 엘리스는 악토스를 처방받은 1,000명 이상의 환자들에서 인지기능과 수용언어, 표현언어가 호전됐고 자발어도 증가됐으며 과잉 행동, 무기력함, 상동행동의 감소와 함께 눈맞춤과 사회성이 좋아졌다고 보고했다. 혈액검사에서 혈당이나 인슐린 수치의 변화는 없었다. 6개월동안 악토스로 치료받은 ASD아동의 혈액을 ELISA분석법으로 9가지의 다른 시토카인 수치를 검사하여 치료를 받지 않은 환자군과 비교했더니 치료군에서 8~9개의 시토카인 수치가 감소했다. 다른 발견은 ASD아동에게 혈소판 수치가 지속적으로 증가됐다는 것이다. 혈소판 증가는 염증의 표지자인데 악토스 투여 후 환자의 76%에서 혈소판 수치가 정상으로 돌아왔다. 부작용은 없었고 환자와 의사 모두 행동이 호전됐다고 했다. 이는 악토스가 ASD아동들에게 안전하며 임상증상을 조절할 수 있는 염증반응에 영향을 줄 수 있다는 것을 의미한다.

보리스와 앨리스는 최근 ASD아동들에게 악토스와 세레콕시브(세레브렉스), 비타민A, 몬테루카스(싱귤레어)를 함께 이용한 치료를 하고 결과를 평가하고 있다. 세레콕시브는 COX-2 억제재로 알려진 비스테로이드성 항염증 약물이다. 통증과 염증에 효과적이며 이부프로펜이나 나프록센과 같은 비스테로이드성 항염증 약물과는 달리 위에서 심각한 부작용을 잘 일으키지 않는다. 세레콕시브는 심장에 문제가 없는 류마티스성 관절염을 앓는 아동들에서 주로 쓰인다. 몸무게가 10~25kg이면 세레콕시브 50mg을 하루 2번, 몸무게가 25kg이 넘으면 100mg을 하루 2번 복용한다. 비타민A, 레티노이드는 매일 10,000~25,000IU를 복용하고 류코트리엔 작용 물질인 몬테루카스는 나이에 관계없이 하루에 10mg을 1회 복용한다.

최근에 식품의약국에서 악토스를 제2형 당뇨병 치료제로 승인했는데 자폐치료에 악토스를 사용하는 주요 가설은 악토스가 신경세포에 대한 중요한 항염증작용과 세포보호작용을 나타내어 혈청 시토카인 수치를 변화시키는 데 좋은 작용을 할 것이라는 것이다. 2007년 6월 이후 악토스와 아반디아는 심장부전을 유발할 수 있는 약물로서 경고문이 부착됐다. 이런 종류의 약물은 울혈성 심부전의 위험성을 증가시킬 수 있고 이차적으로 일부 사람들은 몸이 붓기도 한다. 이 경고내용은 심장마비와는 연관이 없다. 악토스가 ASD아동들에게 안전한가를 결정하기 위해서는 혈액을 통해 간수치, 일반화학, 혈당과 인슐린수치 검사를 시행해야 한다. 심장상태에 대해 어떤 주의가 필요하다면 악토스 투여 전에 소아 심장학자와 상의해야 한다. 언제나 환자들에게 체액의 저류를 의미하는 체중증가와 눈 주위의 종창이 발생할 수 있다는 주의점을 이야기해 주어야 한다.

2007년 2월 이후 식품의약국은 악토스의 '허가 없는' 투여를 승인했다. 보리스와 엘리스는 악토스와 세레브렉스, 비타민A, 싱귤레어를 함께 사용할 때 ASD아동의 62%에서 효과가 있다고 밝혔다. 부작용은 공격행동증가 6%, 수면장애 8%, 위장관의 불편함 12%, 체중증가와 눈 주위 종창 5%가 보고됐다. 1명에서 간효소 수치가 증가했다가, 치료 중단 후 정상수치로 돌아왔다고 했다.

(4) 저용량 날트렉손^{LDN} 치료

날트렉손은 아편이나 알코올중독 치료를 위해 1970년대부터 외인성 아편길항제로 이용되고 있는 약이다. 이 약물은 1984년 식품의약국 승인을 받았으며 1998년부터 레비아란 제품명으로 50mg이 이용되어 왔다. 일반적으로 하루 50~150mg의 정규 용량에서 알코올뿐만 아니라 모르핀, 헤로인과 같은 아편에 대한 희열반응을 차단한다. 저용량 날트렉손^{LDN}은 정규 용량의 1/10 미만인 1.5~4.5mg 범위의 용량이며 미세한 용량을 얻기 위해 캡슐이나 경피 크림제로 제조된다.

시토카인으로 작용하는 내인성 아편들은 모든 면역세포에 있는 아편성 수용체를 통해 면역조절효과를 나타낸다. Th1(T도움세포1)/Th2(T도움세포2)균형은 잘 알려진 면역분류방법으로 Th1세포는 세포매개성이나 선천면역을 촉진하는 반면, Th2세포는 체액성이나 후천성 면역을 유도한다. 단순하게는 Th1반응이 떨어지면 만성 감염이나 암을 일으킬 수 있고, TH2가 과도하게 작용하면 알레르기나 자가면역질환과 연관된 다양한 증후군을 유발할 수 있다. 2003년 11월 13일자 뉴잉글랜드저널오브메디슨에는 "임상 전 연구는 아편이 면역세포의 발달, 분화, 기능을 변화시키고, 선천면역과 후천면역 모두에 영향을 준다는 사실이 확실하다는 것을 보여준다"라고 발표됐다.[1a]

1970년대부터 많은 연구들을 통해 자폐아동에게 다양한 면역결함이 있다는 것이 확인되어 왔다.[1b] 감염체, 독성화학물(백신에 포함된 첨가물), 펩티드는 면역조절장애와 자가면역을 유발한다.[2] 카세인과 글루텐 제한으로 인지와 행동이 좋아진다는 사실은 아편계 길항물질인 날트렉손에 대한 연구를 고무시켰다.[3a,3b,3c] 1996년, 다양한 날트렉손 용량을 이용한 이탈리아 연구를 보면, 12명 중 7명의 아이들에서 현저한 자폐행동의 감소를 보였다.[4] 행동상 호전은 CD4/CD8 비율의 정상화가 증가하는 주요 림프구 분획의 변화와 함께 나타났다.[5] 그 이후로 자폐증에 대한 날트렉손 연구는 없지만, 다른 대규모 연구에 따르면 내인성 아편물질 분비가 면역계의 조화로운 기능에 중요한 역할을 한다는 것을 거듭 보여준다.[6] 내인성 아편은 엔도르핀이며 면역계의 주요 신호전달물질인 시토카인으로 작용한다.[7] 연구들에 따르면 자폐아동들에서 T세포, B세포, 대식세포에 의해 유발된 시토카인 반응은 대조군 아이들과 현저히 달랐다.[8]

a. 암, 자가면역질환에서의 LDN효과

1985년 HIV양성인 에이즈 환자의 면역반응에 대해 연구하던 내과의사 버나드 비하리는 규정량의 10%도 안 되는 낮은 용량의 날트렉손이 면역계를 자극하고 면역기능장애를 특징으로 하는 질환을 이겨내는 데 도움이 된다는 사실을 알게 됐다.[9a,9b] 이런 질환들에는 자폐증, 암, 자가면역질환이 포함된다. 낮은 용량의 날트렉손을 투여할 때 뇌 엔도르핀은 일시적으로 억제되는데, 이는 부작용이나 독성작용 없이 엔도르핀의 반응성 증가를 유도하여 면역계를 정상화시킨다.

날트렉손은 안전하고 중독이 없는 것으로 여겨진다. LDN을 오후 9시에서 오전 2시 사이에 투여하면 아편성 물질의 차단을 극복하기 위한 엔도르핀의 분비증가가 일어나며 이런 증가는 18시간 정도 지속된다. 암환자 연구에서 LDN은 자연살해세포와 다른 면역 방어체계를 증가시키며, 수백 명의 다발성 경화증 환자들은 정기복용으로 8~10년 또는 그 이상 질병 진행이 완전히 멈춘 상태를 유지한다. 암이나 자가면역질환 환자들은 정상적인 엔도르핀 생산의 회복을 위해 오후 9시와 오전 1시 사이에 LDN을 한 번만 복용하면 된다.

b. LDN과 자폐증

자폐증에서의 LDN 사용은 1990년대에 5~50mg을 매일 또는 격일로 복용한 것에 대해 연구가 있다. 초기에 연구자들은 카세인, 글루텐과 같은 거대펩티드에 대한 ASD아동들의 과민반응 때문에 아편 길항물질을 찾고 있었다. 이런 펩티드를 분해하는 효소가 대다수의 ASD아동에게 결핍되어 있으며, 그것들이 뇌에서 인지나 행동의 부정적 반응을 일으키는 아편성 물질을 형성하는 것으로 생각되고 있었다. 연구자들은 음식에 들어있는 물질들을 제한하는 대신 날트렉손을 이용해 아편 길항효과를 얻고자 했다.

판세프와 쇼톡 등과 같은 초기 연구자들은 저용량에서 더 나은 결과를 보고했다. 고용량 복용 연구는 별다른 차이가 없었고, 쓴맛 때문에 캡슐제를 삼키기 힘든 아이들은 복용하는데 어려움이 있었다. 개인적으로 요청한 LDN 경피크림제에 대한 임상연구에서 분자약리학자인 타이로스 스미스는 매우 효과적인 경피크림을 개발했다. 이 제품은 용량조절이 쉽고(1.5mg정도를 이용할 수 있다) 쓴맛이 문제가 되지 않으며 자는 동안 피부에 바를 수 있다. 크림은 주사기에 0.5ml를 담아서 소아는 3.5mg, 성인은 4.5mg을 이용한다. 대부분의 성인들은 캡슐제를 선호하지만 두 가지 모두 효과가 동일하다. 많은 크론병 환자들은 현재 경피크림제를 선호하는데 약물흡수에 장관기능이 관여하지 않기 때문이다.

나는 2005년 5월과 6월에 진료를 받았던 15명의 ASD아동을 대상으로 밤 9시에서 12시 사이에 3mg의 LDN투여에 대한 선행연구를 완료했다. 몇몇 성인도 참여했는데 크론병과 만성피로증후군이 있었으며 밤에 4.5mg을 투여했다. 부모들과 참여한 성인들은 매주 치료결과를 보고했다. 15명의 아이 중 8명이 긍정적인 반응을 보였는데 이 중 5명은 꽤 많은 변화가 있었다고 보고했다. 주요 반응에는 정서조절, 인지, 언어, 사회성 등이었다. 2명은 1.5mg으로 변경했을 때 더 좋은 반응을 보였다. 알레르기 반응은 없었으며, 주요 부작용은 불면과 일찍 깨는 것이 단기간 나타나는 것이었다. 2명의 성인도 좋은 반응을 보였는데 크론병 환자는 LDN을 시작한 이후 완화된 상태를 유지하고 있다고 했다.

이 연구의 모든 아이들은 생의학적 치료의 식이제한을 모두 잘 지켰다. 약 1,500명 가량이 등록되어 있는 LDN 자폐증 목록에서 약 5~15%의 아이들이 약을 중단하자마자 과민, 흥분, 초조, 우울 등의 부작용을 보였다. 이 반응들은 비록 짧게 나타나더라도 아편차단의 금단증상을 암시하기 때문에 부모들에게 자녀의 식이에 글루텐, 카세인, 콩이 있는지 물어보았다. 철저한 글루텐/카세인/콩 제거식이를 하는 아이들은 이 반응들이 적게 나타난다고 생각한다. 개인적으로 이런 부정적 반응은 식이제한을 시작하면 좋아질 수 있다는 진단적 의미로 여기고 있다.

즉각적으로 나타나는 정서, 인지, 사회성 부분의 긍정적 반응은 면역증강 때문인 것 같지는 않다. 성인들의 자가면역 연구를 보면 최적의 LDN 면역반응은 4~6개월에 나타난다는 증거가 있다. LDN 치료효과에 따른 뇌에서의 내인성 아편성 물질의 반등은 아편성 경로에 의해 자극되는 사회성 보상체계를 자극함으로써 환경에서 사회적 보상작용에 반응하지 않았던 아이들로 하여금 다시 반응하게 하는 것으로 보인다(엔도르핀은 행복감의 원천으로 여겨지고 있다).

외상이 있는 동물들도 LDN을 투여한 경우 소실된 사회화 행동이 새롭게 나타난다. 두 연구자 모두 사회적 지지와 격려에 의해 상당히 강화될 수 있는 긍정적 사회반응의 중요성을 강조했는데, 이는 새로운 행동이 긍정적인 행동교정으로 이어질 수 있도록 도와준다.

LDN 치료를 받은 어떤 아이들은 과잉행동과 수면변화뿐만 아니라 감기, 발열, 수포, 진균 증식과 같은 감염 양상을 보이기도 한다. 이 변화들은 전염성이 없으며 단기간 지속되는데, 이후 언어, 인지, 사회적 행동의 호전이 갑자기 나타나는 경우가 흔하다. 이것은 면역계가 다른 기능적 수준으로 변동되며, 따라서 이전에 억제되어 있던 일부 병원체 수치가 와해되는 것으로 설명될 수 있다. 과잉면역 때문에 아픈 적이 없었던 아이들이 병원체에 노출됐을 때 보이는 정상적인 면역상태로 전환되면, 항원과 반응하고 항원이 재침입했을 때 저항할 수 있게 된 것이다.

이럴 때는 즉시 용량을 줄이는 대신 원래 용량을 유지하라고 권하는데, 이런 반응은 약에 대한 적응시간을 줄여주는 것으로 보인다. 어떤 아이들은 용량을 줄여가는 것이 필요하지만, 원래 용량에서 최대 면역효과가 나타나기 때문에 가능한 치료과정을 유지한다. 하지만 장기적인 회복을 위한 면역계의 최적화가 아니더라도 즉각적인 사회적 보상과 적극성은 초저용량에서도 일어난다.

c. HIV양성 에이즈 환자에서의 LDN

2006년 20명의 ASD아동과 대부분이 ASD아동의 부모였던 38명의 성인을 대상으로 한 16주간의 두 번째 임상 연구에서 소아의 80%와 성인의 70%에서 CD4+세포의 증가가 나타났다. 우리는 현재 아프리카 말리에서 HIV양성인 성인을 대상으로 이 약물이 완전히 진행된 에이즈에서 면역계를 증강시키는지에 대해 연구를 진행 중에 있다. 현재의 에이즈 약물들이 바이러스를 죽이거나 약화시키는 것을 목적으로 하는 것과 달리, LDN은 환자 자신의 면역계를 증강하여 면역기능에 필수적인 세포들의 소실에 대비하고, 병원체의 침입이나 면역조절장애에 대항할 수 있도록 한다.

d. 최근의 기대되는 새로운 연구

2009년에 질 스미스 박사는 두 가지의 연구승인을 받았다. 하나는 성인 크론병 2기 연구이고, 크론병이 있는 아동에 대한 1기 연구이다. 다른 연구는 이스라엘에서 자폐아동의 행동인지 연구에 대해 승인받

275

앉고 다발성 경화증과 섬유근막통에 대한 LDN 연구는 진행 중에 있다. 최근 신경약물학자인 리차드 데스는 날트렉손과 같은 아편수용체와 산화환원반응 사이에 새로운 연관성이 드러났다고 알려줬다. 이 연구는 모르핀 치료에 의해 시스테인을 신경 내부로 이동시키는 수송체에 상당한 하향조절이 발생하는 것을 보여준다. 글루타메이트도 수송할 수 있다는 것이 알려진 후 EAAT3으로 명명된 이 수송체는 시스테인을 신경으로 보내는 유일한 물질이다.[10] 이 수송체는 메틸기 전달에 의해 호모시스테인으로부터 시스테인을 공급하는 신경에서 산화환원반응을 조절한다. 이 수송체를 하향조절하는 모르핀 작용은 LDN이 시스테인 이동을 증가시킬 수 있으며, 따라서 산화환원반응에 좋은 영향을 줄 수도 있다는 생각을 하게 만들었다.

다른 연구들에 따르면 모르핀 투약 후 뇌척수액에서 글루타치온의 급성 하향조절이 관찰된다.[11] 데스 박사는 모르핀으로 글루타치온 수준이 낮아지고 이것이 도파민 자극성 인지질 메틸레이션을 차단되는 방식으로 주의력 감소가 발생한다고 생각한다. 시스테인이 만들어지고 그래서 글루타치온이 더 만들어지는 방식으로 LDN은 뇌의 산화환원반응에 중요한 역할을 한다는 현재의 연구방향은 흥미롭고 검사가 가능하다.

데스 박사는 "산화환원반응은 모든 세포들의 핵심반응이기 때문에 산화환원반응에 영향을 줄 수 있는 약제들이 광범위한 효과를 보이는 것은 그리 놀랄 일이 아니다"라고 말한다. 이 부분에 대한 추가 연구가 계획 중이며, 이는 다양한 질환에서 면역증강을 위해 복용하는 LDN의 효능기전을 설명할 수 있을 것이다. LDN에 대해 자주 듣게 되는 말 중의 하나는 "사실로 받아들이기에는 너무 그럴 듯하게 들린다"

는 것이다.

효과가 있고, 독성이 없으며, 중독성이 없고, 비싸지 않은 행동과 면역조절제로서 LDN은 더 많은 ASD아동의 회복에 도움을 줄 뿐만 아니라 에이즈, 다발성 경화증, 크론병, 암, 엔도르핀 결핍 환자에게 도움을 줄 수 있다. 식품의약국 승인 약물로서 저용량이 이용되고 있으며 처방전이 필요하고, 필요한 만큼 조제되어야 한다. 약물을 감싸는 충전매체가 매우 중요한데, 알레르기가 없고 즉시 분비되어 뇌로부터 부신과 뇌하수체로 즉시 신호가 전달되어 엔도르핀이 생산되도록 해야 한다. 나는 개인적으로 경피제를 선호한다. LDN에 대한 더 많은 정보를 원하는 경우 www.lowdosenaltrexone.org나 www.LDNAfricaAIDS.org를 참고할 수 있다.

(5) 저옥살산염 식이요법

2005년 봄, 자폐증의 새로운 식이요법이 연구됐다. 저옥살산염 식이요법으로 불리는 이 요법은 신장결석 및 몸의 다른 곳에 옥살산염 결정체가 생기거나 용해성 옥살산염이 세포로 들어가 염증성 조직손상을 일으키는 환자들에게 예전부터 이용되어 왔다. 이 식이요법은 옥살산염으로 불리는 물질의 섭취량을 제한하는 것이다.

옥살산염은 식물들에 함유되어 있는데, 특히 견과류나 씨앗, 일부 채소와 과일에 풍부하다. 이것은 탄소와 산소로 이뤄져 있는 단순화합물이며 매우 반응성이 높다. 칼슘과 같이 전하를 띤 이온과 결합을 잘하고 납이나 수은과 결합하여 물에 잘 녹지 않는 복합체를 형성한다.

옥살산염이 과도하면 손상조직이 있는 곳으로 이동하여 결합하려는 경향이 있다. 그곳에서 통증과 산화손상을 일으켜 지질 과산화를 초래하고, 세포에서 글루타치온을 소실시키며, NFKappa B, 아라키돈산, COX2와 같은 염증성 인자들을 활성화시킨다.[1] 옥살산염은 비오틴 의존성 카르복실 분해효소와 다른 효소들에 들어가 미토콘드리아에서 에너지대사 결함을 일으키는 것으로 알려져 있다. 이 에너지 대사억제는 당분해, 신생당합성, 시트르산 회로, 전자전달계를 포함한다.[2,3,4]

신장전문의들은 수년 전 위장관 염증이 있는 사람들이 건강한 사람들에 비해 옥살산염 흡수를 7배 정도 더 하는 것을 발견했다. 자폐증이 있는 꽤 많은 사람들이 위장관 염증, 지방소화장애, 설사, 변비, 장누수증후군이 있기 때문에 이들에게서 원인불명의 과도한 옥살산염 흡수가 발생하는 것은 당연한 결과일 수도 있다.[5] 2005년에 수행됐던 소규모 연구에서 검사를 받았던 아이들의 소변에서 간헐적으로 옥살산염이 과다하게 검출되는 것이 확인됐다. 소변 옥살산염 수치상승이 하루종일 지속되지는 않았고, 하루 중 일정시간에 꽤 높은 수치로 상승했다.

이 아이들에게 저옥살산염 식이요법 후, 생리학적 및 신경학적으로 놀라운 호전이 있었다. 이 사실로 옥살산염이 혈액뇌장벽을 통과하여 뇌에 영향을 줄 수 있다는 가설이 제기됐다. 환자들은 대근육과 소근육운동, 운동계획, 표현언어, 인지와 실행기능 등에서 현저한 호전을 보였는데, 이 모두는 뇌 기능, 특히 소뇌 기능에서 긍정적인 반응이 있다는 것을 의미했다. 글루텐이나 카세인 제거식이 또는 특수탄수화물 식이요법SCD에서 충분히 호전을 보이지 않았던 아이의 위장관 문제가 호전된다는 보고가 있었다. 지속적인 피부병변과 발진, 성장지연과 같은 문제들도 호전됐다. 하루에 수차례 발작을 보이던 아이가 전혀 발작을 하지 않았다. 부모들은 다른 많은 영역에서의 호전에 대해 웹사이트로 알려줬다.

자폐증 옥살산염 프로젝트의 초기에는 과량의 옥살산염이 인체의 어디로 가는지, 과량이 흡수되는 경우 어떤 작용을 하는지 알 길이 없었다. 몇 년동안 옥살산염 연구자들의 노력으로 옥살산염이 특별수송체를 이용해 세포 내로 이동하는 것을 알게 됐다. 옥살산염은 황산염이나 중탄산염, 염화물과 교환될 수 있으며 실험적으로 살리실산염과 교환될 수 있다.[6] 이것은 이 물질들이 어떻게 ASD아동에게 문제를 일으키고, 또 어떻게 치료에 효과를 보이는지 설명해 준다. 황산염은 자폐아동에서 혈장 내 농도가 낮게 나타나는 경향이 있다. 황산염이 대부분의 자폐아동에서 정상적인 기능을 못하기 때문에[7], 자폐환자 몸의 다양한 조직에서 과도한 옥살산염이 정체된 상태일 수 있다. 이는 신장병 환자에 비해 자폐증에서 왜 더 다양한 문제를 초래하는지 설명해준다.

현재 오스트레일리아 퀸랜드대학의 다니엘 말코비치는 옥살산염 수송과정에 어떤 차이가 생기는지 연구하고 있다. 2008년 12월에는 국립보건원 회의에서 〈음이온 수송체와 옥살산염 항상성: 유전자에서 질병까지〉라는 주제가 발표되기도 했다.

유전적으로 Nas1을 탈락시킨 쥐는 낮은 혈장 황산염과 높은 황산염 요배출을 보이기 때문에 자폐증의 적절한 모델로 여겨진다. Nas1 쥐는 간에서 SAT1황산염 수송체를 과도하게 표현한다.[8] 몸의 다른 부위에서 세포들이 황산염 흡수를 증가시키기 위해 SAT1을 과도하게 표현하면, 세포 밖 옥살산염이 증가해 있는 경우, 그 세포들은 부적절한 양의 옥살산염을 대신 흡수할 것이다.

자폐증에 있어 황산염과 황산과 관한 논제들은 10년 전 영국 버밍험대학의 로즈마리 워링에 의해 연구됐다.[7] 그녀는 과도한 옥살산염이 신장에 정체되는 대신 장관, 폐, 피부와 같은 다른 부위로 배출되는 비정상 소견을 발견했다.

자폐증의 황 결핍은 글리콜산 산화효소와 젖산탈수소효소와 같은 효소의 활성을 변화시켜 옥살산염에 대한 대사물이나 전구체를 조절하는 방식에 영향을 준다.[9,10] 황 생화학의 관점에서 이 변화들은 황 문제가 없는 사람에 비해 자폐증에서 왜 소변 옥살산염에 대한 혈액 옥살산염의 비율이 다른지를 보여준다. 이런 이유로 자폐증에서 소변과 혈장의 옥살산염 수치의 변동성을 보여주는 연구논문이 발표 중에 있다.

인체는 옥살산염을 피부, 폐, 대변, 소변으로 배출하는 것으로 보인다. 오늘날까지 인체가 옥살산염의 배출경로를 언제, 어떻게 선택하는지, 배출경로가 언제 제대로 작동하지 못하는지는 잘 밝혀져 있지 않다. 이런 점은 옥살산염 소변검사의 해석을 어렵게 한다. 스페인의 마리아 클라베라가 보낸 최근 임상자료에 따르면, 식이요법 전 소변유기산 검사에 나타난 옥살산염 수치를 가지고는 어떤 환자들이 저옥살산염 식이요법으로 도움을 받을지 예측할 수 없다는 것이 드러났다. 첫 검사에 낮았던 일부 환자들이 식이요법에 가장 좋은 반응을 보이기도 했다. 소변 옥살산염 수치가 처음에 낮게 나타났던 것은 신장기능의 결함때문이고, 이는 소변 배출능력이 좋았던 사람에 비해 조직농도가 높을 수 있다는 것을 암시하는 것이었다.

초기 옥살산염수치가 식이요법으로 행동과 인지에서 어느 정도 좋아질지를 예측하는 데 비효과적이라는 것도 발견했다. 이 식이요법으로 큰 도움을 받을 수 있는 대상자가 누구인지를 예측하는 데 소변검사 이외에 어떤 검사가 효과적일지 알기 위해 옥살산염 전문가들과 함께 연구하고 있다. 현 시점에서 유전자 검사와 대변 옥살산염 분해능 검사가 옥살산염 식이요법의 위험군을 예측하는 데 많은 도움을 주는 것으로 여겨진다. 옥살산염을 연구하는 과학자들은 최근 신장에서와 같이 위장관도 과량의 옥살산염을 배출하는 기관이라는 것을 발견했다. 과량의 옥살산염은 위장관 세포에서 대변을 통해 배출된다. 이 과정의 조절은 갈증, 소변배출, 염분섭취를 조절하는 분자가 관여하는데, 일부 ASD아동의 과도한 소변량과 물 섭취에 대한 설명이 될 수 있다. 옥살산염이 감지되면 위장관 경로로 향하게 하며, 위장관에는 옥살산염을 이용할 수 있는 미생물이 있기 때문에 옥살산염은 흡수되지 않는다.

이와 연관하여 가장 중요한 미생물은 옥살로박터 포밍진oxalobacter formingenes이며, 이 미생물은 항생제에 의해 쉽게 사멸한다. 이 미생물은 한번 사멸하면 위장관에서 다시 집락을 형성하는데 매우 어려움이 있다.[5] 따라서 이 세균에 대한 유산균제가 개발 중에 있으며 유전적 과옥살산뇨증의 치료를 위해 시판될 예정이다.[11] 일부 락토바실루스와 비피더스 균주도 옥살산염을 이용할 수 있지만 옥살로박터만큼 효능은 없으며 옥살산염이 너무 많으면 사멸할 수도 있다.[5] 과학자들은 가끔 검정 얼룩을 포함한 모래 같은 대변의 정체를 아직 규명하지 못하고 있다. 이처럼 매우 거친 이 대변은 이 식이요법을 하는 사람에게서 흔히 나타나는 것 같은데, 이후 급속한 호전을 보이기도 한다.

칸디다를 포함한 미생물들은 옥살산염이나 그 전구체들을 합성한다. 칸디다는 당 아라비노스를 옥살산염 전구체로 대사할 수 있다.[5] 아라비노스는 자폐아동의 소변유기산 검사에서 흔히 높게 검출된다.[12] 이 당은 히알루론산에서 유도되는 것으로 생각되며, 위장관 염증, 특히 위장관에서 감마델타 T세포의 증가가 있는 경우 상승될 수 있다.[5] 감마델타 T세포의 상승은 수년 전 왕립자유병원의 연구를 통해 자폐증에서 발견됐다.[13]

예전 미생물이나 식물에만 있었던 것으로 여겨졌던 에너지 회로를 이용해 사람도 옥살산염을 제거할 수 있다는 것이 발견되고 있다. 글리옥실산 회로로 불리는 이 경로는 페록시솜에서 긴사슬 지방산을 대사하는 과정과 밀접하게 결합되어 있다.[14] 이 구조물은 세포에서 옥살산염이 제거되는 곳이다. 이 회로는 세포 연료인 포도당이 부족하거나 없는 경우 활성화된다. 이 회로는 탄수화물 부족으로 세포가 지방을 이용하는 경우 유도되며 긴사슬지방산의 베타 산화(지방분자가 에너지를 생산하기 위해 분해되는 과정-옮긴이)와 결합되어 있다.

에너지 대사에 관여하는 지방저장소는 감염이 있는 동안 중요한 역할을 한다. 사실 페록시솜에서 지방산 대사의 유전적 결함은 아이가 처음으로 질병에 걸린 후 발견된다. 글리옥실산염은 에너지 대체경로의 핵심중간물인데, 실제 시트르산회로의 단축된 회로에 해당된다. 시트르산이 미토콘드리아에 있는 반면, 글리옥실산 회로는 페록시솜에 있다.

프랑스에서 이뤄진 연구에 따르면 체외로부터 옥살산염이 들어올 때 글리옥실산염이 중간대사물질의 형태로 존재한다.[15] 어떤 원천이든지 글리옥실산염은 페록시솜에 들어오기 때문에 글리옥실산염 회로가 활성화될 때 작용하는 말산합성효소는 글리옥실산염을 제거한다.

물론 그 효소가 이용되지 못하면 이 회로 안의 글리옥실산염은 옥살산염을 형성하거나, 페록시솜에 있는 다른 효소인 AGT에 의해 글리신으로 전환될 수 있다. 이 효소는 자폐증에서 옥살산염 노출에 대한 반응이 서로 다른 것을 설명할 수 있는 부위에 해당한다.

글리옥실산염 회로의 유도는 특수탄수화물 식이요법SCD을 하는 경우 왜 옥살산염 수치가 조절되는지에 대한 설명을 가능하게 해준다. SCD에 의해 탄수화물 복합체가 줄어들면 탄수화물이 위장관 세포나 미생물 연료로 이용되는 것을 제한하고 대체경로로서 글리옥실산염 회로를 활성화시킨다. 그렇게 되면 말산 합성효소가 유도되어 식이에 있는 과도한 옥살산염이 제거될 수 있다. 그렇지만 말산 합성효소나 AGT기능이 떨어진 사람에서는 이소시트레이트에서 글리옥실산염이 형성됨으로써 더 위험할 수 있다. 다양한 상황에서 옥살산염에 의한 위험을 경감하기 위해 유전학 검사와 대체 에너지경로에 대한 실험실 검사가 필요할 것이다.

일부 자폐아동은 신장결석이 있고, 일부는 비뇨기계 문제를 지니고 있다. 우리는 생식기 부위의 통증이나 과도한 소변량과 같은 문제들을 가지고 있는 사람들이 저옥살산염 식이로 비뇨기과 문제들이 호전된 것에 고무됐다. 이와 비슷하게 생식기 통증이나 비뇨기과 문제가 있는 여성의 치료에 저옥살산염 식이가 도움이 됐다는 보고들도 있다.[16]

칼슘 옥살산염 결석이 있는 신장환자들은 결석이 없는 사람들과 비교해 소변 옥살산염 수치가 비슷한 수준이기 때문에, 이들은 신장에 특화된 보호물질들에 대한 특별한 문제를 지니고 있고 이런 문제들이 신장결석 발생위험의 원인이 된다고 여겨진다. 이런 신장위험인자들은 대부분 ASD아동들에게는 적용되지 않으며, 위장관으로부터 과량의 옥살산염이 흡수되더라도 신장결석이나 다른 비뇨기과 문제들이 일어나지는 않는다.

과학자들은 옥살산염이 뇌조직과 뇌혈관에 축적될 수 있다는 것을 알고 있지만 이에 대한 연구가 확실하게 이뤄진 것은 아니다.[17] 신장 옥살산염 문제는 심각한 신경학적 문제를 일으키지 않는 것으로 알려져 있다. 그러나 이 문제가 신장문제가 없으면서 신경학적 이상이 있었던 사람들을 연구한 것은 아니다. 더욱이 백금 옥살산염 정맥주사를 이용해 항암치료를 받은 환자들은 신장문제가 증가된 것 없이 높은 신경독성 발생률을 보였다.15 뇌의 취약성은 혈액뇌장벽의 약화와 연관될 수 있거나, 수송체 내에서 옥살산염과 비슷한 분자들이 정체되는 것과 연관된 문제일 수 있다. 다니엘 말코비치는 신장에서 황과 옥살산염을 교환하는 수송체 분자가 소뇌와 해마에서 매우 중요하게 작용한다는 것을 발견했다.[6] 만약 저옥살산염 식이가 과량의 옥살산염으로부터 장기의 보호에 도움을 준다면, 음식에서 옥살산염을 제거한 아이들에게 보였던 뇌기능의 호전은 식이요법으로 뇌에 축적된 옥살산염이 줄어든 것으로 설명할 수 있을 것이다. 현재 우리가 알아야 할 것은 부모들이 보고한 변화들이 왜 일어났는가 하는 점이다.

옥살산염은 위장관 염증이 없는 사람에서도 높게 나올 수 있고, 어떤 질환에서는 결장에 증상을 일으키는 유전자 결함으로 위장관에서 옥살산염에 대한 투과성을 증가시킬 수 있다. 어떤 경우에는 인체의 옥살산염 생산증가 때문에 수치가 높게 나올 수도 있다. 이는 비타민 B6, 티아민, 판토텐산과 같은 비타민, 마그네슘, 미네랄을 필요로 하는 효소가 기능을 소실할 때 발생할 수 있다. 이들 영양소들은 ASD아동에게 도움이 되는데, 이들 효소들이 옥살산염 대신 위해작용이 덜

한 다른 대사물질들을 만들기 때문일 것이다. 과도한 글리신이나 고용량의 비타민C는 옥살산염을 증가시킬 수 있다.[5]

　우리 프로젝트에서 보인 부정적 증상들이 예측하지 못한 것은 아니었는데 신장 환자에서 위험한 양의 옥살산염을 만들고 있던 비정상기능의 간을 이식한 후 몇 개월에서 몇 년이 지나 이와 동일한 증상들이 나타났기 때문이다. 과학자들은 환자들의 부검에서 몸의 여러 곳에 저장되어 있던 옥살산염을 발견했다. 이후 연구에서 간 이식에 의해 새로운 옥살산염의 원천이 제거된 후 몸속에 저장되어 있던 옥살산염은 점차 생화학적 결함을 일으켰던 세포에서 빠져 나오는 것이 밝혀졌다. 이 해독과정은 완료되는데 몇 개월에서 몇 년이 걸렸다. 혈액과 소변에서 옥살산염이 갑자기 증가한 것이 이런 현상이 일어났다는 증거가 됐다. 의사들은 장기적인 해독과정에 의해 이전에 과도한 옥살산염으로 손상을 받은 것으로 알려진 장기에서 결국 회복이 일어났다는 것을 알게 됐다.[18]

　간 이식 모델은 왜 저옥살산염 식이요법 도중 증상이 악화되는 시기를 거치다가 커다란 호전을 보이는지에 대한 이해를 도와주는 유일한 설명이 됐다. 이런 현상은 식이요법을 오래 지속한 사람에게 더 현저하게 나타난다. 현재 우리 프로젝트가 진행된 지 4년이 됐는데, 일부 자폐환자들은 간 이식 환자에서와 마찬가지로 식이요법을 한 지 2년이 됐는데도 가끔씩 '명현반응'을 경험한다. 일찍 호전을 보인 일부를 제외하고는 지금까지 현저한 호전은 대부분 식이요법을 시작하고 1년이 지난 후에 나타난다. 주의력 결핍장애가 있거나 아스퍼거증후군이 있는 학생들은 학업과 조직능력에서 큰 도움을 받았다고 말한다. 수십년 동안 자폐증이 있었던 성인들도 그들의 삶에 큰 변화를 경험한다.

신장병 환자가 옥살산염에 더 이상 노출되지 않고 몸이 해독할 수 있는 경우 더 이상 비가역적인 손상을 받지 않는다는 측면을 보면 자폐증에서도 많은 가능성을 제시한다. 부모들이 말하는 인지호전에 대한 과학적인 연구가 아직 진행된 것은 아니지만 앞으로 진행될 것이다.

경험상 위장관 염증이나 장누수가 있으면서 높은 옥살산염 식사를 해온 환자들에게 옥살산염을 낮추면 해독과정이 진행되면서 과도한 부정적 증상들이 동반된다. 이런 현상이 식이요법 초기에 나타나면 지속하기 어려운 면이 있지만, 엄격히 계속하면 크게 좋아질 확률이 높다. 글루텐/카세인 제거 식이요법이나 특수탄수화물 식이요법SCD을 시작하면서 옥살산염이 증가되어 있었던 사람의 초기 증상이 악화되는 것은 자폐증에서도 결코 예외가 아니었다. 여러 질환에서 저옥살산염 식이로 도움을 받고자 하는 사람들에게 우리 방법이 알려지면서, 가장 심한 부정적 증상들은 수년 동안 높은 옥살산염 식이를 해 온 장질환이 있는 성인들에게서 나타났다. 이전 식이요법의 효과에 만족했던 이들 성인들도 여전히 문제가 되는 부분에서 호전되는 것을 경험하기 위해 여전히 저옥살산염 식이요법을 원한다. 그들은 식이요법으로 새로운 호전을 경험했으며 옥살산염을 계속 낮추고자 노력한다고 말한다.

명현반응이 어떤 방식으로 나타날 것인가에 대한 검사들이 많아지면서 이것을 줄이거나 예방하는 방법들이 더 많아졌다. 지금까지 발견한 방법들은 Trying_Low_Oxalates@yahoogroups.com에 문의할 수 있다. 이 그룹에서 이 식이요법에 대한 최신정보를 얻을 수 있으며, 도움을 받았던 다양한 사람들과 연락할 수 있다. 여기에는 소아 지방변증, 낭성섬유증, 음부통, 간질성 낭염, 섬유근막통, 관절염, 팔목터널

증후군, 염증성 장질환, 레트 증후군, 엔젤맨 증후군 등의 환자가 포함된다. 최근 자료를 보면 다운증후군에서도 옥살산염이 문제가 된다고 한다.[19]

다양한 질환에서 이 식이요법이 어떻게 도움을 주는지에 대한 학술적 성과의 도움을 받을 수 있다. www.lowoxalate.info에서는 이 연구에 대한 대중적 정보를 계속 이용할 수 있고, 옥살산염 과학자들에 의해 이뤄지는 새로운 발견과 많은 식품에 대한 연구자료가 업데이트 되고 있다. 우리는 수많은 글루텐 제거 곡물에 대한 연구를 마무리하여 글루텐 과민증이 있는 사람들이 대체곡물을 선택할 때 옥살산염에 대한 걱정을 할 필요가 없게 하고, 카세인 제거를 하는 사람이 우유대체물에 대해 옥살산염 상태를 확인할 수 있도록 한 것에 매우 자부심을 가지고 있다.

저옥살산염 식이요법을 영구히 해야 하는 것은 아니지만, 몸에서 이 물질이 충분히 배출되도록 시간을 주어, 위장관을 충분히 회복시킴으로써 음식에 있는 옥살산염이 위험하지 않게 할 수 있다. 이 식이요법으로 이미 성공을 거둔 많은 사람들이 식이요법의 부담에서 점차 벗어나고 있으며 옥살산염이 매우 높게 함유되어 있는 음식만을 피하는 방향으로 가고 있다. 우리는 자폐증의 다른 치료 영역에서 이 식이요법을 어떻게 적용할 것인지에 대해 함께 배워가기를 기대한다.

11장

미토콘드리아 기능장애와 치료

자폐증과 미토콘드리아

자폐증과 관련하여 미토콘드리아 이야기를 들은 것은 2001년 가을 DAN! 학회에서 자문위원인 수디르 굽타의 발표를 통해서였다. 그는 "유전자는 총을 장전하고 환경은 방아쇠를 잡아당긴다"라고 말했다. 당시 우리는 자폐증에 있어서 백신에 들어있는 수은의 영향을 이해하기 위해 모든 노력을 다하고 있었고 〈자폐증: 수은중독의 새로운 형태〉라는 의학적 가설이 발표됐다.

굽타 박사는 미토콘드리아에 있는 설프히드릴기에 수은이 결합하여 DNA를 괴사시키고 세포막 투과성을 변형시켜 칼슘운반에 영향을 미친다고 설명했다. 또한 수은은 면역계에서 Th1를 Th2로 바꾸어 신호전달기전을 조절하지 못하도록 하고 결국은 자가면역상태를 유도한다고 했다. "티메로살은 미토콘드리아에 독이 되고 자폐증은 미토콘드리아 질환이다"라고 말하는 굽타 박사는 티메로살의 양에 비례하여 세포 사망이 증가하는 것을 보여주는 연구 그래프를 보고했다. 그 그래프는 매우 놀라웠고 우리가 티메로살에 대해 올바른 견해를 가지고 있다는 증거였다. ASD아동들의 체내 수은을 줄이기 위한 해독치료와 백신으로부터 얻게 된 수은을 없애려는 시도 역시 올바르다는 증거가 됐다.

미토콘드리아는 세포기능에 필요한 연료를 생산하는 세포 내 생물학적 발전장치다. 미토콘드리아 손상은 근육약화, 위장관, 심혈관계 문제부터 신경발달과 신경퇴행 문제까지 다양한 증상을 보일 수 있다. 미토콘드리아 질환에 대해 수년 동안 많은 연구가 시행됐지만 자폐증에서 특별하게 미토콘드리아의 역할에 대해 알려진 것은 없었다.

미토콘드리아는 2007년 한나 폴링이라는 아이의 자폐증이 19개월에 접종했던 9개의 백신때문이었다고 미국 정부가 공식적으로 인정했을 때 상당한 관심을 끌었다(한나의 어머니는 변호사였고 아버지는 신경학자였다). 백신에 대한 재판을 담당하는 법원은 많은 금전적 합의를 제안하면서 한나가 매우 특수한 경우로 '희귀한' 미토콘드리아 질환을 갖고 있기 때문이라고 주장했다. 신경학자인 한나의 아버지는 이런 결정이 극소수의 ASD아동에게만 해당된다는 결정에 동의하지 않았다.[1]

생화학과 생명공학저널에 최근 놀라운 논문이 발표됐다. DAN!의 다니엘 로시놀과 제프리 브래드스트리트는 미토콘드리아의 기능이상은 ASD아동에서 흔하고 백신의 티메로살과 독성물질이 이런 문제를 일으킬 수 있다는 증거를 간략하게 서술했다.[2] 이 연구는 소아 1만명 중 2명 정도에서 발생하는 고전적인 미토콘드리아 질환은 거의 없고 미토

11장 미토콘드리아 기능장애와 치료

289

콘드리아의 기능이상이 훨씬 일반적이라고 밝혔다. 미토콘드리아 기능 이상은 고전적인 질환보다 임상 양상이 심하지 않고 일반적인 근육 생검으로도 진단할 수 없다. 하지만 검사실 검사를 통해 추측할 수는 있다. 논문에는 "미토콘드리아 결핍을 의미하는 생물학적 표식이 발견됐지만 자폐증에서 미토콘드리아 기능이상이 잘 알려지지 않았고 적절한 치료도 이뤄지지 않은 것 같다"고 발표됐다.

1997년 이후로 자폐증에 대해 배우고, 글을 쓰고, 가르치는 일을 했는데 질병의 원인과 효과적인 치료법에 대한 새로운 지식들은 계속 많아지고 있다. 그래서 굳이 표현하자면 내 치료법은 '광범위 접근법'이라고 할 수 있다. 최근에는 미토콘드리아 질환의 효과적인 중재법 속에서 자폐치료에 유용한 정보들을 연구하고 있다(연구자인 테레사 빈스톡의 집요한 노력에 감사한다. 부록을 참고하라). 미토콘드리아의 부족이나 손상 치료법 연구들은 신경퇴행성이나 항노화(이 부분은 개인적으로 큰 관심을 갖는 부분이다)에 관한 것들이었다. 10년 전, J. 롬바드가 의학가설에 〈자폐증: 미토콘드리아 질환인가?〉라는 글에 이렇게 발표했다.

자폐증은 언어, 인지, 사회화의 어려움을 특징으로 하는 발달질환이다. 자폐증에 대한 다양한 생화학적, 해부학적, 신경방사선학적 연구에서는 뇌 에너지 대사의 장애를 보인다. 자폐증에서 생물에너지학적인 대사에 장애가 있는 기저원인은 알려지지 않았다. 가능성이 있는 원인으로는 중추신경계의 산화성 인산화 반응의 결함과 함께 미토콘드리아 기능이상을 생각해볼 수 있다. 젖산과다와 카르니틴 결핍이 이 가설을 지지한다. 미토콘드리아는 과다한 산화질소 생산과 연관되어 나타나는 방대한 내부적, 외부적 인자에 취약하다. 미토콘드리아의 기능을 증진시키기 위해 내부적인 독성대사물 생산을 줄이고, 산화질소 생산도 줄이고, 미토콘드리아의 효소활성을 자극하는 방법들이 자폐증 치료에 도움이 된다.[3]

미토콘드리아 질환이 처음 기술된 1960년대 초반 이후, 미토콘드리아 기능이상은 거의 모든 병리학적, 독성학적 상태와 연관되어 왔다.[4] 스티브 피스제니크와 존 노이스사드는 2006년 후반기에 실험분자병리학회지에 다음과 같이 썼다.

정신분열증, 조울증, 치매, 알츠하이머병, 간질, 편두통, 중풍, 신경성 동통, 파킨슨병, 운동실조증, 일과성 뇌허혈 발작, 심근증, 관상동맥질환, 만성피로증후군, 섬유근막통, 색소성 망막염, 당뇨병, C형간염, 원발성 담관경화증 등과 같이 연관 없어 보이는 많은 질환들이 기저에 공통적인 병리생리학적인 기전을 갖는다. 즉, 반응성 산소류ROS 생산으로 미토콘드리아의 DNA 손상이 축적되고 결국 미토콘드리아 기능이상이 나타난다.[5]

로시놀과 브래드스트리트가 ASD에서 환경에 있는 독성물질이 미토콘드리아 기능이상을 일으킨다고 확신하는 것은 중금속, 농약과 같은 살충제, 산업성 화학물질에 의한 미토콘드리아 기능이 억제된다는 증거를 바탕으로 한다. 이것은 2001년 발표된 굽타 박사의 소견과 10년 전 발표된 롬바드의 가설과도 일치한다. 2005년 발코는 자유라디칼을 만드는 독성금속(특히 수은)의 유해한 작용은 DNA 손상, 지방 과산화와 글루타치온과 같은 설프히드릴 단백질의 고갈을 가져온다고 기술했다.[6] 활성형태의 글루타치온 수치가 낮을 때 미토콘드리아 기능의 영향을 연구한 질 제임스 연구와도 연결된다. 산화스트레스 증가를 알려주는 생물학적 지표에 대한 제임스의 연구는 정상적인 신경계 발달을 보이는 아동과 비교했을 때 ASD아동에게서 중요한 항산화작용을 하는 항목들의 수치가 적정 정도 아래였음을 보여줬다.[7]

자폐증 원인으로서 미토콘드리아 기능이상을 알려주는 증거들은 더욱 많아지고 있다. 미토콘드리아 기능이상은 자폐증의 가장 흔한 대사상 원인일 가능성이 높고, 점차 이 질환에 대한 검사의 관심도가 증가하고 있다. 미토콘드리아 기능이상을 알려주는 생물학적 지표들은 피루베이트 수치, 혈장의 알라닌/리신 비율, 젖산수치, 카르니틴, 소변유기산(카르니틴, 암모니아, 산화스트레스 지표 등) 수치이다.

피스제니크와 노이슈타트는 미토콘드리아 기능이상을 알아보는 가장 중요한 검사로 소변 유기산검사를 지목한다. 그들은 리차드 로드와 메타메트릭스의 알렉산더 브랠리가 유기산 연구 분야에서 세계적으로 주도적인 역할을 하는 두 사람이라고 생각한다. 나는 여러 해 동안 메타메트릭스의 소변 유기산검사인 오가닉스를 이용해왔고, ASD환자의 검사 중 가장 많이 이용하고 있으며, 매우 유용하다. 영양성분 보충이 미토콘드리아 질환에 도움이 되고, 이 검사에서 비정상범위를 보일 때 메타메트릭스가 추천하는 많은 치료법이 의미가 있다고 생각한다. 기능적으로 영양결핍을 보일 경우 오가닉스에서는 해독경로에 안 좋은 영향을 미치는 독소의 존재를 알려준다. 로드와 브랠리의 검사 서적을 이용하여 어떤 검사를 할 것인지 결정할 수 있고 생의학적 방법을 이용할 수 있는 의료인에게 치료 받을 것을 강력 추천한다.[8]

미토콘드리아 기능이상에 대한 효과적인 치료법이 있어서 매우 기쁘다. 특히 미토콘드리아 손상은 누적되는 경향이 있는데 동물연구에서 특정 영양소를 공급하여 온전한 미토콘드리아의 증식이 증가하고 손상된 미토콘드리아 밀도가 감소했다는 것은 고무적이다.[9] 기능이 낮은 미토콘드리아에 의해 영향을 받는 많은 질병에 대해 영양제 종류, 용량, 비율과 조합에 관한 더 많은 연구가 진행되어야 한다.

미토콘드리아 질환 치료

많은 약이 미토콘드리아 대사를 저해한다. 이런 약들은 미토콘드리아질환 환자에게는 투여하지 않아야 하는데 예를 들면, 밸프로산, 살리실산, 핵산류, 아미오다론, 테트라시클린, 바비튜리트, 클로람페니콜이 있고 철, 에탄올, 시안화물(청산가리), 안티마이신A, 로테논과 같은 화학적 독소가 포함된다. 경련을 조절하기 위해 페노바비탈을 사용해서는 안 된다. 왜냐하면 페노바비탈은 산화성 인산화반응 OXPHOS(oxidative phosphrylation, ATP에 의해 전자가 NADH나 FADH2에서 산소분자로 이동하는 과정이다. 궁극적으로 전자의 수용체는 산소분자이다. 호흡사슬이라고도 알려진 전자전달사슬은 NADH와 FADH2에서 산소분자로 전자를 전달하는 전자전달시리즈의 하나이다)를 억제할 수 있기 때문이다. 마찬가지로 밸프로산은 호흡과 지방산대사에 영향을 미치기 때문에 조심스럽게 사용해야 한다.

몇 가지 비스테로이드성 소염제는 OXPHOS를 억제하여 좋지 않은 임상결과가 나타날 수 있다. 아미노글리코시드계 항생제는 아미노글리코시드에 의한 청신경 독성의 위험이 높기 때문에 미토콘드리아 변형이 있는 환자에게는 절대로 사용해서는 안 된다.[10]

미토콘드리아 기능 검사

미토콘드리아 손상은 진단이 어렵고 증상 역시 경미한 정도부터 생명이 위험한 경우까지 다양하다. 일반적인 미토콘드리아 기능이상을 측정하기 위해 일차적으로 유기산검사를 한다.[11] ASD아동들을 대상으로 유기산검사를 해보면 거의 모든 경우에 L카르니틴, 리보플라빈, 코엔자임Q10, 비타민B군, 특히 티아민, 니코틴산, 피리독신이 필요하다. 소변/혈액 유기산검사에서 아디프산과 수베르산의 증가는 지방분자에서 에너지를 얻는 미토콘드리아 능력이 떨어져 있음을 의미한다.

유기산검사는 미토콘드리아의 에너지전달 대사과정에 있는 물질인 시트르산, 말산, 푸마르산, 알파키토글루타르산 등의 수치를 측정한다. 피루브산 역시 중요하다. 피루브산은 에너지전달의 화학과정으로 들어가는 입구 역할을 한다. 티아민 부족, 수은, 비소 등으로 입구가 막히면 피루브산과 함께 젖산이 축적될 수 있어서 유기산검사에 반드시 포함되어야 한다. 젖산이 정상적으로 만들어지는 것은 운동할 때 근육에서 그리고 뇌가 활성화될 때이고 가만히 있을 때 젖산수치가 증가한다는 것은 미토콘드리아에서 에너지생산이 잘되지 않아서 당분해가 일어난다는 것을 의미한다. 혈액에서 젖산수치가 비정상적으로 많이 증가된 경우는 혈액채취에 사용되는 압박대의 사용이 원인일 수도 있고 아이가 너무 발버둥 치는 바람에 증가될 수도 있다. 그래서 일반적인 검사실에서 실시하기 쉬운 검사가 아니다. 혈액에서 젖산을 측정하려면 압박대를 사용하지 않아야 하고 최소 5분 이상 안정을 취한 후에 혈액을 채취해야 하고 검사 전 24시간 동안 격렬한 활동을 하지 않아야 한다.

공복시 혈액이나 척수액에서 아미노산인 알라닌의 증가, 젖산과 피루브산염의 비율증가, 소변에서 유기산수치 증가, 혈액에서 아실카르니틴과 자유카르니틴의 비율증가 등은 미토콘드리아 질환의 가능성을 높이는 생화학적 이상소견들이다. 미토콘드리아 질환이 일시적으로 진행되지 않고 있으면 생화학적 이상이 나타나지 않을 수 있다는 것도 기억해 두어야한다. 이 경우 정확한 진단을 위해서는 더욱 복잡한 과정이 필요하다. 소변 유기산검사에서는 메틸말론산을 측정하는데 오가닉스의 일반적인 검사항목으로 ASD아동에서 미토콘드리아 기능이상을 나타내는 가장 중요한 항목이다. 임상결과를 보면 ASD아동의 소변 유기산검사에서 메틸말론산이 증가된 경우는 30~60% 정도이다. 메틸말론산이 높은 것은 비타민B12 장애를 의미하며 이런 결과가 나왔을 때에는 언제나 폴린산 800mcg을 복용하면서 메틸B12를 피하주사하거나 비강 내 분사하는 치료를 해야 한다고 생각한다.

미토콘드리아 질환에 주로 쓰이는 최근 치료법

미토콘드리아 질환에 주로 쓰이는 최근 치료법들은 일반적으로 보조적인 것들이다. 여러가지 '미토콘드리아 칵테일'과 경험에 의한 영양요법, 보조치료법, 호흡사슬계에 해로운 영향을 미치는 약을 피하는 방법들이다. 대증적인 치료법으로는 급만성 대사성 산성 혈액증에는 중탄산나트륨, 빈혈과 혈소판 감소증에는 수혈, 만성 췌장부전에는 췌장효소 투여, 신부전에는 전해질 투여 같은 것들이다. 공복이 아닌 상태에서 측정하고 심한 운동이나 발열과 같이 대사가 과다한 경우에는 측정하지 않는다. 감염은 빠른 속도로 대사에 나쁜 영향을 미치기 때문에 즉각적인 치료가 필요하다. 흥미롭게도 유산소 운동을 지속적으로 하면 미토콘드리아 기능이상에 의해 생기는 운동과민증 같은 증상이 좋아질 수도 있다.[12]

미토콘드리아를 중심으로 한 ASD치료에 추천되는 영양소

수년간 시행해 온 생의학 치료의 대부분은 미토콘드리아 관련 연구에서 내가 찾아낸 치료법으로 ASD아동 중 미토콘드리아 기능이상이 있는 경우 도움이 됐다. 미토콘드리아 치료에서 많이 논의되는 영양소 중 아이들에게 매우 유익한 3가지 영양소를 알아냈다. 3가지 영양소는 카르니틴, 코엔자임Q10, 리포산이다. 10년 전 국립과학아카데미에서 산화스트레스를 받은 늙은 쥐에서 아세틸-L-카르니틴이 미토콘드리아 기능과 근육활동성의 일부를 회복시켰다는 연구결과가 보고됐다. 모레이라 연구는 아세틸-L-카르니틴과 리포산을 함께 먹였을 때 더 좋은 결과를 얻었다고 보고했다.[13] 최근 연구에서 N아세틸시스테인, 리보플라빈, 알파케토글루타래이트, N아세틸L카노신과 우리딘(트리아세틸우리딘)이 자주 언급되는 것을 볼 수 있다. 아미노산검사와 유기산검사에서 비정상 소견을 보인 자녀를 치료하는 부모에게는 이 성분들이 친숙할 수도 있겠다.

영양제 중 어떤 것들을 함께 사용하는 것이 상승효과가 있는지에 대한 연구가 시도되고 있고, 영양제회사들도 미토콘드리아 칵테일 제품을 만들고 있다〈Thorne사(Neurochondria), VRP사(Neuron Growth

Formula), Life Extension Foundation사(Mitochondrial Energy Optimizer),
Prothera사(Mitothea), Ecological Formulas사(Mitochondrial Catalysts)〉.

에콜로지컬 포뮬러에서는 티아민(TTFD로서), 리보플라빈, 알파케토글루타래이트, 이노신, 글리신 프로피오닐L카르니틴, N아세틸L카노신, 트리아세틸우리딘이 매우 소량씩 들어 있는 제품을 '바이오에너제틱 포뮬러'라고 부른다. 이 회사의 사장을 사적인 자리에서 만났을 때, 이 제재에는 우리딘이 10mg들어 있는데, 내가 연구한 자료를 바탕으로 하면 나이가 많은 소아나 어른들에게 좋은 효과를 얻으려면 우리딘은 하루에 300mg이상 필요한 것 같다고 사장에게 말한 적이 있다. 또한 최적 용량으로 들어있는 혼합제재는 엄두가 안 날 정도로 비쌀 것이라는 이야기도 나누었다.

혼합제재에서 각기 다른 영양소들에 대해 최적 용량을 시험하는 것은 우리가 각각 영양소의 이상적인 용량이라고 알고 있는 정도와는 차이가 있을 수 있다. 2008년 후반기에 치료에 반응이 적은 환자 12명을 위해 여러 영양제 회사의 제품을 혼합하는 방법을 이용하고 반응을 측정했는데 결과는 매우 다양했다. 흥미로운 것은 성인과 성인 정도로 큰 아동에게서 가장 좋은 결과가 나타났고, 1명의 나이가 좀 많은 아동에게는 반응이 전혀 없었다. 또 어린 소아들은 약간의 퇴행을 보였고 그 중간 정도의 아동들은 그다지 뚜렷한 반응을 보이지 않았다. 아직도 영양소를 조합하여 최상의 반응을 얻기 위해 다양한 방법을 시도 중이다.

미토콘드리아 기능을 돕는 영양소에 대한 기록은 알츠하이머병과 같은 질환의 항노화와 신경퇴행성 질환에 대한 연구에서 많이 찾아볼 수 있다. 2005년 패리스 키드는 미토콘드리아 기능부전에 대한 대체의학적 접근을 살펴보는 광범위한 내용의 논문을 썼다(미토콘드리아 기능부전에서 발생된 신경퇴행: 영양소, 줄기세포, 성장인자와 통합적인 치료법을 이용하여 뇌를 재건하는 것에 대한 전망). 이 논문은 쏜사Thorne의 웹사이트에서 볼 수 있다. 이 논문은 뇌에 활력을 주는 방법으로 안전하고 효과적인 영양소를 통합한 실제적인 영양요법을 제안한다.

여전히 중요한 영양소 사이의 상승효과에 대한 실험은 필요하며, 성분 하나 하나를 선택해서 복용하려면 비용이 많이 들 수도 있다. 나만의 항노화요법을 통해서 영양제를 교대로 사용할 수 있다는 생각이 들었다. 어느 하나의 영양소가 확실히 도움이 되는 특정반응을 얻을 수 있는 것이 아니라면 우리가 중요하다고 생각하는 영양제 목록이 너무 길기 때문이다. 누군가가 건강한데 예방적으로 항노화 영양제와 같은 것들을 먹을 때는, 영양이 부족하고 질병이 있는 사람에게 나타나는 반응이 나타나지 않을 수 있다.

미토콘드리아 건강에 중요한 영양소

다음에 이야기 할 영양소들은 ASD아동에게 도움이 되는 것 중 많이 연구되고 최근에 좀 더 중요하다고 생각되는 것들이다. 미토콘드리아의 기능이상에 대해 더 많이 알게 되면서 매일 영양제 목록이 길어지고 있다. 일반적으로 인터넷과 미토콘드리아 영양요법에 대한 문헌을 통해서 특정제품에 관한 정보를 얻게 된다. 자폐증에 도움이 되는 거의 모든 영양치료는 미토콘드리아에 도움이 되는 목록에 포함된다. 이와 함께 특정운동 프로그램(저항운동과 내구력 운동)과 고압산소치료도 도움이 된다. 아래 설명할 영양소 목록에는 포함되지 않지만 미토콘드리아 기능을 최적화하기 위해서는 다음의 몇가지 중요한 영양소들이 있다.

엔아세틸시스테인NAC(글루타치온의 중요한 전구체), 리튬 오로테이트, 이노신, 크레아틴 일수염, 환원형 니코틴아마이드NADH, 수산화아민, 녹차 카테킨, 타우린, 이데베논, 피리독살 5인산염, 커큐민, 에스트로겐, 프로게스테론, 글리세로포스포콜린, 리보플라빈, 티아민, 메틸 비타민B12와 다른 비타민B군, 비타민K, 비타민C, D, E, 리보오스, N아세틸L티로신, 비오프테린, 후퍼진, 루테올린, 마그네슘이 포함된다.

a. 카르니틴

아세틸L 카르니틴ALCAR은 미토콘드리아기능에 필수적인 영양소로서 미토콘드리아 내에서 지방이 에너지로 전환하는 기능을 활성화시키고, 체내 생화학적 과정을 통해서 풍부한 에너지를 공급하는 데 도움을 준다. ALCAR과 아세틸 유도체가 아닌 L카르니틴은 지방산이 미토콘드리아로 쉽게 이동하게 하여 OXPHOS의 기질이 되게 한다. ALCAR이 미토콘드리아의 ATP생산을 활성화시키고 산화손상으로부터 미토콘드리아를 보호한다는 실험증거가 있다.[14,15] 아세틸L 카르니틴 아르기내이트는 아세틸L카르니틴의 특별한 형태로 알츠하이머병과 관련된 단백질인 베타아밀로이드의 독성효과에 대항하여 뇌세포를 보호한다.[16] 긴 가지 모양의 섬유조직으로 뇌세포들을 연결해 신호를 전달하는 신경돌기의 성장을 자극하는 작용을 한다. 이런 결과는 동물실험에서 19.5%까지 나타났다.[17]

유기산검사를 했을 때 ASD아동이 지방산 대사를 도와주는 L카르니틴이 필요하지 않다는 결과를 보이는 경우는 매우 드물다. 소아들이 일반적으로 L카르니틴에는 반응을 보이지 않는데 아세틸을 함유한 형태에는 과잉행동을 보이기도 한다. 최근에는 효과를 올리고 과잉행동을 줄이기 위해 활성화된 영양소와 애쉬와간다, 바코파 같은 약초를 함께 준다.

b. 코엔자임Q10

코엔자임Q10(유비퀴논, 유비퀴놀)은 강력한 항산화제이고 리포산과 비슷하게 생물에너지학적 효소의 보조인자로 작용한다. 또, 미토콘드리아로 들어가 지방과 당분을 에너지로 바꾸는 산화작용을 촉진하고 조절한다. 유감스럽게도 코큐텐 수치는 나이가 들어가면서 점점 낮아진다. 나이 든 성인의 코큐텐 수치는 젊은 성인의 50% 정도이다.

미국과학아카데미에서는 코큐텐이 뇌에서 대사된 에너지수치를 향상시킨다는 연구결과를 내놓았다.[18] 이런 오르토분자는 미토콘드리아의 산화인산화 과정에서 가장 중요한 역할을 한다. 즉, 복합체들 사이에 전자를 전달하여 미토콘드리아 내막의 OXPHOS복합체에 강력한 항산화작용을 한다.

미토콘드리아 기능이 보통 이하나 병적 상태를 보이는 것은 예외 없이 코큐텐의 결핍과 관련이 있다. 코큐텐은 모든 질환에 걸쳐 매우 중요하기 때문에 나는 성인이든 아이든 거의 모든 환자들에게 흡수가 잘되는 새로운 형태인 유비퀴놀을 복용하게 한다. VRP의 Kife Extension, Foundation사와 그 외 회사들의 제품을 이용하는데 소아는 50mg을 하루에 1~2개, 성인은 100mg이나 그 이상을 처방한다.

c. 리포산(환원형)

리포산은 효과적인 항산화제로 혈액뇌장벽을 통과할 수 있고 환원 글루타치온을 보존하거나 재생시킬 수 있으며 중추성 세포의 항산화제로 작용하며 미토콘드리아 대사에서 핵심적인 역할을 한다. 생물학적으로는 단백질 형태로 존재하는데 리포아미드로서 리실기와 결합한다. 최근 몇 년 사이에 리포산, 특히 환원형 리포산이 많은 관심을 받았다. 리포산이 과산화 라디칼, 수산 라디칼, 차아염소산, 페록실 라디칼, 일중항산소와 같은 산화제에 반응하기 때문이다.

리포산은 산화된 비타민C와 산화형 글루타치온을 감소시켜 세포막을 보호하고 비타민E를 재활용하게 된다. 알파리포산을 투여하는 것은 당뇨병, 백내장, 신경퇴행, 에이즈 바이러스 활성화와 같은 산화손상에 도움이 된다. 리포산은 미오글로빈, 프로락틴, 티오레독신, NF카파B 전사인자와 같은 단백질의 산화환원반응을 조절하는 역할을 하고 신경세포에서 신경을 보호하는 효과가 있다. 리포산의 다른 항산화기전은 중금속 해독작용이다.[15] 리포산은 뇌에서 항염증 작용과 항홍분 독성작용을 돕는 항산화제로서 가장 오랜 실험적/임상적 기록을 갖고 있다.[14] 나는 하루에 100~300mg정도로 낮은 용량으로 시작해서 천천히 증량하면서 최적 용량을 찾아간다.

d. 필수지방산(특히 DHA)

필수지방산은 자유라디칼에 의한 산화를 방지하고 그 외 많은 생물학적 작용에 필요하다. 전반적으로 뇌와 심장 건강에 중요하다고 알려져 있다. 최근 동물실험은 오메가3 지방산을 복용했을 때 뇌기능이 향상되도록 뇌세포 유전자가 작용하게 한다는 것이 밝혀졌다.[19] 이와같은 생화학적인 세부설명은 생선기름이나 오메가3의 다른 공급원이 풍부한 식사가 기억력과 인지에 좋다는 우리의 이해를 돕는다.[20] 오메가3지방산의 하나인 DHA는 특히 뇌기능을 향상시킬 수 있다는 것 때문에 큰 관심을 받고 있다. DHA는 세포막에 높은 농도로 존재하고 유아들의 뇌발달에 필요하다. 뇌가 발달하는 동안 DHA가 부족하면 인지와 학습결함을 유발한다.[21]

DHA는 아밀로이드베타라는 신경독성물질을 억제하여 뇌세포를 보호하는 데 도움이 된다. DHA를 공급하면 DHA결핍으로 인한 인지저하를 되돌릴 수 있다고 한다.[20] DHA가 뇌기능을 건강하게 하는 데 매우 중요해서 전문가들은 유아용 영양제에는 DHA가 포함되어야 한다고 생각한다.[22] 나 역시 ASD아동들을 치료하는 과정에서 오메가3가 인지와 언어를 호전시키는 데 매우 효과적임을 발견했다. 특히 유리딘을 함께 주었을 때 상호 상승작용이 일어난다. 어린 소아에게는 하루에 2회 450mg을 주는 것을 시작으로 하여 나이가 많은 아동에게는 900mg을 하루에 2회 주고 EPA는 같거나 약간 적은 양을 먹인다.

e. 카노신

카노신은 세포에서 자연적으로 생기는 것으로 알린과 히스티딘 아미노산이 연결된 디펩티드이다. 강력한 항산화제로 자유라디칼의 청소부 역할을 하므로 당화반응에 대항해서 싸우는 데 매우 유용한 무기가 된다. 당화반응은 체내에서 단백질이나 DNA분자가 당분자와 화학적으로 결합할 때 일어나는데 미토콘드리아 단백질의 기능과 효율을 감소시킨다. 이런 당분들은 본격적인 당화최종산물AGEs를 만들어서 주변 단백질과 교차결합하여 조직을 딱딱하게 하고 경직되게 만든다.

이것은 피부에서 콜라겐과 엘라스틴의 유연성을 잃어버리게 하고 외관 상 보기에 주름이 생긴다.

이처럼 단백질 유연성과 기능성을 감소시키는 당화반응은 백내장의 주범이고 관절염과 죽상동맥경화증 같은 수많은 퇴행성 반응에 관여한다.[23] AGEs 역시 신체 내 염증반응을 촉발한다. 즉, 뇌에서 어떤 세포들이 자유라디칼과 시토카인과 신경세포에 독성이 있는 접합분자 같은 면역계 인자들을 내보내는 것으로 보인다.

영양제를 먹으면서 카노신 복용을 늘리면 당화반응의 일부 효과를 느리게 하거나 때로는 아예 뒤바꿀 수 있다. 또한 알데하이드와 지방의 과산화반응 산물과 같은 반응성 화학물질을 불활성화시킴으로써 자유라디칼을 청소하는 역할도 한다. 나는 Life Extension Foundation의 Super Carnosine 1캡슐을 하루에 두 번 복용하게 한다.

f. 벤포티아민, 티아민

나이를 먹어 가면서 당분수치가 증가하면 대사증후군, 당뇨병, 심혈관 질환 같은 생명에 지장을 주는 질병이 생길 수 있다. 높은 혈당 수치는 미토콘드리아 자유라디칼 생산증가와 관계있고 노화에 따른 합병증 역시 증가한다. 체내 단백질 효소 중 하나인 케톨 전이효소는 당분대사에 매우 중요하다. 그리고 많은 효소들과 마찬가지로 케톨 전이효소 역시 티아민이라는 보조인자가 필요하다. 티아민은 수용성이어서 세포에서 이용되기 어렵다. 벤포티아민은 티아민이 약간 변형된 형태인데 변형덕분에 지용성이 되어 수용성 티아민이 통과할 수 없는 신체 여러 영역으로 들어갈 수 있게 되고 세포배양을 통해 케톨 전이효소의 활성도가 300%로 증가하는 것을 확인할 수 있다.[24]

케톨 전이효소에 대한 벤포티아민의 왕성한 활동성은 혈관손상을 일으키는 4가지 대사경로 중 3가지를 차단하는 것으로 보인다. 또한 벤포티아민은 염증을 조장하는 전사인자와 염증, 종양생성, 노화에 의한 시력감퇴와 당뇨병으로 생기는 망막질환에 연관된 핵인자 카파베타NF-kB의 활성화를 차단한다. 나는 모든 성인 환자와 ASD아동 중 큰 아이들에게도 벤포티아민을 추천한다. Life Extensio Foundation의 Mega-Benfothiamine 250mg과 Prothera의 150mg 제재로는 매일, 하루에 2회 복용하는 것을 추천한다.

g. 포스파티딜세린

포스파티딜세린은 신경세포의 세포막을 구성하는 필수적인 인지질로서 신경성장인자 수용체의 농도를 증가시켜 신경성장인자에 영향을 미치는 것으로 밝혀졌다. 포스파티딜세린은 미토콘드리아막의 주요 인지질 성분인 포스파티딜 에탄올아민의 전구체로서 뇌세포 안으로 포도당의 운반을 효율적으로 하도록 돕고 아세틸콜린 생산을 향상시켜 미토콘드리아 기능을 향상시킨다. 유럽과 일본에서는 처방약으로 판매되지만 미국에서는 영양제로 이용된다. 유럽에서 시행된 연구를 보면 포스파티딜세린을 치매환자에게 투여했는데 인지기능이 향상됐다는 보고가 있다.

동물실험에서 포스파티딜세린은 노화의 신경학적 영향을 약화시키고 다양한 과제를 수행하면서 정상적인 기억력을 회복시킨다고 보고됐다. 한 연구에서는 15명의 건강한 노인자원자들에게 포스파티딜세린 100mg을 하루 세 차례 복용시키고 처음 상태와 6주, 12주 후 상태를 비교했더니 6주 후, 12주 후 모두 인지기능이 현저히 호전됐음을 볼 수 있다. 포스파티딜세린은 21명을 대상으로 한 이중맹검 연구에서 기억력, 학습 능력이 호전되고 정서가 안정됐으며 스트레스를 받았을 때 안정감을 보이는 등의 효과를 나타냈다.[25] 그래서 소아들에게 기억력과 인지력 향상을 위해 매일 포스파티딜세린 100mg 복용하는 것을 60회 이상 시행하도록 추천하고 성인들은 하루에 2회 복용하는 것이 도움이 된다.

h. 우리딘(트리아세틸우리딘)

우리딘이나 우리딘5일인산염은 RNA와 DNA를 구성하는 단위로서 아세틸카르니틴 아르기내이트와 아세틸카르니틴처럼 뇌 건강에 중요하다. 우리딘5일인산염은 우리딘의 일반적인 공급원이 되는데 포유류의 젖에서 발견된다. 우리딘이 일생동안 성장발달에 필수적이라는 것을 보여주는 연구가 최근에 증가하고 있다. 성숙한 포유류는 스스로 우리딘을 만들 수 있기 때문에 우리딘이 초기 발달단계에 있는 유아에게만 필요하다고 생각됐던 때도 있었다. 우리딘 일인산염은 아직도 모든 유아용 영양제와 대부분 비경구용 영양제에 포함되어 있다.

1960년대에 우리딘이 성인 뇌기능에 필수성분이라는 것이 밝혀졌다. 1968년에는 우리딘이 시티딘의 공급원이고 세포막 성분의 구성단위이면서 신호전달의 중개역할을 하고, 포스파티딜콜린은 기억력에 필수적이며 세포막의 주요 구성분이라는 것이 밝혀졌다. 포스파티딜콜린 수치는 모든 포유류에서 나이가 들면서 감소하고 이것은 기억력 소실에 중요한 역할을 하는 것 같다.

2000년에는 인간의 뇌세포가 4일 동안 우리딘에 노출됐을때 신경돌기의 가지뻗기와 미세신경섬유의 수가 증가한다는 것이 밝혀졌다.[26] 뇌세포에서 핵산의 구성분인 뉴클레오티드 합성을 방해하는 다양한 화학물질이 우리딘에 의한 신경돌기의 가지뻗기를 막는다는 것은 우리딘이 신경 재생을 맡고 있음을 보여주는 것이다. 2005년에는 뇌세포 배양조직에 첨가한 우리딘은 신경돌기의 가지뻗기를 자극하고, 세포마다 새로운 신경돌기 수를 증가시켰다는 연구가 발표됐다. 연구자들은 우리딘이 두 가지 경로를 통해 신경돌기의 가지뻗기를 자극한다는 것을 발견했다. 우리딘은 포스파티딜콜린 합성을 증가시키고 신경돌기가 자라는 것을 멈추게 하는 수용체를 방해하는 기전에 작용한다.

같은 해에 우리딘5일인산염을 나이 든 쥐에게 주었더니 뇌의 우측 선조체에서 도파민 수치가 대조군은 221인데 반해 실험군에서는 341로 35% 증가됐음을 보여주는 연구가 발표됐다. 신경돌기의 가지뻗기를 나타내는 생물지표, 신경미세섬유-70, 신경미세섬유M 단백질 수치가 182%까지 증가하고 대조군에 비해서는 221% 더 높게 나타났다.[27] 나이가 든 쥐에서조차 경구용 우리딘이 신경전달물질의 분비를 증가시키고 신경돌기의 가지뻗기를 증가시켰다.

에코로지컬 포뮬라에서는 우리딘(트리아세틸우리딘) 25mg 캡슐을 생산한다. 나는 어린 아이들에게는 하루에 1~2캡슐 복용하게 하고 나이가 많은 소아들에게는 2캡슐을 하루에 2회나 그 이상 복용하게 한다. 일반적으로 상승효과가 있는 DHA와 함께 복용하도록 한다.

미토콘드리아기능을 향상시키는 허브와 자연성분

a. **애쉬와간다**: 인도에서 유래된 애쉬와간다는 쥐 실험에서 손상된

신경계를 재건하고 기억상실이 있는 경우 기억회복 능력의 정도
에 대한 연구가 이뤄져왔다. 몇몇 실험과 동물연구에서 뇌신경세
포의 수상돌기 성장을 향상시킨다는 결과를 보였다. 쥐 실험에
서는 다량(50,100, 200mg/kg)을 투여했는데 전기충격 후에 기억력이
호전되는 정도는 용량에 비례했으며 치료 1주일 후, 기억력의 현
저한 호전을 보였다. 이 실험의 저자들은 애쉬와간다가 동물에
게 뇌를 활성화시키는 효과가 있다고 결론내렸다.

b. **은행**: 은행추출물은 자유라디칼 청소부 역할을 하고 신경조직에
서 지방의 과산화를 예방한다. 또한 혈관벽 긴장완화, 혈소판 활
성화인자 억제, 말초혈액 순환증진, 신경전달물질 활성화 역할
을 한다. 몇몇 예에서는 은행추출물 사용으로 인지가 향상됐다.
예를 들면 300명 이상의 치매환자를 대상으로 한 1년의 연구에
서 은행추출물 120mg을 투여했을 때, 인지수행력이 안정화되거
나 향상되는 결과를 보였다.

c. **바코파**: 아유르베다의학 약초로서 임상에서 기억력을 증진시키
고 간질과 불면증을 줄이는 데 쓰였고 약한 진정제로도 이용되
어 왔다. 바코파의 항산화작용은 스트레스 예방효과, 면역조절
작용, 인지향상, 항염증작용, 항노화작용을 설명하는 데 도움이
된다. 40~65세의 성인 76명을 대상으로 한 기억력 증진과 불안
감 감소효과 연구에서 바코파가 새로운 정보를 저장하는 데 탁
월한 효과가 있는 것으로 밝혀졌다.

건강한 성인을 대상으로 한 인지기능효과 실험에서는 무작위로
일부는 300mg을, 일부는 위약을 투여했다. 바코파를 복용한 군
이 위약군에 비해 시각정보 처리속도, 학습능률, 기억강화, 불안

감 감소부분에서 현저한 호전을 보였다. 12주 후에 최고효과를 보였다. 바코파는 T4수치를 증가시킬 수도 있다. 수컷쥐에서 갑상샘 호르몬 조절에 대한 바코파(200mg/kg)의 중요성에 대한 연구가 이뤄졌다. 바코파는 갑상샘자극 효과가 있고 41% 가량 T4수치를 증가시킨다. T3에 대해서는 영향을 미치지 않는다. 하지만 갑상샘기능 저하증 환자들은 의사의 허락없이 바코파를 복용해서는 안 된다.

d. **빈포세틴**: 페리윙클에서 유래한 빈포세틴은 뇌의 산소이용과 혈액순환을 증진시키고 혈류가 감소되었을 때 뇌가 잘 견딜 수 있게 하는 것으로 알려져 있다. 또한 혈액순환을 방해하고 중풍의 원인이 되는 비정상적인 혈소판 응집을 억제한다. 50명의 뇌 혈액순환장애 환자에 대한 기억력 연구를 보면, 빈포세틴 투여 후 뇌혈류가 개선됐고, 치료 1개월 후 심리검사에서 기억력이 호전된 결과를 보였다. 임상적으로 빈포세틴을 시도해보면 만성적으로 뇌기능 이상을 보인 나이가 많은 환자에서 현저하게 인지기능이 개선된다.

인지기능이 호전되는 이유를 알기 위해 연구자들은 마취된 쥐를 이용해 신경의 전기적 신호전달속도를 측정했다. 빈포세틴을 투여하자 신경전달속도가 현저하게 증가됐고 신경의 전기적 전달속도를 빠르게 하는 데 쓰인 빈포세틴 용량과 기억력 증진효과를 나타내는 용량이 비례했다. 빈포세틴은 산화손상에 대한 보호작용도 있다. 한 연구에서 빈포세틴의 항산화효과가 신경손상을 감소시키는 역할을 한다고 밝혔다.

e. **홍경천**: 이 약초를 연구한 러시아 과학자에 의해 강장제로 알려

져 있다. 미토콘드리아의 에너지 생산을 증진시키는 좋은 약초 중 하나이다. 이 약초는 격렬한 운동, 정신적인 중압감, 독성화학물 등을 포함한 화학적, 물리적, 생물학적 스트레스에 대한 저항력을 증가시키는 것으로 알려져 있다. 탈진상태의 동물을 대상으로 한 최근 연구에서 미토콘드리아의 ATP생산과 재생산을 현저하게 증가시켰다는 결과가 있었다.[28] 스트레스가 많은 상황에서 피로감소 이외에도 항염증 효과도 나타낸다. 세로토닌, 노르에피네프린, 베타엔돌핀처럼 '기분을 좋게 하는' 오피오이드 등의 뇌 화학물질 수치와 활동성에 영향을 미치는 것이 이 약초가 좋은 작용을 하는 데 중요한 기전이다.[29]

f. 미토콘드리아에 중요한 미세영양소들: 철분, 아연, 구리, 티아민, 리보플라빈, 니코틴아미드, 판토텐 산, 피리독신, 비오틴, 글리신

g. 미토콘드리아에 필요한 알파리포산, 코큐텐, 아세틸L카르니틴 이외의 항산화제들: 비타민E, 비타민C

미토콘드리아와 줄기세포

미토콘드리아 기능이상에 대한 패리스 키드의 논문을 보면[14] 미토콘드리아와 줄기세포에 대한 언급이 있다. 동물실험을 통해 신경성장인자 NGF에 대한 뇌 성장인자 수용체를 증가시키는 세 가지 영양소, 즉 아세틸L카르니틴, 포스파티딜세린, 글리세로포스포콜린이 발견됐다. 앞의 두 가지 영양소는 이미 설명했다. 글리세로포스포콜린은 치매뿐만 아니라 뇌손상 회복단계에 있는 21명을 대상으로 한 연구에서 주의력,

즉시적 회상, 기타 인지기능에 대해 임상적으로 변화가 있다고 입증된 인지질이다. DHA와 함께 복용하면 직접적으로 세포막을 구성할 수 있다. 쥐 연구에서 글리세로포스포콜린 치료를 했을때 같은 나이의 대조군과 비교해서 뇌세포 밀도가 현저히 높게 유지되는 것으로 나타났다. 이 세 가지 영양제를 이용해서 뇌의 복구가 어느 정도까지 가능할지를 알아보는 흥미로운 연구가 곧 나올 예정이다. 키드 박사가 제안한 뇌 영양제는 용량이 높고 가격도 비싸다.

글리세로포스포콜린 600~1,200mg, 포스파티딜세린 100~500mg, 아세틸 L카르니틴 1~3g, 알파리포산 300~2,400mg, 코엔자임Q10 360~2,400mg, DHA와 EPA가 1:1의 비율인 제품으로 800~3,000mg을 매일 복용한다. 흡수가 더 잘되는 새로운 영양제 형태가 개발된다면 이런 필수영양소의 양과 비용을 낮추는 데 도움이 될 수 있을 것이다.

앞으로도 더 많은 이해를 위해서는 자폐증과 산화 스트레스[30~32]와 미토콘드리아[33,34]에 연관된 문헌들을 연구해야 한다.

12장

고갈된 뇌와 결핍된 마음

* 잭 짐머만 지음

ASD를 비롯하여 특별한 도움이 필요한 아이들이 왜 그렇게 많아졌을까? 최근의 놀라운 증가 앞에서 우리는 무엇을 해야 하는가? 중금속, 살충제, 그 밖의 오염물질에 노출된 환경을 정화하고, 백신접종이나 치과진료의 안전성을 증진하고, 식습관을 더 현명하게 하고, 아이들의 면역력을 증진시키는 것과 같은 확실한 것들 이외에 이 세상에 주는 메시지는 없을까? 혹시 ASD유행에는 우리가 알아야 할 다른 차원의 의미는 없을까? 이 모든 아이들이 우리에게 주는 메시지가 있지는 않을까? 여러분은 이런 질문을 스스로 해보았는지 모르겠다.

재클린과 나는 지난 12년 동안 우리 삶에 들어온 첼시와 다른 특별한 도움이 필요한 아이들과의 여정을 통해 이런 의문을 품어왔다. 이들 독특한 아이들이 우리 삶에 던지는 의미와 메시지에 대해 생각해 볼 때가 됐다. 특별한 아이들이 점점 많아지는 것은 세상을 바라보는 방식, 의료, 교육, 사람과 환경의 관계, 궁극적으로는 우리가 배우고 가르쳐온 문화의 근본적인 변화가 필요하다고 생각하게 됐다.

고갈된 뇌를 가진 아이들은 일반적으로 부모에게 요구되는 의무, 창의적인 생각과 행동, 능력을 넘어서는 인내와 헌신을 요구한다는 점에서 우리가 지니고 있는 사랑의 능력에 대한 도전이다. 흔히 우리는 ASD아동에 대한 양육과 같이 사랑의 능력에 대한 커다란 도전을 겪고 난 다음에야 사랑의 한계가 어느 정도인지를 깨닫게 된다.

재클린과 나는 서로에 대한 이해와 타인에 대한 봉사의 여정으로서 우리 관계를 봐왔다. 그러나 손녀에 대한 사랑은 우리 결혼생활에 전혀 다른 차원을 열었다. 첼시는 우리 삶에 아무 말 없이 들어와 사랑이라는 게임의 기대치를 올려놓았다. 주변에서 첼시와 비슷한 아이들을 키우느라 여념이 없는 다른 가족들을 볼 때면, 모두 저마다의 독특한 방식으로 비슷한 경험을 하고 있다는 것을 알게 된다.

ASD아동들을 치료하면서 삶이 바뀐 사람들의 이야기를 듣거나 읽으면서 우리는 자폐증 인구의 급속한 증가에도 불구하고 사람들 사이의 사랑하는 방식이 더 깊고 넓어졌다는 것을 깨닫게 된다. 이런 특별한 아이들이 많아졌다는 것이 개인과 문화에 있어서 주요 변형의 기회였다는 사실을 아는 것은 그렇게 대단한 일이 아니었다. 특별한 아이들은 우리의 결핍된 마음을 치유하기 위해 지금 여기에 있다. 첼시 부모는 적절한 교육법을 찾고 새로운 가족생활에 적응하려고 애쓰고, 우리는 첼시를 위한 효과적인 생의학적 치료를 찾기 위해 노력하면서 이런 생각이 마음에 자리잡기 시작했다.

자폐증 유행이 가지는 의미를 탐색한지 얼마 지나지 않아 그것은 우리 환경의 한계상황, 교육에 있어서의 비전과 용기의 결여, 의학에 있어서의 대중적 접근의 한계, 가족 상호관계에 대한 몰이해를 뜻한다는 것을 알게 됐다. 이 문제에 대한 탐구는 정말로 이 아이들의 '특별함'에서 비롯되는 것인데, 아이들은 개인이 할 수 있는 최선의 방법으로 우리가 지니고 있는 큰 문제를 대변하고 있다. 이 특별한 아이들을 우리는 너무나 사랑하고 있다. 그리고 그들은 우리 문화를 바꾸는 데 필요한 배움을 일으키기 위해 이곳에 와 있다.

점점 많아지는 ASD아동들은 우리가 살아가는 방식에 위태로운 불균형이 있다는 것을 알려주는 메신저들이다. 그들의 침묵과 감정폭발, 인체의 생의학적 와해, 전통적인 교육체계와 의학개념과 양립할 수 없는 그들의 상황 앞에서 그들은 개인적으로나 총체적으로나 우리가 얼마나 균형감을 잃고 있는지를 알려주고 있다. 그들은 현재 우리가 얼마나 많이 위험한지 일깨워 최후의 순간이 다가오고 있음을 알리는 자명종과 같다.

아이들은 가족의 삶에 대해 무엇을 가르치고 있을까? 가장 중요한 점은 이런 큰 문제들을 다루는 것이 아이들을 치료하는 우리 능력을 키운다는 점일 것이다. 그렇게 많은 아이들이 왜 존재하는지에 대해 생의학적 차원에서 또 문화적 차원에서 이해하는 것은 그들의 삶을 충족시키기 위한 우리 능력을 키울 것이다. 만약 우리들이 메시지를 들을 수 있다면 우리는 그들을 더 잘 치료할 수 있을 것이다.

우리는 첼시를 통해 처음으로 그 메시지를 들었기 때문에 지난 12년 동안 있었던 재클린, 첼시, 첼시의 엄마인 엘리자베스에 대한 이야기를 먼저 할까 한다. 이 이야기로 다른 부모들과 아이들을 치료하는 과정에서 들었을 메시지와 교감하고자 한다. 이런 이야기를 하는 것은 아이들에게 영예를 돌리기 위함이며, 그들의 존재를 실제적으로 더 잘 이해함으로써 치료에 도움을 주기 위함이다.

재클린, 첼시, 엘리자베스

재클린이 첼시의 발달에 뭔가 문제가 있다는 것을 확신해가면서, 나는 첼시가 우리 인생에서 큰 부분을 차지할 것임을 깨닫기 시작했다. 몇 개월 동안 우리는 다른 두 아이처럼 첼시도 발달이 좀 느리다가 결국 정상과정을 거칠 것이기에 걱정할 것이 없다는 엘리자베스의 믿음에 맞장구 쳤다. 하지만 첼시의 발달과정에 점차 문제가 드러나자 재클린은 과민해지기 시작했다. 재클린은 매일 자폐증에 대한 문헌들을 읽고 인터넷 검색을 했다. 나는 예전엔 볼 수 없었던 그녀의 열의에 찬 눈빛을 보았다. 우리는 첼시의 상태에 대한 엘리자베스의 거부와 맞서야 했고, 아이의 정확한 상태를 받아들이도록 설득해야 했다. 처음 몇 개월은 정말 고통스러운 나날이었다.

이후 엘리자베스에게서는 두려움, 혼란, 자책감과 함께 엄마로서의 엄청난 에너지가 솟아났다. 그리고 보기 무서울 정도로 재클린의 에너지가 분출됐다. 엘리자베스는 재클린의 마음에 항상 신비하고 원초적인 부분을 차지하고 있었는데, 첼시의 역경은 그들의 강력한 관계가 완전히 새로운 차원으로 바뀌는 계기가 됐다. 오랜 후에 알게 됐지만 이런 엄마와 딸의 강력한 관계는 엘리자베스가 어렸을 때 자폐적 행동을 보였던 것과 연관이 있었다. 첼시는 재클린이 지닌 엄마로서의 사랑을 엄마, 할머니, 의사로서의 열정으로 확장시켰으며, 첼시가 결국 좋아져 엘리자베스의 남은 인생이 첼시에 대한 과도한 간호로 힘들어지지 않을 것이라는 확신으로 채워졌다.

처음엔 전문가에 의한 검사와 평가, 행동수정 프로그램, 인터넷 파고들기로 경주를 시작했다. 첼시가 서너 살 무렵, 재클린의 치료는 이 신비하고 혼돈스러운 아이에 대한 호기심과 커져가는 관심으로 온통 채워졌다. 그녀의 의학적 감각은 오직 첼시를 낫게 하는 데 쏠렸다. 나는 인터넷 검색에 시간을 쏟았다. 우리 대화내용은 관계나 일 문제에서 ASD와 첼시의 치유에 대한 내용으로 바뀌었다. 나는 벽에 다음과 같이 적힌 글을 보게 됐다.

"이길 수 없다면 어울려라!"

첼시가 네 살이 되기 몇 개월 전, 나는 첼시와 공원에서 두 시간 정도를 보내면서 그 어린아이를 깊이 사랑하게 됐다. 그 아이는 숲에서 돌아다니거나 그네를 밀어달라고 하는 동안 나와 전혀 눈을 맞추지 않았다. 행동수정 훈련을 통해 단어로 하는 의사표현법을 배웠지만 나에게 한 마디도 하지 않았다. 나무 아래 한 곳에 멈춰선 다음 나를 옆에 잠깐 앉아있도록 했다. 나는 내 반응에 매우 놀랐다. 나는 마치 이상한 나라의 공주에게 그녀를 사랑할 수 있는 허락이나 받은 것처럼 마음이 흥분됐다.

내 운명은 어느 크리스마스 가족 모임 후에 결정됐다. 나는 2미터 가까이 되는 크리스마스 트리가 있는 작은 거실의 소파 위에 늘어져 있었다. 첼시는 방안에 뛰어들어와 나무를 지나 소파 위의 나를 지나 복도로 사라졌다. 이렇게 수차례 반복했는데, 아이가 매번 돌 때마다 소파쪽으로 조금씩 가까워지고 있다는 것을 깨달았다. 나는 이상하게 흔들리는 느낌과 함께 아이가 가까워질수록 더 안전하다는 침묵의 메시지를 보내고 있었다. 비록 전혀 눈맞춤을 하지 않았지만 첼시는 나와 친해지고 있으며, 비록 간접적이긴 하지만 자신에게 관심을 가지도록 초대하고 있다는 것을 확실히 알 수 있었다. 나는 기회를 봐서 소파 쪽으로 더 가깝게 오도록 더 강한 메시지를 보냈다. 다음번 돌 때 첼시가 크리스마스 캐롤의 한 구절을 부르기 시작했다. 당연히 키르케(그리스 신화에 나오는 마녀)와 같은 강력한 이 유혹을 물리칠 수 없었다.

나는 의자를 소파 가까이 옮겨 다음 번 돌 때 잠시 그 의자에 앉도록 침묵의 메시지를 보냈다. 첼시는 서너 번 더 돈 다음에 초대에 응했으며 처음에는 의자 가장자리에 2초 정도만 앉았다. 몇 번 돈 후에는 소파에 꽤 가까이 붙여진 의자에 몇 분 정도 앉았다. 그리고 얼마 후 나는 첼시의 팔을 만졌다. 나는 이 같은 상황에 완전히 매료됐다. 이 어린아이는 나의 마음에 들어와 예전엔 드러나지 않았던 따뜻한 감정을 붙잡았다. 그 순간 나는 첼시와 친해질 수 있는 방법을 찾아야겠다고 결심하게 됐다. 당시에 첼시의 어떤 부분에 무슨 일이 일어나고 있는지를 완전하게 알고 있었고, 나를 장난감처럼 대했다는 느낌을 가졌던 것을 기억한다.

첼시의 네 번째 생일날까지 재클린과 엘리자베스는 첼시에게서 영감을 받은 생의학적 치료에 깊이 들어가 있었다. 그들은 "첼시에게 특별한 관심을 가지고 있다"라는 내 말에 매우 기뻐했지만, 나는 아직 우리 삶을 주도하기 시작한 이 강렬한 활동의 변방에 있는 것처럼 느껴졌다. 재클린의 청사진 같은 마음과 놀라운 기억력은 나를 멀리 날려버렸다. 우리가 식사할 때 주고받는 이야기는 의학적 가설, 검사결과, 인터넷의 경이로운 이야기, 백신에 뭔가 잘못이 있었다는 것에 대한 분노에 대한 것으로 채워졌다.

이후 매우 빠르게 시간이 지나갔고 첼시와 만나는 동안 내 사명감도 일깨워졌다. 재클린이 세크레틴, 영양보충제, 전달인자, 글루텐/카세인 제거식이를 시도하는 동안, 나는 나만의 방식으로 이 공주에게 걸린 주문을 풀어 깨워주고 싶었다. 당시 엘리자베스와는 전문적으로 교육을 받은 사람과 함께 홈스쿨링 프로그램을 진행하고 있었고, 단순한 인내나 체력이 아니라 어떻게 하면 첼시가 자신의 내면에 숨겨져 있는 구체화된 재능을 드러낼 것인지 알려고 애썼다. 주요한 돌파구는 첼시의 네 번째 생일이 지난 어느 여름날 오후에 일어났다.

나는 재클린과 엘리자베스에게 나와 첼시를 두고 둘만의 시간을 보내라고 말했다. 우리는 도시 주변의 작은 집에 살았는데 뒷마당 대부분은 수영장어 차지하고 있었다. 첼시는 예전에 수영장에 관심을 보인 적이 있었다. 첼시는 엄마와 할머니가 우리를 남겨 두고 떠나자 수영복을 갈아입는 시간을 기다리지 못했다. 사실 첼시가 자기만의 방식으로 살았다면 거추장스러운 일련의 사회화된 행동 없이 곧장 물속으로 달려들었을 것이다.

내게 물은 언제나 제2의 고향과도 같은 곳이었으며 수영은 가장 좋아하는 운동으로, 나는 첼시와 함께 수영을 하고 싶었다. 나는 4시간 동안 뭘 해야 할지 아무 생각이 없었다. 잠깐 동안 가장자리의 얕은 곳에서 물을 첨벙거린 후, 첼시는 매우 조심스럽게 게임을 시작했다. 나는 허리깊이 정도에 있었고, 첼시는 뛰어들더니 내 쪽으로 수영을 해왔다. 나는 첼시에게 팔을 뻗으려하지 않았고 어떻게든 몸에 닿지 않으려고 했다. 모든 접촉은 첼시의 손에만 맡겨졌다. 나로부터 약간 떨어진 곳까지 다가와 다시 돌아 수영을 하며 뒤로 빠져나갔다. 이런 과정이 여러 차례 반복됐다. 그 게임은 자제력을 상당히 시험하는 것이었다. 첼시가 가까이 다가올 때 손을 뻗지 않고 참는 것은 매우 어

317

려웠지만 그냥 버텼다.

우리 공주님이 놀이를 하면서 소리를 냈다. 먼저 수영장 가장자리에서 물살을 가르며 "아나기"라고 소리쳤다. 몇 분 후에는 내게 다가오면서 부드러운 목소리로 "마바투", "파바투"라는 소리를 냈다. 물이 어깨 높이 정도 되는 곳으로 천천히 움직여 손을 앞쪽으로 뜨게 하고는 정확하게 반복되고 의미가 담겨진 첼시의 감탄사가 뭘 뜻하는지 이해해 보려고 했다. 아나기는 마치 전사가 전투에 몸을 내던지기 전에 외치는 것처럼 수영장에 뛰어들기 위해 용기를 내는 소리였다. 마바투와 파바투는 아마 물에 있을 때의 기쁨을 표현하는 말이라고 생각했다. 그것은 마치 4년의 길고 황량한 여정 후에 물속에서 자신의 진정한 집을 찾은 것처럼 느껴졌다.

우리가 이렇게 1시간 가량 놀고 있을 때, 첼시가 갑자기 다가와 두 팔로 안겼다. 흥분이 솟구쳤지만 아이를 안으려하지는 않았다. 첼시는 수차례 그와 같은 동작을 반복하면서 내게 점점 더 가까이 다가왔다. 마지막으로 몇 차례 반복한 뒤, 첼시는 두 팔을 약간 펼쳐 나를 안고는 깊이 쳐다보았다. 3, 4초 정도의 그 시간이 마치 영원처럼 느껴졌다. 그것은 엘리자베스가 첼시를 "빅 브라운"이라고 부르는 것을 확인할 수 있는 첫 행운이었다. 나는 그 눈에 깃든 심원을 보았다. 나는 그것에 대해 티끌만큼의 의심도 하지 않았다. 첼시는 다시 "파바투"라고 소리치며 수영장 끝으로 수영을 하며 돌아갔다.

나는 손녀가 돌고래 소녀라고 확신했고, 왜 어떤 ASD아동들은 우리와 같은 매우 고등의식을 가진 벗들과 친해지려고 하는지 즉시 이해하게 됐다. 나는 마바투와 파바투가 돌고래의 암컷과 수컷을 가리키고, 아나기는 물속에서 돌고래들을 맞이하면서 내는 전사적 포효라고 생각하게 됐다. 내 생각이 옳은지 확인하고 싶었다. 그래서 첼시에게 소리를 질렀다. 물론 직접 대답하지는 않았지만 다음번에 물에 뛰어들면서 좀 더 오랫동안 눈을 맞추었다. 그렇게 몇 번을 반복한 후 첼시가 갑자기 "목욕시간"이라고 말했다. 우리는 욕조를 채웠으며 첼시는 30분 정도 따뜻한 물에 몸을 담갔다. 첼시가 정확한 음조로 노래를 부르는 동안 우리는 물에서 장난감을 가지고 놀았으며, 첼시는 자신의 등과 다리에 비누칠을 하도록 했다. 얼마후 "수영장"이라고 말했고 우리는 다시 물에서 놀았다.

나는 재클린과 엘리자베스에게 그날 있었던 일을 빨리 알려주고 싶었다. 당연히 그들은 기뻐했지만 내 말을 그렇게 믿는 것 같지는 않았다. 다음날 나는 그들이 지켜보는 가운데 전날 있었던 일을 다시 해보려고 했지만 첼시는 협조적이지 않았다. 혹시 내가 경험을 부풀리고 있지는 않은지 의심이 들었다. 다음날 그들이 떠날때 첼시는 어떤 감정변화도 보이지 않았다. 그렇지만 그날밤 엘리자베스는 전화를 걸어 그들이 차로 출발한 뒤 첼시가 통제불능으로 눈물을 흘리기 시작했다고 알려줬다. 첼시가 누군가와 이별하면서 그렇게 슬퍼한 것은 처음이었다. 비록 그 일은 엘리자베스의 마음을 슬프게 했지만 그렇게 감정을 표출하는 것을 보고는 기뻐했다.

그 경험은 오늘날까지 첼시와 내가 물속에서 상호작용을 하게 되는 출발점이 됐다. 나는 다음번에 만나면 어떤 수영장이나 물줄기에서 놀까 끊임없이 찾았다. 애리조나와 캘리포니아, 하와이 등에 가서 물속에서 보낼 궁리를 한다. 2003년 피닉스에서 6개월 동안 머무를 때 우리는 거의 매일 수영을 했다. 좀 더 큰 곳을 찾지 못하면 긴 욕조에서 어떤 경우에는 하루에 2번 물에 있기도 했다. 결국 그것은 첼시 계획의 일부가 됐다. 첼시는 바다에 있는 것을 두려워하지 않으며 집과 같이 느낀다. 첼시는 물속에서 돌고래처럼 움직이는 것에 더 익숙해졌고, 땅에서보다 더 쉽게 같이 어울려 놀았다. 이 과정에서 나는 때로는 조용히, 때로는 말을 하며 여름철 내내 하와이 해변에서 즐거운 오후 시간을 보냈다. 하나둘셋 하면서 첼시를 허공에 던지는 물놀이를 몇 시간 동안 하기도 했다. 얼마 지나지 않아 그 놀이를 하기에는 첼시가 무거워졌다.

하지만 재클린과 나는 하와이 남부의 온류지역으로 여행하여 따뜻한 햇빛이 뜨거운 화산과 바다를 비추는 물속에서 우아하게 수영하면서 머리칼이 천천히 움직이고 입가에는 미소가 떠오르는 첼시를 바라보며 즐거워했다. 우리는 두 마리의 돌고래처럼 가깝지만 닿지는 않으면서 서로 재빠르게 지나치며 수영했다. 우리가 즐기고 있는 것을 바라본 누구라도 첼시가 특별한 도움이 필요한 아이라고는 생각하지 않았을 것이다.

수영을 통한 첼시와의 교감이 있은 지 얼마 후 엘리자베스와 나는 첼시를 데리고 ASD아동의 행동치료에 경험이 많은 베스 칼리스바이스[1]를 만나러 갔다. 베스가 한 시간 정도 첼시와 엘리자베스를 면담한 후, 나는 물을 통한 우리의 교감에 대해 이야기했다. 베스는 뒷마당의 수영장에서 첼시와 수영을 해보라고 권했다. 우리가 수영하는 것을 보며, 베스는 첼시의 교감능력이 즉시 증가한다고 말했다. 재클린과 내가 한 달 후에 찾아갔을 때, 베스는 우리가 물속에 있는 동안 얼마나 많은 접촉을 했는지를 이야기했다. 재클린은 그 순간 하와이에서 첼시와 함께 시간을 보낸 이후 줄곧 마음속에 담아왔던 질문을 던졌다.

"지금 첼시가 우리와 함께 사는 것과 애리조나의 가족에게 돌아가는 것 중 첼시에게 더 도움이 되는 것이 어떤 것이라고 생각하십니까?"

베스가 잠시 머뭇거리더니 대답했다.

"첼시가 할머니, 할아버지와 가끔씩 이렇게 시간을 보내는 것은 별 도움이 되지 않을 것 같네요. 지금 나이에는 집중적인 관심이 필요합니다. 첼시 엄마와 아빠도 다른 세 아이들을 키우느라 바쁠 거구요. 지금은 굉장히 중요한 시기입니다. 나이가 더 먹으면 변화가 점점 어려워요."

재클린은 상황을 일깨우려는 듯이 나를 쳐다보았다. 다음날 저녁 우리는 갈 데까지 갔다. 재클린은 말했다.

"나는 언제나 첼시와 함께 있어야 해요. 이 모든 일에는 첼시가 좋아지는 것 말고 나한테도 중요한 의미가 있어요. 첼시를 깊이 사랑하는 척 하고 싶지 않아요. 이 일은 나에게 주어진 일이에요. 당신이 함께 해주었으면 해요. 그럴 수 없어도 난 내 길을 갈 거예요."

"자기 길을 간다는 말은 무슨 뜻이오?"

나는 말하면서 갑자기 입이 바짝 마르는 것을 느꼈다.

"위협하거나 큰 변화를 바라는 것은 아니에요. 단지 첼시에 대한 사랑이 우리 관계만큼이나 강한 뭔가를 깨우고 있다는 것을 알 뿐이에요. 거기에 따라가고 싶어요. 무엇보다 첼시가 좋아졌으면 해요. 도울 수 있는 일이라면 뭐든지 하고 싶어요. 할머니고 의사지만, 난 엄마예요. 엄마가 할 일을 해야할 것 같아요. 이해해주세요. 당신이 첼시가 좋아지는 데 큰 도움이 된다는 것을 알아요. 그러니 같이 가요. 당신이 없다면 뭘 해야 할지 모르겠지만 나는 그래도 해야만 해요."

이후 몇 주간 우리의 25년간의 기반이 흔들리는 시기였다. 재클린에게 그랬던 것처럼 첼시의 치유 여정이 나에게 심각한 현실이 아니었다면 나는 그녀를 따를 수 없었을 것이다. 그렇지 않았다면 우리의 관계는 균형에서 벗어나, 우리 삶을 묶어주었던 확고한 협력은 없어져 버렸을 것이다. 그때까지 나는 첼시를 위해 올바른 생의학치료 프로그램을 찾는 탐구과정에서 재클린의 탐정이자 의학자로서의 놀라운 능력을 봐왔다.

베스를 방문한 후, 이런 재클린의 재능과 첼시 내면으로 들어가 감정을 표현하게 하는 침묵의 대화를 이용하는 내 방식이 서로 잘 보완된다는 것도 알고 있었다. 그때 우리 관계에 의해 형성되는 매우 힘이 넘치는 '장'이 첼시의 회복에 이용될 수 있다는 것을 알게 됐다. 우리는 서로 친밀하게 협력함으로써 첼시의 생의학적 치료에 더하여 깊은 유대감을 공유할 수 있다는 것을 알았다. 나는 단순히 '첼시를 더 좋게 하는 것'에 약간의 불만이 있었다. 우리는 과연 누가 정의한 '좋아진다'를 향해가고 있을까? 그렇게 갈구했던 '정상화'라는 거창한 목표도 뒤돌아보게 됐다. 나는 재클린에게 좀 거칠게 물었다.

"많은 아이들에게 성공적인 치료들이 왜 첼시에게는 효과가 없죠?"

결국 내 안에서 움틀거리는 질문도 했다.

"이 모든 것에 담긴 의미는 뭘까요?"

"우리가 무슨 권한으로 첼시를 훈련하고 고치는 걸까요?

재클린은 혼란스러워했다. 확실히 첼시는 정상이 아니었기 때문에 회복될 필요가 있었고, 부모에게 영구적인 짐이 되지 않도록 독립적이고 창의적인 삶을 영위하는 인간이 될 필요가 있었다. 그 사실을 잘 알고 있었지만 그 질문들은 언제나 유령처럼 내게 머물고 있었다. 그 질문들은 재클린과 헤어지는 것이 두려워서 나온 것이 아니었다. 첼시의 존재는 우리 관계가 더 깊어지고 치유영역에서 다른 사람들에게 봉사하는 새로운 도전이 될 것이라는 것을 깨닫게 해줬다.

동시에 나는 이미 첼시에게 넘치도록 많은 일을 하고 있었기 때문에 하루종일 첼시를 보살필 수 없다고 느꼈다. 내가 주로 첼시와 교감할 수 있는 사람이란 걸 알고 있었기에 그 아이를 돌본다는 것은 내 모든 일을 포기해야 한다는 것을 의미했다. 어쩌면 이기심 때문이었는지도 모르겠다. 아마도 내 저항은 적절했는지도 모른다. 수년이 지난 지금 돌이켜보면 두 가지 모두였던 것 같다. 나는 첼시의 부모는 엘리자베스와 짐이라고 주장했다. 첼시는 그들의 삶에 들어왔고 선물이자 부담으로서 아이가 전하는 메시지를 배워야한다고 생각했다. 지금도 내 일부분은 이런 생각을 하고 있는 것 같지만, 모든 것을 바쳐 첼시에게 나만이 줄 수 있는 것을 주고 싶기도 하다.

딸과 나는 그것에 대해 줄곧 이야기했다. 얼마동안 첼시를 포기하는 것이 과중한 부담에서 벗어나는 길일 수는 있었지만, 엘리자베스, 짐, 다른 아이들은 첼시를 선물로 여겨왔다고 말했다. 그들 모두는 그 선물을 존중했다. 우리 대화는 이후 첼시가 9살이 되기 전까지 전화를 통해 정기적으로 이어졌다. 그동안 엘리자베스는 첼시를 우리 모두의 삶을 깨우는 존재로 바라보게 되었다. 부모로서 겪어야 할 매우 힘든 시기를 겪으면서도 엘리자베스는 그 모든 것이 완벽하며 의식이 경험하는 모험의 일부라는 것을 알았다.

베스를 방문하고 몇 개월 후에 첼시의 치유여정에 대한 마지막 결정이 이뤄졌다. 재클린과 내가 상의하는 동안 첼시는 꽤나 먼 피닉스의 엄마집에서 잠자고 있을 테지만, 여전히 우리와 함께 있다고 느꼈다. 나는 이야기를 계속하면서 우리 영혼으로부터 지시가 내려지길 원했다.

"우리는 생의학적으로나 세상의 관계에 있어서나 첼시의 삶을 근본적으로 변화시킬 수 있도록 허락을 받았습니까?"

우리는 몇 분간 조용히 앉아 대답을 기다렸다. 얼마 후 크고 매우 뚜렷한 대답이 들렸다. 인간의 목소리로 다음과 같은 내용이었다.

"너희는 첼시의 육체와 삶을 변화시킬 방법을 찾도록 허락 받았다. 너희가 똑같이 변하고자 한다면 그 아이와 더 완전하게 관계를 맺을 수 있을 것이다."

그 메시지는 너무나 명백해서 우리는 전혀 주저하지 않았다. 그때 이후로 수년 동안 우리의 마음은 흔들리지 않았고 첼시도 합의한 것 같았다. 그 아이는 우리가 하는대로 천천히, 두 발 전진하고 한 발 후퇴하며, 모든 부분에서 우리를 시험하며 변하고 있다.

2002년 가을, 재클린은 자폐증 회의에서 임상자료를 발표하기 위해 피닉스로 떠났다. 그녀는 피곤하고 우울한 모습으로 돌아왔다. 공항에서 만나는 순간 나는 첼시에게 무슨 일이 일어났다는 것을 알았다. 재클린은 무슨 일이 있었는지 바로 알려줬다.

"우리는 첼시를 잃고 있어요. 어떤 생의학적 치료도 지금 그 애가 회복되는 데 도움이 안 돼요. 글루텐/카세인/콩 제거 식이요법, 영양제, 항바이러스제, 킬레이션 모두 해봤어요. 첼시는 새로운 치료에 반응하지 않아요. 지난번 하와이에서 만났을 때보다 말도 그렇고 사회성도 더 떨어져 있어요. 자기 속으로 더 들어가고 있는 것 같아요. 전혀 나를 알아채지 못했어요. 이 모든 것을 바꿀 수 있는 유일한 방법은 그 애가 우리와 함께 지내는 것이에요. 특히 당신과 함께요. 첼시는 자기 속으로 들어와 세상으로 이끌어줄 사람이 필요해요."

나는 몇 년 전과는 다른 상황에 있었고 재클린의 진심어린 말에서 우리가 들었던 '허락의 메시지'를 느꼈다. 그 메시지의 권위는 여신처

럼 느껴졌으며 치유의 비밀을 알고 있는 성녀로부터 온 것 같았다. 그
래서 어떤 주저함도 없이 그녀가 한 말을 가슴깊이 받아들였다. 우리
는 세 가지를 선택할 수 있었다. 먼저 첼시를 하와이로 데려가 그곳에
서 살거나, LA에 있는 우리 콘도로 데려가거나, 내가 피닉스로 가서 첼
시 가족과 함께 머무르는 방법이었다. 바로 그날 우리는 첼시가 가족
과 함께 머무를 수 있고 특별한 관심을 필요로 하는 아이들을 위한 학
교생활도 즐길 수 있는 세 번째 방법이 좋을 것 같다는 결정을 내렸
다. 우리가 아는 한 LA나 하와이에는 그런 학교가 없었다. 재클린과 떨
어져 피닉스로 가서 장기간 거주하는 것이 썩 내키지는 않았지만, 어
쨌든 재클린이 전국을 돌아다니며 자폐증에 대한 이야기를 하는 것에
열중하고 있었기 때문에 우리는 자주 떨어져 있어야만 했다. 피닉스는
확실히 올바른 결정이었으며 우리는 당장 계획을 세우기 시작했다.

이후 3개월 동안 엘리자베스와 많은 대화를 나눈 후 나는 모든 일
들을 재조정했다. 1월까지 첼시 집에서 수마일 떨어진 곳에 주거할 곳
을 찾았다. 6개월 동안 나는 매일 방과 후 첼시를 데리고 내 아파트 주
소인 2066호에 데리고 와서 네다섯 시간을 함께 보냈다. 그리고 밥을
먹인 뒤 첼시의 집에 데려다 주고는 엘리자베스와 짐에게 낮에 함께
보냈던 일들을 전해줬다.

우리들은 음악 듣기(첼시가 대중음악과 전통음악을 노래하는 것을 듣고 녹음
했다), 매일 수영하기, 뉴로피드백을 포함한 컴퓨터작업, 타워레코드와
그 밖의 즐거운 곳으로의 소풍, 그 외 많은 것들을 함께 했다. 첼시는
우리들이 보내는 시간을 "할아버지와의 방과 후 활동"이라고 불렀는
데, 그것은 나의 또 다른 삶을 이끌어 가기 위해 밤늦게 뭔가를 해야
하는 상황을 암시하는 것이기도 했다. 나는 또한 아보카도, 토마토,

완두콩, 쌀, 배, 딸기 등의 새로운 식품들을 천천히 시도할 수 있는 기회와 시간을 가질 수 있었다. 나는 "햄버거나 프랜치 파이를 먹기 전에 이런 것들을 먹어야만 돼"라고 말했다. 그 방법은 성공했고 첼시는 처음으로 다양한 음식을 먹어 봤다. 이런 결과들은 엘리자베스와 재클린을 기쁘게 했다. 나는 또한 재클린의 생의학 치료의 보조자로서 첼시에게 비타민A 대용량 요법과 매일 글루타치온과 TTFD크림 치료를 해줬다.

나는 첼시와 있었던 일을 수년 동안 매일 일기로 기록했는데, 언젠가는 우리 가족의 이야기가 담긴 책이 될지도 모르겠다. 나는 그해 여름 좀 더 현명해지고 진정한 할아버지가 되어 기쁜 마음으로 집에 돌아 왔다. 우리는 첼시가 열세 살이 되어 여성스러워질 때까지 하와이에서 매년 여름 한달 동안 이제는 우리들의 집이 된 곳에서 같이 지냈다.

피닉스에 있는 동안과 그 이후, 나는 엘리자베스와 나머지 가족들이 경이로운 방식으로 성장해가는 것을 지켜봤다. 첼시를 위해 글루텐/카세인 제거식이를 하고 치료프로그램을 따르고 다른 아이들을 위해 시간을 내면서도 엘리자베스는 다른 많은 개인적 관계들을 통해 축복을 받았다. 첼시의 세 번째 생일 후에야 엘리자베스는 자기 안에 첼시의 행동방식과 비슷한 무엇인가가 있다는 것을 알아챘다. 엘리자베스는 어느 날 원망스러움과 기쁨이 섞인 상태로 "첼시의 자폐증은 나한테 물려받은 거예요. 그 애와 함께 있으면 강렬하게 그 애에게 있는 일부가 내 안에도 있다는 것을 알게 돼요. 나는 자주 눈맞춤을 피하고 나와 가까운 사람이더라도 깊은 감정을 표현하는 데 어려움이 있어요. 첼시는 나보다 훨씬 심할 뿐이에요."

이미 알고 있었지만 엘리자베스를 통해 직접 들었을 때 우리 가족에서 첼시의 위치가 갖는 의문조각들이 드러나는 듯 했다. 자신을 드러내는 것 외에 엘리자베스는 첼시를 치료하면서 중요한 성과를 얻었다. 기도를 더 깊게 하고, 삶의 지침이 됐던 아름다운 꿈을 기억해내고, 사건과 경험에서 어떻게 새로운 의미들을 찾을 것인지를 배우고, 이전에 전혀 드러나지 않았던 다양한 가능성을 발견한 것 등이 엘리자베스가 얻은 열매이다. 첼시의 일곱 살 생일 얼마 후, 엘리자베스는 어느 날 전화로 이렇게 말했다.

"첼시를 갖게 된 것에 대해 감사해요. 오늘 같이 놀면서 갑자기 첼시가 매우 특별하다는 것, 우리 누구보다도 더 특별하다는 생각이 들었어요. 그건 모든 증상 뒤에 숨겨져 있어요. 이제야 그 애를 보게 되었어요."

나는 전화기를 내리면서 눈물을 흘렸다. 나는 이전에는 느끼지 못했던 엘리자베스에 대한 사랑과 애정을 느꼈다. 2007년, 엘리자베스는 간호사로서의 2년간의 수습경력을 이용하여 자폐증연구소의 코디네이터로 새로운 삶을 시작했다. 그녀는 피닉스에 있는 DAN!에서 일하면서 ASD아동들을 위해 새로운 치료를 시도하려는 부모들과 직접 면담한다. 전업주부로서 그리고 현재는 연구소의 코디네이터로서 엘리자베스는 세상에 대해 매우 의미있는 일을 하고 있으며 첼시의 치유와 가족의 삶을 일깨운 딸의 역할에 대해 더 넓은 비전을 갖게 됐다.

미묘한 관계의 인식

우리 가족이야기는 아마 장애를 가진 자녀가 있는 모두에게 익숙할 것이다. 우리와 이야기를 나눈 많은 부모들과 조부모들 역시 ASD자녀들과의 관계로부터 깊은 통찰과 깨우침을 얻었던 기억이 있다. 치료 전이라도 많은 부모들은 관계를 통해 얻어진 오래된 개념들을 펼쳐보기 시작한다. 인지와 언어 발달을 중시하는 우리 문화는 좀 더 미묘한 관계의 기술을 과소평가하는 경향이 있다.

그러나 ASD아동이 있는 경우, 특히 심한 상태인 경우 언어나 익숙한 얼굴표정 없이 어떻게 관계를 맺을 것인가에 대해 배우지 않으면 안 된다. 우리는 수많은 관계들이 언어를 넘어서 말할 수 있는 몇 가지 단어들 사이의 침묵을 통해 일어날 수 있다는 것을 알아가고 있다. 우리는 이전에 우리들의 주의에서 벗어난 표현의 뉘앙스를 배우고 있다. ASD아동이 증가하는 독특한 현상에 직면하지 않았다면 전혀 발견되지 않았을 '관계에 깃든 뉘앙스를 읽는 방법'들이 알려지고 있다.

침묵 속에서 관찰하는 것을 배우며, 인내심을 가지고 우리의 현존이 인식되고 있는 징후들을 바라본다. 우리는 '직관적 관계능력'으로 불릴 수 있는 것을 발전시키기 시작하고 있다. 이것은 아이들의 울음소리나 미묘한 태도로부터 의미를 알아채는 엄마의 능력에서 볼 수 있는 것과 같이 친숙한 것이 확장된 것이다.

직관적으로 관계를 맺는 능력은 특별한 도움이 필요한 아이들을 키울 때 발달하는데, 하루종일 아무 일 없이 보내기 위해서는 그런 방식이 필요하기 때문이다. 작은 선물들이 주는 기쁨이 우리 삶의 중요한 부분이 된다.

"오늘 목욕시킬 때 눈을 맞췄고, 한 컵에서 다른 컵으로 물을 따를 때 미소 짓는 것을 보았어요."

"형편없는 점심을 먹고 기분이나 전환하려고 혼자 노래하고 있었는데, 애가 소란피우다 말고 앉아있지 않겠어요? 뜻밖이었어요."

"그 복잡한 머리에서 일어나는 생각을 거의 알 수 있을 것 같아요. 그 애가 말하려고 하는 게 뭔지 배우고 있어요. 침묵의 언어를 배우고 있어요."

교육과 생의학 치료들이 시작되면서 언어, 눈맞춤, 얼굴표정이 점차 좋아지면 부모들은 의사소통에서 일상적인 의미들에 대한 직관적인 지식을 적용해 볼 기회를 갖는다. 이것은 아이와 관계가 있는 모든 사람들이 시도하고 배울 수 있는 의미있는 기회이다. 우리가 이런 방식으로 언어를 실험하고 아이들의 내면으로 완전히 들어가면 아이들 역시 우리 안으로 들어올 것이다. 정확하게는 어른이나 아이 모두 신비스럽고, 강력하며 때로는 매우 만족스러운 미묘한 의사소통이 이뤄지는 공동체 세계로 들어오게 될 것이다. 곧 우리는 모두 함께 그와 같은 세상을 탐험하는 길에 있게 될 것이다.

여정의 이 단계에 도달하면 ASD가 삶에 들어오기 전에는 어땠는지 기억하는 것은 모두에게 힘든 일이다. 돌이켜보면 '그 이전'은 2차원적인 세상이었다. '그 이후'는 다각적이며 매일의 시간이 경이와 변화로 가득차 있다. 우선순위가 바뀌었다. 예전에 중요했던 것들이 지금은 큰 의미가 없을 수 있다. '그 이후'의 삶은 드라마틱하고 열정적이며 익숙한 것을 넘어 지성에 의해 움직여진다.

다른 자녀가 있으면 가족관계는 극적으로 변할 수 있다. ASD를 가진 자녀가 있는 경우 많은 보살핌이 필요하고 그 형제들은 부모로부터의 공정한 관심을 받기 힘들어진다. '모두에게 좋도록' 하려면 엄청난 인내, 다른 자녀들과의 많은 대화, 가족회의와 아이를 보살피는 데 특별한 준비가 필요하다. 궁극적으로 공정함에 대한 관점이 모든 아이들

329

에게 똑같은 시간을 할애하는 것에서, 도움이 필요한 아이를 중심으로 전환되는 것을 필요로 한다. ASD아동이 있는 가족에서 이런 이해에 도달하는 것은 중요한 성취이다. 이것은 모든 사람들을 자유롭게 한다.

ASD를 가진 자녀는 또한 역경의 선물일 수 있다. 많은 부모들은 이들 특별한 도움이 필요한 아이들이 모든 사람의 창의적인 능력을 최고로 이끌어낼 수 있는 만큼만 힘든 일을 주는 이상한 능력이 있다고 말한다. 만약 첼시가 4살 때 세크레틴 치료에 현저히 좋아졌다면, 5살 때 항바이러스 치료에 반응을 보였다면, 6살 때 킬레이션에 반응을 보였다면 재클린은 이 책을 쓰지 않았을지도 모른다. 첼시는 끊임없이 할머니이자 의사인 재클린으로 하여금 의학적 영역을 확장하도록 이끌었다. 첼시가 10살에 이르자 우리는 더 많은 킬레이션, 비타민B12, 고압산소치료, LDN, 그 밖의 더 많은 것들을 시도했다.

11살이 됐을 때, 우리는 호르몬 급등이 아이를 더 불안하게 할 것인지 아니면 더 회복시킬 것인지 궁금했다. 처음에는 행동에 퇴행을 보여 분노하거나 더 고립되는 것 같았다. 그러나 12살이 되고 월경이 시작되자 첼시는 좀 더 여성스러워지고 우아하게 변했다. 특히 첼시와 엘리자베스와의 관계가 더 깊어지고 새롭고 긍정적인 방식으로 관계를 맺기 시작하고 있다. 아직도 가야할 길이 멀지만 첼시의 경우에는 에스트로겐의 분비와 함께 찾아온 모든 변화들이 생의학적으로 좋게 나타나고 있는 것 같다.

재클린과 나, 엘리자베스 부부와 손자손녀들은 팀으로서 올바른 선택을 위해 끊임없이 노력해왔다. 이는 치료에 대한 각자의 생각을 창의적으로 통합하고 모두의 관계를 의식적으로 만드는 계기가 됐다. 선물 목록은 길고 인상적이며, 이 글을 쓰고 있는 동안에도 계속 늘어나고 있다. 우리들이 경험한 실패는 새로운 차원의 인내와 창의성으로 이끌었으며, 이는 우리로 하여금 ASD의 복잡한 특징에 대해 확실하게 개념을 정립할 수 있도록 해줬다.

아이들이 전하는 메시지

첼시를 치료하고자 하는 열망은 내 인생의 파트너를 뛰어난 의학탐정이자 인체분석가, 그 인체의 생화학에 대한 풍부한 지식인, 신비한 치료의 변방에서 일하는 연금술사로 변모시켰다. 첼시에 대한 사랑은 그녀의 모든 재능을 집중하여 새로운 의학을 실현하는 사람들 중 한 명이 되도록 했다. 우리는 이 책을 통해 ASD가 있는 한 소녀가 어떻게 의사인 할머니에게 영감을 불어넣어, 다른 많은 아이들을 위해 봉사하는 사람이 되도록 했는지 볼 수 있다. 이와 더불어 비슷한 영감을 받아 다른 사람들에게 봉사와 성공을 거둔 수백 명의 전문가들이 있다.

우리는 한 명의 ASD아동을 만나면서 우리 삶에서 일어난 엄청난 깨달음을 그릴 수 있다. 몇 년 동안 나타난 수천 명의 ASD아동들이 우리에게 전달한 깨우침을 상상해본다. 우리 각자가 치유에 있어서 저마다의 독특한 길을 발견해가는 동안, 우리는 저마다의 가슴에 생기를 불어넣는 것이다. 그것은 우리에게 주어지고 있는 메시지이기도 하다. 우리가 그 메시지를 진심으로 받아들일 때 아이들은 그들의 임무를 완수할 것이며, 우리 가슴은 더 열릴 것이고 그들의 두뇌는 더 이상 관심을 받을 정도로 고갈되지 않을 것이다.

부록

부록1

테레사 빈스톡의 연구

자폐증과 위장관

2001년 이후 ASD아동에게 발견된 위장관 병리에 대한 많은 연구가 계속됐다. 동시에 자폐증그룹과 비자폐증그룹 모두에서 식품과민성이 점차 증가하는 것으로 나타난다. 위장관 병리는 장관과 말초부위의 왜곡된 면역상태로 나타난다. 여기서는 전체적인 개관을 설명하지는 않고 최근 새롭게 대두되는 것들을 총괄적으로 살펴본다.

디에우페미아 등[1]은 장관 병리를 나타내는 검사지표나 임상지표를 가진 ASD아동들은 제외했음에도 불구하고 나머지 아동의 43%(21명 중 9명)에서 장관투과성의 증가를 발견했다. 2002년에는 웨이크필드와 머치는 이런 발견에 대해 이렇게 말했다.

증상에만 의지해서 판단하면 ASD아동에게 있을 수 있는 위장관

부록1 테레사 빈스톡의 연구

병리를 과소평가하게 된다. 겉으로 증상이 잘 나타나지 않거나, 통증에 대한 역치가 올라가 있는 상황이 복합적으로 작용하면 더욱 과소평가될 것이다.[2]

같은 해에, 크니프버그는 글루텐과 카세인 제거식이요법을 한 ASD 아동의 일부가 좋아졌다고 보고했다.[3] 버나드 림랜드와 자폐증연구소가 부모들을 대상으로 수집한 자료에 의하면 이 식이요법은 많은 ASD 아동들에게 효과적이었다.[4] 2006년에는 발조라가 이 식이요법과 다른 치료를 함께 했을 때 좋은 결과를 보였다고 발표했다.[5] 음식에 대한 과민반응은 장관투과성을 증가시키고 다른 병원체의 투과성도 증가시킬 수 있다.[6,7]

2007년에도 앤드류 웨이크필드의 연구는 논쟁 중이다. 1998년 웨이크필드는 MMR 백신접종 후에 아이들이 퇴행했다고 느끼는 부모들이 있어서 이들을 검사했더니 일부 아동(12명)에서 위장관 병리가 발견됐다고 발표했다[8](퇴행성 자폐증에 대한 타당성에 대해 알아보려면 시페르슈타인과 폴크만의 연구를 보라[9]). 웨이크필드는 1998년의 연구에서 추측을 근거로 한 해석부분을 철회한다고 발표했지만[10], 원래 논문에서 발견된 연구결과를 철회한 것은 아니었다. 더 나아가 다수의 상호검토된 연구를 통해 1998년에 발행된 원래 논문의 연구결과가 재확인됐다.[11~16] 이들 연구에서는 많은 ASD아동들이 림프절 비후와 기타 위장관 병리를 나타냈는데 림프절 비후가 비자폐아동에게서 나타나는 것과 달랐고 궤양성 대장염, 크론병에서 보이는 위장관 병리와도 차이가 있었다.[4,17,18]

명확히 할 부분은 1998년 연구에서 철회한 것은 추측에 근거한 해석부분이라는 것이다. 연구결과 그 자체는 철회하지 않았다. 그렇다면 그 해석이란 무엇일까? 초록에서 "이전에 정상이었던 아동들에서 위장관 질병과 함께 발달이 퇴행된다는 것을 알게 됐다. 이것은 일반적으로 시간적인 것을 고려해 보았을 때 가능한 환경적 유발인자를 생각할 수 있다"고 언급한 부분이다. 웨이크필드와 동료들이 제안한 '환경적 유발인자'는 MMR 백신접종이었다. MMR에 대한 다른 연구들이 계속적으로 나왔는데 일부는 문제가 없다고 결론내렸고, 일부는 결론을 내리기 어렵다고 했다.[19] 중요한 것은 접종방법을 바꾸고 또다시 바꾼 것이 MMR의 생리적 효과를 경감시킬 수 있으며, MMR에 다시 노출되는 결과가 될 수 있다는 것이다.[20]

MMR이 2세 미만의 일부 유아들에게 해가 될 수도 있고 아닐 수도 있다는 쟁점을 제외하고도, 몇몇 연구에서 ASD아동의 장관에 홍역바이러스가 존재하는 것이 발견됐다.[2,11,16] 이런 연구들 가운데 최소한 2개의 연구에서 장관 내 홍역 바이러스가 백신균주와 동일한 균주였음이 밝혀졌으며,[11,16] 3명의 ASD아동에서 홍역바이러스가 뇌척수액에서 발견됐다.[21] 자폐증의 위장관 병리에 관한 의학논문을 읽을 때 여러 다른 이름, 즉 자폐성 전장염, 회장의 림프 비후, 회결장 림프절 비후, 위염 등으로 기술된다는 것을 알고 있어야 한다. 장관과 말초면역계의 변화에 관련하여 위장관 병리를 연구하는 자폐증 연구가들에 의해 중요한 점이 새롭게 발견됐다. 다수의 연구[22~28]들이 말초혈액의 단핵세포를 분석했고 일부 연구[22~25]에서는 식품항원에 대한 면역반응을 측정했다.

주요 보고서들에 비자폐성군에서 식품과민성, 장관병리 증가와 그 중요성이 나타나고 있다.[7,29~32] 예를 들면, 융모위축으로 알려진 소아지방변증에서 융모위축이 반드시 나타나지는 않는다.[33~35] 게다가 비자폐성 소아지방변증에서도 자폐증과 연관된 여러 행동특성과 영양결핍이 나타난다. 글루텐에 민감성을 보이는 비자폐성 아동과 행동이나 감정 문제가 있는 비자폐성 아동들에게 제거식이를 하면 영양상태가 좋아지고 좋지 않은 행동이 없어지는 경우도 종종 있다.[36~38] 자폐증에서도 이와 유사한 효과가 있다.[3~5]

위장관과 면역계와 뇌가 연결되어 있다는 새로운 시각이 대두되면서 장관병리, 식품과민성, 면역계에 대한 연구내용들이 다시 부각됐다. 대부분 ASD아동들은 위장관 병리, 장관투과성 증가, 식품과민성부터 회결장 림프절 비후와 같은 심한 염증까지 가지고 있다. 이런 병리의 많은 부분이 말초 시토카인 변화와 연관이 있다.[39] 시토카인은 뇌기능에 영향을 미치기 때문에 자폐증에서 말초 시토카인의 변형이 있다는 것은 뇌기능이 비정형적이 되는 다른 방법이 있다는 의미이다.[40~43]

가족의 자가면역과 자폐증 일부 그룹과의 연관성도 증가하고 있다.[44~48] 코넬리 등은 1999년 자폐증에서 내피관련 항체와 다른 신경학적 질환에 대해 기술했다. 2006년에는 뇌신경성장인자BDNF와 BDNF에 대한 면역글로불린M과 G 항체의 수치가 증가했다는 것을 발표했다.[49,50] 또한 이들은 수초염기성단백질MBP에 대한 면역글로불린G와 M이 증가했다고 기술했고, 싱이 말한 MBP 수치도 증가했다는 것을 확인했다.[51] 자폐증군과 비자폐증군을 대상으로 한 위장관 병리와 면역에 대한 최근 연구들을 통해 영양상태와 행동변화뿐만 아니라 식품과민성, 장관병리, 말초면역계 변화 사이의 중요한 연관성이 받아들여지고 있다. 위장관을 치료하는 것은 ASD아동을 가진 부모와 치료자들에게 중요한 일이 되고 있다.

자폐증, 중금속, 수은이 함유된 백신

1999년, 식품의약국은 보고서를 통해 영유아에게 주사하는 몇몇 백신에 에틸수은이 들어있다고 밝혔다. 그 보고서를 통해 일부 ASD아동의 부모들은 에틸수은 주사로 인해 아이들이 퇴행했다고 생각하게 했다. 즉시 광범위한 연구가 진행되어 의학잡지에 〈수은/자폐증 보고〉라는 의학논문이 나오게 됐다.[1] 우디 맥긴니스, 보이드 할리, 바스 아포시안 박사 등을 포함한 많은 사람들이 각종 사례와 정보를 제공했다. 이 보고서가 나오자 미 정부개혁위원회에 의한 의회청문회가 열렸고 국제의료과학연구소가 주최한 국제청문회가 열렸으며 대부분 백신에서 에틸수은을 제거하게 됐다.

여기서 "왜 에틸수은이 함유된 백신을 맞은 다른 많은 아이들은 자폐증이 생기지 않았을까?"라는 중요한 질문이 생긴다. 의학문헌에는 후천적이든 유전적 원인이든 민감성이 높은 아이들에 대한 이야기가 있다. 의학사를 보면 '핑크병'이라 불리는 소아의 말단동통증에 대한 교훈이 나온다. 핑크병은 기저귀 발진과 이가 날 때에 쓰이는 공업용 분말에서 생긴 수은중독의 한 형태이다. 말단동통증은 민감성의 중요함을 설명한다. 이 분말을 사용한 400명 중 1명 정도에서 핑크병의 증상이 발현됐다.[2]

질병관리본부가 2000년 봄에 시행한 몇 가지 연구에서 초기에 에틸수은에 노출된 경우 실제로 ADHD, 틱, 자폐증을 포함한 ASD와 연관이 있음을 밝혀냈다. 정보공개 청구를 통해 얻은 내부문건은 처음에 언론에 알린 것보다 연구결과에 대해 좀 더 솔직한 내용이었다.[3] 이 책이 처음 발간된 이후에도 티메로살이 뇌신경계 질환의 원인이라는 사실은 아직 잘 알려져 있지 않았다. 이유는 정치적으로 질병관리본부, 소아과협회, 의학협회는 티메로살이 뇌발달에 영향이 없다고 믿도록 해왔기 때문이다.

그러나 최근 연구들은 그렇지 않다는 것을 보여준다. 데이비드 커비의 연구에서 명확해졌는데, 질병관리본부가 2000년에 시행한 연구에서 영아에게 티메로살을 주사한 결과 여러 신경학적 후유증이 나타날 위험이 증가했음이 밝혀졌다. 주의력 결핍장애ADD, 주의력결핍과잉행동장애ADHD, 수면장애, 언어장애, 기타 발달지연과 자폐증은 영아에게 디메로살을 주사한 것과 연관이 있었다.[4] 하지만 정보공개 청구를 이용해서 얻은 문서에서 밝혀진 것처럼 질병관리본부 연구에 참여한 사람들은 자료의 내용을 축소하려 했다.[5,6] 2003년에는 의도적으로 몇 번씩 자료를 축소하고는 결국 연관성이 없다고 말했으며, 연구자들은 〈소아과학회지〉에 티메로살이 자폐증 유병률과는 관계없다는 논문을 게재했다.[7]

이렇게 〈소아과학회지〉에 의도적으로 뒤바꾼 자료가 실리자 이것이 대세가 됐다. 2001년에는 의학협회에서 다양한 전문가들과 기타 제출된 증언들을 바탕으로 티메로살에 대한 청문회를 개최했다. 이 청문회의 결론은 티메로살-자폐증 가설이 생물학적으로 타당성이 있다는 것이었다.[8] 이렇게 중요한 결론이 내려졌음에도 질병관리본부와 의학협회의 교묘한 속임수는 계속됐다. 의학협회에서 시행한 2차 청문회는 2004년에 열렸다. 주요 의제는 티메로살과 MMR이었다. 데이브 웰던 하원의원은 티메로살에 관련된 주제 발표에 대해 "심한 왜곡이 있었고 의학논문에 대한 균형 있고 공정한 토론이 아니었다"고 말했다.[9] 정보공개를 통해 얻은 추가문건을 보면 질병관리본부가 2004년 청문회 마무리 단계에서 의학협회가 발표하기로 되어 있던 청문회 결과를 미리 결정해 두었다는 것을 알 수 있다. 이는 매우 중요한 사실이다.[10,11]

2004년 티메로살과 관계없는 연구를 하라는 의학협회의 권고에도 불구하고 수많은 최근 연구 결과들은 뇌발달에 나쁜 영향을 미치는 티메로살의 기전을 설명하고 있다. 데스 등은 티메로살이 들어있는 백신접종을 받은 영아들에게 보이는 수은수치[12]는 메틸레이션의 결정적인 효소, 메티오닌 합성효소의 기능을 손상시키기에 충분한 정도라는 것을 밝혔다.[13] 호닉 등도 역시 티메로살에 손상받기 쉬운 자가면역에 연관된 유전적 민감성을 보고했다.[14] 제임스 등은 많은 ASD아동들이 해독작용에 손상을 줄 만큼의 영양결핍이 있다는 논문을 발표했다.[15] 버바처, 클락손 등은 티메로살의 에틸수은이 메틸수은보다 뇌로 더 잘 들어간다는 명확한 결론을 제시했고 따라서 에틸수은이 메틸수은의 축적을 높인다는 결론을 이끌어냈다. 이들은 티메로살에 노출된 원숭이 뇌의 전체 수은 중 에틸수은보다 메틸수은이 높은 비율이었고 발표했다(34% 대 7%).[16]

티메로살과 MMR 부작용은 고려의 대상이 아니라는 질병관리본부와 의학협회의 주장에 저항하는 영향력이 큰 단체로서 자폐인 부모단체의 하나인 제너레이션 레스큐[17]가 운영하는 웹사이트에서 티메로살에 대한 중요한 연구들을 검토할 수 있다. 실제로 부모단체의 웹사이트는 좋은 정보의 보고이다. 잘 정리된 과학적 연구의 요약, 정보공개법을 이용하여 얻은 문건들과 정치적 행위에 대한 호소 등을 포함한다. 예를 들면, 세이프마인즈Safeminds는 티메로살의 부작용에 대항하여 구성된 자폐증 단체 중 대표적이다. 중요한 단체들은 다음과 같다.

- www.safeminds.org
- NoMercury.org
- MomsAgainstMercury.org
- Generation Rescue.org
- PutChildrenFirst.org
- NationalAutismAssociation.org
- TheAutismAutoimmunityProject(taap.info)

UPI통신의 과학전문기자인 댄 옴스테드는 백신/자폐증 논란에 대해 조사하고, 〈자폐증의 시대〉라는 칼럼을 연재하기 시작했다. 이 칼럼은 수두 후유증이나 MMR과 시간적으로 비슷하게 맞추는 수두백신의 후유증이나 별반 다르지 않다는 백신의 아이러니에 대해 이해하기 쉽게 썼다.[18]

2006년 6월, 〈소아과학회지〉에는 에릭 폼본의 논문이 실렸다. 이 논문은 티메로살, MMR은 자폐증과 관련이 없다고 주장한다.[19] 그러나 이 논문을 보면 과학이라기보다는 비평에 가깝다. 이 논문의 한 단락에는 이렇게 쓰여있다.

많은 에틸수은에 대한 생물학적 연구들은 티메로살 가설을 뒷받침하지 않는다. 반대결과를 보이는 연구가 많음에도 불구하고 대중의 의심은 완전히 없어지지 않고 있다. 극적으로 편향된 매체에 의해 대중의 두려움은 계속 되고 있다.

하지만 일반적인 과학논문과 달리 폼본은 자신이 말한 '반대결과'를 보인 연구를 구체적으로 밝히지 않았다. 게다가 폼본은 그의 표현대로

'극적으로 편향된 매체'에 논문을 발표했다. 커비드의 책『유해의 증거』를 보면 이 '극적으로 편향된 매체'는 고의적으로 사실을 왜곡하는 것 같다.『유해의 증거』는 방대한 양의 상호검토된 연구와, 의학협회의 증언들, 정보공개법으로 얻은 질병관리본부와 의학협회 문건들이 포함되어있다.

이 책(Children with Starving Brains)의 개정판이 출판되면서 데이브 웰던과 캐롤린 말로니에 의해 법안이 제출됐다. 이 법안의 목적은 질병관리본부가 백신의 안전성을 조사하는 일보다 백신접종을 장려하는 일에 관심을 쏟는다는 비판에 따른 것이다. HR5887법안은 안전성 조사는 질병관리본부를 배제하여 시행하고 건강관리국에서 그 일을 하도록 하는 반면에 질병관리본부에서는 백신접종사업 독려의 역할을 지속하도록 하는 내용이다. 논쟁은 아직 끝나지 않았다. 민감한 사람에게 티메로살이 부작용을 유발하는 기전이 점차 더 많이 밝혀지고 있다.

자폐증과 독소

'독소'라는 단어는 원래 유기체가 만들어내는 유기분자를 말하는 것이었는데 현대에 이르러서는 독성학, 신경독성학, 환경과 건강 등의 잡지에 거론되면서 폴리염화B페닐, 비소, 프탈레이트 같은 분자를 일컫게 됐다.

최근에 체내 독소에 대한 많은 연구가 발표됐다.[1~19] 이들 독소 중 일부는 병리현상뿐 아니라 인지와 행동에 대한 영향과도 연관이 있다.[20,21] 독소 해독능력의 개인차가 있다는 것을 보여주는 연구가 많이 발표됐는데 성인의 경우에도 한 가지 유기인산화합물에 대한 해독능력이 64~164배까지 차이가 나는 것으로 나타났다. 일반적으로 이런 유기인산화합물은 신생아에서는 더 큰 영향을 미친다.[22] 여러 가지를 고려할 때, 체내 독소와 개인마다 독소민감성에 차이가 있다는 것은 자폐증의 원인과 치료와 연관이 있다.

유기인산화합물 성분의 살충제와 자폐증 사이의 연관성에 대한 최근 연구에서 항산화제로 작용하는 효소의 일종인 파라옥소나제1PON1 유전자가 약한 대립형질을 갖고 있을 때 자폐증이 더 잘 나타나는 것 같다고 보고했다.[23] 12명의 ASD아동에서 호모시스테인 수치는 높고 PON1 아릴에스테르 분해효소 수치가 낮다고 보고한 연구도 있다.[24] 지리적 차이가 중요하기 때문에 추가 연구가 필요하다.[23] 유전자의 취약한 대립형질 비율은 민족과 관련이 있고[25], PON1 유전자 발현은 산모와 신생아의 효소 활성화 정도가 각기 다른 것과도 관련이 있다.[26] 또한 납과 기타 독성금속들은 PON1 유전자 발현을 감소시킨다.[27~29]

자폐증과 특정유전자의 취약한 대립형질, 일반적인 농약종류들 사이의 인과관계가 밝혀지면서 수많은 독소들이 인체에 존재한다는 사실은 의사와 연구자들, ASD아동 부모들의 관심을 끌게 됐다. 자폐증이 독성물질과 연관된 유일한 질병은 아니다. 여러 가지 '낮은 농도'의 체내 독소들은 악성종양, 천식, 알레르기를 포함한 비자폐성 병리와도 연관이 있다. 프탈레이트는 많은 제품에 쓰이는 작은 분자들로 현대 사회에서는 아주 흔하게 볼 수 있다. 인체에서도 발견되는데 인지과정[38~41]뿐 아니라 생식계 조직에도 영향을 미치고, 성 관련 행동방식에도 영향을 미칠 수 있다.[20,21,37] 폴리염화B페닐PCB 노출후유증이 밝혀진 것[42~47]과 마찬가지로 내연제의 효과도 연구되기 시작했다.[48,49]

당분간 독성물질의 영향을 벗어나는 것은 불가능하다. 독성물질은 태반, 양수, 제대혈과 모유에서도 발견됐다. 부작용은 영아기 때 독소 수치가 높은 아이들에게 더 잘 일어나는 것 같다. 또한 면역력과 체내 독소 사이에는 역관계가 있어서 독소는 해독과 면역에 관계된 단백 물질을 만드는 유전의 약한 대립형질에 대해 더 큰 영향을 미친다.[57~59] 이런 결과들이 밝혀졌음에도 불구하고 산업체는 독소가 인류와 다른 종에도 손상을 유발한다는 사실을 무시하고 비난하는 데 지속적으로 기금을 대고 있다. 다음 자료들은 이미 증명된 부작용에 관련한 과학적 결과들이 어떻게 왜곡되는지 보여준다.

a. 독성폐기물은 이득이 된다: 말도 안 되는 속임수와 공공관련산업

Sheldon Rampton, John Stauber, Common Courage Press, 1995년

b. 포위작전 아래의 과학: 자연과 진실에 대한 정치인들의 전쟁

Todd Wikinson; Johnson Books, 1998년

c. 세계적인 혼란: 환경보호주의에 대한 기업의 공격

Sharon Beder; Chelsea Green Publishing Company, 1998년. Wargo, John. 1998

d. 우리 아이들의 독성 유산: 산업은 어떻게 과학을 조종하고 미래를 위태롭게 하는가

Sheldon Rampton, John Stauber; J P Tarcher, 로스앤젤레스, 캘리포니아, 미국 2000년

e. 화학산업의 공포: 레이철의 환경과 건강뉴스, 2003년 10월 30일

http://www.rachel.org/bulletin/index.cfm/issue-ID=2392

f. 비스페놀 A 상업적 '과학' 정책에 대한 분석: 도둑맞은 미래 분석

Vom Saal, F and W Welshons. 2006년, 소량의 노출로 생기는 큰 작용: 비스페놀 A 에 대한 저용량 연구에서 양성 대조군의 중요성. 환경학적 연구 100:

50~76 http://www.ourstolenfuture.org/NewScience/oncompounds/bisphenola/ 2006/2006-0101vomsaalandwelsons.html

　자폐증에서 산화손상의 증가는 공통적으로 발견되고[60~62] 체내 독성물질과 손상된 조직을 검사하는 간접적인 방법이 제시되고 있다.

　저산소증, 독소, 중금속과 같은 환경적 자극요인들은 반응성 산소류의 생산을 증가시키고 에너지 저장량을 감소시킨다. 산화라디칼에 만성적으로 노출되면 유전자 발현과 단백분해 과정에 좋지 못한 영향을 미친다.[63]

　한 번에 한 가지 독소를 검사하는 것은 오해의 소지가 있다. 왜냐하면 여러 독소의 영향은 서로 더해지고, 축적되고, 상승하는 효과가 있기 때문이다. 또한 독소 병리는 염증에 의해 악화될 수 있고, 나쁜 영양상태나 위장관 문제로 인해 악화될 수도 있다.[64~68] 1997년 클라우디아 밀러는 『유독물질에 의한 내성의 소실』이라는 책을 펴냈다.[69] 그녀의 가설은 다양한 유행병과 연관이 있다. 추가효과와 상승효과에 대한 연구가 더 필요하긴 하지만 체내 독소가 좋지 않은 후유증을 잘 일으키는 가능성을 설명하는 또 다른 기전이 있다. 그 가설을 여기에 소개한다. 아래는 이미 과학잡지에 실렸던 내용이다.

　가설: 태아, 영유아의 체내 많은 독성물질은 글루타치온과 기타 해독영양물질을 고갈시킨다. 각각의 독성물질수치가 '안전한' 범위라고 여겨지는 경우에도 한 가지나 그 이상의 독성물질에 의한 부작용 가능성이 증가한다. 부작용 가능성은 동반된 질병과 유전적, 후천적 요인들에 의해 증가된다. 게다가 개인마다 부적절한 체내 영양상태를 가지고 있으면 해독작용은 더욱 어려움을 겪는다. 체내독소 수와 해독

에 필요한 영양소 수치 사이에는 역관계가 존재한다.

바꾸어 말하면 체내 독소의 수가 많을수록 해독에 필요한 영양소들은 점차 고갈된다는 의미이다. 이런 일들이 산모, 배아, 태아, 영유아에게 일어나면 한 가지 이상의 독소관련 병리가 발생하고 이것은 일생동안 문제가 될 수 있다. ASD아동들 사이의 개인차가 존재한다는 것은 오랫동안 어려움의 대상이었다. 독소 관련 환경인자들에 대한 연구가 진행되면서 원인 인자간의 상호작용이 중요하게 다뤄졌다. 영유아들이 독소에 노출될 당시 아팠는가, 건강했는가 여부도 독소의 체내 분포에 영향을 미칠 수 있다.[64,66,68] ASD아동에게 독소 부담을 줄여주는 것은 중요하다. 독성물질 제거는 좋은 결과를 가져온다.[70~74] 독성금속이 체내에 쌓이면 PON1 활성화를 감소시킬 것이고, 유기인산화합물 성분의 살충제로 인한 위험도 증가한다.[22,23,27~29]

또한 여러 독소들은 글루타치온과 같은 특정영양소[75~81]를 이용하는 과정에 의해 해독된다. 대부분 소대변 독성금속검사에서 비금속성 독소들이 측정되지 않는다고 해서 이런 독소들이 배출되지 않는다는 것을 의미하지는 않는다. 대신 우리는 해독요법에 반응하여 호전되는 아동들은 금속성, 비금속성 독소들의 체내 부담이 줄어들고 있다는 가능성을 고려해야 한다.

간은 해독을 주로 담당하는 기관이다.[82,83] 적절한 1, 2단계 간 영양제를 공급하는 것이 매우 중요하다. 부적절한 체내 영양상태는 중금속뿐만 아니라 다른 독소들에 의해서도 부작용을 유발하는 위험요소이다.[84,85] 아이를 포함한 가족 역시 독소와의 접촉을 최소화해야 한다.[86] 장관을 치료하고, 적절한 영양상태를 유지하고, 해독요법을 하는 것은 거의 대부분 ASD아동들에게 중요하다.

자폐증과 미토콘드리아

2008년 초기에 한나 폴링이라는 ASD아동을 통해 백신접종과 자폐증 사이의 연관성에 대한 관심이 새롭게 대두됐다. 2007년 11월 9일, 미국 보건복지부의 의료전문가들은 법무부를 통해 한나의 자폐증이 19개월에 시행된 9개의 백신접종에 의해 촉발됐음을 인정했다. 그토록 사랑스러운 아이가 퇴행성 자폐증이 됐다는 사실로 한 번에 여러 백신접종을 하는 것과 백신접종의 정치적인 문제들과 미토콘드리아(세포의 동력발전소이다. 미토콘드리아에서는 ATP를 만들고 열을 발생시키며 세포소멸과 신호 전송 경로에 관여한다[1A]), 이 모든 것들이 쟁점화됐다. 의학박사이며 신경학자인 한나의 아버지는 아틀랜타저널 컨스티튜션의 기명 논평에 다음과 같은 중요한 결과를 발표했다.

한나의 경우를 이해하기 위해서는 세포의 정상기능을 수행하는 데 중요한 에너지를 생산하며 세포에서 세균처럼 작용하는 미토콘드리아를 이해하는 것이 중요하다. 왜냐하면 정부발표는 전적으로 미토콘드리아 기능이상이라는 한나가 가진 기저의 의학적 상태를 고려한 결정이었기 때문에 일부에서는 이런 정부의 결정이 ASD아동 중 매우 극소수에 해당한다고 주장했다. 그러나 나는 신경학자이고, 과학자이며, 아버지로서 이런 의견에 동의하지 않는다.[1B]

미토콘드리아 기능이상의 의미는 변화하고 있고 더욱 확대되어 다양한 증상과 소견을 나타내고 있다. 최근 많은 연구단체들은 자폐증에서의 미토콘드리아에 관심을 갖고 연구해왔다. 2005년 올리베이라의 연구에 따르면 69명의 ASD아동 중 14명에서 고젖산혈증을 보여[2],

11명에 대해 추가검사를 시행했더니 11명 중 9명은 젖산/피루브산 비율이 증가되어 있었다. 2006년에는 폴링의 연구가 발표됐는데 ASD아동들은 대조군에 비해 아스파테이트 아미노트란스페라제가 의미있게 증가됐고[3], 콜레이아는 "높은 빈도로 나타나는 미토콘드리아 기능이상의 생화학적 표지는 고젖산혈증과 젖산/피루브산의 비율증가이다. 210명의 자폐환자들에게 상당한 비율로 나타났다"고 기술했다.[4] 이 연구들은 많은 ASD아동들에게서 미토콘드리아 기능이상 비율을 연구했다.

바이스만은 산화인산화과정에 질병이 있다는 명확한 증거가 있는 25명의 ASD환자에게 초점을 맞췄다.[5] 이 연구가 중요한 견해를 제공하긴 했지만 바이스만의 연구대상이 됐던 집단은 미리 선택됐으며 특발성 자폐증을 대표하지 않는다는 것은 명확하게 할 필요가 있다. 그렇지만 바이스만의 연구대상군에 대한 관찰결과는 중요하다.

체외 실험에서 1개 이상의 전자전달계의 활동성이 명백하게 결핍됐다고 해서 산화인산화과정의 유전적 결함을 의미하는 것은 아니다. 왜냐하면 전자전달계 결함은 다른 질환에 의한 이차결과일 수 있기 때문이다. 산화인산화과정에 결함이 있는 대부분 사람들의 진단은 전자전달계 측정을 통해 이뤄진다. 그러나 기저의 핵 또는 미토콘드리아의 돌연변이는 밝혀지지 않는다.[5]

후이는 다음과 같이 정리했다.
일차적인 미토콘드리아 호흡계 효소결핍 환자와 다른 병리에 의한 이차손상을 갖게 된 환자를 구분할 수 있는 미토콘드리아 호흡계의 활성화에 대한 정상 참고수치를 결정하는 것은 매우 어렵다.[6]

a. 미토콘드리아 기능이상의 새로운 정의

미토콘드리아 질환의 고전적인 정의는 엄격한 편이었다. 그러나 미토콘드리아 기능이상은 미토콘드리아DNA에서 특정유전자의 돌연변이가 없어도 생길 수 있고 고전적인 미토콘드리아 질환과 연관된 증상이 없어도 생길 수 있다. 온라인에서 이에 대한 중요한 부분들을 무료로 볼 수 있는데 로시놀과 브래드스트리트는 미토콘드리아에 초점을 맞춘 다수의 자폐증 연구들을 요약했다.[7] 다른 연구자들도 다음과 같이 기술하고 있다.

스펙트럼처럼 넓은 범위의 임상적 양상은 미토콘드리아 질환의 특징 중 하나이다.…… 이 질환의 경과 중 초기에는 나타나지 않는 소견과 증상들이 질환이 진행됨에 따라 나타날 수 있다. 특별한 증후가 나타나지 않는 것이 미토콘드리아 질환이 없다는 증거가 될 수 없다.[8] 또한 고전적인 미토콘드리아 질환은 자폐인 중 일부에서 발생하고 유전자이상이나 미토콘드리아의 호흡경로결함에 의해 나타난다. 그러나 대부분 자폐인은 미토콘드리아 질환과 연관된 특징이 없는데도 기능이상의 증거들이 발견된다.…… 고전적인 미토콘드리아 질환과 비교하면 기능이상은 자폐인에게 더 흔하게 발생하는데 증상도 심하지 않고 근육생검에서 구분될 정도의 미토콘드리아 이상도 나타나지도 않는다. 반면에 검사상 미토콘드리아의 기능이 낮은 소견을 보인다.[7]

로시놀과 브래드스트리트의 보고서는 특정 아동에게서 고전적인 미토콘드리아 질환의 모든 표시가 나타나지 않았지만 기능이상과 연관된 소견이나 증상들에 대한 관심을 불러일으켰다. 2004년까지만 해도 저명한 연구가들은 "미토콘드리아 질환에 대한 포괄적이고 종합적인 분류체계가 아직은 정립되지 않았다"고 기술했다.[9] 그렇지만 연구자들은 계속해서 건강과 질병에서 미토콘드리아가 차지하는 많은 기능을 자세하게 기술하고 있다.[10]

b. 의미있는 쟁점

1) 자폐아동, ASD아동, 예비 자폐아동들의 몇 %에서 미토콘드리아 기능이상의 징후나 소견이 나타나는가?

2) 그런 징후나 증상이 있다면 의학문헌에 기술된 안전한 치료법은 있는가?

3) 영유아들에 대한 백신접종에 앞서 미토콘드리아 기능이상에 대한 선별검사를 하는가?

발전 중인 영역에서는 용어가 중요하다. 과학잡지는 일반적으로 미토콘드리아 병리를 질병, 질환, 기능이상으로 분류한다. 이런 분류가 반드시 뚜렷한 것은 아니다. 또한 미토콘드리아 질환으로 분류되지 않는 일부 질환이 미토콘드리아 기능이상의 징후나 증상들과 연관이 있다6. 게다가 모든 연구자가 미토콘드리아 관련용어를 똑같이 사용하는 것도 아니다. 예를 들면 전통적으로는 '유전'에 중점을 둔다. 가브리엘 시실리아노 등은 "호흡사슬결함을 가진 미토콘드리아 질환은 전자전달 사슬기능의 장애를 결정하는 유전자 돌연변이에 의한다"는 의견을 내놓았다.[11]

로시놀과 브래드스트리트는 반대입장으로서 비고전적이고 가벼운 형태의 미토콘드리아 기능이상을 주목해야 한다고 강조한다. 그래서 반복한다.

고전적인 미토콘드리아 질환은 자폐인 일부에서 발생하고 일반적으로 유전자이상이나 미토콘드리아 호흡경로의 결함에 의해 나타난다. 많은 자폐인의 경우에 미토콘드리아 질환과 연관된 고전적 특징이 없는데도 기능이상의 증거들이 발견된다.[7]

바꾸어 말하면 고전적으로 정의된 미토콘드리아 질환이 모두 나타나지 않는다 해도 기능이상의 징후들은 중요할 수 있다. 폴링 등도 비슷하게 이야기한다.

미토콘드리아 기능이상이 일차적으로 유전자이상, 필수대사경로의 비정형적 발달에 의한 것인지, 이차적으로 다른 요소들에 의한 산화인산화억제에 의한 것인지는 분명하지 않다. 이런 기능이상이 아이들에게 감염과 백신접종 시기에 존재한다면, 세포의 에너지대사에 대한 면역활성화로 생긴 추가적인 산화스트레스는 미토콘드리아 기능에 의존하는 정도가 큰 중추신경계에 특히 치명적일 수 있다.[3]

미토콘드리아 기능이상이라는 용어의 의미상 불일치 때문에 ASD아동과 부모, 의사들은 딜레마에 빠진다. 미토콘드리아 질환의 진단과 치료는 미토콘드리아 DNA의 돌연변이 또는 미토콘드리아에 연관된 nDNA의 돌연변이가 발견되고 이에 의한 징후나 증상들에만 완전히 근거를 두어야 하는가? 우리는 그렇게 생각하지 않는다. 미토콘드리아의 기능이상과 그와 관련된 치료들에 대한 넓은 의미의 정의는 임상측면에서 결정되고 있다. 최근 소아지방변증에서 발견된 것들 역시 마찬가지이다.

c. 소아지방변증의 범위 확대

소아지방변증의 정의와 진단기준은 전형적인 증상부터 경미한 정도까지, 증상이 잘 드러나지 않는 형태도 포함하는 스펙트럼으로 받아들여지고 있다. 1997년 논문을 보면[12], "혈청 내 항글리아딘 항체와 항근내막 항체와 같은 민감한 진단기준을 광범위하게 적용하면 소아지방변증이 서구권 나라에서 가장 흔한 질병이며, 임상적 다양성은 예전에 생각했던 것보다 훨씬 다양(전형적, 비전형적, 드러나지 않는 형태)하다는 것을 알 수 있다"고 언급되어 있다.

1999년에는 "지방성 설사와 영양실조와 함께 다양한 결핍상태를 보이는 고전적인 스프루증후군보다 증상이 잘 나타나지 않거나 단일 증상을 보이는 지방변증이 더 많다."고 발표됐다.[13] 즉, 1990년대 후반에는 소아지방변증의 징후와 증상이 처음에 생각했던 것보다 더 다양하게 나타난다고 인식하게 됐다.

마찬가지로 2008년경에는 유전적으로 입증된 미토콘드리아 질환과 이에 연관된 질환들이 커다란 연속체 중 끝부분의 하나로 인식되기 시작했다. 이 끝부분의 하나란 로시뇰과 브래드스트리트에 의해 요약된 징후와 증상을 보이면서 미토콘드리아 질환이라고 명명된 것을 말한다.[7]

중요한 포인트

1) 미토콘드리아 DNA의 돌연변이는 시간에 따라 증가할 수 있다. 미토콘드리아 DNA는 핵 DNA보다 자연적 돌연변이 비율이 더 높다.[8]

2) 각 개인은 미토콘드리아 DNA 돌연변이의 모자이크일 수 있다.[14]

3) 오염물질과 산화스트레스는 미토콘드리아 DNA의 돌연변이와 연관된다.[15,16]
4) 산화손상 증가는 자폐증과 연관된다.[17~19]
5) 종종 미토콘드리아 DNA의 돌연변이나 미토콘드리아와 연관된 nDNA의 돌연변이는 발견되지 않는다.
6) 오염물질, 항생제, 티메로살, 알루미늄은 미토콘드리아 기능을 손상시킬 수 있다. 로시놀과 브래드스트리트는 "환경에서 독성 물질에 노출되는 것은 자폐증에서 보이는 미토콘드리아 질환의 원인일 수 있다"라고 기술한다.[6]

리차드 하스 등은 미토콘드리아 질환의 진단을 확인하는 미토콘드리아 DNA 또는 nDNA의 돌연변이 분야에서 전문가이다. 하스 등은 미토콘드리아 기능이상의 의미를 "미토콘드리아 질환은 자폐인에게 흔히 나타나고 징후나 증상의 정도가 심하지 않다. 미토콘드리아의 낮은 기능을 나타내는 객관적인 근거가 있더라도 근육생검에서 뚜렷하게 구분되는 미토콘드리아의 병리와 연관되지는 않는다"고 하는 로시놀과 브래드스트리트의 견해와는 완전히 다르게 규정한다.[7]

현대는 오염된 세계에서 임신하는 상황이기 때문에 영아들 역시 오염된 환경에서 발달하게 된다. 오염, 산화스트레스와 미토콘드리아에 대한 연구들은 우리 모두에게 미토콘드리아 기능이 부적절함을 보여준다. 실제로 미토콘드리아와 연관된 참고치는 오염이 없는 환경에서 건강한 미토콘드리아 기능을 나타내는 것보다 더 낮게 정해졌을 수 있다.

요약하자면 오염물질, 항생제, 티메로살, 알루미늄은 미토콘드리아 기능을 손상시킬 수 있고[20~23], 산화스트레스를 가중시킨다.[24] 증가된

산화스트레스는 자폐증과 연관이 있으며[25], 과도한 산화스트레스는 미토콘드리아 기능을 손상시킨다.[26~29]

d. 자폐증과 미토콘드리아의 다른 연관성

적절한 글루타치온은 뇌세포의 미토콘드리아를 포함한 모든 미토콘드리아에 중요하다.[30~35] 에스트로겐은 미토콘드리아 기능이상에 대한 방어기능이 있다.[36] 그래서 오염물질의 맥락에서 살펴보면 미토콘드리아는 자폐증의 남녀 성비에 영향을 미칠 수 있다. 산화스트레스와 연관된 혈관이상이 자폐증에서 나타난다는 연구도 있다.[37,38] 혈관병리는 미토콘드리아의 기능이상과 연관이 있다. 미토콘드리아는 혈관의 내막병리과정에 관여한다. 미토콘드리아 질환은 혈관기능을 부정적으로 변화시킬 수 있는데 자폐증에서 나타나는 혈관변화와 일치하는 부정적 결과를 가져올 수 있다.[39,40]

대기오염은 전세계 어느 지역에서나 흔하다. 대기오염물질들은 산화스트레스와 미토콘드리아 손상을 유발할 수 있다.[41~43] 이런 발견들은 인체를 대상으로 한 자료에 근거한다.[44,45] 우리는 이 점에 관심을 가져야 한다. 많은 연구들이 신경발생과 미토콘드리아 기능이상의 연관성을 말하고 있다. 많은 ASD아동들이 고전적이지 않은 미토콘드리아 질환을 가지고 있기 때문에 미토콘드리아 질환이 ASD아동의 신경기능장애와 오랜 신경발생 기간과 관련이 있는가에 대해 연구되고 있다.[46,47]

자폐증에서 면역계의 비정형성에 관한 기술은 오래전부터 계속됐다.[48~51] 미토콘드리아는 면역계에 관여한다.[52~56] 그래서 미토콘드리아 기능이상은 자폐증과 관련된 면역약화의 한 인자가 될 수 있다. 뇌 영상기술로 미토콘드리아 문제를 알아볼 수도 있다. 미토콘드리아 질환과 기능이상이 스펙트럼으로 나타나는 것으로 여겨지면서 영상전문가들은 고전적인 미토콘드리아 질환을 가진 개체의 뇌 영상과 다르기는 하지만 ASD아동들에서 비고전적인 미토콘드리아 기능이상을 기록하기도 한다.[57~60]

e. 백신접종, 미토콘드리아, 과학의 정치학

한나와 어머니는 병리로 분류되지 않는 특이한 미토콘드리아 DNA 돌연변이를 가지고 있다. 어머니는 간호사이자 변호사이다. 미토콘드리아 DNA 돌연변이의 영향을 받았지만 그녀는 자폐인이 아니다. 9가지 백신과 오염물질을 접종받기 전까지 한나 역시 자폐아동이 아니었다.

백신접종에 대한 비판을 막으려는 과학자들과 언론들은 한나의 이형 미토콘드리아 DNA가 자폐증을 나타나게 하는 데 결정적이었다고 주장한다. 그러나 이런 주장은 한나와 어머니가 똑같은 미토콘드리아 DNA 돌연변이를 가졌음에도 불구하고 어머니가 보여준 성취 사실은 회피하고 있다. 그런 과학자들과 언론들은 반드시 고전적이고 유전적인 미토콘드리아 질환에 근거한 해석을 내놓는다. 바이스만의 다음과 같은 지적은 매우 중요하다.

25명의 환자 중 1명에서 자폐증/신경발달의 퇴행현상은 백신접종 후에 나타났다.…… 이 경우 사건 사이의 시간적 연관성이 있지만 시기가 인과관계를 증명하는 것은 아니다. 미토콘드리아 퇴행의 촉진원인이라고 알려져 있는 백신접종의 염증성 또는 이화작용의 스트레스는 일반적인 영유아기 질환의 스트레스와 차이가 없는 것 같다.…… 대단위집단을 대상으로 한 연구들을 통해, 미토콘드리아의 세포병리가 있는 사람들에게 나타나는 자폐성 퇴행과 백신접

종 사이의 연관성이 규명돼야 한다.[5]

존 폴링 등도 역시 비슷한 관찰결과를 제시했다.

미토콘드리아 기능이상이 일차적인 유전적 이상, 필수적인 대사경로의 비정형적 발달에 의해 발생한 것인지 다른 요소들에 의해 산화인산화과정이 이차적으로 억제되어 발생한 것인지 분명하지 않다. 만약 그런 기능이상이 영유아에게 백신접종과 감염 때에만 나타난다면, 세포성 에너지대사에서 면역활성화에 의해 생긴 추가적인 산화스트레스는 특히 중추신경계에 치명적인 것 같다. 중추신경계는 미토콘드리아 기능에 크게 의존하기 때문이다. 세포성 에너지대사 기능이 좋지 못한 영유아들은 특히 18개월에서 30개월 사이에 백신접종을 하거나 감염이 있는 경우 더욱 자폐성 퇴행이 되기 쉽다.[3]

2002년에 에드몬즈 등도 미토콘드리아질환과 감염이 어떻게 신경발생을 유도하는데 서로 영향을 미칠 수 있는지 기술했다. 그리고 자폐증과 미토콘드리아 질환의 넓어진 스펙트럼에 관련된 정리를 내놓았다.

미토콘드리아 질환에만 국한되어 특정하게 나타나는 증상은 없고, 질환이 나타나는 특정한 나이도 없다는 것이 발견됐다.…… 발달지연이 40%에서 관찰됐지만……광범위한 임상적 스펙트럼이 미토콘드리아질환의 특징 중 하나이다.…… 질병 초기에 나타나지 않았던 소견이나 증상들이 질병이 진행되면서 나타날 수 있다. 특징적인 소견이 없다는 것이 미토콘드리아질환이 없다는 증거는 아니다.[8]

폴링 등은 미토콘드리아 질환을 가진 집단의 위험성을 상세히 기술했다.

세포성 에너지 대사기능이 좋지 못한 영유아들은 18개월에서 30개월 사이에 특히 이 시기에 백신접종을 하거나 감염이 있는 경우 더욱 자폐성 퇴행이 되기 쉽다. 퇴행양상이 유전적으로, 출생 전에 결정되어질 수 있다 하더라도…… 기저의 미토콘드리아 기능이상이 퇴행을 악화시키거나 퇴행정도에 악영향을 미칠 가능성이 있다. 산화인산화과정의 이상은 발전할 수 있고 나이와 연관될 수 있으며 시간이 지남에 따라 정상화 될 수도 있다.[3]

이 모든 것이 의미하는 것은 무엇일까?

(1) 백신접종 전에 미토콘드리아질환을 검사하면 부작용과 일생동안 지속되는 결함을 최소화할 것이다.

(2) 백신접종 지침은 아프거나 최근에 아픈 아이들을 제외하는 방향으로 개선되어야 한다.

(3) 상호검증된 많은 연구에 따르면 산화스트레스의 증가와 미토콘드리아 기능이상은 치료가능성이 있다.

2008년경, "미토콘드리아 기능이상의 생물학적 표지자들이 밝혀졌다. 그러나 이용가능한 치료법들이 있음에도 불구하고 널리 이용되지 않고 있는 것 같다."[7]

자폐증과
티메로살 주사에 의한 수은중독

* 샐리 버나드(sbernard@arcresearch.com), 알버트 에나야티, 하이디 로저, 린 레드우드(ASD아동의 부모), 테레사 빈스톡(아스퍼거인, 자폐증 연구 의사) 지음

초록

자폐증은 사회성장애, 언어장애, 소통장애, 똑같은 틀을 유지하고자 하는 강박증, 비정상적인 움직임, 감각기능이상을 특징으로 하는 증후군이다. 수은은 독성금속으로 순수한 원소로 존재할 수 있고 유기물이나 무기물 안에 존재할 수도 있다. 또한 자폐증과 연관되거나 자폐증이라고 할 수 있는 행동들과 비슷한 이상행동과 면역, 감각, 신경, 운동기능의 이상을 유발할 수 있다. 수은중독과 자폐증은 신경조직, 신경전달물질, 면역계, 경련양상의 행동들까지도 비슷하다.

백신에 사용되는 보존제 티메로살은 영유아기에 수은에 노출되는 주요 원인이다. 환경보호국과 소아과학회에 따르면 생후 2년 동안 백신접종을 모두 받은 소아는 신경독성을 일으킬 수 있는 양의 수은에 노출

되게 된다. 의학논문과 미국 정부자료에는 다음과 같은 내용이 있다.

a. 많은 특발성 자폐증은 티메로살에 들어있는 수은에 초기 노출 때문에 생겼다.

b. 자폐증의 이런 형태는 지금까지 발견되지 않은 특별한 수은증후군이다.

c. 특정한 유전적, 비유전적 인자들 때문에 일부 소아들에서 티메로살 부작용이 일어나기 쉽다.

d. 성상세포, 미소관, 신경기능, 시냅스형성, 위장관 기능에 수은이 작용한다.

서론: 수은중독의 다른 이름, 자폐증

카너에 의해 처음 연구된 이후[1]에 자폐증과 ASD의 발생은 꾸준히 증가하고 있다. 특히 1980년대와 1990년대에 발생률이 증가했다.[2,3] 1930년대 이후 에틸수은 화합물인 티메로살이 일부 백신보존제로 이용되어 왔고[4], 지난 몇 십년 동안 ASD비율도 증가했다는 것은 지금까지 발견되지 않은 수은중독의 한 형태를 나타내는 것이다. 최근 식품의약국은 필수접종을 하는 동안 영유아에 주사되는 에틸수은의 전체 양이 우려할만한 정도라고 보고했고 질병관리본부는 백신에서 티메로살을 제거하라고 권고했다.[5,6] 실제로 에틸수은의 신경독성은 오랫동안 알려져 왔는데[7] 자폐증과 수은중독 사이에 뚜렷한 유사점이 있다는 것은 많은 자폐증 사례에서 볼 수 있다. 또한 연관된 신경행동질환도 백신에 들어있는 에틸수은의 징후가 나타나는 것이라 할 수 있다.

이 가설은 행동의 유사점뿐 아니라 신경조직, 신경전달물질, 면역상태, 경련양상의 행동이 비슷하다는 점에서 지지를 받고 있다. 그 밖에 수은의 신경독성기전과 수은이 주사된 시기가 이 가설을 뒷받침한다. 게다가 수은중독에 대한 문헌들은 왜 일부 아이들에게만 티메로살에 의해 중추신경계 손상이 일어나는지를 이해할 수 있는 근거를 제공한다. 일부 아이들이 중금속 해독치료 이후 신경행동상으로 좋아진다는 것은[8] 수은중독과 자폐증 사이의 인과관계와 일치한다. 수은중독 문헌에는 다음과 같은 ASD질환을 정의하는 기준에 일치하는 행동이 기술되어 있다.

수은중독은 감각손상, 손을 까딱거리고 회전시키는 행동, 면역계 변화 같은 사실상 거의 모든 ASD관련 행동들을 보인다. 예를 들어 태어나기 전에 수은에 노출된 청소년기 원숭이들은 사회적 활동 능력이 낮고 수동적 행동을 많이 하며 얼굴을 알아보는 데 장애가 있다.[9~11] 수은 증기에 노출된 사람도 얼굴인식 능력시험을 잘 수행하지 못하고 가면을 쓴 듯한 얼굴표정을 나타내기도 한다.[12] 수은에 노출되면 어린이와 어른 모두 불안감이 생길 수 있다. 메틸수은 중독이 있었던 이라크의 한 어린이가 특별한 이유없이 울고, 미소를 짓거나 웃는 행동을 보였는데 이것은 ASD에서도 보이는 행동이다.[15]

수은중독 아동은 언어에서의 어려움도 보인다.[16~18] 태어나기 전에 '안전한' 수치의 메틸수은에 노출된 아동은 노출이 없었던 아동에 비해 표준적인 언어구사능력이 낮았다.[19] 태어나기 전에 수은에 노출된 이라크 아기들은 소아기에 아예 언어발달이 이뤄지지 않았거나 심한 언어적 결함을 보였다. 많은 아동들이 갑작스런 소음에 '격한 반응'을 나타냈다. 일부 아동들에서는 청력이 감소됐다. 출생 후에 에틸수은이나 메틸수은에 오염된 빵을 먹고 수은 중독이 된 소아들에서는 느리면서 불분명하게 단어를 말하는 것부터 의미있는 말을 하지 못하는 것까지 조음문제가 나타났다. 대다수의 아동들에서 청력문제가 있었고 소수에서는 청력이 소실됐다.[13,14,20] 말단동통증의 증상에도 소리민감성과 청력문제가 포함된다.[21]

수은과 자폐증 사이의 연관성을 살펴 볼 수 있는 또 다른 예가 있다. 자폐증에서 보이는 시선회피와 사회성, 감정, 식욕, 분노, 우울감의 조절이상은 편도체와의 연관성이 높다.[22~24] 영장류에서 에틸수은은 편도체핵으로 이동한다. 수은중독과 자폐증에서 보이는 소뇌 변화가 비슷하다.[30~34] 수초염기성단백질MBP에 대한 항체증가는 자폐증과 연관이 있고,35 중추신경계에서 기원한다(VK 싱).

수은중독은 MBP에 대한 항체증가를 유발한다.[36] 손을 파닥거리는 행동은 일부 아동에서 ASD의 초기 진단적 표시가 될 수 있는 특이한 특성이다.[37] 수은중독은 파닥거리는 행동을 유발한다.[16,17] 경련성 활동은 많은 ASD아동들에서 나타나는데 종종 그 행동이 미묘해서 알아채기 어려운 경우도 있다.[38,39] 수은중독은 세포 밖의 글루타메이트를 증가시켜 경련성 활동을 하게 하고, 역치가 낮고 진폭이 낮으면 경련을 유발하기도 한다.[40~43] 이밖에도 매우 많은 예에서 수은 중독과 자폐증의 유사성을 보인다. 다음의 표는 그 밖의 유사점에 대한 참고문헌이 정리되어 있다.

[표1] 자폐진단기준[45]에 따른 수은중독과 자폐증의 유사점

항목	ASD	수은중독
사회성	96, 105-108	9-12, 40, 85, 102

의사소통장애[*]	96, 110, 111	16-21, 33, 40
반복행동, 상동행동	96, 108, 113, 114, 179	115-117
편도체/안와전두부	25-29, 46, 118	

* 의사소통장애에는 언어소실, 언어발달부전, 조음과 발음의 문제, 언어이해 장애, 반향어, 언어를 실제적으로 사용할 때 미숙함이나 실수들, 낮은 언어지능지수, 관념적·추상적 추리의 장애 등이 포함된다.

[표2] ASD/수은중독의 유사특성

항목	ASD	수은중독
불안	118	40, 119, 120
청각이상	96, 126, 127	18, 20, 33
자세이상 등[a*]	96, 179, 189	12, 18, 20, 21, 76
우울감	121, 122, 123	119, 124
강박, 정신분열적 특성	15, 96, 121-123, 125	40, 85, 109, 119, 124
접촉과민[b*]	96, 129, 130	14, 17, 20, 90, 109, 128, 132
공간방향감	132, 113	134

a* 어색함, 유연성과 자세 이상, 발끝으로 걷기, 보행시 흔들림, 무도병 비슷한 움직임.
b* 만지는 것을 극도로 싫어하는 것, 과도하게 물건을 입에 가져가는 행동, 구강 과민성, 촉각 과민성, 통증에 대한 둔감함.

[표3] ASD/수은중독의 유사성과 관련된 기타 항목

항목	ASD	수은중독
편도체, 소뇌, 해마의 신경해부학적 측면	22-24, 30, 31, 137-139	28, 29, 32, 33, 46, 60, 135, 137-140
세로토닌	141-144	147-152

도파민	96, 145–147	91, 153, 154
아세틸콜린	148	47, 155, 156
글루타메이트	157, 158	40, 159, 160
황	161, 162	33, 163
글루타치온	80, 161, 164	33, 78, 79, 159
푸린	96, 165	32, 33
미토콘드리아	140, 167	168, 169
자가면역질환	81, 167	42, 91, 174
TH1, TH2	171	82, 84, 175, 176
NK세포	172, 173	177
움직임, 운동기능	178	40
인지	179	40, 180
행동	181, 182	33, 109
시각문제	96, 183	13, 14, 20
발진, 피부염	170, 184	108, 185, 186
자율신경계자극	15, 133	76, 109
비정상적 위장관	78, 187, 188	33, 109, 186

(1) 수은주사와 자폐증 사이의 원인적, 시간적 연관성

신경기능과 시냅스 형성에 관여하는 미소관에 대한 에틸수은의 작용을 기술한 논문이 점차 많아지고 있다. 영유아에게 티메로살을 주사하는 시기가 신경발달에 매우 중요한 시기와 일치한다.(할로 등,[22,44]재인용) 생후 몇 달 동안의 시냅스 형성은 눈맞춤, 미소짓기, 유아의 초기 언어학습과 기타 자폐증 진단기준의 중요한 특성들을 형성하는 데 도움이 된다.[44,45] 주사된 에틸수은은 영유아의 뇌로 들어가 중요한 시기에 이런 발달과정을 방해한다. 백신접종시기, 주사된 수은, 퇴행성 자폐증은 서로 인과관계가 있으며 시간적으로도 연관이 있다.

에틸수은 독성은 메틸수은과 비슷한데 수은이 주사된 경우 특히 위험하다.[7,46~48] 에틸수은이 백신접종을 통해 주사로 몸에 들어가는 경우 혈액뇌장벽을 통과하고[49] 위장관 조직에 들어가는 에틸수은의 양도 증가되며, 이것은 치밀이음부의 투과성을 늘리는 감마인터페론과 같은 시토키닌을 증가시킨다.[50~52]

(2) 독성을 일으키는 기전

혈관을 순환하는 에틸수은은 자폐증과 연관된 뇌 영역에 자리를 잡는다.[23,28,29,31] 중추신경계에서 에틸수은은 점차 메틸수은으로 바뀐다.[28] 메틸수은은 혈액뇌장벽을 통과할 수 있어서 중추신경계에 남게 되고 에틸수은화합물은 자가면역반응을 더 잘 유발한다.[53,54] 중추신경계의 수은은 신경독성을 일으키는 다양한 기전을 갖고 있다.[36,55~57]

에틸수은은 설프히드릴기(–SH)가 있는 분자에 친화성이 있으며 세포기능을 억제하여 세포정지 또는 세포사망을 유도할 수 있기 때문에 백신보존제로 이용된다.[58] 일차적으로 중추신경계에 영향을 미치는 에틸수은은 영아의 뇌발달에는 가장 강한 독성으로 작용한다. 특히 영아의 경우 혈액뇌장벽이 아직 완전하지 않아 뇌로 쉽게 들어갈 수 있고, 에틸수은의 주요 배출수단인 담즙 생산을 못하는 6개월 미만의 영아들은 수은을 배출하지 못한다.[32,62] 수은이 중추신경계에 오랫동안 남아있으면 독성효과는 더 커진다.[63,64]

메틸수은과 에틸수은 모두 성상세포와 신경세포 기능에 영향을 미치고[36,65~67] 신경기능과 시냅스 형성에 관여하는[70~72] 미소관을 방해한다.[68,69] 게다가 대부분 세포들은 수은손상에 의한 반응으로 글루타치온, 메탈로티오닌, 헴 산소화효소와 기타 스트레스 단백질 수치가 변화하는데 뉴런은 이런 반응이 현저히 결핍된 양상을 보인다. 따라서 수은을 잘 제거하지 못하고 수은에 의해 손상을 받기 쉽다.[73,74]

(3) 왜 일부 아동들에게만 발생할까?

핑크병(말단동통증)은 이가 날 때 쓰는 분말, 귀 연고, 기타 국소치료약 안에 들어있는 수은에 의해 발생하는데 대략 노출된 아동 500~1,000명당 1명 정도에서 발생하고 개인마다 다양한 증상을 보인다.[29,75,76] 사람뿐만 아니라 동물실험에서도 왜 일부 소아에서만 에틸수은의 영향을 받는지를 보여주는 유전적, 비유전적 인자를 발견했다. 예를 들면, 주사된 에틸수은에 대한 아이들의 반응은 개개인의 글루타치온 상태에 따라서 다르게 나타날 수 있고[73,74] 글루타치온 수치[77], 위장관 문제[78], 간기능[79]을 변화시키는 급만성 감염 여부에 따라서도 달라질 수 있다. 해독능력[80]에 따라서도 다르다. 아동 개개인의 상황과 자가면역에 관련된 가족의 유전적 경향에 따라서도 다른 반응들이 나타난다.

수은 부작용은 개인마다 정도의 차이가 크다. 말단동통증처럼 소아들 사이에서도 이런 차이가 존재한다.[76,85] 특히 천식이나 다른 알레르기가 있을 때 더욱 차이가 두드러진다.[76] 일란성 쌍생아의 경우 자폐증의 유전적 연관성 면에서 일치율이 높다는 것은[86] 가족적인 수은반응에 대한 유전을 나타내는 것일 수 있다.

해독과 에틸수은의 신경독성에 영향을 미치는 인자들은 복잡한 방식으로 상호작용한다. 그렇지만 용량과 반응 간의 곡선을 보면 낮은 용량에서 아주 소수만이 수은중독으로 좋지 않은 결과가 나타난다.[79]

말단동통증을 일으켰던 수은중독처럼 주사된 에틸수은의 신경독성효과 역시 오직 일부 아동들에서만 생길 수 있다. 예민한 소아들에게는 다른 노출에 의해서도 이런 효과가 겉으로 나타나는 정도가 달라질 수 있다(예를 들면, Rh면역글로불린[87]).

고찰: 수은의 공급원, 백신

대부분 영유아에게 주사된 수은의 양은 정부에서 정한 허용치를 넘는다.[4,88] 최소한 1997년 이후 티메로살은 위험을 일으킬 수 있는 것으로 인식되고 있다.[42,89,90] 1999년 6월, 질병관리본부는 백신제조사들에게 백신에서 티메로살을 제거하도록 요청했고 출생시 B형 간염백신을 접종하지 않고 6개월 동안 접종하도록 일정을 변경했다.[6] 1990년대에 백신접종을 받았던 영유아에게 주사된 수은의 양은 출생시 12.5μg, 2개월에 62.5μg, 4개월에 50μg, 6개월에 62.5μg, 15개월 무렵에 50μg이다. 영유아의 몸무게를 생각하면 이런 수은의 양은 매우 중요한 의미가 있다. 2개월 때 수은의 양은 하루 최대 허용치의 30배가 넘는다.[88]

현재 환경보호국이 정한 수은허용치는 더 낮게 조정되어야 한다. 부작용과 관련되지 않는다고 생각되는 정도의 양도 인체에는 손상을 유발한다.[19] 영아들은 특히 수은에 취약하다.[91] 최근에 환경보호국에서 발행한 '안전한' 기준선은 매우 높은 수준이다.[47] 두 가지 관점이 의미가 있다.

첫째, 백신접종이 시토카인(예, 인터페론 감마[50]) 분비가 많아지는 면역반응을 유발하기 때문에 백신에 들어있는 수은은 주사된 수은 자체보다 더욱 위험하다. 여러 연구에서 수은화합물과 인터페론 감마에 의해 혈액뇌장벽이나 위장관과 같은 조직의 투과성이 증가되기 때문이라고 밝혀졌다.[49,51,52] 백신에 의한 반응이 일어나는 동안 더 많은 양의 에틸수은이 중추신경계로 들어간다.

둘째, 환경보호국의 결정은 수은에 노출된 태아의 10%에서 부정적인 신경계 후유증을 유발하는 경구섭취량을 기준으로 한 것이다. 반면 백신주사의 에틸수은은 모체의 간이나 태반에 의해 먼저 여과되는 과정이 없다. 게다가 10%라는 신경계 후유증의 비율을 받아들이기 어렵다. 환경보호국이 최근 추정치로 내놓은 것보다 훨씬 낮은 수은만으로도 신경학적 후유증 1%를 유발하는 것이 가능하다. 신경학적 후유증 2.5%(1990년대 자폐증 비율과 비슷하다)가 발생하기 위해서는 훨씬 낮은 수치의 에틸수은으로도 충분하다.[92~95]

이런 이유들과 수은용량–반응곡선을 볼 때, 수은중독에 대한 환경보호국의 최근 지침은 너무 높아서 낮게 조정되어야 한다. 실제로 민감성 인자와 에틸수은의 독성효과 분포를 고려할 때 인체에 주사된 에틸수은의 '안전한 수치'란 없다는 증거들이 지속적으로 나오고 있으며[93~95] 영유아에게 주사된 백신의 에틸수은 양은 민감한 소아들의 경우 신경계 손상을 일으키기 충분하다.

(1) 남녀성비

자폐증은 여아보다는 남아에서 1:4 정도로 더 빈번하게 나타난다.[96] 수은연구들을 보면 신장손상을 제외하고는 여자보다는 남자에 더 큰 영향을 미친다는 보고가 지속적으로 발표되고 있다.[47] 많은 양에 노출된 경우, 남자와 여자 모두 같은 정도로 영향 받지만 적은 용량에서는 남자만 영향을 받는다. 이것은 사람뿐만 아니라 쥐실험에서도 동일한 결과를 보였다.[19,33,47,97~99](근래 우리나라 고양시에서의 ASD 전수조사에 의하면 남아와 여아 비율은 2.5:1 정도로 나타났다–옮긴이)

(2) 티메로살과 자폐증의 동시 증가

자폐증을 처음 기술한 이후, 발생빈도 증가는 백신보존제로 티메로살을 도입하여 사용한 것과 비례한다. 1930년대 후반, 카너가 나중에 '자폐'라고 명명되는 아동 유형을 처음으로 알아냈다. 그는 초기 보고서에 이런 유형의 아동들은 이전까지 기술되지 않은 유형이라고 했다.

1938년부터 주목을 끄는 아이들이 많아졌는데 이 아이들은 이때까지 보고된 어떤 유형과도 매우 다르고 독특한 양상을 보이며 각 아이마다 대단히 흥미로운 특성을 보여 세심하게 고려해 볼 필요가 있다.[1]

이 환자들은 모두 1930년대에 태어났고 티메로살이 백신성분으로 쓰이게 된 것도 1930년대였다.[4] 백신접종 비율과 주사된 에틸수은의 전체량은 1930년대 이후 꾸준히 증가했고 1999년에는 일부 백신의 경우 보급률이 90%에 달했다.[100] 이 증후군이 처음 기술된 이후로 자폐증과 ASD의 발생률이 극적으로 증가한 것이다. 1970년 이전의 연구에서는 평균적으로 2,000명 중 1명 정도의 유병률을 보였고 1970년 이후의 연구들에서는 1,000명 중 1명 정도로 2배가 됐다.[2] 1996년, 국립보건원은 자폐증 유병률을 500명 당 1명 정도라고 했다.[101] 몇몇 주의 교육부는 1990년대 중반 이후 자폐증/ASD 유병률이 크게 증가했다고 밝히고 있다.[3] 수 십년 동안 자폐증/ASD의 발생률 증가와 백신접종에 의한 체내

에틸수은의 증가는 비례한다. 1991년 일반적으로 티메로살을 보존제로 쓰는 헤모필루스 HiB와 B형간염, 이 두 가지 백신이 접종일정에 추가되면서[4] 자폐증과 연관된 신경계 이상 진단들의 비율이 증가했다.[102] 에틸수은이 편도체를 우선적으로 찾아감으로 인해 인과관계의 가능성은 더욱 증폭된다.[46,103]

결론

에틸수은의 잠복기[20] 때문에 연관성이 가려질 수도 있지만 자폐증과 수은중독 사이에 광범위한 증상의 유사함으로 볼 때 백신 속 티메로살이 ASD의 중요한 원인이 될 가능성을 추정해 볼 수 있다. 이전의 수은중독은 고유한 표현형이 있었는데, 그중 어느 하나도 자폐증으로 분류되지 않았다. 백신접종으로 주사된 에틸수은은 연구되지도 않았고 그 나름의 독특한 수은중독을 유발했다. 결국 우리 사회는 ASD와 연관된 질환이 예상치 못하게 증가하는 것을 경험하게 됐다.[3,104] 영유아기에 티메로살이 주사된 소아들에게는 안전한 중금속 해독치료가 고려돼야 한다.

의학, 교육,
환경에 대한 의미

* 잭 짐머만 지음

ASD아동들이 우리 사회에 던지는 가장 직접적인 메시지는 아마도 많은 사람들이 의학을 바라보는 방식과 우리가 의사와 관계를 맺는 방식에 변화가 필요하다는 점일 것이다. ASD치료법에 대한 탐구는 몸에 대한 연구자와 의사들의 지식을 한계점에 다다르게 했을 뿐만 아니라 현재의 대증치료에 대한 의문을 불러일으켰다. ASD가 이런 믿음과 치료에 대한 도전의 유일한 분야는 아니다. 알츠하이머병의 유행, 바이러스 질환에서의 항병원체의 증가 및 치료에 반응하지 않는 상황, 인간 면역계의 뚜렷한 퇴화, 자가면역질환의 급격한 증가, 의학적 방법을 통한 생명연장 논란 등은 일부 사례에 지나지 않는다.

우리는 대중의학이 불가피하게 직면하고 있는 변화의 뿌리가 치유 healing와 치료curing의 핵심적 차이에서 비롯된다고 여기고 있다. 특별한 도움이 필요한 아이들은 우리로 하여금 증상을 치료하려는 현재의

369

강박적 태도를 변화시키고 치유라고 불리기에 마땅한 더 넓은 상호작용과정을 끌어안도록 독려한다. 첼시와 보냈던 시간은 우리로 하여금 이런 차이를 극명하게 느끼도록 했는데, 항상 조용하고 객관적이지만은 않았던 재클린과 나 사이의 셀 수 없는 수많은 대화들이 그렇게 쓸모없는 것만은 아니었다.

더 간단하게 말하면, 치료는 몇몇 지식이 풍부하고 열정적인 사람들이 다른 사람의 생리적/심리적 상태를 변화시키는 것이다. 정상이나 건강이라는 용어는 치료를 하는 사람에 의해 정의되며, 다시 치료를 요청하는 사람과의 대화에서 희망적으로 사용된다. 그 모두는 건강을 의미하는 기존의 문화적 합의 속에 녹아들어있다. 치료에서는 치료받는 사람에게서 주로 변화가 일어난다. 치료를 추구하는 데 뭔가 잘못된 점이 없으면, 치료하는 사람들에게는 그렇게 큰 변화가 일어나지 않는다. 골절치료, 엉덩관절 치환술, 심장우회술, 안과에서의 새로운 레이저 수술법들은 확실히 도움을 주는 '치료'에 속한다. 이와 같이 기계적인 영역에서는 대증의학이 빛을 발한다.

치유는 상호적인 과정으로 치료자와 환자는 비록 꽤 다른 방식이긴 하지만 모두가 커다란 변화를 겪는다. 자연이란 기본적으로 상호작용이기 때문에 치유과정의 전환은 관여된 모든 부분의 변화를 일으키는데, 일반적으로 치료과정에서 일어나는 것보다 더 경이로움을 불러일으킨다. 의사와 환자, 환자가 가장 사랑하는 사람들은 치료란 더 많은 것을 요구하는 다각적인 경험으로 그들을 때로는 발로 차고 소리를 지르면서 가혹하게 이끄는 과정이었다는 것을 종종 깨닫게 된다.

생리적으로 질병이 어느 정도인가에 관계없이 치유는 항상 몸과 마음 모두를 포함한다. 완전한 치유는 몸과 마음이 분리되지 않는 연속체로서 치료되지 않으면 불가능하다. 치유가 필요한 질환들에는 천식, 섬유근막통, 자가면역질환, 알레르기, 우울증, 암, ASD가 포함된다.

첼시가 치료되지 않을 것이라는 것은 꽤 명백한 사실에 속한다. 비록 재클린의 병원에서 다른 많은 아이들이 보이는 반응과는 달리 첼시에게 극적 변화가 없더라도 첼시의 결함은 여전히 새로운 치료에 대한 자극이 된다. 그렇지만 의심할바 없이 첼시는 더 반응을 잘하고, 정서적으로 적극적이고, 더 자주 상호작용하며, 일기, 쓰기, 수학, 수영, 도약회전경기, 컴퓨터게임, 노래, 최근에는 가사를 돕는 것 같은 능력들이 좋아지고 있다. 정서적 교감은 그녀의 최고 난제로 남아있지만 예전에 비해 다른 아이들과 함께 있는 것을 좋아한다.

확실한 점은 첼시가 부모형제들, 조부모, 재클린의 병원을 찾은 수많은 의뢰인들, 이 책이 나오도록 도와주거나 희망을 가지고 이 책을 읽는 사람들의 인생에 직접적이거나 간접적으로 변화를 줬다는 점이다. 아마도 특별한 도움이 필요한 아이가 있는 모든 가족들은 이런 상황을 알 수 있을 것이다. 첼시는 아마도 더 나아져야 한다는 관점에서는 저항을 보인 사례지만, 우리 모두에게 미친 영향력의 관점에서는 매우 전형적인 사례에 속한다.

첼시는 치료가 쉽사리 일어나지 않을 것이라는 메시지를 여전히 전해주고 있다. "치유가 있을 뿐이에요. 감사합니다"라는 말을 언제나 듣는다. 그 메시지는 우리가 어려움과 혼란을 겪는 동안에는 거부했던 것이지만, 거의 10년이 지난 후에 첼시가 우리와 더 긴밀한 관계를 스스로 유지할 수 있게 된 순간에는 포용할 수 있게 됐다. 나는 그 애와 마찬가지로 우리 모두에게도 상호간 깊은 변형을 가져온 치유과정을 경험했다고 생각한다. 이 책을 읽는 독자라면 이제는 다음과 같은 사

실을 확신할 수 있을 것이다

  ASD는 믿을 수 없을 정도로 복잡하여 치료되기 힘들다. 그것은 다만 치유될 수 있을 뿐이며 그것은 왜 이 아이들이 우리의 의학문화를 변화시키도록 하는 동력인지를 설명해준다. 그 밖에 ASD를 가진 어린 이들이 의학에 대해 우리에게 말하려고 하는 것은 무엇일까?

체계적인 접근이 핵심이다

ASD는 아이의 골격계를 제외한 위장관계, 호르몬계, 뇌의 거의 대부분, 바이러스 숙주로서의 신체, 면역계 등의 생리를 거의 대부분 포함하고 있다. 치료프로토콜들은 주어진 시간에 인체의 일부분에 적용되는 것이라 하더라도 체계적인 지식을 기반으로 적용될 필요가 있다. 그것이 바로 이 책에서 묘사된 바와 같이 재클린으로 하여금 광범위한 접근을 하도록 유도한 것이다. 지난 50년 동안의 의료전문의와 기술발전에 의거한 대중의학의 환원주의적 방향은 ASD를 만나서 상당한 궤도수정이 필요해졌다. 모든 의사와 치유자는 현재 ASD의 맹습에 성공적으로 대처하기 위해 광범위하게 일하는 방식을 발전시켜야만 할 것이다.

환자는 치유과정에서 동반자이다

이것은 물론 새로운 도전이 아니다. 많은 사람들이 말이나 글로 환자가 더 많은 책임을 지녀야 한다는 점을 이야기했다. ASD자녀를 키우면 그런 사실을 매일 상기하게 된다. 주로 지지단체 및 서로 밀접하게 연락하는 ASD 인터넷단체의 보조하에 부모들은 ASD 치유운동에서 강력한 힘을 발휘하고 있다. 부모뿐만 아니라 ASD를 가진 자녀를 키우는 의사, 연구자, 임상가들이 이 운동의 주도적인 역할을 하고 있는 까닭에 이 운동은 의학적으로나 정치적으로 점차 영향력이 커지고 있다. 부모들이 적극적으로 참여한 결과, 현대의학을 지배해왔던 의료전문가의 힘과 권위가 ASD분야에서 점차 줄어들거나 사라지고 있다.

부모들은 종종 자녀를 담당하는 소아과의사에게 최근 치료법을 알려주거나 ASD정보를 제공한다. 더욱이 그들은 ASD치료의 첫 번째 임상가들이다. 그들은 알약을 삼키게 하고, EEG검사, 주사, 혈액채취를 위해 몸을 고정시키고, 킬레이션 치료를 위해 한밤중에 일어나기도 한다. ASD아동들이 너무 많기 때문에 특히 의사가 상당한 시간을 소요하는 치료에 기꺼이 도전하더라도 부모 없이는 치료가 불가능할 정도다. 이런 소수의 의사들로는 대처가 불가능할 정도로 일이 넘쳐나고 있다. 재클린이 밝힌 바와 같이, 열정이 있는 ASD아동의 부모를 통해 이 책이 소아과 의사나 다른 의사들에게 알려지기를 바라는 희망의 일부로 쓰였다.

면역계 강화가 치유의 가장 중요한 요소이다

지난 25년간 자가면역질환의 발생률이 증가하기 전까지 기존 의학의 일차적 주제는 질환의 근본뿌리를 없애는 데 있기도 했지만, 환자의 생활습관에는 개입하지 않고 주로 증상을 조절하는 것에 있었다. 이는 모든 질병은 알약을 복용하거나 다른 간단한 치료를 통해 해결할 수 있다는 대중들의 생각을 강화시켰다. 결과적으로 우리는 많은 알약을 소비하고 있으며, 쉽게 먹을 수 있는 많은 약들을 제조할 수 있는 현대의학 덕분에 건강한 문화에서 살고 있다는 환상을 가지고 살아간다.

자가면역질환의 맹공격이 시작되면서 이런 환상은 점차 사라지고 있다. 친구와 적을 구별할 수 없게 되면서, 우리 몸은 점점 더 스스로를 공격하게 됐고, 가상의 적을 사멸시키면서 소화계, 호르몬과 신경계를 손상시키고 있다. ASD아동들은 이런 자가면역질환의 폭발적 증가라는 더 이상 거부할 수 없는 상황을 펼쳐 보여주는 전형적인 사례다.

인간은 마치 개인의 건강과 지구의 총체적인 건강 사이에 아무런 연관이 없는 것 같이 행동해왔다. 우리는 거의 모든 환경을 오염시켜 왔으며 천연자원을 게걸스럽게 남용했고 우리가 지구라는 거대한 몸의 일부라는 사실을 이해하지 못했다. 나는 이런 지구에 대한 못된 행동이 자가면역질환의 유행과 관련이 있다고 생각한다. 우리가 지구의 환경에 어떻게 영향을 주고 있는지에 대한 무지는 지구의 면역계를 심각하게 훼손시켰고, 이것은 인간면역계의 변형이라는 형태로 나타나는 것이다. 우리는 면역계가 친구와 적을 구분하지 못하고 숙주의 몸을 파괴하는 방식과 똑같이 지구환경을 공격했다. 이런 지구적 자가면역질환을 치유하는 문화를 만드는 것이 의사를 포함한 우리 모두에게 직면한 가장 중요한 도전이다.

거대한 몸의 질병은 치료되지 않는다. 그것은 치유되어야만 한다. 개인의 몸과 지구의 몸 모두가 궁극적으로 생존하는 것은 상호의존적인 면역계의 신비를 더 잘 이해하는 우리 능력에 달려있다. 의학은 우리가 전적으로 맹신하고 있는 병원체의 사멸이라는 방법에서 벗어나 면역계를 강화시키고 재훈련시키는 방법으로 나아가야 한다. 장기적인 관점에서 ASD치료는 이 방향으로 나아가야만 할 것이다.

자폐아동의 뇌가 자신의 면역계에 의해 파괴되고 있다는 증거도 제시되고 있다. 어떻게 이런 잘못을 멈추게 할 수 있을까? 잘못된 기능을 하고 있는 면역계를 재프로그램화하는 방법을 찾는 의학적 탐구보다 더 중요한 것은 없다. 이런 이유로 최근 저용량 날트렉손에 대한 관심이 증대되고 있으며, 이는 손상된 면역계를 조절할 수 있는 길을 열어주고 있다. 이와 같은 방법들이 어떻게 효과를 나타내는지 알아내는 것은 백신의 해로운 영향을 받은 아이들의 면역계가 어떤 과정에 의해 위태롭게 되었는지를 알게 도와주고 지속적으로 백신에 대한 안전성을 향상시킬 것이다.

아무리 낙관하더라도 현재의 환경재앙은 오랜 세월을 거쳐 서서히 회복될 것이다. 몇 세대의 아이들이 회복이 일어나는 것을 보지 못할 수도 있다. 과연 태아에게 면역기능을 검사하고, 보충제에 의한 해결방안을 찾는 것이(현재 다운증후군처럼) 가능할까? 우리는 아이들이 자폐증을 지니거나 독소에 대한 민감성이 증가된 채 태어나지 않아도 되는 미래를 꿈꾸어 볼 수 있다. 그 사이에 대증적 모델은 면역계 건강이라는 새로운 의학으로 변화될 필요가 있다. 그것은 의학적으로나 경제적으로나 더 효과적일 수 있다.

ASD는 점차 증가하는 자가면역질환의 하나인데, 당뇨병, 다발성 경화증, 근위축성 측삭경화증, 섬유근막통, 만성피로증후군, 류마티스 관절염, 크론병, 에이즈, 그 외 여러 질환들이 여기에 속한다. 이런 질환을 치유하고자 하는 많은 사람들은 '거대한 몸'이 우리에게 다음과 같은 크고 명료한 메시지를 전달하려 한다고 말한다.

총체적인 면역계가 위기에 직면해있다. 증상과 싸우기보다는 면역계에 초점을 맞춰라. 면역계에 영향을 주는 것을 찾아 그것을 강화시켜라.

이렇게 되려면 불가피하게 매일 먹거나 살아가고 스트레스를 다루거나, 관계를 유지하고 문화적 우선순위를 설정하는 방식까지 의료가 확장되어야 한다.

통합적 면역계 접근이 가장 필요한 예로는 아마도 개발국에서 보이는 에이즈의 광범위한 확산일 것이다. 아프리카에서는 2,600만 명 이상의 사람들이 에이즈 바이러스에 감염되어 있으며 600만 명 이상이 활동성 에이즈이고 이미 1,100만 명 이상이 이 질환의 심각한 후유증으로 사망했다. 아프리카의 9개 국가의 기대수명은 40세 이하이며 현재 감염자의 55~60%는 소녀와 여성들이며 많은 아이들 또한 감염되어 있다. 20세에서 40세 사이의 생존여성이 줄고 있는 마을이 점차 늘고 있다. HIV양성으로 태어나는 수천 명의 아이들은 두 살도 되기 전에 아무런 희망도 없이 죽어가고 있다. 사하라 남부지역 아프리카에는 1,400만 명의 에이즈 고아가 있으며 이들 중 50%는 HIV양성으로 여겨진다.

국제적인 전문가들의 의견에 따르면 아프리카에서의 성차별과 남성 지배적인 생활방식이 역사상 전례가 없는 에이즈의 광범위한 확산과 연관되어 있다고 한다. HIV양성인 대부분의 여성들은 일부를 제외하고 남편들에 의해 감염되며, 그녀들은 성생활을 거부할 수 없고, 콘돔 사용을 주장할 수 없으며, 그들 자신의 건강을 보호할 수 없다. 몇몇 아프리카에서는 이 질병이 여성 자체의 생존을 위협하고 있다. 아프리카에서의 이런 성의 사회적 불평등은 HIV/에이즈의 강력한 요인으로 알려져 있다. UN사무총장과 전문가들은 여성들이 그들과 자녀들의 건강을 보호할 수 있을 정도로 권위가 신장되지 않고서는 이런 질병의 유행을 멈출 수 없을 것이라고 언급해왔다.

비록 표준적인 HAART약물이 아프리카에서 폭넓게 이용되고 있지만, 아이들을 포함하여 약이 필요한 사람 중 25% 미만에서만 이용할 수 있을 뿐이다. 이용할 수 있더라도 가격이 매우 비싸고 많은 사람들에게 부작용이 있어서 엄격하게 정기적으로 의학적 관리와 검사가 필요한 실정이다.

심각하게 훼손된 아프리카의 면역계를 되살리는 것은 매우 광범위한 다각적 접근을 필요로 한다. 여기에는 영양개선, 면역증강제/조절제(LDN) 사용, 아프리카 문화를 지배하는 복합적 성역할의 균형과 같은 접근법들이 포함된다. 배우자 사이의 상담교육을 통한 근본적인 변화유도가 면역계를 강화하는 핵심이 된다. 여기에는 감염예방에 더하여 스트레스 완화와 동정심 확립을 통한 건강한 면역계를 만드는 것이 포함된다. 여성이 자존감을 느끼지 못하고 존중받지 못하며, 소중하게 여겨지지 않고, 권리가 신장되지 않으면 의학치료의 효과와 상관없이 에이즈 유행은 지속될 것이다. 물론 이는 다른 지역의 개발국이나 선진국에서도 똑같은 상황에 해당될 것이다. 재클린과 나는 현재 말리의 바마코대학병원과 함께 저용량 날트렉손요법LDN공동연구를 준비 중이다. 우리는 이것을 새로운 의학으로 가는 여정에서 중요한 일로 생각하고 있다.

교육

누구라도 단 한 명의 아이와 깊게 친해지면 많은 것을 배울 수 있다. 첼시와의 경험은 그 대표적인 예이다. 그 애와 '재치료'를 하며 시간을 보내면서, 피닉스에서의 6개월과 이후 10년 동안 나는 첼시가 진정으로 잘 자랄 수 있는 학교를 만들면 좋겠다는 상상을 하기 시작했다. 같은 시기에 나는 공립학교와 사립학교에서 특별한 도움을 필요로 하는 학생들을 돕고 있는 교육자와 의료인들을 상대로 강연을 할 기회가 있었다. 피닉스에 있을 때 첼시가 몇 년동안 다녔던 우수한 학교인 하이스타센터에 자주 방문하여 그곳의 선생님들과 이야기를 나누었다.

특별한 도움이 필요한 아이들을 위해 헌신하는 많은 사람들이 하는 일의 범위와 깊이를 보며 나는 적잖이 놀랐다. 나는 기껏해야 이 분야에서 지난 70년 동안(특히 최근 15년 동안) 확립된 엄청난 저술과 연구의 극히 일부만을 알고 있었다. 오래 전부터 내 마음 속에는 이 세상의 또 다른 첼시들을 도울 수 있는 교육적 가능성이 자리잡고 있었다. 이런 생각들은 스스로 살이 붙어서 기초적인 메타커리큘럼이라는 개념으로 나타났고 더 나아가 그런 어린이들과 어른들의 공동체가 어떻게 활발하게 작용할 것인지에 대한 상세한 기술로 발전됐다. 메타커리큘럼은 학교의 교과과정과 환경을 모두 아우르는 원칙들을 나타내고 있다.

메타커리큘럼

첼시에게 이상적인 메타커리큘럼은 5가지의 기본 원칙에 기초하고 있다.

(1) 포괄성

포괄적이라는 것은 ASD학생들과 비장애학생들이 통합된 학교환경에서 함께 어울려 지내는 것이다. 일부 학업프로그램과 함께 예술, 신체적, 사회적 활동들의 상당부분이 모든 아이들에 의해 공유된다. ASD아동들은 아주 소규모 집단에서 특별학업지도를 받는다. 적절하다면 나이가 많은 비장애아들이 개인적으로 ASD아동의 학습을 도와주도록 교육 받는다. 미국의 꽤 많은 학교들이 현재 이런 접근법을 따르고 있다.

(2) 배움은 관계 속에서 일어난다

학교는 ASD아동을 위한 것이고 안전해야 하지만, 그 속에서 어른들과 아이들 사이의 관계가 형성되어야 한다. 아이와 함께 놀기, 상호자극, 관계증진, 아이처럼 솔직해지기 등 어떤 방식으로 불리는가와 상관없이 학교과정은 평화로운 전통문화와 비슷하게 신뢰성과 관계성을 키워나가야 한다.[1] 아이, 부모, 조부모를 포함한 3대가 모두 학교에 머무르며, 프로그램에는 사회의 모든 세대가 지니고 있는 삶의 경험과 지식, 지혜가 포함된다.

(3) 의도 없는 마음으로 존중하기

효과적인 교육(치유)은 학습구조(교실, 교육과정, 일정 등)의 유연성을 요구한다. 유연성은 교실에 생명력을 불어 넣는다. 이것은 자발적이고 창의적인 상호관계에 기반을 둔 창조적인 교육문화를 만드는 데 도움이 된다.[2] 이렇게 열려 있고 폭넓은 상호관계는 확실히 장애나 비장애 아이 모두에게 나름의 방식으로 학교활동에 참여할 수 있게 한다. 하지만

379

어떤 단계에서는 참을성이 필요하다. 물론 모든 비생산적이거나 파괴적인 행동 모두를 무조건 받아들여야 한다는 말은 아니다.

첼시는 자신을 바꾸려는 의도가 느껴지는 경우 더욱 비사회적이거나 퇴행을 함으로써 우리의 기대에 저항한다는 것을 반복해서 보여줬다. 첼시는 우리가 지금 있는 그대로의 자신과는 다른 사람이 되기를 원한다는 것을 알고는 보통 때는 미묘한 방식으로 어떤 때는 강렬한 방식으로 비현실적인 태도를 취한다. 물론 모든 아이들은 '게임을 즐길 수 있을 때까지' 어느 정도 이렇게 행동한다. ASD아동들은 단지 더 눈에 띌 뿐이다.

수동적이 아닌 적극적이고 열려 있는 마음으로 아이를 받아들이는 것이 필요하다. 이 받아들임의 바탕에는 인내심이 있고, 아이에게 자유를 주는 여유가 있다. 아이의 성장을 효과적으로 도와준다는 것은 특정 시점에서 그들이 배우고 있는 바를 인정하는 것이다. 이 말은 좋은 교육에서 너무도 당연한 소리이다. 진실한 성장은 내면에서 표출되는 것으로 먼저 있는 그대로의 상태를 인정하면서 용기를 주고 다음으로 그 아이의 능력이나 지식, 재능의 범위에서 자극을 주는 것에 있다. 있는 그대로의 아이를 인정하면서 동시에 아이들이 성장하도록 자극하는 것은 모순이 아니며 좋은 선생님의 기본적인 덕목에 속한다.

(4) 호기심이 동기부여의 원천이 되게 한다

모든 아이들을 호전시키려는 목적은 당연한 것이다. 하지만 공동체에서는 목표에 대한 집착이 아니라 열정에 의해 목적들이 유지된다. 교육과정은 학생, 선생님, 목적 자체가 점진적으로 발전하고 심지어는 상당히 변할 수 있다는 가능성에 대해 열려있어야 한다. 등급, 성적 등의 양적인 목적에 관심을 기울이는 현재의 교육철학을 대체할 수 있는 것은 "다음엔 뭘 배우지?"와 같은 열정적인 호기심이다. 이런 수준의 호기심은 일시적이라도 두려움에 기초한 판단을 차단한다. 선생님과 학생 사이에 관계맺기에 있어서 "아니야"보다는 "맞았어, 그 다음엔"이라는 방식을 수용해야 한다.

(5) 침묵과 명상

대부분 학교들은 소란스럽고, 많은 아이들이 온갖 잡음들을 만들어내는 곳 같다. 젊은이들의 음악은 흔히 귀청을 자극하고 많은 스포츠 활동은 요란한 소리를 내며 도시 학교들은 시끌벅적하다. 아이들이 어떻게 이런 자극들을 조절하고 있으며 그들의 몸과 마음에는 어떤 영향을 주고 있는지에 대해서는 논란의 여지가 많다. 의심의 여지가 없는 점은 많은 ASD아동들은 갑작스럽고 큰 소리뿐 아니라 다른 사람에게는 문제가 되지 않는 소리들에 대해서도 과민하다는 것이다. 침묵이 우리 삶에서 점차 드문 덕목이 돼가고 있다는 사실은 특별한 도움이 필요한 아이들에게는 심각한 도전이다.

그들이 소리에 민감하다는 사실에 대해 모든 사람들이 지속적으로 알게 하는 것이 중요하다. 상대적으로 조용하거나 더 나아가 침묵의 틈을 가지는 것은 관계로부터 오는 긴장을 통합하고, 발산하며 해소시키는 데 중요하다. 조용한 시간들은 여유로움의 핵심이다. 몇몇 고등학생들이 낮잠시간이 있었던 '좋았던 초등학교 시절'을 그리워한다는 이야기를 들은 적이 있다. ASD아동들은 조용하게 지내던 시절을 더욱 그리워한다.

어른들이 아이들과 함께 자유롭게 놀고 조용한 시간을 보내면 그들 사이에 말이 필요 없는 관계가 발전될 가능성이 주어진다. 이런 명상적 관계는 ASD아동에 대해 깊은 관심을 기울이는 데 있어서 핵심적이다. 또, 그들과 함께 어울릴 수 있는 생산적인 방법을 생각나게 하고 그들의 내면으로 들어갈 수 있도록 해준다. 강한 비언어적 관계들은 흔히 자연적이고 은혜로운 느낌이 들게 한다. 그와 같은 순간들은 ASD어린이뿐만 아니라 모든 어린이들에게 강력한 관계의 장을 형성하는 데 중요하다.

이와같이 내가 생각하는 첼시를 위한 이상적인 학교는 의도하지 않는 마음을 존중하고, 수용성을 익히고, 명상을 적용하며, 배움에 대한 일차적 동기로서 호기심을 존중하는 교육적 사회, 아이, 가족들, 선생님들을 위한 공동체이다.

이상적인 학교에 포함되어야 하는 몇 가지 특별활동이 있다. 아이들과 자주 상담해야 하고, 운동과 음악시간도 필요하다. 운동은 대근육과 소근육 운동의 율동적인 양상을 연결하여 ASD아동이 자기개념을 발달시키는 데 도움을 준다. 숙련된 무용치료사는 아이가 침묵 속에서 또는 음악에 맞춰서 움직이는 것을 관찰하면서 그 아이의 움직임을 흉내낸다. 이런 '따라하기 무용'은 신뢰를 쌓는 데 필수적인 관계의 장을 형성한다. 부르고 대답하기, 자발적 상호관계, 궁극적으로 무용이라고 부르는 상호적 운동이 움직임을 통한 대화의 기초로서 작용한다. 움직임을 배우는 특별한 도움이 필요한 아이들과 비장애아들이 섞여있는 집단을 보는 것은 영감을 주는 장면이다.

첼시가 산만한 움직임을 보이던 초기에도 음악은 항상 경이로운 방식으로 주의집중에 도움을 줬다. 가장 좋아하는 CD를 틀어놓고 의자에 조용히 앉아 몇 번이고 반복해서 듣곤 했다. 처음에 손가락으로

CD를 일정하게 두드리는 것을 제외하고는 조용했는데, 두드리는 박자가 리듬과 맞지는 않았다. 우리가 첼시의 음악적 취향을 탐구하고 확장해가는 동안에도(라틴 기타, 밥 말리, 케니 로긴스와 같은 대중음악에서 전통하와이음악, 키타로, 바흐, 모차르트, 로큰롤 등) 첼시는 무용과 함께 거의 숭배수준의 침묵을 간간히 보여줬다. 주어진 시간에 어떤 음악을 듣기 원하며, 상황에 따라 어떤 옷을 입어야 하는지 꽤 확실한(고집스러운) 태도를 보였다. 하와이 전통음악에서는 사롱을 입었고, 라틴기타는 긴 스커트와 블라우스를 입었다.

재클린이 기억하는 가장 즐거운 경험은 첼시가 6살 때 〈고요한 밤 거룩한 밤〉과 〈기쁘다 구주 오셨네〉의 노랫말을 배웠던 때다. 첼시는 모든 단어를 쓰고 몇 시간 동안 연습해야 했지만 둘이 함께 부른 노래를 듣고 울지 않은 사람이 없었다. 첼시는 절대음감, 아름다운 목소리와 자연스러운 바이브레이션, 사진처럼 명확한 음악적 기억을 지니고 있으며, 이는 ASD아동들에게 드물지 않은 재능이다. 우리의 음악적 경험은 자폐아동을 자녀로 둔 다른 가정에서도 볼 수 있는 것이다. 많은 아이들이 상당한 음악적 재능을 가지고 있다.

왜 음악이 이 아이들에게 그렇게도 많은 영향을 주는 것일까? 수년 동안 첼시와 그 밖의 다른 아이들을 관찰해보면, 멜로디, 화음, 리듬은 그들의 '비통합적 신경활동'을 구조화하는 데 도움을 주는 것 같다. 그들이 듣거나 움직이는 동안에는 균형과 인식이 좋아진다. 그것은 마치 이 아이들의 신경활동에 대한 일관성을 증가시키는 기초를 제공하는 것 같다. 학교생활의 일부로 음악과 운동에 정기적으로 참여하는 것은 대근육과 소근육 운동기술뿐만 아니라 청각능력과 함께 신경계 발달의 통합을 강화시킬 것이다. 당연히 첼시의 학교는 많은 수영활동

부록3 의학, 교육, 환경에 대한 의미

383

을 제공할 것이다. 자연스러운 작은 수영장이면 될 것이다. 만약 학교가 따뜻한 바다, 강, 호수 근처에 있다면 정말 환상적일 것이다.

학교는 정말로 이렇게 될 수 있을까?

지금까지 현재의 교육적 상황에서는 보여주기 힘든 가치와 이상에 기초한 꿈의 학교를 묘사해왔다. 그러나 현재와 같은 교육을 유지하려는 것이 오히려 비현실적으로 보인다. ASD가 증가하던 시기의 어린이들이 이제 10대가 되어가고 있다. 1980년대 말에서 1990년초 바이러스와 환경적 요인에 의해 ASD로 퇴행된 수천 명의 어린이들이 이제 청소년이 되고 있다. 그들 중 아직까지 많은 도움이 필요한 아이들이 어디에서 그리고 어떻게 지속적인 교육기회를 포함한 의미있는 삶을 영위하고 있을까?

나는 많은 아이들이 첼시를 위한 이상적인 학교와 같은 조화로운 공동체에서 그들의 가족들과 함께 잘 자라고 있을 것이라고 여긴다. 우리의 가족과 교육기관은 ASD아동들의 증가가 멈추고 그들이 근본적으로 변화될 때까지 어려움을 겪을 것이다. 칼 쾨니히 박사는 스코틀랜드에서 캠프힐운동을 시작하면서 특별한 도움이 필요한 아이들을 위한 공동체의 가능성을 보았다. 현재는 전세계적으로 90여 개의 캠프힐 공동체가 있으며 미국에만 7개가 있다.[3] 우리는 생의학 치료후에도 특별한 관심이 필요할 정도로 기능결함이 있는 50여만 명에 이르는 ASD아동들과 수백만 명의 ADHD와 ADD아이들을 위해 뭔가 근본적인 대책을 강구해야만 할 것이다.

우린 왜 목표를 높게 가지지 못하는 것일까? 왜 과거로부터 배운 지혜를 활용하지 못하는 것일까? 왜 계속 반복되는 일이 뭔지 알아차리지 못하는 것일까? 2004년과 2005년 여름, 두 번에 걸쳐 '사회 속에서의 ASD프로그램'을 가졌는데, 첫해는 4일간, 다음해에는 일주일 동안 진행됐다. 두 번 모두 캘리포니아 오자이에서 열렸는데, 메타커리큘럼의 비전으로부터 영감을 받았다. 우리 목적 중 하나는 ASD아동들을 키우는 가족들을 위해 일시적인 공동체를 만들어 연중 부모, 형제, ASD아동들을 지속적으로 보조하려는 것이었다.

비록 여러 난관들에 직면했지만 이런 자폐증캠프에 대한 비전을 계획하고 실행하려는 노력은 많은 점에서 기대 이상이었다. 새로운 만남이 이뤄졌고 이미 알고 있는 사람들의 관계가 깊어졌다. 캠프 이후 가족들은 생의학 치료와 그 밖의 치료법에 대한 정보교환을 포함해 다양한 방식으로 서로 도움을 줬다. 이런 모임은 ASD가족들이 흔히 경험하는 고립감을 완화시켰다. 특히 주간세션 때는 부모형제들이 많은 어려움들을 이겨나가도록 돕는 것뿐만 아니라 ASD아동의 치유를 보조하며 살아갈 수 있는 공동체의 마술적인 힘에 대해서도 경험을 나누었다.

우리는 드럼, 수영, 업무계획, 미술, 음식준비, 상담을 포함한 다양한 활동들을 통해 아이들의 자존감과 사회적 인식능력을 자극하려고 했다. 두번째 캠프에서는 성인들과 아이들로 구성된 도우미를 참여시켜 아이들을 도와주고 일주일 내내 지속되는 부모들의 양육부담을 덜어주고자 했다. 오자이협회의 임원들과 우리 부부는 앞으로도 그와 같은 치유공동체를 지속적으로 시도할 수 있기를 바란다.

가까운 미래에 ASD아동들을 위한 교육이 지속되기를 바라며 첼시의 이상적 학교에 대한 나의 비전을 교육자 동료들과 나누기로 결심했다. 나는 그들 대부분이 너무 비현실적인 생각이라고 말할 줄 알았다. 그러나 그들은 다음에 내가 어떤 일을 할지 즐거운 호기심과 함께 솔직하고 강한 관심을 보여줬다. 그들과 이야기를 나눈 다른 이유는 내가 주변집단혁명Marginal Group Innovation의 법칙이라고 부르는 것을 실험하려는 의도도 있었다.

그동안 교육적 변화를 촉발하는 중요한 동력 중 하나는 기존의 체계화된 방식이 특수한 학생집단에게는 효과적이지 못하다는 사실이었다. 흔히 발군의 교육적 사고를 자극하는 것은 학생들 중 주변부를 차지하는 집단이었다. 난독증 아이들을 위해 개발된 독서법은 정상적인 아이들이 더 효과적으로 독서하는 것에도 도움이 된다고 증명됐다.[4] 비정형적 아이들에게 연산을 배우게 하거나 청각장애 아이들에게 시각이나 동작을 이용해 기하학을 가르치는 보조방법들이 개발됐는데, 이런 방법들은 정상인지나 청력을 지닌 아이들에게도 유용하다는 것이 알려져 있다.[5]

ASD를 포함하여 특별한 도움이 필요한 아이들의 집단은 기존 교육체계에서 폭넓은 관심을 가져야 하는 일정수준에 도달했다. 이런 학생들을 보조하려면 표준교과과정의 상당부분을 재조정해야 하고, 교사연수와 학교환경의 변화를 필요로 한다. 이상적 학교에 대해 현실적 차원에서 탐구하는 동안, ASD아동들이 일반적인 아동에게 교육하는 방식을 전환할 수 있는 기회를 제공하고 있다는 것을 확실히 알게 됐다. 이 문제를 더 세밀하게 파고들면서 "모든 학교에 제안하려는 메타커리큘럼을 만들지 못할 이유가 뭐지?"라는 생각에 이르게 했다.

"맞아! 왜 안돼?"

2005년 로스엔젤레스 학군에서 중학교 다섯 교실 중 하나는 특별한 도움이 필요한 학생들을 위해 배정됐다. 상당한 비율이지만, 학교체계 내에서 도움을 받지 못하는 수많은 ASD아동들은 포함되어 있지 않다. 이런 상황을 만드는 데 경제적인 이유도 크다. 정규학교 내에서 특별한 도움이 필요한 학생들을 분리하거나 특수학교로 전학시키는 이 모델은 ASD집단의 급격한 증가를 대처하기에는 미흡하다. 많은 교육 자들은 모든 아이들을 통합적 학교환경에서 교육하는 것에 대한 어려움에 직면했다. 이런 조짐은 이미 있었다. 2001년 로스엔젤레스 학군의 특수교육 분과는 오랫동안 진행된 〈모든 학생들을 위한 교육: 장애학생들을 포함한 모든 학생들에 대해 평가 가능한 결과를 얻기 위한 계획〉을 출간했는데, 2005년까지 90% 정도가 포함될 것이라는 계획을 세웠다. 이 계획에 따르면 언제라도 ASD아동들이 포함될 수 있다는 것을 의미했다. 그 보고서에 따르면 모든 교실의 80%는 장애학생들이 비장애학생들과 함께 지내며 나머지 20%교실은 다른 방식으로 교육을 받아야 하는 아이들을 위해 운영될 것이라고 했다.

이런 결정은 용감하고 필요한 절차였지만 매우 이루기 힘들었다. 특히 ASD와 다른 특별한 도움이 필요한 아이들을 통합하는 데 필요한 선생님들에 대한 재교육은 상당히 부담스러운 업무였다. 교과과정은 상당히 달라져야 했고, 교육방식은 통합적 비전을 시행하기 위해 학교 체계의 변화를 포함하여 근본적이고 완전히 새로운 방식을 채택해야 했다. 많은 교육자들이 대응하기 어려워했다. 특별한 도움이 필요한 아이들을 위한 학교들은 단기간에 무엇을 이룰 수 있을 것인지 걱정과 우려를 보인 학부모들 때문에 학교를 공개해야만 했다. 이런 한계상황은 이 나라 전체에서 흔히 볼 수 있는 장면이다. 지난 몇 년간은 앞으

387

로 수많은 난관이 기다릴 교육개혁의 시발점에 있음을 보여줬다.

여기에서 이 복잡한 교육적 난제들을 다루려는 것은 아니다. 우리와 같이 고갈된 뇌와 결핍된 마음이라는 여정을 가는 사람들에게 중요한 것은 우리 아이들이 주류교육체계의 중간지점을 이미 지나고 있거나 곧 다다를 것이라는 점이다. ASD아동을 위해 많은 시간을 쓰고 있는 우리와 같은 사람들은 다가오는 교육개혁의 중심에 다가갈 것이다.

특별한 도움이 필요한 아이들을 가르쳐 온 사람들은 모든 아이들을 교육하는 방법에 대한 틀을 다시 짜기 위해 이미 새로운 방법을 개발하고 있다. 이런 변화는 통합의 원칙을 수용함으로써 진행될 수 있는데, 우리는 그 원칙이 특별한 도움이 필요한 아이들과 다른 아이들 모두에게 큰 도움이 되고, 또 그래야 할 것이라고 믿고 있다. 변화는 쉽지 않을 것이다. 익숙한 교육개념들은 집요하게 유지되다가 요란스럽게 막을 내릴 것이다. 특별한 도움이 필요한 아이들을 통합시키는 모험 이외의 다른 많은 이유들로, 우리는 대중교육에 있어서 혼돈의 시기를 거칠 것이며, 이것은 다가올 수년 동안 지속될 것이다.

카나리아의 경고

현재의 생태적 위기는 ASD아동의 부모들이 직면한 위기와 뗄 수 없는 관계에 있다. 펜실베이니아와 서부 버지니아에 있는 광부들은 갱도에 내려갈 때 메탄가스를 알아보기 위해 카나리아와 함께 내려간다. 카나리아가 생존하면 갱도는 안전하다. 새가 노래하기를 멈추고 죽기 시작하면 광부들은 연장을 챙긴 후 서둘러 밖으로 향한다.

ASD아동들은 교육과 의학, 가족관계뿐만 아니라, 우리가 환경과 관계를 맺는 방식에 있어서 카나리아와 같은 역할을 해온 것이다. 원인이 무엇이든 그들의 손상된 면역계는 다른 아이들에게는 문제가 되지 않는 독소를 해독하지 못한다. 그들은 음식, 산업쓰레기, 농업, 치과, 백신에 이용되는 물질이 안전하지 않다는 것을 알려주고 있다. 우리는 그런 메시지를 들으면서도 이런 물질을 지속적으로 이용하고 있으며, 독성환경을 증가시키는 정책을 지지하기까지 한다.

이제 우리는 연장을 챙기고 서둘러 밖으로 향해야 한다. 생선에 축적된 수은, 음식에 들어 있는 과도한 글루텐, 과도한 유제품들은 많은 아이들을 자극한다. 우리 대부분은 균형이 깨진 식사를 해도 될 것처럼 보인다. ASD아동들처럼 아주 나쁜 증상을 보이지도 않는다. 그러나 단지 시간의 문제일 수 있다. 우리 면역계가 스트레스, 항생제 과다사용, 독성환경과 불균형 식사의 누적된 영향으로 약해진다면 더 많은 '정상'아이들이 카나리아처럼 노래하기를 멈출 것이다.

지난 세기부터 이용됐던 살충제 폐수와 장기간의 산업쓰레기 폐기는 이미 식수원과 대양을 심각하게 오염시켜왔다. 어떤 사람들은 그 위험이 이미 한계에 도달했거나 넘어섰다고 이야기한다. 생선에 축적된 수은은 잘못된 수질관리의 직접적인 결과 중 하나일 뿐이다. 방사선 폐기물이 장기적인 건강에 어떤 영향을 미칠 것인지는 단지 예측만 할 수 있을 뿐이다. 어떤 제품들은 오존층을 파괴시켜 온실효과의 위험을 초래했고, 납을 잔존시켜 약초를 포함한 천연우림의 상당 부분을 오염시켰다. 지구온난화에 대한 과학자들의 우려를 무시한지 수년이 지나서야 의사결정자들과 주류문화는 재난을 방지할 방안에 대해 귀를 기울이고 토론하고 있다.

이런 문제를 해결하기 위해 작은 돌파구를 찾는 중이지만, 흐름을 역전시킬 수 있는 시간과 노력이 충분할지는 의문이다. 환경문제가 없다는 사람들은 이런 모든 심각한 경고에도 불구하고 "대부분 사람들이 괜찮지 않냐?"고 반문하기도 한다. 그리고는 경제가 우선이라고 이야기한다. 만약 ASD아동들이 좋지 못한 흐름의 예견자로 보이지 않는다면, 우리는 이미 위험상황에 놓여있으며 얼마 있지 않아 사람들 대부분이 위험에 처할 것이다. 이런 경고를 진지하게 생각해야 한다. 만약 ASD치료법에 대해 심각하게 고민하지 않으면 더 많은 어린이들과 어른들이 병에 걸리는 상황이 올 수 있을 것이다.

환경독소와 ASD아동의 증가에는 충분한 인과관계가 있다. 새로운 먹거리와 산업폐기물, 살충제, 백신보존제 사용, 치과재료, 소비제품의 생산에 관한 모든 정책들에 대한 근본적인 재고가 필요하다. 만약 아이들이 전하는 메시지를 듣는다면, 우리는 그들을 더 잘 치료할 수 있을 것이다. 적어도 우리는 어린 메신저들이 더 생기는 상황은 줄일 수 있을 것이다.

부록4

우리나라의
생의학 치료

* 정영선 지음

우리나라의 생의학 치료 역사는 매우 짧고 아직도 시작단계라 이 치료
를 시행하는 병원이나 의사를 찾기 어려운 것이 현실이다. 생의학 치
료 전반이 아니더라도 일부만을 시행하는 병원도 찾기 어렵다. 생의학
치료를 위한 검사법들 역시 아직 우리나라에서는 개발되어 있지 않아
외국으로 검사를 의뢰해야 하는 경우도 많다.

생의학 치료를 위한 검사가 자폐증의 원인을 정확하게 제시하는 것
은 아니다. 하지만 발달이 순조롭지 않는 어린이들의 신경계에 좋지
못한 영향을 미치는 유발인자가 무엇인지 알아보고 이에 대해 치료하
는 것이 아이들을 호전시키는 데 실제적인 도움이 된다. 의사 입장에
서는 많은 검사를 시행하고 싶은 마음이 크다. 많은 검사를 통해 다양
한 정보를 얻어 치료에 도움을 얻고자 하기 때문이다. 시차를 두고 검
사하는 방법도 있겠지만 대체로 동시에 여러 가지 검사를 시행하는 것

이 도움이 된다.

현재 우리나라에서 시행할 수 있는 생의학 치료는 미국과 똑같지는 않으나 책에 제시된 여러 가지를 실시해볼 수 있고 책에 언급이 없는 치료지만 실제 도움이 되는 치료법도 있다. 식이요법에 있어서는 단연 밀가루와 유제품이 많은 식생활권인 서구보다 유리하다고 생각한다. 물론 중금속 영향을 줄이기 위해 생선을 비롯한 바다 음식을 제한하고 대두를 이용한 음식을 제한해야 하는 어려움이 있지만 밀가루와 유제품이 없는 식이요법은 우리 고유의 식단을 따르는 것과 매우 닮은 점이 있다. 일반적인 식이요법뿐만 아니라 식품알레르기 검사를 통해 제한음식을 자세하게 검사해서 좀 더 엄격한 식이요법을 하면 더욱 좋은 결과를 볼 수 있다.

실제 임상에서 보면 발달이 늦은 어린이들은 편식 경향이 있다. 편식하지 않고 골고루 먹는다 하더라도 균형 잡힌 영양상태를 보장할 수는 없는데, 편식까지 하는 아이들은 영양요법이 꼭 필요하고 특히 생화학적 대사를 효율적으로 하기 위해서는 여러가지 미네랄과 비타민 등이 추가로 필요하다.

최근에는 중금속에 대한 관심이 높아지면서 중금속 해독치료에 대한 관심도 증가했다. 그런데 중금속 해독치료는 '지금 당장' 해보고 싶다고 하더라도 내원한 즉시 시행하기 어려운 치료이다. 중금속 해독치료를 위해서는 위장관 치료와 영양요법이 선행되어야 하기 때문이다. 어떤 성분을 이용해서 치료할 것인가, 어떤 제형으로 치료할 것인가에 대해서도 결정해야 한다.

국내에서는 중금속 해독제를 거의 생산하지 않고 있어서 외국에서 대부분 수입하는 불편함이 있다. 현재 국내에서 생산되는 중금속 해독제는 주사용 칼슘-2소디움 EDTA가 유일하다. 그 외 DMSA 경구약과 좌약, DMPS 경구약, 좌약과 주사약, EDTA 경구약과 좌약은 모두 의사의 처방전을 바탕으로 조제되어 수입할 수 있다. 중금속 해독제라는 생소한 이름 때문에 많은 부모들이 걱정을 한다. 그러나 지금까지 10년 가까이 지켜본 바에 의하면 심각한 부작용은 없었다. 단, 약물을 이용한 치료이기 때문에 아이 상태를 잘 관찰해야 하고 의사와 부모 사이에 긴밀한 협조가 필요하다.

자폐아동에게 알레르기 질환이 동반된 것을 보는 것은 어렵지 않다. 알레르기 질환이 반드시 동반되지 않더라도 면역계에 대한 치료가 필요하다. 항바이러스제를 이용한 치료나 저용량 날트렉손을 이용한 치료가 필요하고 면역계가 안정화되기 위해서는 위장관을 건강하게 하는 치료도 매우 중요하다. 위장관 치료를 위해 유산균을 권하면 흔히 시판하는 유산균 음료를 떠올린다. 하지만 생의학 치료에서 하는 위장관 치료란 카세인이 없는 제품의 형태로 충분한 유산균주를 공급하고 항진균제를 주는 것과 함께, 필요한 경우 혐기성 세균에 대한 치료도 포함한다. 위장관 상태가 좋지 못하다는 것은 유산균보다 유해균이나 곰팡이류가 위장관을 차지하고 있다는 것으로 이들에서 뿜어져 나오는 독소를 비롯한 유해균주의 부산물들이 혈액으로 흡수되고 뇌혈류에 이르러 뇌세포에 좋지 않은 영향을 미치게 된다는 것을 의미한다.

미국에서는 항바이러스제를 이용한 치료를 받고 극적으로 호전되는 사례들이 있었다. 검사상 바이러스 감염의 과거력이 확인되지 않은 경우에도 호전을 보인 사례가 있어 약을 복용해서 좋아지면 바이러스 감염이 있었다고 진단하는 '치료적 진단'에 대해서도 고려가 필요하다. 실제 임상에서 항바이러스제 치료로 수면이 좋아지는 것도 경험했고 언어발달이나 인지가 좋아진 경우도 있었다. 물론 모든 어린이들이 극적인 반응을 보이는 것은 아니고 그것은 어느 치료나 마찬가지이다.

우리나라에서 생산되는 날트렉손 제재는 50mg으로 어린이들이나 면역저하 환자가 사용하기에 적합하지 않다. 미국에서는 다양한 저용량 날트렉손을 구할 수 있어서 현재는 의사의 처방에 따라 조제된 약을 수입하여 치료한다. 실제 아토피 피부염이나 비염 등이 호전되는 예를 많이 보았고 언어기능, 인지기능도 좋아지는 사례를 경험한다.

또한 자폐아동의 대다수는 메틸레이션이라는 생화학적 대사에 문제가 있어 메틸코발라민MB12를 투여하는 치료법도 이용되고 있다. 개인차가 있지만 메틸코발라민을 투여하면서 언어의 호전을 경험하는 아이들도 많다. 메틸코발라민은 아직 국내에서 구할 수 없어 외국에서 수입하여 사용하고 있으며 의사의 처방이 필요하다. 주로 피하용 주사제와 비강 내 스프레이 형태를 이용한다. 미국의 많은 회사들이 MB12주사제에 대해서는 '국내용'이라서 한국으로 보내줄 수 없다는 입장이다.

그동안 뉴브랜더 박사가 추천한 여러 회사에 연락해보았으나 번번이 거절당한 기억이 있는데 다행스럽게 MB12주사제를 우리나라에 보내줄 수 있다는 회사가 있어서 현재는 어려움 없이 주사치료를 할 수 있다. 주사치료를 집에서 부모가 시행해야 한다는 점이 처음에는 부담이 될 수 있지만 체중에 따른 적정용량을 교육받은 방법대로 시행하면 금세 익숙하게 될 것이다. 병원에서 주사방법을 교육받고 잊어버리더라도 유튜브나 여러 인터넷 웹사이트를 통해 다시 알아볼 수 있다.

고압산소를 이용한 치료법도 있다. 일산화탄소 중독증이나 잠수병에 사용할 수 있는 정도의 고압산소 치료탱크는 현재 우리나라에 2~3대 정도 있는 것으로 알려져 있다. 최근에는 병원 외래에서 이용할 수 있는 작은 크기의 고압산소탱크가 국내에서 제작되고 있다. 이 기계는 의료용 산소를 이용하지 않고 실내 산소를 이용할 수 있어 비용이나 관리 면에서도 효율적이다. 어린이들이 산소탱크 안에 혼자 들어가면 불안감을 유발할 수 있고 이상한 징후를 느끼더라도 적절하게 도움을 요청할 수 없기 때문에 부모와 함께 들어가 치료를 받게 된다.

아직 이 책에는 소개되어 있지 않으나 옥시토신을 이용한 치료법도 널리 시행되고 있다. 옥시토신은 자궁수축호르몬으로 널리 알려져 있으나 현재는 중추성 도파민 시스템을 관장하는 신경전달물질로 생각되며 옥시토신을 이용한 치료를 통해 사회성이 증진된다는 많은 연구논문들이 있다. 이와 함께 옥시토신이 면역력 증가와도 관계가 깊다는 연구논문들이 발표되었다. 임상에서 옥시토신을 사용해보면 사회성 증진의 바탕이 되는 눈맞춤의 정도가 호전되고 눈맞춤 시간이 길어지는 것을 볼 수 있으며 호명반응도 좋아진다. 발음이 또렷해지거나 어휘력 향상, 인지기능 향상을 보이는 경우도 많았다.

어느 날 갑자기 친구들과 이야기를 나누고 놀이를 하는 것 같은 사회성이 현저하게 발달되는 경우를 볼 수는 없지만 대체로 옥시토신을 통해 긍정적인 결과를 보이는 경우가 많다. 친구의 눈을 잘 쳐다보고 친구에게 관심을 보이기도 하며 친구나 가족에게 친밀감을 표현하기도 한다. 옥시토신 복용 후 알레르기가 사라진 사례도 경험한 바 있다. 우리나라에서는 정맥주사용 제품만 제조, 시판되고 있어서 미국에서 정제 또는 비강 내 스프레이 제형을 수입하여 치료하고 있다. 옥시토신 역시 의사의 처방이 필요하다.

의사의 처방에 따라 조제된 약을 외국으로부터 수입해야 하는 경우 부모의 신용카드를 이용하여 미국 공급사에 결제하고 한국희귀의약품센터에서 발행하는 서류를 발급받는 등의 일정한 절차를 거쳐 국내에 들여와 치료할 수 있다.

　미국에서도 생의학 치료를 하는 DAN!의사를 찾아 다른 주까지 비행기를 타고 다니면서 치료를 하는 현실이고 우리나라에서도 아직까지는 널리 알려지지 않은 치료법이지만 의학적 근거가 있는 치료법이니만큼 많은 의사들과 부모들이 이 치료에 관심을 갖게 되길 바란다.

참고문헌

참고문헌

1장 자폐증의 원인은 무엇인가?
1. 유행병 발생을 의미하는 환자수에 대한 일반적인 규칙은 없다. 1980년, 전염병학자인 베넨슨은 유행병의 의미를 "공동체나 일정지역에서 비슷한 양상을 보이는 질병군 발생이 명백히 일반적인 예측을 초과하는 것"이라고 정의했다. 즉, 유행병이란 특정질병의 환자수가 어느 집단에서 과거 경험을 바탕으로 예측한 수치를 초과해 발생했다는 의미이다.
2. 22nd Annual Report to Congress on the Implementation of the Individuals with Disabilities Education Act, Table AA11, "Number and Change in Number of Children Ages," pp.6-12, Served Under IDEA, part B
3. U.S. News & World Report, June 19, 2000, p. 47
4. Testiomony on April 25, 2001 before the U.S. House of Representatives Committee on Governmental Reform by James J. Bradstreet, M.D., director of research for the Inter-national Autism Research Center
5. Gillberg, C and Coleman, Mary "The Biology of the Autistic Syndromes," 3rd Edition, 2000 Mac Keith Press, Chapter, Clinical Diagnosis
6. Report on Autism to the California Legislature, 1999
7. Centers for Disease Control(CDC), April, 2000. "Prevalence of Autism on Brick Township, New Jersey, 1998: Community Report" available on the CDC website, http://www.cdc.gov/nceh/prograrams/cddh/dd/report. htm
8. Shelia Kaplan and Jim Morris, "Kids At Risk," U.S. News &world Report, June 19, 2000, p. 47
9. Warren, R.P., et al., (1996) 'Immunogenetic studies in autism and related disorders,' Molecular and Chemical Neuropathology, 28, pp. 77-81
10. Ibid
11. In Harm's Way: Toxic Threats to Child Development published in 2001 by the Greater Boston Physician for Social Responsibility organization

12. National Academies of Science Report, 2000

13. "Protect Your Family from Lead on Your Home," EPA and United States Comsumer Product Safety Commission pamphlet, 747–K–94–001, May, 1995

14. Maury M. Breecher, PhD, M.P.H., Healthy Homes on a Toxic World, John Wiley & Sons Inc

15. U.S. News & World Report, June 19, 2000, p. 48

16. Shelia Kaplan and Jim Morris, "Kids at Risk: Chmical in the Environment Come Under Scrutiny as the Number of Childhood Learning Problems Soars," U.S. News &World Report, June 19, 2000, p. 51

17. Wakefield, A.J. et al,, "Ileal–lymphoid–nodular hyperplasia, non–specific colitis, and pervasive developmental disorder in children", Lancet 1998 Feb. 28;351(9103):637–41

18. www.feat.org/FEATnews: Report of Oasis 2001 Conference for Autism on Portland OR "Harvard Clinic Scientist Finds Gut/Autism Link, Like Wakefield Findings"

19. Kawashima H. et al,, "Detection and sequencing of measles virus from peripheral mononuclear cells from patients with inflammatory bowel disease."Dig. Dis. Sci. 2000 Apr;45(4): 723–9

20. Comi, A.M et al,, "Familial clustering of autoimmune disorders and evaluation of medical risk factors in autism," Jour. Child. Neurol. 1999 Jun;14(6):338–94

21. Singh VK, Lin SX, Yang VC. Serological association of measles virus and human herpesvirus–6 with brain autoantibodies in autism. Clin Immunol Immunopathol 1998 Oct;89 (1): pp. 105–8

22. Brain, Behavior, and Immunity (Volume7, pp.97–103, 1993)

23. Kawashima, H,. et al,,"Detection and sequencing of measles virus from peripheral mononuclear cells from patients with inflammatory bowel disease and autism" Dept. of Pediatrics, Tokyo Medical Univ,. Japan, Dig. Dis. Sci. 2000 Apr;45(4): 723–9

2장 위장관 질환

1. Karl Reichelt, MD, PhD, at the DAN Fall, 2001 conference, Oct. 5–7, San Diego, CA

2. Wakefield A.J. et al,."Enterocolitis in children with developmental disorders". Amer Jour Gastroenterology 2000 Sep;95(9):2285–95

3. Furlano R.I. et al,."Colonic CD8 and gamma delta T–cell Infiltration with

epithelial damage in children with autism." Jour Pediatrics 2001 Mar; 138(3);366-72

4. Buie, Tin, Pediatric Gastroenterologist, Mass Gen Hosp, Harvard Med School, Presentation Oasis II Conference 14 oct 2001

5. Wakefield A.J. et al,. "Detection of herpesvirus DNA in the large intestine of patients with ulcerative colitis and Crohn's disease using nested polymerase chain reaction Jour." Med. Virology 1992 Nov;38(3) 183-90

6. Gupta, Sudhir, MD, PhD, Professor of microbiology and molecular genetics at Univ CA at Irvine, Presentation at Defeat Autism Now! Conference, Oct 5,2001, San Diego

7. Ibid

8. Ibid

9. M. Kontstantareas and S. Homatidis, "Ear Infections in Autistic and Normal Children" Journal Autism and Developmental Disease, Vol. 17, p.585, 1987

10. R. Hagerman and A. Falkenstein, "An Association Between Recurrent Otitis Media in Infancy and Later Hyperacticity" Clinical Pediatrics, Vol. 26, pp. 253-257, 1987

11. William Shaw, Biological Treatments for Autism and PDD, self-published, 1998

12. D'Eufemia P. et al."Abnormal intestinal permeability in children with autism" Acta Paediatr 1996 Sep;85(9): 1076-9

13. Malabsorption

B. Walsh, "85% of 500 autistic patients meet criteria for malabsorption," J. Autism/ Childhood Schizo, 1971 1(1):48-62; Maldigestion-elevated urinary peptides P Shattock (Brain Dysfunct 1990;3:338-45 and 1991;4: 323-4

K.L. Reicheldt (Develop Brain Dys 1994; 7: 71-85, and others) Z. Sun and R. Cade (Autism 1999;3: pp. 85-96 and 1999; 3: 67-83)

14. DNA Fall, 2001 conference, Oct.5-7, San Diego, CA

3장 해독기능 결합과 독성물질 축적

1. Amy Holmes, MD, Jane EI-Dahr, MD, Stephanie Cave, MD, Defeat Autism Now! Conference Panel Presentation, San Diego CA, Oct. 2001

2. Greater Boston Physicians for Social Responsibility, May 2000, "In Harm's Way; Adverse Toxic Chemical Influences on Developmental Disabilities," 11 Garden St, Cambridge MA 02138, phone 617-497-7440

3. Edelson, S.B., Cantor, D.S. "Autism: xenobiotic influences," Toxicol Ind Health 1998; 14: 553-563

4. Bernard, S., Enayati A., Redwood F., Roger H., Binstock T., "Auitsm: A Novel

Form of Mercury Poisoning, "Med Hypotheses 2001 Apr;56(4): 462−71. Original long version, online at http://www.autism.com/ari/ mercury.html

5. Interview with Dr. Adams, 01−18−2002. Copy of handout about the study is available at http://eas.asu.edu/−autism

6. Ibid

7. Greater Boston Physicians for Social Responsibility, May 2000, In Harm's Way: Toxic Threats to Child Development, p.7

8. Hattis D. et al. "Distributions of individual susceptibility among humans for toxic effects. how much protection does the traditional tenfold factor provide for what fraction of which kinds of chemicals and effects?" Ann NY Acad Sci 1991;104:s2:381−90

9. Klassen C.D., editor. Casaret & Doull's Toxicology: the Basic Science of Poisons, 5th ed; McGraw−Hill, 1996

10. James W. Anderson, MD and Maury M. Breecher, PhD, MPH, Dr. Anderson's Anti−oxidant, Antiaging Health Program, 1996, Carroll & Graf, Inc., NYC, p. 6

11. Ibid, p. 119

12. Breecher, M., Linde, S., 1992, Healthy Homes in a Toxic World, John Wiley and Sons, Inc

13. Ibid

14. Maury M. Breecher, PhD, MPH and Shirley Linde, PhD, 1992, Healthy Homes in a Toxic World, John Wiley and Sons, Inc., p.141

15. Bernard, S. et al., "Autism: a Novel Form of Mercury Poisoning," Med Hypotheses 2001 Apr;56(4):pp. 462−71. Original long version, Jun 2000, http://www.autism/com/ari/mercury.html

16. Eggleston, D. et al., "Correlation of dental amalgams with mercury in brain t issue," Pros. Dent. 58: 704−7, 1987

17. Greater Boston Physicians for Social Responsibility, May 2000, In Harm's Way: Toxic Threats to Child Development, p.4

18. Kupsinel, Roy MD, "Mercury amalgam toxicity," J. Orthomol. Psychiat, 13(4):pp.140−57; 1984

19. Vaccine Fact Sheets, National Vaccine Program Office, Centers for Disease Control website http://www.cdc.gov/od/nvpo/fs_tableⅥ_doc2.htm(This so−called "fact sheet" also contains the blunt statement that "There is no evidence that children have been harmed by the amount of mercury found in vaccines that contain thimerosal.")

20. Greater Boston Physicians for Social Responsibility May 2000, In Harm's Way:

참고문헌

Toxic Threats to Child Development, p. 14

21. http://www.909shot.com/hepfrance.htm

22. Letter from Center for Biologics Evaluation and Research, a department within the U.S. Food and Drug Administration, July 4, 2000

23. Bob Wheaton, "Mom sats Mercury in Vaccine Harmed Child." The Flint(Michigan) Journal, Oct. 22, 2001

24. Westphal GA et al. homozygous gene deletions of the glutathione S-transferases M1 and T1 are associated with thimerosal sensitization. Int Arch Occup Environ Health. 2000 Aug;73(6):384-8

25. Cave, Stephanie (with Deborah Mitchell), "What Your doctor May Not tell you About Childhood Vaccinations," Warner Books Sept 2001

4장 검사와 진단평가

1. Comi A.M. et al. "Familial clustering of autoimmune disorders and evaluation of medical risk factors in autism," J. Child. Neurol. 1999 Jun;14(6): 388-94, Johns Hopkins hospital Div of Ped Neurology, Baltimore MD

2. Cutler, Andrew "Amalgam Illness Diagnosis and Treatment," Minerva Labs, Jun 1999

3. Walsh, William J. et al., Booklet "Metallothionein and Autism." Oct 2001,Pfeiffer Trtment Cntr, Naperville, I

5장 위장관 치료

1. Binstock, Teresa, Common Variable Immune Deficiencies, http:// www.jorsm.. com/~binstock/cvid.htm

2. Horvath, K. et al., "Gastrointestinal abnormalities in children with autistic disorder." Journal of Pediatrics 1999 Nov., 135(5): 533-5

3. Shaw, William PhD Bilolgical Treatments for Autism and PDD, New revised 2002 edition

4. Jyonouchi H. et al., "Proinflammatory and regulatory cytokine production associated with innate and adaptive immune responses in children with autism spectrum disorders and developmental regression." J. Neuroimmunol 2001 Nov1;120(1-2): 170-9

5. Binstock, Teresa, Medical Hypotheses, Volume:57;, Issue:6, Dec. 2001 pp. 714-717 "Anterior insular cortex: linking intestinal pathology and brain function in

autism spectrum subgroups."

6. Nadine Gilder, pamphlet, "The Importance of a Gluten—and Casein—Free Diet," Autism Education Services, published by Autism Education Services, 1218 Steeplechase, NJ

7. Shattock, P., Lowdon, G., "Proteins, peptides and autism, Part2: Implication for the education and care of people with autism." Brain Dys 1991;4(6):n 323−34

8. Reichelt, K.L., et al. "Gluten, milk proteins and autism: dietary intervention effects on behavior and peptide secretion." Jour Applied Nutrition 1990;42(1);1−11

9. Wakefield, A.J et al. "Enterocolitis in children with developmental disorders" American Jour Gastroenterlolgy 2000 Sep; 95(9):2285−95

10. Horvath K. et al. "Gastrointestinal abnormalities in children with autistic disorder." Jour Pediatrics 1999 Nov; 135(5): 533−5

11. Brudnak, M. "Application of Genomeceuticals to the Molecular and Immunological Aspects of Autism", Medical Hypotheses, 2001

12. Beck, Gary and Victoria, Rimland, Bernard "Unlocking the Potential of Secretin",Autism Research Institute, 1998, San Diego CA

13. Klaire Laboratories, www.Klaire.com, 866−216−6127

14. Klaire Laboratories, www.kirkmanlabs.com, 800−245−8282

15. Brudnak, MA, "Probiotics as an Adjuvant to Detoxifrication Protocols," Medical Hypotheses, July 2001

16. Cross ML., Microbes versus microbes: immune signals generated by probiotic lactobacilli and their role in protection against microbial pathogens. FEMS Immunol Med Microbiol. 2002 Dec 13;34(4):245−53

17. Semon, Bruce MD & Kornblum, Lori, Feast Without Yeast, Wisconsin Institute of Nutrition, LLP, 1999

18. Victoria A. Beck, Confronting Autism: The Aurora on the Dark Side of Venus—A Practical Guide to Hope, Knowledge, and Empowerment, 1999, New Destiny Educational Products, Bedford, NH

19. K. Horvath, R. H. Zieke, R.M. Collins et al., "Secretin Improves Intestinal Permeability in Autistic Children." World Congress of Pediatric Gastroenterology, August, 2000

20. R. Sockolow, D. Meckes, K. Hewitson, and V. Atluru, "Safe Use of Intravenous Secretin in Autistic Children." World Congress of Pediatric Gastroenterology, August, 2000

21. C. K. Schneider et al., "Synthetic Human Secretin in the Treatment of Pervasive Developmental Disorders." World Congress of Pediatric Gastroenterology, August,

2000

22. J.R. Lightdale et al., "Evaluation of Gastrointestinal Symptoms in Autistic Children." World Congress of Pediatric Gastroenterology, August, 2000

23. Esch BE, Carr JE. Secretin as a treatment for autism: a review of the evidence. J Autism Dev Disord. 2004 34(5): 543–56

24. Williams KW et al. Intravenous secretin for autism spectrum disorder. Cochrane Database Syst Rev. 2005 20;(3):CD003495

25. Lee LT et al. Regulation of the human secretin gene is controlled by the combined effects of CpG methylation, Sp1/Sp3 ratio, and the E-box element. Mol Endocrinol. 2004 18(7):1740–55

26. James SJ et al. Metabolic biomarkers of increased oxidative stress and impaired methylation capacity in children with autism. Am J Clin Nutr. 2004 Dec;80(6):1611–7

27. Dong M et al. Possible endogenous agonist mechanism for the activation of secretin family G protein-coupled receptors. Mol Pharmaco.2006 70(1):206–13.

28. Megson MN. Is autism a G-alpha protein defect reversible with natural vitamin A? Med Hypotheses. 2000 54(6):979–83.

29. Duester G. Families of retinoid dehydrogenases regulating vitamin A function: production of visual pigment and retinoic acid. Eur J Biochem. 2000 267(14):4315–24. http://www.blackwell-synergy.com/doi/abs/10.1046/ j.1432–1327.2000.01497.x

30. Lee LT et al. Retinoic acid activates human secretin gene expression by Sp proteins and nuclear factor I in neuronal SH-SY5Y cells. JNeurochem.200593(2):339–50.

31. Lee LT et al. Retinoic acid activates human secretin gene expression in neuronal cells is mediated by cyclin-dependent kinase 1. Ann N Y Acad Sci. 2006 1070:393–8

32. Reviewed elsewhere in this volume

33. Mihas AA et al. Effects of gastrointestinal hormonal peptides on the transformation of human peripheral lymphocytes. Res Commun Chem Pathol Pharmacol. 1991 73(1):123–6

34. Rindi G et al. Sudden onset of colitis after ablation of secretin-expressing lymphocytes in transgenic mice. Exp Biol Med(Maywood). 2004 229(8):826–34

35. Horvath K et al. Gastrointestinal abnormalities in children with autistic disorder. J Pediatr. 1999 135(5):559–63

36. Ng SS et al. The human secretin gene in children with autistic spectrum disorder: screening for polymophisms and mutation. J Child Neurol. 2005 20(8):701–4

37. Pallanti S et al. Short report: Autistic gastrointestinal and eating symptoms treated with secretin: a subtype of autism. Clin Pract Epidemol Ment Health. 2005

15;1:24

38. Koves K et al. Secretin and autism: a basic morphological study about distribution of secretin in the nervous system. Regul Pept. 2004 15;123(1-3):209-16

39. Lee SM et al. Expression and spatial distribution of secretin and secretin receptor in human cerebellum. Neuroreport. 2005 16(3):219-22

40. Yung WH et al. The role of secretin in the cerebellum. Cerebellum. 2006;5(1):43-8

41. Chu JY et al. Endogenous release of secretin from the hypothalamus. Ann N Y Acad Sci. 2006 1070:196-200

42. Toda Y et al. Administration of secretin for autism alters dopamine metabolism in the central nervous system. Brain Dev. 2006 28(2):99-103

43.Gottschall, Elaine, "Breaking the Vicious Cycle: Intestinal Health Through Diet," Kirkton Pr, Dec. 1994 www.pecanbread.com

6장 두뇌발달을 위한 영양요법

1. Reported by Woody McGinnis, MD, during presentation at October, 2001 Defeat Autism Now! conference, San Diego. For a review of published medical studies on the nutritional status of autistic and ADHD children see www..autism.com/mcginnis

2. Walsh, William J. et al,. Booklet, "Metallothionein and Autism," Pfeiffer Trtnt Ctr, Naperville IL, Oct. 2001

3. Statement at the WHO conference on Zinc and Human Health, Stockholm, 14tg June 2000

4. Policy Statement, American Academy of Pediatrics, in the journal Pediatrics, 104, Number5 , November 1999, pp. 1152-1157

7장 중금속의 제거

1. DMSA, trade name Chemet made by Sanofi Pharmaceuti-cals, is 2,3-dimercaptosuccinic acid

2. Autism Research Institute: Defeat Autism Now! Mercury Detoxification Consensus Group Position Paper, May 2001, Background and Introduction by Bernard Rimland, PhD Director of ARI http://www.autism.com/ ari/mercurydetox.html

3. Edelson, S.B,. Cantor, D.S., "Autism: xenobiotic influences." Toxicol Ind Health 1998;14:553-563

4. ARI Defeat Autism Now! Mercury Detoxification Consensus Group Position Paper, May 2001, Background and Introduction by Bernard Rimland, PhD Dir. of ARI

http://www.autism/com.ari/mercurydetox.html.2005 reversed version now available.

5. Lonsdale D. Summary of TTFD clinical results. Research Conference sponsored by Autism Research Institute, San Diego CA, October 24, 2002

6. Lonsdale D, Shamberger RJ, Audhya T. Treatment of autism spectrum children with thiamine tetrahydrofurfuryl disulfide: A pilot study. Neuroendocrinology Left 2002;23(4):303−8

7. Fujiwra M. Absorption and fate of thiamine and its derivatives in the human body. Inouye K, Katsura E, eds. In: Beriberi and thiamine. Tokyo, Igaku Shoin Ltd;1965:179−213

8. Fujita T, Suzuoki Z. Enzymatic studies on the metabolism of the tetrahydrofurfuryl mercaptan moiety of thiamine tetrahydrofurfuryl disulfide. I Microsomal S−transmethylase. J Biochem 1973;74:717−22

9. Fujita T, Suzuoki Z Kozuka S. Enzymatic studies on the metabolism of the tetrahydrofurfuryl mercaptan moiety of thiamine tetrahydrofurfuryl disulfide. II sulfide and sulfoxide oxygen bases in microsomes. J Biochem 1973;74:723−32

10. Fujita T Suzuokd Z. Emzymatic studies on the metabolism of the tetrahydrofurfuryl mercapthan moiety of thiamine tetrahydrefurfuryl disulfide. III Oxidative cleavage of the tetrahydrofurfuran moiety. J Biochem 1973;74:733−8

11. Fujita T, Teraoka A, Suzuoki Z. Enzymatic studies on the metabolism of the terrahydrofurfuryl mercaptan moiety of thiamine tetrahydrofurfuryl disulfide. IV Induction of microsomal S−transmethylase, and sulfide and sulfoxide oxygenases in the drug−treated rat. J Biochem 1973;74:739−45

12. Olkowski A A, Gooneratne S R, Christensen D A. The effects of thiamine and EDTA on biliary and urinary lead excretion in sheep. Toxicol Lett 1991;59;153−9

13. Pangborn J. Personal correspondence, 11−16−02

14. Shaw, William, 2002, New revised edition of Biological Treatments for Autism and PDD

15. Jyonouchi H, Sun S, Itokazu N. Innate Immunity Associated with inflammatory responses and cytokine production against common dietary proteins in patients with autism spectrum disorder. Neuropsychobiology 2002;46(2):76−84

8장 면역, 자가면역질환, 바이러스

1. Comi A.N. et al., "Familial clustering of autoimmune disorders and evaluation of medical risk factors in autism." J. Child Neurol 1999 Jun;14(6): 388−94

2. van Gent T. et al.,"Autism and the Immune System," J. Child Psychol Psychiatry

1997 Mar; 38)3): 337–49

3. Hassen, A.N. et al., "Neuroimmunotoxicology: Humoral assessment of neurotoxicity and autoimmune mechanisms, Environmental health Perspectives Vol. 107. Sup.5 Oct. 1999"

4. Singh, Vijendra K., "Abnormal Measles Serology and Autoimmunity in Autistic Children." J. of Allergy Clinical Immunology 109(1):S232, Jan 2002, Abstract 702

5. Frith, Uta , p.79–80, Autism: Explaining the Enigma, 1989, Blackwell Publishers Inc, Malden, MA 02148

6. Kawashima H., et al., "Detection and seqencing of measles virus from peripheral mononuclear cells from patients with inflammatory bowel disease and autism. Dig. Dis. Sci. 2000 Apr; 45(4):pp. 723–9

7. Romani L., "Cytokine modulation of specific and nonspecific immunity to Candidaalbicans. Mycoses," 1999;p. 42 Suppl 2: pp. 45–8. Review. Also, Romani L., Immunity to Candida albicans: Th1, Th2 cells and beyond. Curr Opin Microbiol. 1999 Aug;2(4): 363–7.Review

8. Binstock T., Intra–monocyte pathogens delineate autism subgroups. Med Hypotheses. 2001 Apr; 56(4):523–31

9. Gesser R.M., Koo S.C., "Oral inoculation with herpes simplex virus type 1 infects enteric neuron and mucosal nerve fibers within the gastrointestinal tract in mice. J. Virol. 1996 Jun; 70(6): 4097–102"

10. Binstock T, "Fragile X and the amygdala: cognitive, interpersonal, emotional, and neuroendocrine considerations," Dev Brain Dysfunction 1995 8:pp.199–217

11. Berkowitz C. et al., "Herpes simplex virus type 1(HSV–1) UL56 gene is involved in viral intraperitoneal pathogenicity to immunocompetent mice." Arch Virol 1994; 134(1–2): 73–83

12. Tomsone V. et al., "Associationin of human herpesvirus 6 and human herpersvirus 7 with demyelinating disease of the nervous system." J. Neurovirol 2001 Dec;7(6):564–9

13. Singh V.K. et al., "Serological association of measles virus and human herpesvirus 6 with brain autoantibodies in autism." Clin Immunol Innunopathol. 1998 Oct; 89(1): 105–8

14. Hayney M.S et al., "Relationship of HLA–DQA1 alleles and humoral antibody following measles vaccination." Int. J. Infect Dis. 1998 Jan–Mar;2(3):143–6

15. Fukushima Y et al. Effect of a probiotic formula on intestinal immunoglobulin A production in healthy children. Int J Food Microbiol. 1998 30; 42(1–2):39–44

16. Ther–Biotic Complete http://www.protherainc.com/prod/proddetail.

asp:id=V775-06

17. Lauricidin: Kabara.J.J, Swieczkowski, D M. Conley. A J and Truant, J P Fatty Acids and Derivatives as Antimicrobial Agents Antimicrobial Agents and Chemotherapy 2(1):23-28 (1972) Kabara. J.J.. Conley. A J.- Swieczkowski. D.M. Ismail, J.A. LieKen Jie and Gunstion, F D Antimicrobial Action of Isomeric Fatty Acids on Group A Streptococcus J. Med Chem 16:1060-1063(1973). Conley. A J and Kabara.J.J Antimicrobial Action of Esters of Polyhydric Alcohols. Antimicrob. Ag and Chemother 4:501-506(1973) Kabara. J.J., Vrable, R. and Lie ken Jie, M.S.F Antimicrobial Lipids: Natural and Synthetic Fatty Acids and Monoglycerides. Lipids 12:753759 (1977). Kabara, JJ Fatty Acids and Derivatives as Antimicrobial Agents-A Review. In: The Pharmacological Effect of Lipids. Jon J. Kabara, ed Champaign, Illinois: The American Oil Chemists's Society (1979),pp. 1-14 In The Hierholzer, J.C and Kabara, J.J in Vitro Effects of Monolaurin Compounds on Enveloped RNA and DNA Viruses. J. of Food

18. Garlic: Immunomodulatory affect of R10 fraction of garlic extract of natural killer activity International Immunopharmacology, Volume 3, Issues 10-11, October 2003, Pages 1483-1489 Zuhair M. Hassan, Roya Yaraee, Narges Zare, Tooba Ghazanfari, Abul Hassan Sarraf Nejad and Bijhan Nazoric

19. Olive feaf extract: The olive leaf extract exgibits antiviral activity against viral haemorrhagic septicaemia rhabdovirus (VHSV) Antiviral Research, Volume 66, Issue 2-3, June 2005, Pages 129-136 Vicente Micol, Nuria Caturla, Laura Petez-Fons, Vicente Mas, Luis Perez and Amparo Estepa

20. Glutamine: Glutamine Protects Activated Human T Cells from Apoptosis by Upregulationg Glutathione and Bcl-2 Levels Clinical Immunology, Volume 104, Issue 2, August 2002, Pages 151-160 Wei-kuo Chang, Kuender D. Yang, Hau Chang, JiaTsong Jan and Men-Fang Shaio

21. Black Elderberry(Sambucol): Antiviral activity in vitro of Urtica dioica L., Parietaria diffusa M. et K. and Sambucus nigra L. Journal Ethnopharmacology, Volume 98, Issue 3, 26 April 2005, Pages 323-327 R.E. Uncini Manganelli, L. Zaccaro and P.E. Tomei

22. Oil of Oregano: In Vitro Antioxidant, Antimicrobial, and Antiviral Activities of the Essential Oil and Various Extracts from Herbal Parts and Callus Cultures of Origanum acutidens Munevver Sokmen, Julia Serdedjieva, Dimitra Daferera, Medine Gulluce, Moschos Polissiou, Bektas Tepe, H. Askin Akpulat, Fikrettin Sahin, and Atalay, Sokmen J. Agric, Food Chem;2004;52(11) pp 3309-3312;(Article)DOI:10.1021/ jf049859g

23. IP-6 (Inositol hexaphosphate) ISSN 1007-9329 CN 14-1219/R World J Gastroenterol 2005 August 28;11(32):5044-5046 Inositol Hexaphosphate-induced enhancement of natural killer cell activity correlates with suppression of colon carcinogenesis in rats Zheng Zhang, Yang Song, Xiu-Li Wang

24. Grape peel extract (resveratrol):Docherty, John J., Jennifer S. Smith, Ming Mign Fu, Terri Stoner, and Tristan Booth. Effect of tropically applied resveratrol on cutaneous herpes simplex virus infections in hairless mice. Journal of Antiviral Research. January 2004. 61(1)p. 19-26

25. Green tea: Antiviral effect of catechins in green tea on influenza virus Antiviral Research, Volume 68, Issue 2, November 2005, Pages 66-74 Jae-Min Song, Kwang-Hee Lee and Baik-Lin Seong

더 읽을거리

Autistic disorder and viral infections: Journal of Neuro Virology, 11:1-10,2005

Abnormalities in T cells and T cell subsets, Depressed responses to T cell mitogens, Decreased killer cell function, (Stubbs, et al. 1997, Warren, et al. 1990, Yonk, et al. 1990, Warren, et al. 1995, Gupta, et al. 1998)

Comi A.M. et al., "Familial clustering of autoimmune disorders and evaluation of medical risk factors in autism" J. Child Neurol 1999 Jun; 14(6):388-94

Singh, Vijendra K., "Abnormal Measles Serology and Autoimmunity in Autistic Children." J. of Allergy Clinical Immunology 109(1):S232, Jan 2002, Abstract 702

WakeField, A.J. et al., "Ileal-lymphoid-nodular hyperplasia, non-specific colitis, and pervasive developmental disorder in children." Lancet 1998 Feb. 28;351(9103):637-41

Coutsoudis A, Kiepiela P, Coovadia HM, Broughton M. Pediatr Infect Dis 1992 Mar;11(3):203-9 Vitamin A supplementation enhances specific IgG antibody levels and total lymphocyte numbers while improving morbidity in measles

Binstock T., Intra-monocyte pathogens delineate autism subgroups. Med Hypotheses, 2001 Apr;56(4):523-31

Annals 1st Super Sanita, 1996;32(3):351-9, Scifo R, Marchetti, et al, "Opioid-immune interactions in autism: behavioural and immunological assessment during a double-blind treatment with naltrexone."

9장 자폐증에 대한 고압산소치료

1. Collect Jp, Vanasse M, Marois P, et al. Hyperbaric oxygen for children with

cerebral palsy: a randomised multicentre trial. Lancet 2001; 357(9256):582-6

2. Golden ZL, Neubauer R, Golden CJ, Greene L, Marsh J, Mleko A. Improvement in cerebral metabolism in chronic brain injury after hyperbaric oxygen therapy. Int J Neurosci 2002;112(2):119-31

3. Granowitz EV, Skulsky EJ, Benson RM, et al. Exposure to increased pressure or hyperbaric oxygen suppresses interferon-secretion in whole blood cultures of health humans. Undersea Hyperb Med 2002;29(3)216-25

4. Gutsaeva DR, Suliman HB, Carraway MS, Demchenko IT, Piantadosi CA. Oxygen-induced mitochondrial biogenesis in the rat hippocampus. Neuroscience 2006;137(2):493-504

5. Harch, PG, McCullough, V. The Oxygen Revolution. Hatherleigh Press, April 2007

6. Heuser G, Heuser SA, Rodelander D, Aguilera O, Uszler M. Treatment of neurologically impaired adults and children with "mild" hyperbaric oxygenation (1.3 ATM and 24% oxygen). In Hyperbaric oxygenation for cerebral palsy and the brain-injured child. Edited by Joiner JT. Flagstaff Arizona: Best Publications; 2002:109-15

7. James SJ, Cutler P, Melnyk S, et al. Metabolic biomarkers of increased oxidative stress and impared methylation capacity in children with autism. Am J Clin Nutr 2004;80(6):1611-7

8. Knighton DR, Halliday B, Hunt TK. Oxygen as an antibiotic. The effect of inspired oxygen on infection. Arch Surg 1984:119(2):119-204

9. Lavy A, Weisz G, Adir Y, Ramon Y, Melamed Y, Eidelman S. Hyperbaric oxygen for perianal Crohn's disease. J Clin Gastroenterol 1994;19(3):202-5

10. Mukherjee, Aurn. New Dehli, India. Presentation at the Neuro-HBOT Training Course, Pittsburg, PA., October 2008

11. Nie H, Xiong L, et al. Hyperbaric oxygen preconditioning induces tolerance against spinal cord ischemia by upregulation of antioxidant enzymes in rabbits. J Cereb Blood Flow Metab 2006;26(5):666-74

12. Rossignol DA, Rossignol Lw. Hyperbaric oxygen therapy may improve symptoms in autistic children. Med Hypotheses 2006;67(2):216-28

13. Rossignol DA, Rossignol LW, James SJ, Melnyk S, Mumper E. The effects of hyperbaric oxygen therapy on oxidative stress, inflammation, and symptoms in children with autism: an open-label pilot study. BMC Pediatr 2007:Nov 16;7-16

14. Rossignol DA. Hyperbaric oxygen therapy might improve certain pathophysiological findings in autism. Med Hypotheses 2007;68(6):1208-27

15. Rossignol DA. The results of a six center collaborative study for children with autism using low pressure with a low oxygen concentration has been submitted for

publication, Movemter 2008

16. Stoller KP. Quantification of neurocognitive changes before, during, and after hyperbaric oxygen therapy in a case of fetal alcohol syndrome. Pediatrics 2005;116(4):e586-91

17. Thom SR, Bhopale VM, Velazquez OC, Goldstein LJ, Thom LH, Buerk DG. Stem cell mobilization by hyperbaric oxygen. Am J Physiol Heart Circ Physiol 2006;290(4):H1378-86

18. Vargas DL., Nascimbene C, Krishnan C, Zimmerman AW, Pardo CA. Neuroglial activation and neuroinflammation in the brain of patients with autism. Ann Neurol 2005;57(1):67-81

19. Vlodavsky E, Palzur E, Soustiel JF. Hyperbaric oxygen therapy reduces neuroinflammation and expression of matrix meralloproteinase-9 in the rat model of traumatic brain injury. Neuropathol Appl Neurobiol 2006;32(1):40-50

20. Wilsom HD, Wilson JR, Fuchs PN. Hyperbaric oxygen treatment decreases inflammation and mechanical hypersensitivity in an animal model of inflammatory pain. Brain Res 2006;1098(1):126-8

10장 최근의 생의학치료

A. 메틸레이션

1. Rodenhiser D, Mann M. Epigenetics and human disease: translating basic biology into clinical applications. CMAJ. 2006 Jan 31; 174(3):341-8

2. Loene WA. S-adenosylmethionine: jack of all trades and master of everything? Biochem Soc Trans. 2006 Apr;34(Pt 2):330-3

3. Banerjee R, Evande R, Kabil O, Ojha S, Taoka S. Reaction mechanism and regulation of cystathionine beta-synthase. Biochim Biophys Acta. 2003 Apr 11;1647(1-2):30-5

4. James SJ, Melnyk S, Jernigan S, Cleves MA, Halsted CH, Wong DH, Cutler P, Bock K, Boris M, Bradstreet JJ, Baker SM, Gaylor DW. Metabolic endophenotype and related gemotypes are associated with oxidative stress in children with autism. Am J Med Genet B Neuropsychiatr Genet. 2006 Aug 17;[Epub ahead of print]

5. Waly M, Olteanu H, Banerjee R, Choi SW, Mason JB, Parker BS, Sukumar S, Shim S, Sharma A, Benzecry JM, Power-Charnitsky VA, Deth RC. Activation of methionine synthase by insulin-like growth factor-1 and dopamine: a target for neurodevelopmental toxins and thimerosal. Mol Psychiatry. 2004 Apr;9(4):358-70

6. Sharma An, Kramer ML, Wick PF, Liu D, Chari S, Shim S, Tan W, Ouellette

D, Nagata M, DuRand CJ, Kotb M, Deth RC. D4 dopamine receptor—mediated phospholipid methylation and its implications for mental illnesses such as schizophrenia. Mol Psychiatry. 1999 May;4(3):235-46

7. Deth RC, Kuznetsova A, Waly M. Attention—realted signaling activities of the D4 dopamine receptor in Cognitive Neuroscience of Attention, Michael Posner Ed., Guilford Publications Inc., New York, 2004

8. Demiralp T, Herrmann CS, Erdal ME, Ergenoglu T, Keskin YH, Ergen M, Beydagi H. DRD4 and DAT1 Polymorphisms Modulate Human Gamma Band Responses. Cereb Cortex. 2006 Jun; 17(5):1007-119

9. Deth R, Muratore C, Benzecry J, Power—Charnitsky VA, Waly M. How environmental and genetic factors combine to cause autism: A redox/methylation hypothesis. Neurotox. 2008 Jan;29(1):190-201

B. 메틸레이션 결함의 유전자 검사

D'Amelio M, Ricci I, Sacco R, Liu X, D'Agruma L, Muscarella LA, Guarnierei V, Militerni R, Braccio C, ELia M, Schneider CK, Melmed RD, Trillo S, Pascucci R, Puglisi—Allegra S, Reichelt K—L, Macciardi F, Holden JJA, and Persico AM. Paraoxonase Gene Variants are associated with Autism in North America, but not in Italy: Possible Regional Specificity in Gene—Environment Interactions, Molecular Psychiatry, 10:1006-1016, 2005

Persico AM. D'Aruma L, Zelante L, Militerni R, Bravaccio C, Schneider C, Melmed R, Trillo S, Montecchi F, et. al. Enhanced APOE2 Transmission Rates in Families with Autistic Probands. Psychiatric Genetics, 14(2): 73-82, Jun 2004

Conciatori M, Stodgell CJ, Hyman SL, O'Bara M, Militerni R, Bravaccio C, Trillo S, ontecchi F, Schneider C, Melmed R, Elia M, et. al. Association between the HOXA1A218G Polymorphism and Increased Head Circumference in Patients with Autism. Biological Psychiatry, 55(4): 413-419, 2004

Persico AM, D'Agruma L, Maiorano N, Totaro A, Militerni R, Bravaccio C, Wassink TH, Schneider C, Melmed R, Trillo S, Monteccchi F, Palermo M, Pascucci T, Puglisi—Allegra S, Reichelt KL, Conciatori M, Marino R, Baldi A, Zelante L, Gasparini P, and Keller F. Reelin Gene Alleles and Haplotypes as a Factor Predisposing to Autistic Disorder. Molecular Psychiaty, 6: 150-159, 2000

Persico AM, Militerni R, Bravaccio C, Schneider CK, Melmed RD, Trillo S, Montecchi F, Palermo M, Pascucci T, Puglisi—Allegra S, Reichelt K, Conciatori M, Baldi A, and Keller F. Adenosine Deaminase(ADA) Alleles and Autistic Disorder: Case—Control and Family Based Association Studies, American Journal of Medical Genetics

(Neuropsychiatric Genetics), 96:784-790, 2000

Persico AM, Militerni R, Bravaccio C, Schneider CK, Melmed RD, Conciatori M, Damiani V, Baldi A, and Keller F. Lack of Association between Serotonin Transporter Gene Promotor Variants and Autistic Disorder in Two Ethnically Distinct Samples. American Journal of Medical Genetics, 96:123-127, 2000

C. 악토스

1. Stubbs EG, Autistic children exhibit undetectable hem agglutination-inhibition antibody titers despite previous rubella vaccination, J〉Autism child Schizophrenia. 1976;6:269-274

2. Stubbs, EG and Crawford ML, Depressed lymphocyte responsiveness in autistic children, J. Autism Child Schizophr. 1977;749-55

3. Molloy CA, Morrow Al, et al. Elevated cytokine levels in children with autism spectrum disorder. J. Neuroimmunology. 2005 Dec 14

4. Pershadsingh, HA, Peroxisome proliferators-activated receptor-g: therapeutic target for diseases beyond diabetes: quo vadis? Expert Opinion on Investigational Drugs. 2004;13:3

5. Mrak, RE and Landreth, GE. PPAR-g, neuroinflammation, and disease. J. of Neuroinflammation. 2004,1:5

6. Roberts-Thomson SJ. Peroxisome proliferator-activated receptors in tumorigenesis: targets of tumour promotion and treatment: Immunol Cell Viol 2000;78:436-41

7. Gelman L, Fruchart JC, Auwerx J. an update on the mechanisms of action of the peroxisome proliferators-activated receptors (PPARs) and their roles in inflammation and cancer. Cell Mol Life Sci 1999;55:932-43

8. Baba, S, Pioglitazone: a review of Japanese clinical studies. Curr Med Res Opin, 2001.17(3):166-89

9. Diagnostic and Statistical Manual of the American Psychiatric Association 4th ed. (DSM-IV) American psychiatric Association, 1994

D. 저용량 날트렉손LDN 치료

1a. NEJM 349:1943-1953 Nov 13 2003 #20, Ballantyne J, Mao J, "Opioid Therapy for Chronic Pain"

1b. Cohly HH, Panja A., Immunological findings in autism. Int Rev Neurobiol 2005;71:317-41

2. A Vojdani, JB Pangborn, E Vojdani EL Cooper: "Infections, toxic chemicals and

dietary peptides binding to lymphocyte receptors and tissue enzymes are major instigators of autoimmunity in autism," International Journal of Immunopathology and pharmacology, Vol. 16, #3, 189–199(2003)

3a. Paul Shattock, Alan Kennedy, Frederick Rowell, Thomas Berney, "Role of Neuropeptides in Autism and Their Relationships with Classical Neurotransmitters," Brain Dysfunct 1990;3:328–345

3b. Jaak Pankespp, Patrick Lensing, Marion Leboyer, Manuel P. Bouvard, "Naltrexone and Other Potential New Pharmacological Treatments of Autism", Brain Dysfunct 1991;4:281–300

4. Scifo R, Cioni M, Nicolosi A, Batticane N, Tirolo C Testa N, Quattropani MC, Morale MC, Gallo F, Marchetti B, "Opioid–immune interactions in autism: Behavioral and immunological assessment during a double–blind treatment with naltrexone," Ann 1st Super Sanita. 1996;32(3):351–9

5. MP Bouvard, Marion Leboyer, JM Launay, C Recasens, MH Plumet, D Waller–Perotte, F. Tabuteau, D Bondouz, M Dugas, P Lensing, J Panksepp, "Low–dose naltrexone effects on plasma chemistries and clinical symptoms in autism: a double–blind, placebo–controlled study" Psychiatry Research 58(1995)191–201

6. Lois McCarthy, Michele Wetzel, Judith Slicer, Toby Eisenstein, Thomas Rogers, "Opioids, Opioid receptors, and the Immune response," Drug and Alcohol Dependence 62 (2001)111–123(Review)

7a. Jean M. Bidlack, (Minireview), "Detection and Function of Opioid Receptors on Cells from the Immune System", Clinical and Diagnostic Laboratory Immunology, Sept 2000, p 719–723

7b. Michael Salzet, Didier Vieau, Robert Day, Crosstalk between nervous and immune systems through the animal kingdom: focus on opioids, Trends Neurosci (2000) 23, 550–555

8. UCDavis Health System, Children with autism have distinctly different immune system reactions compared to typical children, News release from UC Dvis M.I.N.D. Institute, 5/2006

9a. www.lowdosenaltrexone.org:LDN and HIV/AIDS–"Lows Dose Naltrexone in the Treatment of Acquired Immune Deficiency Syndrome, a paper presented in "1998 to the International AIDS Conference in Stockholm, Sweden, describing in detail the 1986 LDN HIV/AIDS clinical study

9b. www.lowdosenaltrexone.org: LDN and HIV/ADIS–"Low Dose Naltrexone in the Treatment of HIV Infection," an informal description of the results in Dr. Bernard Bihari's private practice through Sept 1996

10. Liling Yang, Shuxing Wang, Backil Sung, Grewo Lim, and Jianren Mao 1 from the MGH Center for Translational Pain Research, Department of Anesthesia and Critical Care, Massachusetts General Hospital, Harvard Medical School, Boston, Massachusetts 02114 "Morphine Induces Ubiquitin−Proteasome Activity and Glutamate Transporter Degradation," Received for publication, January 30, 2008, and in revised form, May 16, 2008 Published, JBC Papers in Press, June 6, 2008, DOI 10. 1074/jbc.M800809200

11. Leonidas C. Goudas, MD, PhD,* Agenes Langlade, MD, PhD, Alain Serrie, MD, PhD, Wayne Matson, Paul Milbury, Claude Thurel, MD, Pierre Sandouk, MD, and Daniel B. Carr, MD, FABPM−Depts of Anesthesia Medicine, New England Med Ctr & Tufts University School of Medicine, Boston, Massachusetts, Centrede Traitement de la Douleur, Hospital Lariboisiere, Paris, France, "Acute Decreases in CBS Fluic Glutathioe Levels after Intracerebroventicular Morphine of Cancer Pain"

E. 저옥살산염 식이요법

1. Toblli JE, Cao G, Casas G, Stella I, Inserra F, Angerosa M. Urol Res. 2005 Nov;33(5):358−67. NF−kappaB and chemokine−cytokine expression in renal tubulointestitium in experimental hyperoxaluria. Role of the renin−angiotensin system

2. Ozawa S, Ozawa K, Nakanishi N. Meikai Daigaku Shihaku Zasshi. 1990;19(2):185−96. Inhibition of pyruvate kinase−glycolysis and gluconeogenesis. [Article in Japanese]

3. Yount EA, Harris RA. Biochim Biophys Acta. 1980 Nov 17;633(1)122−33. Studies on the inhibition of gluconeogenesis by oxalate

4. Kugler P, Wrobel KH. Histochemistry. 1978 Aug 15;57 (1)47−60. Studies on the opticalisation and standardisation of the light microscopicla succinate dehydrogenase histochemistry

5. Owens, SC. The Low Oxalate Diet: Science and Success. AutismOne Conference, May 26, 2006 Chicago, IL http://www.autismone.org/uploads/Owens%20Susan%20 Powerpoint%20USE.ppt

6. Regeer RR, Lee A, Markovich D. DNA Cell Biol. 2003 Feb;22(2):107−17. Characterization of the human sulfate anion transporter (hsat−1) protein and gene (SAT1;SLC26A1)

7. Waring, R. H., & Klovrza, L. VB. Journal of Nutritional and Environmental Medicine 2000 (10): 25−32. Sulphur metabolism in autism

8. Dawson PA, Gardiner B, Grimmond S, Markovich D. Physiological Genomics

26:116—124 (2006) Transcriptional profile reveals altered hepatic lipid and cholesterol metabolism in hyporulfatemic NaS1 null mice

9. Baker PW, Bais R, Rofe AM, Biochemical Journal 1994 Sep 15;302 (Pt 3):753—7. Formation of the L—cysteine—glyoxylate adduct is the mechanism by which L—cysteine decreases oxalate production from glycollate in rat hepatocytes

10. Sharma V, Schwille PO. Biochem Int. 1992 Jul;27(3):431—8. Oxalate production from glyoxylate by lactate dehydrogenase in vitro: inhibition by reduced glutathione, cysteine, cysteamine

11. Hatch M, Cornelius J, Allison M, Sidhu H, Peck A, Freel RW. Kidney Int. 2006 Feb;69(4):691—8. Oxalobacter sp. reduces urinary oxalate excretion by promoting enteric oxalate secretion

12. Shaw W, Kassen E, Chaves E. Clin Chem. 1995 Aug;41 (8 Pt 1):1094—104. Increased urinary excretion of analogs of Krebs cycle metabolites and arabinose in two brothers with autistic Features

13. Furlano RJ, Anthony A, Day R, Brown A, McGarvey L, Thomson MA, Davies SE, Berelowitz M, Forbes A, Wakefield AJ, Walker—Smith JA, Murch SH, J Pediatr. 2001 Mar;138(3):366—72. Colonic CD8 and gamma delta T—cell infiltration with epithelial damage in children with autism

14. http://en.wikipedia.org/wiki/Glyoxylate_cycle

15. Gamelin L, Capitain O, Morel A, Dumont A, Traore S, Anne le B, Gilles S. Boisdron Celle M, Gamelin E. Clin Cancer Res. 2007 Nov 1;13(21):6359—68. Predictive factors of oxaliplatin neurotoxicity: the involvement of the oxalate outcome pathway

16. Solomons CC, Melmed MH, Heitler SM. J Reprod Med. 1991 Dec:36(12):879—82. Calcium Citrate for vulvar vestibular. A case report

17. Froberg K, D—orion RP, McMartin KE. Clin Toxicol (Phila). 2006;44(3):315—8. The role of calcium oxalate crystal deposition in cerebral vessels during ethylene glycolpoisoning

18. Cochat P, Gaulier JM, Koch Noguerira PC, Feber J, Jamieson NV, Folland MO, Divry liver—kidney transplatation in primary hyperoxaluria type 1

19. Baggot PJ, Eliseo AJY, DeNicola NG, Kalamarides JA, Shoemaker JD Fetal diagnosis and therapy. 2008;23:254—257 Fatal diagnosis and therapy. 2008;23L254—257, Pyridoxine—Related Metabolite concentrations in Normal and Down Syndrome Amniotic Fluid

11장 미토콘드리아 기능장애와 치료

1. Pohling, Jon S, Father: Child's case shifts autism debate. Atlanta journal-Constitution 4/11/08. http://www.ajc.com/opinion/content/opinion/stories/2008/04/11/polinged0411.html

2. Rossignol DA, Bradstreet JJ. Evidence of Mitochondrial Dysfunction in Autism and Implications for Treatment. Am J Biochem Biotech 2008 4(2):208-17

3. Lombard, J., 1998, Autism: a motochondrial disorder? Med. Hypotheses, 50:497-500

4. Aw, T.Y Jones, D.P., 1989, Nutrient supply and mitochondrial function. Annu. Rev. Nutr. 9, 229-251

5. Pieczenik, Steve R., Neustakt, John, Mitochondrial dysfunction and molecular pathways of disease, Experimental and Molecular Pathology 83 (2007) 84-92

6. Valko, M., Morris, H, Cronin, M.T., 2005. Metals, toxicity and oxidative stress. Cur. Med. Chen. 12(10), 1161-1208

7. James, S.J., P. Culter et al. Metabolic biomarkers of increased oxidative stress and impaired methylation capacity in children with autism. Am. J. Clin. Nutr., 80:1611-1617

8. Lord, R.S & Bralley, J. Alexander, Editors: Laboratory Evaluations for integrative & Functional medicine, 2nd Edition, 2008, Metametrix Institute

9. Aliev, G, Liu, j, Shenk, et al, "Neuronal mitochondrial amelioration by feeding acetyl-L-carnitine and lipoic acid to aged rats", J of Cellular & Molecular Medicine, Mar 28, 2008

10. Gillis, L, A., Sokol, R.J.; Gastrointestinal manifestations of mitochondrial disease, Gastroenterol Clin N Am 32(2008) 1- 29

11. Rossignal DA, Bradstreet JJ. Evidence of Mitochondrial Dysfunction in Autism and Implications for Treatment. Am J Biochem Biotech 2008 4(2):208-17

12. Reddy, Hemachandra; Miitochondrial Medicine for Aging and Neurodegenerative Diseases, Neuromol Med DOI 10.1007/s12017-008-8044-z (original paper)

13. Moreira PI et al., Lipoic acid and N-acetyl cysteine decrease mitochondrial-related oxidative stress in Alzheimer disease patient fibroblasts, J Alzheimers Dis. 2007 Sep;12(2):195-206

14. Kidd, Parris M., Mitochondrial Insuffiency Review: "Neurodegeneration from Mitochondrial Insufficiency: Nutrients, Stem Cells, Growth Factors, and Prospects for Brain Rebuilding Using Integrative Management", Alternative Medicine Review, Vol 10 #4 2005

15. Ames, Bruce N, Liu., J., Atamna, h., Kuratsune, H., Delaying Brain Mitochondrial

Decay and Aging with Mitochondrial Antioxidants and Metabolites, 133 Ann. N.Y Acad. Sci. 959:133−166(2002).? 2002 New York Academy of Sciences

16. McDaniel MA, Maier SF, Einstein GO:"Brain−specific" nutrients; a memory cure? Nutrition, 2003 Nov; 19 (11−12):957−75

17. Taglialatela G, Navarra D, Olivi A, et al., Neurite outgrowth in PC12 cells stimulated by acetyl−L−carnitine arginine amide. Neurochem Res. 1995 Jan;20(1):1−9

18. Matthews, RT, Yang, L, Browne, S et al. Coenzyme Q10 administration increases brain mitochondrial concentrations and exerts neuroprotective effects. 1998. Proc. Natl. Acad. Sci. USA, 95:8892−8897

19. Kitajka K, Puskas LG, Zvara A, et al. The role of omega−3 polyunsaturated fatty acids in brain: modulation of rat brain gene expression by dietary omega−3 fatty acids. Proc Natl Acad Sci USA. 2002 Mar 5;99(5)2619−24

20. Kalmijn S, Launer LJ, Ott A, Witteman JC et al. Dietary fat intake and the risk of incident demential in the Rotterdam Srudy. Ann Neurol. 1997 Nov;42(5)776−82

21. Turner N, Else PL, Hulbert AJ. Docoshexaenoic acid (DHA) content of membranes determines molecular activity of the sodium pump: implications for disease states and metabolism. Naturwissenschaftern. 2003 Nov;90(11):521−3

22. McCann JC, Ames BN. Is docosahexaenoic acid, an omega−3 long−chain polyunsaturated fatty acid, required for development of normal brain function? An Overview of evidence from cognitive and behavioral tests in humans and animals. Am J Clin Nutr. 2005 Aug;82(2):281−95

23. Alikhani Z, Alikhani M, Boyd CM et al., Advanced glycation end products enhance expression of pro−apoptotic genes and stimulate fibroblast apoptosis through cytoplasmic and mitochomdrial pathways. J Biol Chem. 2005 Apr 1:280(13)12087−95

24. Hammes HP, Du X, Edelstein D et al. Benfotiamine blocks three major pathways of hyperglycemic damage and prevents experimental diabetic retinopathy. Nat Med. 2003 Mar;9(3):294−9

25. Kidd PM. PS (PhosphatidylSerine), Nature's Brain Booster. St. George, UT: Total Health Publications; 2005

26. Saydoff J, et al. Oral uridine decreases neurodegeneration, behavioral impairment, weight loss and mortality in the 3−intropropionic acid mitochondrial model of Huntinguon's disease. Brain Res. 994)1)44−54, 2003

27. Wurtman R. et.al. Synaptic proteins and phospholipids are increased in gerbil brain by administering uridine plus DHA Brain res. 19:254−58,2006

28. Abidov M, Grachev S, et al Extract of rhodiola rosea radix reduces the level of

C-reactive protein and creatinine kinase in the Blood. Bull Exp Biol Med. 2004 Jul; 138(1):63-4

29. Brown RP, Gerbarg PL, Graham B. The Rhodiola Revolution : Transform Your Health with the Herbal Breakthrough of the 21st Century. Emmaus, PA: Rodale Books, 2004

30. James SJ et al. Metabolic endophenotype and related genotypes are as-sociated with oxidative stress in children with autism. Am J Med genet B Neuropsychiatr Genet. 2006 Dec 5;141B(8):947-56

31. Yao Y et al. Altered vascular phenotype in autism: correlation with oxidative stress. arch Neurol. 2006Aug;63(8):1161-4 http://tinyurl.com/9wj25d

32. James SJ et al. Metabolic biomarkers of increased oxidative stress and impaired methylation capacity in children with autism. Am J Clin Nutr. 2004 Dec;80(6):1611-7. http://molinterv.aspetjournals.org/cgi/content/full /5/2/94

33. Fariss MW et al. Role of mitochondria in toxic oxidative stress. Mol Interv. 2005 Apr;5(2):94-111

34. Lenaz G et al. Mitochondria, oxidative stress, and antioxidant de-fences. Acta Biochim Pol. 1999;46(1):1-21. http://www.actabp.pl/pdf/1_1999/1.pdf

12장 고갈된 뇌와 결핍된 마음
1. 베스 칼리스바이스 박사는 35년 전에 ASD아이들에게 개인/그룹 움직임 치료를 통해 언어를 가르쳤던 선구자였다. 그녀의 성공적인 작업은 방대한 양의 저서로 발간됐다. 박사는 현재 LA에서 어른들을 대상으로 한 치료기관을 운영하고 있다.

부록1 테레사 빈스톡의 연구
자폐증과 위장관
1. D'Eufemia P et al. Abnormal intestinal permeability in children with autism. Acta Paediatr. 1996 Sep;85(9) :1076-9

2. Uhlmann V et al. Potential viral pathogenic mechanism for new variant inflammatory bowel disease. Mol Pthol. 2002 55(2):84-90

3. Knivsberg AM et al. A randomised, controlled study of dietary intervention in autistic syndromes. Nutr Neurosci. 2002 Sep;5(4):251-61

4. Autism Research Institute. Parent ratings of behavioral effects of biomedical interventions. http://www.autismwebsite.com/ari/treatment/form34.htm

5. Balzola F et al. Beneficial Effects of IBD therapy and gluten/casein-free diet

in an Italian cohort of patients with autistic enterocolitis followed over one year. Conference presentation 2006

6. Heyman M, Desjeux JF. Cytokine—induced alteration of the epithelial barrier to food antigens in disease. Ann N Y Acad Sci. 2000;915:304—11

7. Nowak—Wegrzyn A et al. Food protein—induced enterocolitis syndrome caused by solid food proteins. Pediatrics. 2003 Apr; 111(4 pt 1):829—35. http://pediatrics. aappublications.org/chi/reprint/111/4/829

8. Wakefield AJ et al. Ileal—lymphoid—nodular hyperplasia, mom—specific colitis, and pervasive developmental disorder in children. Lancet. 1998 Feb 29;351(9103):637—41

9. Siperstein R, Volkmar F. Brief report: parental reporting of regression in children with pervasive developmental disorders. J Autism Dev Disord. 2004 34(6):731—4

10. Murch SH et al. Retraction of an interpretation. Lancet. 2004 363(9411):750

11. Kawashima H et al. Detection and sequencing of measles virus from peripheral mononuclear cells from patients with infammatory bowel disease and autism. Dig Dis Sci. 2000 45(4):723—9

12. Furlamo FJ et al. Cololnic CD8 and gamma delta T—cell infiltration with epithelial damage in children with autism. J Pediatr. 2001 138(3):366—72

13. Torrente F et al. Small intestinal enteropathy with epithelial IgG and complement deposition in children with regressive autism. Mol Psychiatry. 2002 7(4) :375—82,334

14. Torrente F et al. Focal—enhanced gastritis in regressive autism with features distinct from Crohn's and Helicobacter pylori gastritis. Am J Gastroenterol. 2004 99(4):598—605

15. Balzola F et al. Autistic enterocolitis: confirmation of a new inflammatory bowel disease in an Italian cohort. Conference presentation 2005

16. Walker SJ et al. Persistent ileal measeles virus in a large cohort of regressive autistic children with ileocolitis and lymphonodular hyperplasia: revisitation of an earlier study. IMFAR. June 1, 2006. http://thoughtfullhouse. org/pr/053106.htm

17. Wakefield AJ et al. The significance of ileo—colonic lynphoid nodular hyperplasia in children with autistic spectrum disorder. Eur J Gastroenterol Hepatol. 2005 17(8):827—36

18. Walker—Smith JA et al. Practical Paediatric Gastroenterology. Butterworths, 1983.

19. Goldman GS, Yazbad FE. An investigation of the association between MMR vaccination and autism in Denmark. J Am Physicians & Surgeons 2004 9(3):70—95. http://www.jpands.org/vol9no3/goldman.pdf

20. Wakefield AJ et al. Gastrointestinal comorbidity, autism regression, and

Measles—containing vaccines: positive rechallenge and biological gradient. Medical Veritas 2006 3:796—802

21. Bradstreet JJ et al. Detection of measles virus genomic RNA in cerebrospinal fluid of children with regressive autism: a report of three cases. J Am Physicians Surgeons 2004 9 (2): 38—45

22. Jyonouchi H et al. Proinflammatory and regulatory cytokine production associated with innate and adaptive immune responses in children with autism spectrum disorders and developmental regression. J Neuroimmunol. 2001 Nov 1;120 (1—2):170—9

23. Jyonouchi H et al. Innate immunity associated with inflammatory responses and cytokine production against common dietary proteins in patients with autism spectrum disorder. Neuropsychobiology. 2002;46(2):76—84

24. Jyonouchi H et al. Dysregulated innate immune responses in young children with autism spectrum disorders: their relationship to gastrointestinal symptoms and dietary intervention. Neuropsychobiology. 2005;51(2):77—85

25. Jyonouchi H et al. Evaluation of an association between gastrointestinal symptoms and cytokine production against common dietary proteins in children with autism spectrum disorders. J Pediatr. 2005 May; 146(5): 605—10

26. Ashwood P et al. Spontaneous mucosal lymphocyte cytokine profiles in children with autism and gastrointestinal symptoms : Mucosal immune activation and reduced counter regulatory interleukin—10. J Clin Immunol. 2004 24(6): 664—73

27. Ashwood P Wakefield AJ. Immune activation of peripheral blood and mucosal CD3+lymphocyte cytokine profiles in children with autism and gastrointestinal symptoms. J Neuroimmunol. 2006 173(1—2):126—34

28. Molloy CA et al. Elevated cytokine levels in children with autism spectrum disorder. J Neuroimmunol. 2006 172(1—2)198—205

29. Mack DR et al. Peripheral blood intracellular cytokine analysis in children newly diagnosed with inflammatory bowel disease. Pediatr Res. 2002 51(3) : 328—32

30. Latcham F et al. A consistent pattern of minor immunodeficienty and subtle enteropathy in children with multiple food allergy. J Pediatr. 2003 143(1):39—47

31. Shek LP et al. Humaoral and cellular responses to cow milk proteins in patients with mild—induced IgE—mediated and non—IgE—mediated disorders. Allergy. 2005 60(7):912—9

32. Murch SH. Clinical manifestations of food allergy : the old and the new. Eur J Gastroenterol Hepatol. 2005 17(12)1287—91

33. Murray JA. The widening spectrum of celiac diseases. Am J Clin Nutr. 1999

69(3):354—65

34. Cronin CC, Shanahan F. Exploring the iceberg—the spectrum of celiac disease. Am J Gastoenterol. 2003 Mar;98(3):518—20

35. Esteve m et al. Spectrum of gluten sensitive enteropathy in first degree relatives of coeliac patients: clinical relevance of lymphocytic enteritis. Gut. 2006

36. Pynnonen PA et al. Untreated celiac disease and development of mental disorders in children and adolescents. Psychosomatics. 2002 43(4):331—4

37. Pynnonen PA et al. Mental disorders in adolescents with celiac disease. Psychosomatics. 2004 45 (4):325—35

38. Pynnonen PA et al. Gluten—free diet may alleviate depressive and behavioural symptoms in adolescents with coeliac disease: a prospective follow—up case—series study. BMC Psychiatry. 2005 Mar 17;5(1):14

39. Burgess NK et al. Hyperserotoninemia and Altered Immunity in Autism. J Autism Dev Disord 2006

40. Biber K et al. Chemokines in the Brain: neuroimunology and beyond. Curr Opin Pharmacol. 2002 2(1):63—8

41. Sperner—Unterweger B. Immunological aetiology of major psychiatric disorders: evidence and therapeutic implications. Drugs. 2005;65(11):1493—520

42. Bider K et al. Chemokines and their receptors in central nervous system disease. Curr Drug Targets. 2006 7(1): 29—46

43. Ashwood P et al. The immune response in autism: a new frontier for autism research. J Leukoc Biol. 2006 80(1)/1—15

44. Comi AM et al. Familial clustering of autoimmune disorders and evaluation of medical risk factors in autism. J Child Neurol. 1999 14(6) : 388—94

45. Sweeten TL et al. Increased prevalence of familial autoimmunity in probands with pervasive developmental disorders. Pediatrics. 2003 112(5):e430

46. Croen LA et al. Maternal autoimmune disease, asthma and allergies, and childhood autism spectrum disorders: a case—control study. Arch Pediatr Adolesc Med. 2005 159(2):151—7

47. Molloy CA et al. Familial autoimmune thyroid disease as a risk factor for regression in children with Autism Spectrum Disorder: a CPEA Study. J Autism Dev Disord. 2006 Apr;36(3):317—24

48. Valicenti—McDermott M et al. Frequency of gastrointestinal symptoms in children with autistic spectrum disorders and association with family history of autoimmune disease. J Dev Behav Pediatr. 2006 Apr; 27 (2 Suppl):S128—36

49. Connolly AM et al. Serum autoantibodies to Brain in Landau—Kleffner variant,

autism, and other neurologic disorders. J Pediatr. 1999 134(5):607–13

50. Connolly AM et al. Brain-derived neurotrophic factor and autoantibodies to neural antigens is sera of children with autistic spectrum disorders, Landau-Kleffner Syndrome, and epilepsy. Biol Psychiatry. 2006 15;59(4):354–63

51. Singh VK Lin SX, Newell E, Nelson C. Abnormal measeles-momps-rubella antibodies and CNS autoimmunity in children with autism. J Biomed Sci. 2002 9(4): 359–64

자폐증, 중금속, 수은이 함유된 백신

1. Bernard S., Enayatk A., Redwood L., Roger H., Binstock T. Autism: A novel form of mercury poisoning. Med. Hypotheses. 2001 Apr; 56(4): 462–71

2. Dally A. "The rise and fall of pink disease," Soc Hist Med. 1997 Aug:10(2):291–304

3. "Thimerosal Linked to Autism in Confidential CDC Study." Mothering Magazine, March/April 2002

4. p 380. Kirby D. Evidence of Harm: Mercury in vaccines and the autism epidemic: a medical controversy; St. Martins Press, 2005

5. p 283–4, ibid

6. Generation Zero Full Analysis with Charts— Safe Minds 2004

7. Vestraeten T et al. Safety of thimerosal-containing vaccines: a two-phased study of computerized health maintenance organization databases. Pediatrics. 2003 112(5):1039–48. Erratum in : Pediatrics. 2004 113(1):184

8. Strattom K et al. Immunization Safety Review: Thimerosal Containing Vaccines and Neurodevelopmental Disorders. Institute of Medicine, National Academy Press; Washington DC, .2001

9. p305. Kirby

10 http://putchildrenfirst.org/chaper6.html

11. http://putchildrenfirst.org/media/6.3pdfldrenfirst.org/media/6.3pdf

12. Pchichero ME et al. Mercury concentration and metabolisn in infants receiving vaccines containing thimersal: a descriptive study. Lacet. 2002 30;360(9347);1737–41

13. Waly M et al. Activation of methionine synthase by insulin-like growth factor-1 and dopamine: a target for neurodevelopmental toxins and thimerosal. Mol Psychiatry. 2004 9(4) :358–70

14. Hornig M et al. Neurotoxic effects of postnatal thimerosal are mouse strain dependent. Mol Psychiatry. 2004 Sep;9(9):833–45

15. James SJ et al. Metabolic biomarkers of increased oxidative stress and impaired

methylation capacity in children with autism. AM J Clin Nutr. 2004 80(6): 1611–7.
http://ylation capacity in children with autism. Am J Clin Nutr. 2004 80(6):1066–7.
http://www.ajcn.org/cgi/content/full/80/6/1611

16. Burbacher Tm et al. Comparison of blood and brain mercury levels in infant monkeys exposed to methylmercury or vaccines containing thimerosal. Environ Health Perspect. 2005 113(8):1015–21. http://www.ehponline.org/members/2005/7712/7712.html

17. Generation Rescue summaries of Top Scientific Reports: http://generationrescue.org/evidence_report.html

18. Olmsted D."The Age of Autism": http://theageofautism.com

19. Fombonne E et al. Pervasive developmental disorders in Montteal, Quebec, Canada: prevalence and links with immunizations. Pediatrics. 2006 118(1):e139–50

자폐증과 독소

1. Toxic chemicals and children's health in North America. North American Commission for Environmental Cooperation. 26 May 2006 http://www.cec.org/news/details/index.cfm?varlan=english&ID=2704

2. Pollution In People. Toxic–Free Legacy coalition. 24 May 2006. O3. Across Generations: Mothers and Daughters. Environmental Working Group. 10 May 2006 http://www.ewg.org/reports/generations/ execsumm.php

3. Across Generations: Mothers and Daughters. Environmental Working Group. 10 May 2006. http://www.ewg.org/reports/generations/execsumm.php

4. An Investigation of Factors Related to Levels of Mercury in Human Hair. Greenpeace International. 9 February 2006.http://www.greenpeace.org/usa/press/reports/mercury–report

5. Children's health and the environment in North America. North American Commission for Environmental Cooperation. 4 February 2006. http://wec.org/pubs_docs/documents/index.cfm?varlan=english&ID=1917

6. Toxic Nation. Pollution, It's in You! Environmental Defence Canada. 19 January 2006. http://www.environmentaldefenca.ca/toxicnation/home.php

7. Teflon chemicals in food packaging. Ohio Citizen Action. 18 January 2006. http://www.ohiocitizen.org/ campaigns/dupont_c8/consumer.htm

8. LDDI analysis – CDC biomonitoring. The Learning and Developmental Disabilities Initiative. 11 November 2005. http://www.iceh.org/LDDISummaryCDC.html

9. Generations X. World Wildlife Fund – UK. 6 October 2005 http://www.panda.

org/campaign/detox/news_ publications/news.cfm?uNewsID=23635

10. A present for life: Hazardous chemicals in cord blood. Greenpeace International, World Wildlife Fund − UK. 8 September 2005. http://www.wwfuk.org/news_ n0000001830.asp

11. The Pollution in Newborns. Environmental Working Group. 14 July 2005. hyyp://www.ewg.org/reports/ bodyburden2/newsrelease.php

12. Contaminated: the next generation. World Wildlife Fund − UK. 10 October 2004.http://www.wwf−uk.org/news/n_0000001830.asp

13. Chemical Trespass. Pesticide Action Network. 11 May 2004. http://www.panna. org/campaigns/ docsTrespass/chemacalTrespass2004.dv.html

14. Chemical Check Up. World Wildlife Fund − UK.21 April 2004. http://www. panda.org/canpaign/detox/ news_publications/news.cfm?uNewsID=12622

15. Body Of Evidence: New Science In The Debate Over Toxic Flame Retardants And Our Health. US Public Interest Research Group. 15 February 2004. http://using. org/uspirg.asp?id2=12225

16. ContamiNATION, the results of the WWF's Biomonitoring survey. World Wildlife Fund − UK. 24 November 2003 http://www.wwf.org.uk/News/n−0000001055.asp

17. Confronting Toxic Contamination in Our Communities: Women's Health and California's Future. Women's Foundation of California. 10 October 2003

18. Environmental Exposures and Racial Disparities. Environmental Justice and Health Union. 1 August 2003. http://www.ejhu.org/disparities.html

19. Body burden: the pollution in people. Environmental Working Group. 31 January 2003. http://www.ewg.org/reports/bodyburden/es/php4

20. Vreugdenhil HJ et al. Effects of perinatal exposure to PCBs and dioxins on play behavior in Dutch children at school age. Environ Health Perspect. 2002 110(10):A593−8

21. Weiss B. Sexually dimorphic nonreproductive behaviors as indicators of endocrine disruption. Environ Health Perspect. 2002 110 Suppl 3:387−91

22. Furlong CE et al. PON1 status of farmworker mothers and children as a predictor of organophosphate sensitivity. Pharmacogenet Genomics. 2006 16(3):183−90

23. D'Amelio M et al. Paraoxonase gene variants are associated with autism in North America, but not in Italy: possible regional specificity in gene−environment interactions. Mol Psychiatry. 2005 10(11):1006−16

24. Pasca SP et al. High levels of homocysteine and low serun paraoxonase 1 arylesterase activity in children with autism. Life Sci. 2006 78(19):2244−8

25. Chen J et al. Haplotype−phenotype relationships of paraoxonase−1. Cancer

Epidemiol Biomarkers Prev. 2005 14(3):731-4

26. Cole TB et al. 2002. Inhibition of paraoxonase (PON1) activity in neonates. Environ Health Perspect. 2003 111(11):1403-9

27. Cole TB et al.2002. Inhibition of paraoxonase (PON1) by heavy metals [abstract]. Toxicol Sci 66(1-S):312

28. Debord J et al. 2003 Inhibition of human serum arylesterase by metal chlorides. J inorg Biochem 94(1-2):1-4

29. Wan-Fen Li et al. 2006. Lead Exposure Is Associated with Decreased Serum Paraoxonase 1 (PON1) Activity and Genotypes. Environ Health Perspect 114:1223-1236. http://www.ehponline.org/members/2006/9163/ 9163.html

30. Birnbaum LS, Fenton SE. Cancer and developmental exposure to endocrine disruptors. Environ Health Perspect. 2003 111(4):389-94

31. McDuffie HH. Host factors and genetic susceptibility: a paradigm of the conundrum of pesticide exposure and cancer associations. Rev Environ Health. 2005 20(2) :77-101

32. Vineis P, Husgafvel-Pursiainen K. Air pollution and cancer: biomarker studies in human populations. Carcinogenesis. 2005 26(11):1846-55

33. Kortenkamp A Breast cancer, oestrogens and environmental pollutants: a re-evaluation from a mixture perspective. Int J Androl. 2006 29(1):193-8

34. Reichrtova E et al. Cord serum immunoglubulin E related to the environmental contamination of human placentas with organochlorine compounds. Environ Health Perspect. 1999 107(11):895-9

35. Bornehag CG et al. The association between asthma and allergic symptoms in children and phthalates in house dust: a nested case-control study. Environ Health Perspect. 2004 112(14):1393-7

36. Sunyer J et al. Prenatal dichlorodiphenyldichloroethylene (DDE) and asthma in children. Environ Health Perspect. 2005 113(12):1787-90

37. Lottrup G et al. Possible impact of phthalates on infant reproductive health. International Journal of Andrology 2006:29:172

38. Perera FP et al. A summary of recent findings on birth outcomes and developmental effects of prenatal ETS, PAH, and pesticide exposures. Neurotoxicology. 2005 26(4):573-87

39. Rohlman DS et al. Neurobehavioral performance in preschool children from agricultural and non-agricultural communities in Oregon and North Carolina. Neurotoxicology. 2005 26(4):589-98

40. Young JG et al. Association between in utero organophospate pesticide exposure

and abnormal reflexes in neonates. Neurotoxicology. 2005 26(2):119–209

41. Kofman O et al. Motor inhibition and learning impairments in school–aged children following exposure to organophoshate pesticides in infancy. Pediatr Res. 2006 60(1):88–92

42. Colborn T. Neurodevelopment and endocrine disruption. Environ Health Perspect. 2004 112(9):944–9.http://www.ehponline.org/members/2003/6601/6601/html

43. Nguon K et al. Perinatal exposure to polychlorinated biphenyls differentially affects cerebellar development and motor functions in male and female rat neonates. Cerebellum. 2005;4(2):112–22

44. Saito K et al. Systematic analysis and overall toxicity evaluation of dioxins and hexachlorobenzene in human milk. Chemosphere. 2005 61(9):1215–20

45. Newman J et al. PCBs and cognitive functioning of Mohawk adolescents. Neurotoxicol Teratol. 2006 Jun 27; [Epub ahead of print]

46. Carpenter DO. Polychlorinated biphenyls (PCBs): routes of exposure and effects of human health. Rev Environ Health. 2006 21(1):1–23

47. Sharlin DS et al. Polychlorinated biphenyls exert selective effects of cellular composition of whit matter in a manner inconsistent with thyroid hormone insufficiency. Endocrinology. 2006 147(2):846–58

48. Fonnum F et al. Molecular mechanisms involved in the toxic effects of polychlorinated biphenyls(PCBs) and brominated flame retardants (BFRs). J Toxicol Environ Health A. 2006 8;69(1–2):21–35

49. Lilienthal H et al. Effects of developmental exposure to 2,2,4,4,5–pentabromodiphenyl ether (PBDE–99) on sex steroids, sexual development, and sexually dimorphic behavior in rats. Environ Health Perspect. 2006 114(2):194–201

50. Lackmann GM et al. Organochlorine compounds in breast–fed vs. bottle–fed infants: preliminary results at six weeks of age. Sci Total Environ. 2004 Aug 15;329(1–3):289–93

51. Foster W et al. Detection of endocrine disrupting chemicals in samples of second trimester human amniotic fluid. J Clin Endocrinol Metab. 2000 85(8):2954–7

52. Hamel A et al. Effects of low concentrations of organochlorine compounds in women on calcium transfer in human placental syncytiotrophoblast. Toxicol Sci. 2003 76(1):182–9

53. Suzuki G et al. Distribution of PCDDs/PCDFs and Co–PCBs in human maternal blood, cord blood, placenta, milk, and adipose tissue: dioxins showing high toxic

equivalency factor accumulate in the placenta. Biosci Biotechnol Biochem. 2005 69(10):1836-47

54. Bradman A et al. Measurement of pesticides and other toxicants in amniotic fluid as a potential biomarker of prenatal exposure: a validation study. Environ Health Perspect. 2003 111(14):1779-82

55. Jacobson JL, Jacobson SW. Breast-feeding and gender as moderators of teratogenic effects on cognitive development. Neurotoxicol Teratol. 2002 24(3):349-58

56. de Swart Fl et al. Impaired immunity in harbour seals (Phoca vitulina) exposed to bioaccumulated environmental contaminants: review of a long-term feeding study. Environ Health Perspect. 1996 104 Suppl 4:823-8

57. Torres AR et al. The association of MHC genes with autism. Front Biosci. 2001 6:D936-43

58. Latcham R et al. A consistent pattern of minor immunodeficiency and subtle enteropathy in children with multiple food allergy. J Pediatr. 2003 143(1):39-47

59. Warren RP et al. Increased Frequency of the mull allele at the complement C4b locus in autism. Clin Exp Immunol. 1991 83(3):438-40

60. James SJ et al. Metabolic biomarkers of increased oxidative stress and impaired methylation capacity in children with autism. Am J Clin Nutr. 2004 80(6):1611-7. http://www.ajcn.orh/chi/content/full/80/6/1611

61. McGinnis WR. Oxidative stress in autism. Altern Ther Health Med. 2004 10(6):22-36

62. Chauhan A, Chauhan V Oxidative stress in autism. Pathophysilolgy. 2006

63. Potashkin JA, Meredith GE. The role of oxidative stress in the dysregulation of gene expression and protein metabolism in neurodegenerative disease. Antioxid Reox Signal. 2006 8(1-2):114-51

64. Scrimshaw NS. Historical concepts of interactions, synergism and antagonism between nutrition and infection. J nutr. 2003 133(1):316S-321S.http://jn.nutrition.org/chi/reprint/133/1/316S

65. Madsen C. Prevalence of food additive intolerance. Hum Exp Toxicol. 1994 13(6):393-9

66. Nowak-Wegrzyn A et al. Food protein-induced enterocolitis syndrome caused by solid food proteins. Pediatrics. 2003 111(4 Pt 1):829-35. http://pediatrics.aappublications.org/chi/reprint/111/4/829

67. Lau K et al. Synergistic interactions between commonly used food additives in a developmental neurotoxicity test. Toxicol. Sci. 2006 90(1):178-87

68. Darnerud PO et al. Common viral infection affects pentabrominated diphenyl dther (PBDE) distribution and metabolic and hormonal activities in mice. Toxicology. 2005 210(2−3):159−67

69. Claudia S. Miller "Toxicant−induced Loss of Tolerance" 1997

70. Miller CS. Toxicant−induced Loss of Tolerance−An Emerging Theory of Disease? Environ Health Perspect 105(Suppl 2):445−453(1997)

71. Lonsdale D et al. Treatment of autism spectrum children with thiamine tetrahydrofurfuryl disulfide: a pilot study. Neuro Endocrinol Lett. 2002 Aug;23(4):303−8

72. Bradstreet J et al. A Case−Control Study of Mercury Burden in Children with Autistic Spectrum Disorders, J. Am. Phys. Surg 8(3) 2003 76−79

73. Autism Research Institute. Treatment Options for Mercury/Metal Toxicity in Autism and Related Developmental Disabilitise: Consensus Position Paper. February 2005. http://www.autismwebsite.com/ARI/ vaccine/heavymetals.pdf

74. Bradstreet et al. Biololgical Evidence of Significant Vaccine Related Side−effects Resulting in Neurodevelopmental Disorders

75. Hansen LG. Biotransformation of organophosphorus compounds relative to delayed neurotoxicity. Neurotoxicology. 1983 4(1):97−111

76. Hathway DE. Toxic action/toxicity. Biol Rev Camb Philos Soc. 2000 75(1):95−127.

77. Slim R et al. Cellular glutathione status modulated polychlonated biphenyl−induced stress response and apoptosis in vascular endothelial cells. Toxicol Appl Pharmacol. 2000 166(1):36−42

78. Ludewing G et al. Mechanism of toxicity of PCB metabolites: generation of reactive oxygen species and glutathione depletion. Cent Eur J Public Health. 2000 8 Suppl:15−7

79. Abel EL et al. Biotransformation of methyl parathion by glutathione S−trsnsferase. Toxicol Sci. 2004 79(2):224−32

80. Shen D et al. Glutathione redox state regulates mitochondrial reactive oxygen production. J Viol Chem. 2005 280(27):25305−12

81. Cho HJ et al. Enhanced expression of plasma glutathione peroxidase in the thymus of mice treated with TCDD[dioxin] and its implication for TCDD−induced thymicatrophy. Mol Cells. 2006 30;21(2):276−83

82. Diehl−Jones WL, Askin DF. The neonatal liver, Part 1:embryology, anatomy, and physiology. Neonatal Netw. 2002 21(2):5−12

83. Pineiro−Carrero VM, Pineiro EO. Liver. Pediatrics. 2004 113(4 Suppl):1097−106. http://pediatrics.aappublications.org/chi/content/full/113/4/S1/1097

84. Liska DJ. The detoxification enzyme systems. Altern Med Rev. 1998 3(3):187—98.
85. Quig D. CysteineMetabolism and metal toxicity. Altern Med Rev. 1998 3(4):262—70
86. Lu C et al. Organic diets significantly lower children's dietary exposure to organophosphous pesticides. Environ Health Perspect. 2006 114(2):260—3

자폐증과 미토콘드리아

1A. Pieczenik SR, Neustat J. Mitochondrial dysfunction and molecular pathways of disease. Exp Mol Pathol. 2007 83(1):84—92
1B. Pohling, Jon S, Father: Child's case shifts autism debate. Atlanta Journal—Constitution 4/11/08 http://www.ajc.com/opinion/content/opinion/stories/2008/04/11/polinged0411.html
2. Oliveira G et al. Mitochondrial dysfunction in autism spectrum disorders: a population—based study. Dec Med Child Neurol 2005 47(3):185—9
3. Poling JS, Frye RE, Shoffner J, Zimmerman AW. Developmental regression and mitochondrial dysfunction in a child with autism. J Child Neurol 2006 21(2):170—2
4. Correia C et al. Brief report: High frequency of biochemical markers for mitochondrial dysfunction in autism: no association with the mitochondrial asparate/glutamate carrier SLC25A12 gene. J Autism Dev Disord 2006 36(8):1137—40
5. Weissman JR, Kelley RI, Bauman ML et al. Mitochondrial disease in autism spectrum disorder patients: a cohort analysis. PLoS ONE. 2008;3(11):e3815. Epub 2008 Nov 26 http://ww.plosone.org/article/info:doi/ 10.1371/journal.pone.0003815
6. Hui J, Kirby DM, Thorburn DR, Boneh A. Decreased activities of mitochondrial respiratory chain complexes in non—mitochondrial respiratory chin disease. Dev Med Child Neurol 2006 48(2):132—6
7. Rossignol DA, Bradstreet JJ. Evidence of Mitochondrial Dysfuction in Autism and Implications for Treatment. Am J Biochem Biotech 2008 4(2):208—17
8. Edmonds JL et al. The otolaryngological manifestations of mitochondrial disease and the risk of neurodegeneration with infection. Arch Otolayngol Head Neck Surg 2002 128(4):355—62
9. Naviaux RK. Developing a systemic approach to the diagnosis and classification of mitochondrial disease. Mitochondrion 2004 4:351—61
10. Haas RH et al. The in—depth evaluation of suspected mitochondrial disease. Mol GeneMetab 2008 94:16—37
11. Siciliano G et al. Functional diagnostics in mitochondrial disease. Biosci Rep 2007 27:53—67.s

12. Catassi C, Fabiani E. The spectrum of coeliac disease. in children. Bailieres Clin Gastroenterol 1997 11(3):485–507

13. Murray JA. The widening spectrum of celiac disease. Am J Clin Nutr 1999 69(3):354–65. http://www.ajcn. org/cgi/content/full/69/3/354

14. Bendall KE et al. Variable levels of a heteroplasmic point mutation in individual hair roots. Am J Hum Genet 1997 61(6):1303–8

15. Simon DK et al. Low mutational burden of individual acquired mitochondrial DNA mutations in brain. [oxidative stress] Genomics 2001 73(1):113–6

16. Nomiyama T et al. Accumulation of somatic mutation in mitochondrial DNA extracted from peripheral blood cells in diabetic patients. [oxidative stress] Diabetologia 2002 45(11):947–56

17. James SJ et al. Metabolic endophenotype and related genotypes are associated with oxidative stress in children with autism. Am J Med Genet B Neuropsychiatr Genet. 2006 141B(8):947–56

18. Chauhan A, Chauhan V. Oxidative stress in autism. Pathphysiology. 2006 13(3):171–81

19. Kern JK, Jone AM. Evidence of toxicity, oxidative stress, and neuronal insult in autism. J Toxicol Environ Health B Crit Rev. 2006 9(6):485–99

20. Li N, Sioutas C, Cho A et al. Ultrafine particulate pollutants induce oxidative stress and mitochondrial damage. Environ Health Perspect. 2003 Apr;111(4):455–60,

21. Antibiotics and Mitochondria http://www.autism.con/medical/research/advances/autism–mitoantibiotics/htm

22. Yel L et al. Thimerosal induces neuronal cell apoptosis by causing cytochrome c and apoptosis–inducing factor release from mitochondria. Int J Mol Med 2005 16(6):971–7

23. Murakami K, Yoshino M. Aluminum decreases the glutathione regeneration by the inhibition of NADP–isocitrate dehydrogenase in mitochondria. J Cell Biochem 2004 93(6):1267–71

24. Pollutants and oxidative stress http://www.autism.com/medical/research/advances/autism–oxidative.htm

25. Oxidative stress and autism http://www.autism.com/medical/research/advances/autism–oxidative.htm

26. Chinopoulos C, Adam–Vizi V. Calcium, mitochondria and oxidative stress in neuronal pathology. Novel aspects of an enduring theme. FEBS J 2006 273(3):433–50. "The interplay among reactive oxygen species (ROS) formation, elevated intracellular calcium concentration and mitochondrial demise is a recurring theme in

research focusing on brain pathology, both for acute and chronic neurodegenerative states."

27. Sas K et al. Mitochondria, metabolic disturbances, oxidative stress and the kynurenine system, with focus on neurodegenerative disorders. J Neurol Sci 2007 257(1–2):221–39

28. Somayajulu M et al. Role of mitochondria in neuronal cell death induced by oxidative stress; neuroprotection by Coenzyme Q10. Neurobiol Dis 2005 18(3):618–27

29. Patel M. Mitochondrial dysfunction and oxidative stress: cause and consequence of epileptic seizures. Free Radic Biol Med 2004 37(12):1951–62

30. Fernandez–Checa JC et al. Oxidative stress: role of mitochondria and protection by glutathione. Biofactors 1998 8(1–2):7–11

31. Fernandez–Checa JC et al. Mitochondrial glutathione: importance and transport. Semin Liver Dis 1998 18(4):389–401

32. Heales SJ, Bolanos JP. Impairment of brain mitochondrial function by reactive nitrogen species: the role of glutathione in dictating susceptibility. Neurochem Int 2002 40(6):469–74

33. Fernandez–checa JC, Kaplowitz N. Hepatic mitochondrial glutathione: transport and role in disease and toxicity. Toxicol Appl Pharmacol 2005 204(3):263–73

34. lash LH. Mitochondrial glutathione transport: physiololgical, pathological and toxicological implications. Chem Biol Interact 2006 163(1–2):54–67http://www.pubmedcentral.nig.gov/picrender.fcgi?artid= 1621086&blotype=pdf

35. Sims NR et al. Mitochondrial glutathione: a modulator of brain cell death. J Bioenerg Biomembr 2004 36(4):329–33

36. Duckles SP et al. Estrogen and mitochondria: a new paradigm for vascular protection? Mol Interv 2006 6(1):26–35. http://molinterv.aspejournals.org/cgi/content/full/6/1/26

37. Cohen DJ, Johnson WT. Cardiovascular correlates of attention in normal and psychiatrically disturbed children. Bolld pressure, peripheral blood flow, and peripheral vascular resistance. Arch Gen Psychiatry 1977 34(5):561–7

38. Yao Y et al. Altered vascular phenotype in autism: correlation with oxidative stress. Arch Neurol 2006 63(8):1161–4 http://archneur.ama–assn.org/cgi/content/full/63/8/1161

39. Davidson SM, Duchen MR. Endothelial mitochondria; contributing to vascular function and disease. Circ Res 2007 100(8):1128–41

40. Zhang DX, Gutterman DD. Mitochondrial reactive oxygen species–mediated

signaling in endothelial cells. Am J Physiol Heart Circ Physiol 2007 292(5):H2023–31.
http://ajpherat.physiology.org/cgi/reprint/292/5/H2023

41. Palmer RF et al. Environmental mercury release, special education rates, and autism disorder: an ecological study of Texas. Health Place. 2006 Jun;12(2):203–9.

42. Windham GC et al. Autism spectrum disorders in relation to distribution of hazardous air pollutants in the san francisco bay area. Environ Health Perspect. 2006 114(9):1438–44

43. Palmer RF et al. Proximity to point sources of environmental mercury release as a predictor of autism prevalence. Health Place 2009 15(1):18–24

44. Tornqvist H, Mills NL, Gonzalez M et al. Persistent endothelial dysfunction in humans after diesel exhaust inhalation. Am J Respir Crit Care Med. 2007 Aug 15;176(4);395–400

45. Cruts B, van Etten L, Tornqvist H et al. Exposure to diesel exhaust induces changes in EEG in human volunteers. Part Fibre Toxicol 2008 5:4

46. Mancuso M, Coppede F, Migliore l, Siciliano G, Murri L. Mitochondrial dusfunction, oxidative stress and neurodegeneration. J Alzheimers Dis 2006 10(1):59–73

47. Keating DJ. Mitochondrial dysfunction, oxidative stress, regulation of exocytosis and their relevance to neurodegenerative disease. J Neurochem 2008 104(2):298–305

48. Pardo CA, Vargas DL, Zimmerman AW. Immunity, neuroglia and neuroinflammation in autism. Int Rev Psychiatry 2005 17(6):485–95

49. Cohly HH, Panja A. Immunological findings in autism. Int Rev Neurobiol 2005 71:317–41

50. Ashwood P, Wills S, Van de Water j. The immune response in autism: a new frontier for autism research. J Leukoc Biol 2006 80(1):1–15

51. Jyonouchi H et al. Dysregulated innate immune responses in young children with autism spectrum disorders: their relationship to gastrointestinal symptoms and dietary intervention. Neuropsychobiology 2005 51(2):77–85

52. McWhirter SM et al. Connecting mitochondria and innate immunity. Cell 2005 122(5):645–7

53. Nagy G et al. Nitric oxide, mitochondrial hyperpolarization, and T cell activation. Free Radic Biol Med 2007 42(11):1625–31

54. Deming PB, Rathmell JC. Mitochondria, cell death, and B cell tolerance. Curr Dir Autoimmun 2006 9:95–119

55. Grimaldi M et al. Mitochondria–dependent apoptosis in T–cell homeostasis. Curr Opin Investing Drugs 2005 6(11):1095–102

56. Perl A et al. Mitochondrial hyperpolarization : a checkpoint of T-cell life, death and autoimmunity. Trends Immunol 2004 25(7):360-7

57. Finsterer J. Cognitive decline as a manifestation of mitochondrial disorders (mitochondrial dementia)J Neurol Sci. 2008 Sep 15;272(1-2):20-33.Epub 2008 Jun 24

58. Kim J et al. Neuroradiologic findings in children with mitochondrial disorder: correlation with mitochondrial respiratory chain defects. Eur Radiol. 2008 Aug;18(8):1741-8 Epub 2008 Apr 4

59. Lee YM, Kang HC, Lee JS et al. Mitochondrial respiratory chain defects: underlying dtology in various epileptic conditions. Epilepsia. 2008 Apr;49(4):685-90. Epub 2008 Feb 5

60. Ramaekers VT et al. Mitochondrial complex I encephalomyopathy and cerebral 5-methyltetrahydrofolate deficiency. Neuropediatrics. 2007 Aug;38(4):184-7

부록2 자폐증과 티메로살 주사에 의한 수은 중독

1. Kanner L. Autistic disturbances of affective contact. The Nervous Child 1942-1943;2:217-;250

2. Gillberg C, Wing L. Autism: not an extremely rate disorder. Acta Psychiatr Scand 1999;99:399-406

3. Yazbak F.E. Autism '99, a national emergency. Internet publication 1999. http://www.garynull.com/ documents/autism_99.htm

4. Egan W.M. Thimerosal in vaccines. presentation to the FDA, September 14 1999.

5. CDC. Thimerosal in vaccines: a joint statement of the American Academy of Pediatrics and the Public Health Service. MMWR 1999;48.43.996-998

6. CDC. Recommendations regarding the use of vaccines that contain thimerosal as a preservative. MMWR 1999;48.43.996-998

7. Suzuki T, Takemoto T.I., Kashiwazaki H, Miyama T. Metabolic fate of erthylmercury salts in man and animal. Ch 12, p209-233 in: Mercury, Mercurials, and Mercaptans. Miller MW, Clarkson TW, editors; Charles C. Thomas, Springfield, 1973

8. Redwood L. Chelation case-histories http://tlredwood.home.mindspring.com/case_stydise.htm

9. Gundersom V.M., Grant K.S., Burbacher T.M., Fagan 3rd J.F., Mottet M.K. The effect of low-level prenatal methyl mercury exposure on visual recognition memory in infant crab-eating macaques. Child Dev 1986;57:1076-1083

10. Gunderson V.M., Grant K.S., Burbacher T.M., Fagan 3rd J.F., Mottet N.K. Visual

recognition memory deficits in methyl mercury exposed MAcaca fascicularis infants. Neurotoxicol Teratol 1988;10:373-379

11. Burvacher T.M., Sackett G.P., Mottet N.K. Methylmercury effects on the social behavior of Macaca fascicularis infants. Neurotoxicol Teratol 1990;12:65-71

12. Vroom F.Q., Greer M. Mercury vapour intoxication. Brain 1972;95:305-318

13. Amin-Zaki L, Majeed M.A., Elhassani S. B., Doherty R.A., Greenwood M. Intra-uterine methylmercury poisoning in Iraq. Pediatrics 1974;54:587-595

14. Amin-Zaki L, Mafeed M.A., Elhassani S., B., Clarkson T.W., Greenwood M.R., Doherty R.A. Prenatal methylmercury poisoning. Am J Dis Child 1979;133:172-177.

15. Wing L, Attwood A. Syndromes of autism and atypical development. p3-19 in: Handbook of Autism and Pervasive Development Disorders; Jhn Wiley & Sons, Inc., 1987

16. Pierce P.E., Thompson J.F., Likosky W.H., Nickey L. N., Barthel W.F. Hinman A.R. Alkyl mercury poisoning in humans. JAMA 1972;220:1439-1442

17. Snyder R.D. The involuntary movements of chronic mercury poisoning. Arch Neurol 1972;26:379-3381

18. Kark RA, Poskanzer DC, Bullock JD, Boylen G. Mercury poisoning and its treatment with M-acetyl-D, L-penicillamine. NEJM 1971;285:10-16

19. Grandjean P. Weigh P, White R.F., Debes F. Cognitive performance of children prenatally exposed to "safe" levels of methylmercury. Environ Res 1988;77:165-172

20. Amin-Zaki L, Majeed M.A., Clarkson T.W., Greenwood M.R. Methylmercury poisoning in Iraqi children: Clinical observations over two years. Br Med J 1978;1(6113):1613-616

21. Farnesworth D. Pink Disease Survey Results. Pink Disease Support Group Site, 1997 http://www.users.bigpond.com/difarnsworth

22. Baron-Cohen S, Ring H.A., Bullmore E.T., Wheelwright S, Ashwin C, Williams S.C., The amygdala theory of autism. Neurosci Biobehav Rev 2000;24;355-64

23. Bachevalier J. Medial temporal lobe structures: a review of clinical and experimental findings. Neuropsychologia 1994;32:627-648

24. Waterhouse L, Fein D, Modahl C. Neurofunctional mechanisms in autism. Psychol Rev 1996;103:457-89

25. Rolls E.T. Memory systems in the brain. Ann Rev Psychol 2000;51:599-630

26. Bechara A, Damasio H, Damasio A.R.Emotion, decision making and the orvitofrontal cortex. Cerev Cortex 2000;10:295-307

27. Breiter H.C., Rauch S.L., Kwong et al. Functional magnetic imaging of symptom provocation in obsessive-compulsive disorder. Arch gen Psychiatry 1996;53:595-

606 1996

28. Vahter M, Mottet N.K., Friberg L, Lind B, Shen D.D., Burbacher T. Speciation of mercury in the primate blood and brain following long—term exposure to methyl mercury. Toxical Appl Pharmacol 1994;124:221—229

29. Warfvinge K, Hua J, Logdberg B. Mercury distribution in cortical ares and fiver systems of the neonatal and maternal cerebrum after exposure of pregnant squirrel monkeys to mercury vapor. Environ Res 1994;67:196—208

30. Bauman M., Kemper T.L. Histoanatomic observation of the brain in early infantile autism. Neurol 1985;35:866—874

31. Courchesne E. Brainstem, cerebellar and limbic neuroanatomical abnormalities in autism. Curr Opin Neurobiol 1997;7:269—78

32. Koos B.J., Longo L.D. Mercury toxicity in the pregnant woman, fetus, and newborn infant. Am J Obstet Gynecol 1976;126:390—406

33. Clarkson T.W. Mercury: major issues in environmental health. Environ Health Perspect 1992;100:31—8

34. Faro L.R.F., Nascimento J.L.M. Alfonso M, Duran R. Acute administration of methylmercury changes In vivo dopamine release from rat striatum. Bull Environ Contam Toxicol 1998;60:632—638

35. Singh V.K., Warren R.P., Odell J, Warren W et al. Antibodies to myelin basic protein in children with autistic behavior. Brain Behav Immmun 1993;7:97—103

36. El—Fawal G.A., Waterman S.J., DeFeo A., Shamy M.Y. Neoroimmunotoxicology: humoral assessment of neurotoxicity and autoimmune mechanisms. Environ Health Perspect 1999;107:sl5:767—775

37. Brasic J.R., Movements in autistic disorder. Med Hypoth 1999;53:48—9

38. Lewine J.D., Andrews R., Chez M., Patil A.A et al. Magnetoencephalographic patterns of epileptiform activity in children with regressive autism spectrum disorders. Pediatrics 1999;104:405—18

39. Rapin I. Autistic regression and disintegrative disorder: How important the role of epilepsy? Semin Pediatr Neurol 1995;2:278—85

40. O'Carroll R.E., Masterton G., Dougnall N., Ebmeier K.P. The neuropsychiatric sequelae of mercury poisoning: The Mad Hatter's disease revisited. Br J Psychiatry 1995;167:95—98 1995

41. Scheyer R.D. Involvement of Glutamate in Human Epileptic Activities. Prog Brain Res 1998;166:359—69

42. Rohyans J., Walson P.D., Wood G.A., MacDonald W.A. Mercury toxicity following merthiolate ear irrigations. J Pediatr 1984;104:311—313

43. Szasz A, Barna B, Szupera Z, De Visscher G et al. Chronic low—dose maternal exposure to methylmercury enhances epileptogenicity in developing rats. Int j Dev Neurosci 1999; 17:733—742

44. Greenspan S., Greenspan N.T. First Feelings: milestones in the emotional development of your vavy and child. Penguin Books, 1985

45. Diagnostic and Statistical Manual of Mental Disorders, Fourth Edition, Washington D.C., American Psychiatric Association, 1994

46. Magos L., Brown A.W., Sparrow S., Bailey E., Snowden R.T., Skipp W.R. The comparative toxicology of ethyl—and methylmercury. Arch Toxicol 1985;57:260—267.

47. Environmental protection Agency (EPA); Hassett—Sipple B., Swartout J., Schoeny R., et al. Health Effects of mercury and Mercury Compounds. Mercury Study Report to Congress, v5, December 1997

48. Santucci B, Cannistraci C, Cristaudo A, Camera E, Picardo M. Thimerosal positivities: the role of SH groups and divalent ions. Contact Dermatitis 1998;39: 123—6

49. Kuwabara T, Yuasa T, Hidaka K, Igarashi H, Kaneko K, Miyatake T.[The observation of blood—brain barrier of organic mercury poisoned rat: a Gd—DTPA enhanced magnetic resonance study.] [Article in Japanese] No To Shinkei 1989;41:681—5

50. Pabst H.F., Boothe P.M., Carson M.M Kinetics of immunologic responses after primary MMR vaccination. Vaccine 1997;15:10—4 1997

51. Madara J.L., Stafford J. Interferon—gamma directly affects barrier function of cultured intestinal epithelial monolayers. J Clin Inv 1989;83:724—7 1989

52. Huynh H.K., Dorovini—Zis K. Effects of interferon—gama on primary cultures of human brain microvessel endothelial cells. Am J Pathol 1993;142:1265—78

53. Pedersen M.B, Hansen J.C., Mulvad G, Pedersen H.S., Gregersen M, Danscher G. Mercury accumulations in brains from populations exposed to high and low dietary levels of methyl mercury. Concentration, chemical form and distribution of mercury in brain samples from autopsies. int j Circumpolar health 1999;58:96—107

54. Hultman P, Hansson—Georgiadis H. Methyl mercury—induced autoimmunity in mice, Toxicol Appl Pharmacol 1999;254:203—211

55. Dave V, Mullaney K.J., Goderie S, Kimelberg H.K., Aschner M. Astrocytes as mediators of methylmercury neurotoxicity: effects on D—aspartate and serotonin uptake. Dev Neurosci 1994;16:222—231

56. Fujiyama J, Hirayama K, Yasutake A. Mechanism of methylmercury efflux from cultured astrocytes. Biochem Pharmacol 1994;47:1525—1530

57. Philbert M.A., Billingsley M.L., Reuhl K.R. Mechanisms of injury in the central nervous system. Toxicologic Pathol 2000;28:43−53

58. FDA Panel Report: Mercury Containing Drug Products for Topical Antimicrobial Over−the−Counter Human Use; Establishment of a Monograph. Federal Register, January 5 1982;47:436−442

59. Grandjean P, Budtz−Jorgensen E, White R.R., Jorgensen P.J. et al. Methylmercury exposure biomarkers as indicators of neurotoxicity in children aged 7 years. Am J Epidemiol 1999;150:301−305

60. Davis L.E., Kornfeld M, Mooney H.S., Fiedler K.J. et al. Methylmercury poisoning: long term clinical, radiological, toxicological, and pathological studies of an affected family. Ann Neurol 1994;35:680−688

61. Wild G.C., Benzel E.C., Essentials of Neurochemistry, Jones and Bartlett Publishers Inc., 1994

62. Clarkson,T.W. Molecular and ionic mimicry of toxic metals. Annu Rev Pharmacol Toxicol 1993;43:545−571

63. Bakir F, Damluji S.F., Amin−Zaki L,. Murtadha M et al. Methylmercury poisoning in Iraq. Science 1973; 181:230−241

64. Aschner M, Aschner J.L. Mercury Neurotoxicity: mechanisms of blood−brain barrier transport. Neurosci Behav Rev 1990;14:169−176

65. Charleston J.S., Body R.L., Bolender R.P., Mottet N.K., Vahter M.E., Burbacher T.M. Changes in the number of astrocytes and microglia in the thalamus of the monkey Macaca fascicularis following long−term subclinical methylmercury exposure. Neurotoxicol 1996;17:127−38

66. Huszti Z, Madarasz E, Schlett K, Joo F, Szabo A, Deli M. Mercury−stimulated histamine uptake and binding in cultured astroglial and cerebral endothelial cells. J Neurosci Res 1997;48:71−81

67. Kramer K.K., Zoelle J.T., Klaassen C.D. Induction of metallothionein mRNA and protein in primary murine neuron cultures. Toxicol Appl Pharmacol 1996;141:1−7

68. Miura K, Koide N, Himeno S, Nakagawa I, Imura N. The involvement of microtubular disruption in methylmercury−induced apoptosis in neuronal and nonneuronal cell lines. Toxicol Appl Pharmacol 1999;160:279−88

69. Trombetta L.K., Kromidas L. A scanning electron−microscopic study of the effects of methylmercury on the neuronal cytoskeleton. Toxicol Lett 1992;60:329−41.

70. Roos J, Kelly R.B. Preassembly and transport of nerve terminals: a new concept of axonal transport, Nat Neurosci 2000;3:415−417

71. Sanchez C, Diaz−Nido J, Avila J. Phosphorylation of microtubule−associated

protein 2 (MAP2) and its relevance of the regulation of the neuronal cytoskeleton fuction. Prog Neurobiol 2000;61:133—68

72. van den Pol A.N., Spencer D.D. Differential neurite outgrowth on astrocyte substrates: interspecies facilitation in green fluourescent protein—transfected rat and human neurons. Neurosci 2000;95:603—16

73. Aschner M, Mullaney KJ, Wagoner D, Lash L.H., Kimelberg H.K. Intracellular glutathione (GSH) levels modulate mercuric chloride (MC)— and methylmercuric chloride(MgHgCl)—induced amino acid release from neonatal rat primary astrocyte cultures. Brain Res 1994;664:133—40

74. Sarafian T.A., Bredesen D.E., Verity M.A Cellular resistance to methylmercury. Neurotoxicol 1996;17:27—36

75. Cheek D.B. Acrodynia. In: Brennemann's Practice of Pediatrics, Chapter 17D, as reprinted on Pink Disease website, http://www.users.bigpond.com/difarnsworth/pcheek42.htm

76. Warkany J, Hubbard D.H. Acrodynia and mercury. J Ped 1953;42:365—386

77. Aukrust P, Svardal A.M., Muller F, Lunden B, Berge R.K., Froland S.S. Decreased levels of total and reduced glutathione in CD4+lymphocytes in common variable immunodeficiency are associated with activation of the tumor necrosis factor system: possible immunopathogenic role of oxidative stress. Blood 1995;86:1383—1391

78. Horvath K, Papadimitriou J.C., Rabsztyn A, Drachenberg C et al. Gastrointestinal abnormalities in children with autistic disorder. J Ped 1999;135:559—563

79. Klaassen C.D., editor. Casaret & Doull's Toxicology: the Basic Science of Poisons. 5th ed: McGraw—Holl, 1996

80. Edelson S.B., Cantor D.S. Autism: xenobiotic influences. Toxicol Ind Health 1998;14:553—563

81. Comi A. M., Zimmerman A.W., Frye V.H., Law P.A. et al. Familial clustering of autoimmunity. Environ Res 1998;77:141—148

82. Johansson U, Hansson—Georgiadis H, Hultman P. The genotype determines the B cell response in mercury—treated mine. Int Arch Allergy Immunol 1998;116:295—305

83. Hultman P, Nielsen J.B. The effect of toxicokinetics on murine mercury—induced autoimmunity. Environ Res 1998;77:141—148

84. Bagenstose L.M., Salgame P, Monestier M. Murine mercury—induced autoimmunity: a model of chemically related autoimmunity in humans. Immunol Res 1999;20:67—78

85. Clarkson, T.W. The toxicology of mercury. Crit Rev Clin Lab Sci 1779;34:369-403

86. Bailey A, Phillps W, Rutter M. Autism: Towards an integration of clinical, genetic, neuropsychological, and neurobiololgical perspectives. J Child Psychol Psychiatry 1996;37:86-126

87. Luka R.E., Oppenheimer J.J., Miller N, Rossi J, Bielory L. Delayed hypersensitivity to thimerosal in RhO (D) immunoglobulin. J Allergy Clin Immunol 1997;100:138-9

88. Halsey N.A. Limiting infant exposure to thimerosal in vaccines and other sources of mercury. JAMA 1999;282;1763-6

89. Fagan D.G., Pritchard J.S., Clarkson T.W., Greenwood M.R. Organ mercury levels in infants with omphaloceles treated with organic mercurial antiseptic. Arch Dis Child 1977;52:962-964

90. Matheson K.S., Clarkson T.W., Gelfand E.W. Mercury toxicity (acrodynia) induced by long-term injection of gammagolculin. J Ped 980;97:153-155

91. Gosselin R.E., Smith R.P., Hodge G.C. Clinical toxicology of commercial products, section III, Therapeutic index (ed 5). Baltimore, Williams & Wilkins, 1984:pp262-271

92. Gilbert S.G., Grant-Webster K.S. neurobehavioral effects of developmental methyl-mercury exposure. Environ Health Perspect 1995;103;s6:135-42

93. Hattis D, Banati P, Goble R. Distributions of individual susceptibility among humans for toxic effects. How much protection does the traditional tenfold factor provide for what fraction of which kinds of chemicals and effects? Ann N Y Acad Sci 1999;895:286-316

94. Hattis D. The challenge of mechanism-based modeling in risk assessment for neurobehavoiral end points. Environ health Perspect 1996;104:s6:381-90

95. Hattis D, Glowa J, Tilson H, Ulbrich B. Risk assessment for neurobehavioral toxicity: SGOMSEC joint report. Environ Health Perspect 1996;104:s2:217-26

96. Gillberg C, Coleman M. The Biololgy of the Autistic Syndromes; 2nd ed, Mac Keith Press, 1992

97. Rossi A.D., Ahlbom E, Ogren So, Nicotera P, Ceccatelli S. Prenatal Exposure to methylmercury alters locomotor activity of male but not female rats. Exp Brain Res 1997;117:428-436

98. Sager P.R., Aschner M. Rodier P.M. Persistent differential alteration in developing cerebellar cortex of male and female mice after methylmercury exposure. Brain Res Dev Brain Res 1984;12:1-11

99. McKeown-Eyssen G.E., Ruedy J, Neims A. Methyl mercury exposure in northern

Quebec: II. Neurologic findings in children. Am J Epidemiol 1983;118:470−479

100. CDC press release. Record immunization Rate, 80% of Kids Getting Vaccinated. Associated Press, September 23, 1999

101. Bristol M, Cohen D, Costello E, Denckla M et al. State of the science in autism: report to the National Institutes of Health. J Aut Dev Disorders 1996;26:121−157

102. Florentine M.J., Sanfilippo DJ 2d. Elemental mercury poisoning. Clin Pharm 1991;10:213−21

103. Szczech J. Phosphatase and esterase activity in the amygdaloid body of rats after ethylmercury p−toluenesulfonyl poisoning. (Polish) Neuropathol Pol 1980;18:71−81

104. Kelleher K.K., Mclnerny T.K., Gardner W.P., Chlids G.E., Wasserman R.C. Increasing identification of psychosocial problems: 1979−1996. Pediatrics 2000;105:1313−1321

105. Capps L, Kehres J, Sigman M. Conversational abilities among children with autism and children with developmental delays. Autism 1998;2:325−44

106. Tonge B.J., Brereton A.V., Gray K.M., Einfeld S.L. Behavioural and emotional disturbance in high−functioning autism and Asperger's syndrome. autism 1999;3:117−130

107. Klin A, Sparrow S.S., De Bildt A, Cicchetti D.V., Cohen D.J., Volkmar F.R. A normed study of face recognition in autism and related disorders. J Ant Dev Disorders 1999;29:499−508

108. Rapin I, Katzman R. Neurobiology of autism. Ann Neurol 1998;43:7−14 1998.

109. Fagala G.E., Wigg C.L. Psychiatric manifestions of mercury poisoning. J Am Acad Child Adolesc Psychiatry 1992;31:306−311

110. Bailey A, Luthert P, Dean A, Harding B et al. A clinicopathological study of autism. Brain 1998;121:889−905

111. Dawson G. Brief report: neuropsychology of autism: a report on the state of the science. J Ant Dev Disorders 1996;26:179−184

112. Adrien J.L., Martineau J, Barthelemy C, Bruneau N, Garreau B, Sauvage D. Disorders of regulation of cognitive activity in autistic children. J Ant Dev Disord 1995;25:249−63

113. Howlin P, Asgharian A. The diagnosis of autism and Asperger syndrome: findings from a survey of 770 families. Dev Med Child Neurol 1999;41:834−9

114. Turner M. Annotation: repetitive behaviour in autism: a review of psychological research. J Child Psychol Psychiatry 1999;40:839−49

115. Elsner J. Testing strategies in behavioral teratology. III. Microanalysis of

behavior. Neurobehav Toxicol Teratol 1986;8:573−84

116. Cuomo V. Evidence that exposure to methyl mercury during gestation induces behavioral and neurochemical changes in offspring of rats. Neurotoxicol Teratol 1990;12:23−28

117. White R.F., Feldman R.G., Moss M.B., Proctor S.P. Magnetic resonance imaging (MRI), neurobehavioral testing, and toxic encephalopathy: two cases. Environ Res 1993;61:117−23

118. Muris P, Steerneman P, Merckelbach H, Holdrinet I, Meesters C. Comorbid anxiety symptoms in children with pervasive developmental disorders. J Anxiety Disord1998;12:387−393

119. Haut M.W., Morrow L.A., Pool D, Callahan T.S., Haut J.S., Franzen MD Neurobehavioral effects of acute exposure to inorganic mercury vapor. Appl Neuropsychol 1999;6:193−200

120. Uzzell B.P., Oler J. Chronic low−level mercury exposure and neuropsychological functioning. J Clin Exp Neuropsychlo 1986;8:581−93

121. Clarke D, Baxter M, Perry D, Prasher V. The diagnosis of affective and psychotic disorders in adults with Autism: seven case reports. Autism 1999;3:149−164

122. DeLong G.R. Autism: new data suggest a new hypothesis. Neurology 1999;52:911−916

123. Piven J, Palmer P. Psychiatric disorder and the broad autism phenotype: evidence from a family study of multiple−incidence autism families. Am J Psychiatry 1999;156:557−563

124. Hua M.S., Huang C.C., Yang Y.J. Chronic elemental mercury intoxication: neuropsychological follow up case study. Brain Inj 1996;10:377−84

125. Howlin P. Outcome in adult life for more able individuals with autism or Asperger syndrome Autism 2000;4:3−84

126. Rosenhall U, Johansson E, Gillberg C. Oculomotor findings in autistic children. J Laryngol Otol 1988;102:435−439

127. Vostanis P, Smith B, Corbett J, Sungum−Paliwal R et al. Parental concerns of early development in children with autism and related disorders. Autism 1998;2:229−242

128. Joselow M.M., Louria D.B., Browder A.A. Mercurialism: environmental and occupational aspects. Ann Int Med 1972;76:119−130

129. Williams D. Autism− An Inside−Out Approach. 1996, Jessica Kingsley Publishers Ltd, London

130. Baranek G. Autism During infancy: a retrospective video analysis of sensory—motor and social behaviors at 9—12 months of age. J Aut Dev disorders 1999;29:213—224

131. Tokuomi H, Uchino M, Imanura S, Yamanaga H, Nakamishi R, Ideta T. Minamata disease (organic mercury poisoning): neuroradiologic and electrophysiologic studies. Neurology 1982;32:1369—1375

132. Grandin T. Brief report: response to National Institutes of health report. J Aut Dev Disord 1996;26:185—187

133. Ornitz E.M. Neurophysiologic studies of infantile autism. p148—65 in Handbook of Autism and Pervasive Developmental Disorders. John Wiley & Sons, Inc., 1987.

134. Dales L.D. The neurotoxicity of alkyl mercury compounds. Am J Med 1972;53:219—232

135. Anuradha B, Rajeswari M , Varalakshmi P. Degree of peroxidative status in neuronal tissues by different routes of inorganic mercury administration. Drug Chem Toxicol 1998;21:47—55

136. Abell F, Krams M, Ashburner J, Passingham R et al. The neuroanatomy of autism: a voxel—based whole brain analysis of structural scans. NeuroReport 1999;10:1647—1651

137. Hoon A.H., Riess A.L. The mesial—temporal lobe and autism: case report and review. Dev Med Child Neurol 1992;34:252—265

138. Otsuka H, Harada M, Mori K, Hisaoka S, Nishitani H. Brain metabolites in the hippocampus—amygdala region and cerebellun in autism: an 1H—MR spectroscopy study. Neuroradiol 1999;41:517—9

139. Kates W.R., Mostofsky S.H., Zimmerman A.W., Mazzocco M.M. et al. Meuroanatomacal and neurocognitive differences in a pair of monozygous twins discordant for strictly defined autism. Ann Neurol 1998;43:782—791

140. Larkfors L, Oskarsson A, Sundberg J, Ebendal T. Methylmercury induced alterations in the nerve growth factor level in the developing brain. Brain Res Dev Brain Res 1991;62:287—91

141. Chugani D.C., Muzid O, Behen M, Rothermel R et al. Developmental changes in brain serotonin synthesis capacity in autistic and nonautistic children. Ann Neurol 1999;45:287—95

142. Leboyer M. Philippe A, Boubard M, Guilloud—Bataille M. Whole blood serotonin and plasma beta—endorphin in autistic probands and their first—degree relatives. Biol Psychiatry 1999;45:158—63

143. Cook E.H. Autism: review of neurochemical investigation. Synapse 1990;6:292—

308

144. McDougle C.J., Holmes P., Bronson M.R., Anderson G.M. et al. Risperidone treatment of children and adolescents with pervasive developmental disorders: a prospective open-label study. J An Acad Child Adolesc psychiatry 1997;350:638

145. Ernst M, Zametkin A.J., Matochik J.A., Pascualvaca D, Cohen R.M. Low medial prefrontal dopaminergic activity in autistic children. Lancet 1997;350:638

146. Gillberg C, Svennerholm L. CSF monoamines in autistic syndromes and other pervasive developmental disorders of early childhood. Br J Psychiatry 1987;151:89–94

147. Rimland B, Baker S.M. Brief report: alternative approaches or the development of effective treatments for autism. J Aut Dev Disord 1996;26:237–241

148. Perry E, Lee M, Court J, Perry R. Cholinergic activities in autism: nicotinic and muscarinic receptor abnormalities in the cerebral cortex. Presentation to Cure Autism Now Foundation, 2000

149. O'Kusky J.R., Boyes B.E., Begeer E.G. Methylmercury-induced movement and postural disorders in developing rat: regional analysis of brain catecholamine and indoleamines. Brain Res 1988;439:138–146

150. Thrower E.C., Duclohier H, Lea E.J., Molle G, Dawson A.P. The inositol 1,4,5-trisphosphate-gated Ca2+ channel: effect of the protein thiol reagent thimerosal in channel activity. Biochem J 1996;318:61–66

151. Sayers I.G., Brown G.R., Michell R.H., Michelangeli F. the effects of thimerosal on calcium uptake and inositol 1,4,5-triophate-induced calcium release in cerebellar microsomes. Biochem J 1993;289:883–887

152. Atchison W.D., Joshi U, Thornburg J.E. Irreversible suppression of calcium entry into nerve terminals by methylmercury. J Pharmacol Exp Ther 1986;238:618–624

153. Bartolome J, Whitmore W.L., Seidler F.J., Slotkin T.A. Exposure to methylmercury in utero: effects on biochemical development of catecholamine neurotransmitter systems. Life Sci 1984;35:657–670

154. McKay S.J., Reynolds J.N., Racz W.J. Effects of mercury compounds on the spontaneous and potassium-evoked release of [3H]dopamine from mouse striatal slices. Can J Physiol Pharmacol 1986;64:1507–1514

155. Hrdina P.D., Peters D.A., Singhal R.L. Effects of chronic exposure to cadmium, lead and mercury of brain biogenic amines in the rat. Res Comm Chem Pathol Pharmacol 1976;5:483–493

156. Kung M.P., Kostyniak P.J., Olson J.R., Sansone F.M et al. Cell specific enzyme

markers as indicators of Neurotoxicity: effects of acute exposure to methylmercury. Neurotoxicol 1989;###:41—52

157. Carlsson M.L. Hypothesis: is infantile autism a hypoglutamatergic disorder? Relevance of glutamate—serotonin interactions for pharmacotherapy. J Neural Trans 1998;###:525—535

158. Moreno—Fuenmayor H, Borjas L, Arrieta A, Valera V, Socorro—Candanoza L. Plasma excitatory amino acids in autism.(Spanish) Invest Clin 1996;7:113—128

159. Volterra A, Trotti D, Cassutti P, Tromba C et al. High sensitivity of glutamate uptake to extracellular free arachidonoc acid levels in rat cortical synaptosomes and astrocytes. J Neurochem 1992;9:600—6

160. Aschner M. Yao C.P., Allen J.W., Tan K.H. Methylmercury alters glutamate transport in astrocytes. Neurochem Int 2000;37:199—206

161. O'Reilly B.A., Waring R. Enzyme and sulfur oxidation deficiencies in autistic children with known food/chemical intolerances. J Orthomol Med 1993;4:198—200.

162. Alberti A, Pirrone P, Elia M, Waring RH, Romano C. Sulphation deficit in "low—functioning" autistic children: a pilot study. Biol Psychiatry 1999;49:420—424

163. Markovich K, Knight K. Renal Na—SI Cotransporter Na—Si—1 is inhibited by heavy metals. Am J Renal Physiol 1998;274:283—289

164. Golse B, Debray—Ritzen P, Durosay P, Puget K, Michelson A.M. Alterations in two enzymes: superoxide dismutase and glutathione peroxidase in developmental infantile psychosis. Revue Neurologic (Paris) 1978;134:699—705

165. Fuchs J, Packer L, Zimmer G. lipoic Acid in Health and Disease. Marcel Dekker, Inc., 1997

166. Page T, Coleman M. Purine metabolisn abnormalities in a hyperuricosuric subclass of autism. Biochim Biophys Acta 2000;1500:291—296

167. Lombard J. Autism: a mitochondrial disorder? Med Hypoth 1998;50:497—500.

168. Atchison W.D., Hare M.F. Mechanisms of methylmercury—induced neurotoxicity. FASEB J 1994;8:622—629

169. Rajanna B, Hobson M. Influence of mercury on uptake of [3H]dopamine and [3H]norepinephrine by rat brain synaptosomes. Toxicol Let 1985;27:7—14

170. Whiteley P, Rogers J, Shattock P. Clinical features associated with autism: observations of symptoms outside the diagnostic boundaries of autistic spectrum disorders. Autism 1998;2:415—422

171. Gupta S, Aggarwal S, Rashanravan B, Lee T. Th1—and Th2—like cytokines in CD4+ and CD8 T cells in Autism. J Neuroimmunol 1998;85:106—109

172. Plioplys A.V., Greaves A., Kazemi K., Silverman E. Lymphocyte function in

Autism and Rett Syndrome. Neuimmunol 1998;85:106−109

173. Warren R.P., Margaretten N.C., Foster A. Reduced natural killer cell activity in autism. J Am Acad Child Adolesc Psychiatry 1987;26:333−335

174. Nielsen J.B., Hultman P. Experimental Studies on Genetically determined susceptibility to mercury−induced autoimmune response. Ren Fail 1999;21:343−348.

175. Peterson J.D., Herzenberg L.A., Vasquez K, Waltenbaugh C. Glutathione levels in antigen−presenting cells modulate Th1 versus Th2 response patterns. Proc Nat Acad Sci USA 1998;95:3071−6

176. Hu H, Moller G, Abedi−Valugerdi M. Mechanism of mercury−induced autoimmunity: both T helper 1−and T helper 2−type responses are involved. Immunol 1999;96:348−357

177. Ilback N.G. Effects of methyl mercury exposure on spleen and blood natural−killer(NK) cell activity in the mouse. Toxicol 1991;67:117−124

178. Kugler B. The differentiation between autism and Asperger Syndrome. Autism 1998;2:11−32

179. Filipek P, Accardo P, Baranek G, Cook E et al. The screening and diagnosis of autistic spectrum disorders. J Aut Dev Disord 1999;29:439−484

180. Myers G.J., Davidson P.W. Prenatal methylmercury exposure and children: neurologic, developmental, and behavior research. Environ Health Perspect 1998;106;s3:841−847

181. Richdale A.L. Sleep problems in autism: prevalence, cause, and intervention. Dev Med Child Neurol 1999;41:60−6

182. Gedye A. Anatomy of self−injurious, stereotypic, and aggressive movements: evidence for involuntary explanation. J Clin Psychol 1992;48:766−778

183. O'Neill M, Jones R.S. Sensory−perceptual abnormalities in autism: a case for more research? J Aut Dev Disord 1997;27:283−293

184. O'Neill J.L. Through the Eyes of Aliens. Jessica Kingsley Publishers Ltd., 1999

185. Pfab R, Muckter H, Roider G, Zilker T. Clinical course of severe poisoning with thimerosal. Clin Toxicol 1996;34:453−460

186. Florentine M.J., Sanfilippo II D.J. Grand Rounds: elemental mercury poisoning. Clin Pharm 1991;10:213−221

187. D'Eufemia P, Celli M, Finocchiaro R, Pacifico L. Abnormal intestinal permeability in children with autism. Acta Paediatr 1996;85:1076−1079

188. Shattock P, Savery D, Autism as a Metabolic Disorder, Autism Research Unit, University of Sunderland, Sunderland, UK, 1997

189. Kugler B. The differentiation between autism and Asperger syndrome. Autism

1998;2:11-32

190. Teitelbaum P, Teitelbaum O, Nye J, Fryman J et al. Movement analysis in infancy may be useful for early diagnosis of autism. Proc Nat Acad Sci USA 1998;95:13982-13987

부록3 의학, 교육, 환경에 대한 의미-잭 짐머만

1. 전통적인 하와이 문화는 좋은 예가 될 수 있다. 하와이 문화는 호전적이고 계층적인 타이티안 문화가 들어오기 전까지는 씨족에 기반해서 번창했었다. 씨족은 400~500명 정도로 구성되어 있었고 아이들은 기본적으로 부모뿐 아니라, 조부모나 친척어른들로부터 배웠다. 모든 씨족은 호오포노포노로 불리는 문제해결법을 공유했다.

2. 그의 중요한 책인 〈학교에 보내는 편지〉에서 크리슈나무르티는 자유로운 시간이 없는 배움은 진정한 배움이 아니라고 말했다. 자유로운 시간은 교사와 학생이 의도하지 않는 마음의 상태에서 서로 상호작용하게 한다.

3. See "The Camp Hill Movement," Karl Koning, TWT Publications Ltd. 1993(2nd edition).

4. 예를 들어 길링햄 독서법은 뉴욕에 있는 에티컬 컬쳐 스쿨에서 70년 전에 난독증이 있는 특별한 학생들에게 영감을 받아 개발됐다.

5. 숫자를 가르칠 때 사용하는 쿠세네어 숫자막대기나, 카테그노가 청각장애학생들에게 기하학을 가르치기 위해 개발한 지오보드는 지금은 일반인에게 친숙한 이름이다.

자폐증 발달장애 치료의 작은 기적

의료에서 찾은 희망

초 판 1쇄 발행 2016년 9월 30일

지은이 재클린 맥캔들리스
옮긴이 정영선
발행처 바람출판사 **출판등록** 2004년 7월 19일
발행인 류재천 **편집디자인** 류정미

주소 경기도 오산시 금암로 16번길 35
대표전화 0505-301-3133 **팩스** 0505-302-3133 **이메일** barambook@daum.net

값 19,000원 ISBN 978-89-92382-18-2 03370

*잘못 만들어진 구입처에서 책은 바꿔드립니다.

*이 도서의 국립중앙도서관 출판시 도서목록(CIP)은 서지정보유통지원시스템 홈페이지(http://seoji.
nl.go.kr)와 국가자료 공동목록시스템(http://www.nl.go.kr/kolisnet)에서 이용하실 수 있습니다.
(CIP 제어번호: 2016022211)